# Statistik

## in Sozialer Arbeit und Pflege

Von
### Prof. Dr. Rüdiger Ostermann
und
### Prof. Dr. Karin Wolf-Ostermann

3., überarbeitete Auflage

Oldenbourg Verlag München

Bibliografische Information Der Deutschen Bibliothek

Die Deutsche Bibliothek verzeichnet diese Publikation in der Deutschen Nationalbibliografie; detaillierte bibliografische Daten sind im Internet über <http://dnb.ddb.de> abrufbar.


1. Nachdruck 2012

© 2005  Oldenbourg Wissenschaftsverlag GmbH
Rosenheimer Straße 145, D-81671 München
Telefon: (089) 45051-0
www.oldenbourg-verlag.de

Gedruckt auf säure- und chlorfreiem Papier
Gesamtherstellung: Books on Demand GmbH, Norderstedt


ISBN       3-486-57763-8
ISBN   978-3-486-57763-1
eISBN 978-3-486-59947-3

# Inhalt

| 1 | **Einleitung** | **1** |
|---|---|---|
| 1.1 | Wie viel Statistik benötigt man in der Sozialen Arbeit bzw. in der Pflege?...... 1 | |
| 1.2 | Was ist Statistik? .................................................................................... 2 | |
| 1.3 | Teilgebiete der Statistik............................................................................ 4 | |
| 1.4 | Statistik und EDV..................................................................................... 5 | |

| 2 | **Empirische Forschung und Statistik** | **7** |
|---|---|---|
| 2.1 | Ablauf eines empirischen Forschungsprozesses ..................................... 7 | |
| 2.2 | Fragebogendesign.................................................................................. 11 | |
| 2.3 | Datenmanagement und Datenanalyse ................................................... 13 | |
| 2.4 | Dokumentation und Präsentation ......................................................... 15 | |

| 3 | **Grundlegende Begriffe** | **17** |
|---|---|---|
| 3.1 | Untersuchungseinheiten und Merkmale................................................. 17 | |
| 3.2 | Das Skalenniveau von Merkmalen......................................................... 18 | |
| 3.3 | Grundgesamtheit versus Stichprobe...................................................... 20 | |
| 3.4 | Übungsaufgaben.................................................................................... 24 | |

| 4 | **Häufigkeiten und Konzentrationsmessung** | **25** |
|---|---|---|
| 4.1 | Diskrete Häufigkeitsverteilung ............................................................. 26 | |
| 4.2 | Stetige Häufigkeitsverteilung................................................................ 28 | |
| 4.3 | Konzentrationsmessung ........................................................................ 33 | |
| 4.4 | Übungsaufgaben.................................................................................... 37 | |

| 5 | **Lageparameter** | **39** |
|---|---|---|
| 5.1 | Fehlende Werte ..................................................................................... 39 | |
| 5.2 | Der Modus............................................................................................. 41 | |
| 5.3 | Der Median............................................................................................ 41 | |

5.4     Quantile .................................................................................................. 43

5.5     Das arithmetische Mittel ........................................................................ 45

5.6     Das getrimmte und das winsorisierte Mittel ......................................... 48

5.7     Weitere Lageparameter ........................................................................... 50

5.8     Zusammenfassung .................................................................................. 50

5.9     Übungsaufgaben ..................................................................................... 51

**6       Skalenparameter                                                              53**

6.1     Ein Streuungsmaß für nominale Daten ................................................... 53

6.2     Ein Streuungsmaß für ordinale Daten .................................................... 55

6.3     Die Spannweite ....................................................................................... 57

6.4     Der Interquartilsabstand ......................................................................... 58

6.5     Der MAD .................................................................................................. 59

6.6     Die Varianz und die Standardabweichung .............................................. 60

6.7     Weitere Skalenparameter ........................................................................ 63

6.8     Zusammenfassung .................................................................................. 64

6.9     Übungsaufgaben ..................................................................................... 65

**7       Schiefe und Wölbung                                                         67**

7.1     Die Schiefe .............................................................................................. 67

7.2     Die Wölbung ........................................................................................... 70

7.3     Übungsaufgaben ..................................................................................... 71

**8       Zweidimensionale Häufigkeitsverteilungen                                    73**

8.1     Diskrete zweidimensionale Häufigkeitsverteilungen ............................. 73

8.2     Stetige zweidimensionale Häufigkeitsverteilungen ............................... 76

8.3     Tabellen .................................................................................................. 78

8.4     Übungsaufgaben ..................................................................................... 80

**9       Grafische Darstellungen                                                     81**

9.1     Das Stem-and-Leaf-Diagramm ............................................................... 82

9.2     Das Stabdiagramm .................................................................................. 83

9.3     Das Histogramm ...................................................................................... 84

9.4     Das Average-Shifted-Histogramm (ASH) ................................................ 86

9.5     Das Kreisdiagramm ................................................................................. 89

9.6     Das Liniendiagramm ................................................................................. 91

9.7     Das Flächendiagramm ............................................................................... 92

9.8     Der Box-and-Whiskers-Plot ...................................................................... 93

9.9     Streudiagramme ........................................................................................ 96

9.10    Spinnennetzgrafiken .................................................................................. 97

9.11    Übungsaufgaben ........................................................................................ 99

**10      Korrelation und Assoziation                                              101**

10.1    Der Korrelationskoeffizient nach Bravais-Pearson .................................. 102

10.2    Der Rangkorrelationskoeffizient nach Spearman .................................... 108

10.3    Der Kontingenzkoeffizient nach Pearson ................................................ 111

10.4    Der Assoziationskoeffizient nach Yule .................................................... 114

10.5    Der Eta-Koeffizient ................................................................................. 115

10.6    Übungsaufgaben ...................................................................................... 117

**11      Einführung in die Wahrscheinlichkeitsrechnung                      119**

11.1    Was ist Wahrscheinlichkeit? ................................................................... 119

11.2    Axiomatische Herleitung des Wahrscheinlichkeitsbegriffes .................... 120

11.3    Rechenregeln für Wahrscheinlichkeiten .................................................. 125

11.4    Bedingte Wahrscheinlichkeit und Unabhängigkeit .................................. 126

11.5    Der Multiplikationssatz ........................................................................... 128

11.6    Der Satz von der totalen Wahrscheinlichkeit .......................................... 129

11.7    Das Theorem von Bayes .......................................................................... 131

11.8    Übungsaufgaben ...................................................................................... 132

**12      Diskrete Zufallsvariablen                                                133**

12.1    Charakterisierung diskreter Zufallsvariablen .......................................... 134

12.2    Die Gleichverteilung ............................................................................... 140

12.3    Die Poisson-Verteilung ........................................................................... 141

12.4    Die Binomialverteilung ........................................................................... 143

12.5    Weitere diskrete Verteilungen ................................................................. 145

12.6    Übungsaufgaben ...................................................................................... 146

**13      Stetige Zufallsvariablen                                                  147**

13.1    Charakterisierung stetiger Zufallsvariablen ............................................. 147

13.2     Die Gleichverteilung ................................................................................... 155

13.3     Die Normalverteilung .................................................................................. 156

13.4     Die t-Verteilung .......................................................................................... 163

13.5     Die $\chi^2$-Verteilung ......................................................................................... 166

13.6     Die F-Verteilung ......................................................................................... 167

13.7     Weitere stetige Verteilungen ...................................................................... 169

13.8     Übungsaufgaben .......................................................................................... 170

**14        Statistische Testverfahren                                                                 171**

14.1     Einführung in die statistische Testtheorie ................................................. 171

14.2     Die statistische Testphilosophie ................................................................ 173

14.3     Übungsaufgaben .......................................................................................... 179

**15        Statistische Tests zu ausgewählten Problemen                              181**

15.1     Der Gauß –Test ........................................................................................... 181
15.1.1   Der Einstichproben-Gauß-Test ................................................................... 181
15.1.2   Der Zweistichproben-Gauß-Test für unverbundene   Stichproben .............. 183
15.1.3   Der Zweistichproben-Gauß-Test für verbundene Stichproben ................... 185

15.2     Der $t$-Test ................................................................................................... 188
15.2.1   Der Einstichproben-$t$-Test .......................................................................... 188
15.2.2   Der $t$-Test für zwei unverbundene Stichproben ......................................... 190
15.2.3   Der $t$-Test für zwei verbundene Stichproben ............................................. 192

15.3     Der Varianztest ........................................................................................... 194
15.3.1   Der Einstichproben-Varianztest ................................................................. 194
15.3.2   Der Zweistichproben-Varianztest .............................................................. 196

15.4     Korrelationstests ......................................................................................... 198
15.4.1   Korrelationstests für metrische Daten ........................................................ 199
15.4.2   Korrelationstests für ordinale Daten .......................................................... 201

15.5     Tests in Kontingenztafeln .......................................................................... 203
15.5.1   Der $\chi^2$-Unabhängigkeitstest ..................................................................... 204
15.5.2   Der $\chi^2$-Homogenitätstest ......................................................................... 207
15.5.3   Tests für 2x2-Kontingenztafeln .................................................................. 210

15.6     Übungsaufgaben .......................................................................................... 214

**16        Einführung in die Regressionsrechnung                                        217**

16.1     Die Kleinst-Quadrate-Methode .................................................................. 219
16.1.1   Der Fall einer Einflussgröße X: Einfache lineare Regression .................... 220
16.1.2   Der Fall mehrerer Einflussgrößen $X_1, ... , X_n$: Multiple lineare Regression .......... 226

16.2 Die Residualanalyse ..................................................................................... 240

16.3 Das Bestimmtheitsmaß................................................................................. 246

16.4 Der *t*-Test für Regressionsparameter ......................................................... 248

16.5 Übungsaufgaben............................................................................................ 251

**17 Tabellen 253**

**18 Lösungen zu den Aufgaben 263**

18.1 Lösungen zu Kapitel 3.................................................................................. 263

18.2 Lösungen zu Kapitel 4.................................................................................. 265

18.3 Lösungen zu Kapitel 5.................................................................................. 266

18.4 Lösungen zu Kapitel 6.................................................................................. 267

18.5 Lösungen zu Kapitel 7.................................................................................. 269

18.6 Lösungen zu Kapitel 8.................................................................................. 270

18.7 Lösungen zu Kapitel 9.................................................................................. 270

18.8 Lösungen zu Kapitel 10................................................................................ 273

18.9 Lösungen zu Kapitel 11................................................................................ 276

18.10 Lösungen zu Kapitel 12................................................................................ 277

18.11 Lösungen zu Kapitel 13................................................................................ 278

18.12 Lösungen zu Kapitel 14................................................................................ 279

18.13 Lösungen zu Kapitel 15................................................................................ 280

18.14 Lösungen zu Kapitel 16................................................................................ 282

**19 Probeklausuren 287**

19.1 Probeklausur A ............................................................................................. 287

19.2 Probeklausur B ............................................................................................. 288

19.3 Probeklausur C ............................................................................................. 289

19.4 Lösungen zur Probeklausur A ...................................................................... 293

19.5 Lösungen zur Probeklausur B ...................................................................... 294

19.6 Lösungen zur Probeklausur C ...................................................................... 295

**20 Literatur 299**

**21 Index 304**

# Vorwort

Wir haben uns sehr gefreut, dass unsere 2. Auflage ebenfalls auf ein so großes Interesse gestoßen ist, dass wir nun mit dem Oldenbourg-Verlag vereinbaren konnten, eine dritte, überarbeitete und korrigierte Auflage herauszubringen. So haben wir insbesondere die Praxisbeispiele nicht mehr nur aus dem Bereich der Sozialen Arbeit, sondern auch aus dem Bereich der Pflege gewählt, da beide Autoren seit einiger Zeit auch in diesem Bereich tätig sind.

Unseren bisherigen Anhang haben wir überarbeitet und zu einem „richtigen" Kapitel aufgewertet. Dieses ist nun allgemein dem empirischen Arbeiten gewidmet und als zweites Kapitel in das vorliegende Buch integriert. Zusätzlich haben wir dem Wunsch einer Buchbesprechung zu unserer 2. Auflage entsprochen und den Bereich der Stichproben erheblich ausgeweitet. Ein weiteres Anliegen für uns war es, explizit auf die Gestaltung von Tabellen einzugehen, da wir den Eindruck gewonnen haben, dass dieses Thema in vielen Lehrbüchern vernachlässigt wird. Das schon vorhandene Indexregister wurde so weit vervollständigt, dass man unser Buch auch als Nachschlagewerk verwenden kann.

Bedanken möchten wir uns bei den vielen Studierenden unserer Lehrveranstaltungen, die uns seit dem Erscheinen der 1. Auflage auf Rechtschreib- und Rechenfehler hingewiesen haben. Unser Dank gilt auch – wie schon bei der ersten und zweiten Auflage – dem Oldenbourg-Verlag und insbesondere Herrn Diplom-Volkswirt M. Weigert, dass sie es weiterhin „wagen, mit unserem Werk auf den Büchermarkt zu kommen".

# Aus dem Vorwort zur 2. Auflage

Es sei noch einmal darauf hingewiesen, dass wir uns bemüht haben, etwaige mathematische Herleitungen in einfachen Schritten zu erklären, so dass sie ggf. sogar übersprungen werden können, ohne dass das weitere Lesen und Verständnis dadurch behindert wird. Wir wollen es ein wenig wie *Gilmore (1996)* halten, der in seinem Vorwort schreibt: „Damit haben wir auch schon den Grad mathematischer Kompliziertheit in diesem Buch gezeigt. Man könnte mit einem mathematischen Ausdruck noch sehr viel genauer sein. Ein Ausdruck wie dieser zum Beispiel

$$\frac{\partial}{\partial t} \iiint_{\Delta_i} P(r,t)d^3r = \iint_{S\Delta} \mathfrak{I}_P \cdot \hat{n}dS$$

enthält sehr viel Information für diejenigen, denen eine solche Schreibweise vertraut ist. Aber für uns ist das nichts. Die bloße Anwesenheit von Mathematik ist vor allen Dingen nicht ansteckend. Sie brauchen die Gleichungen nicht zu lesen, wenn Sie nicht wollen. Die Erklärungen im Text sind die gleichen, ob mit oder ohne Mathematik. Damit Sie sich, wenn Sie wollen, auf Zehenspitzen zurückschleichen können, ohne die mathematischen Ungeheuer aufzuwecken, ist vor jeder Formel ein Warnzeichen angebracht:

Achtung Mathematik!

Es zeigt an, dass eine mathematische Gleichung kommt."

Ganz so weit wollen wir nicht gehen, und verzichten deshalb auf die Einführung dieses Warnzeichens. Nichtsdestotrotz wünschen wir unsern Leserinnen und Lesern viel Freude bei der Lektüre unseres Buches.

# Aus dem Vorwort zur 1. Auflage

In den letzten Jahren sind zahlreiche Lehrbücher zur Einführung in die Statistik erschienen, die sich jedoch nach unserer Einschätzung nicht allzu sehr an einen Leser- und Nutzerkreis aus dem Bereich der Sozialpädagogik oder Sozialarbeit wenden. Begründet auf ein von uns erstelltes Vorlesungsmanuskript zu einer Lehrveranstaltung „Einführung in die Statistik", die wir beide seit einer Reihe von Semestern an der Universität-GH Siegen im Fach „Außerschulisches Erziehungs- und Sozialwesen" geben, haben wir uns entschlossen, dieses Vorlesungsmaterial gründlich zu überarbeiten und in eine druckfertige Form zu bringen.

Wir haben uns bemüht, das „statistische Denken" in einfacher und verständlicher Form darzulegen. Für das notwendige Verständnis beim Durcharbeiten dieses Buches setzen wir kein hohes mathematisches Vorwissen voraus. Etwaige mathematische Herleitungen werden in einfachen Schritten erklärt oder können ggf. sogar übersprungen werden, ohne dass das weitere Lesen und Verständnis dadurch behindert wird. Des Weiteren haben wir zu jedem eingeführten Begriff ein oder mehrere Beispiele ausführlich ausgearbeitet. Jedes Kapitel wird von einem Aufgabenblock abgeschlossen. Die Lösungen dazu findet man im Anhang. Zur Abrundung haben wir noch einige historische Fußnoten eingearbeitet, damit man ein geschlossenes Bild vom Wissensgebiet „Statistik" erhält.

R. Ostermann & K. Wolf-Ostermann

# 1     Einleitung

## 1.1     Wie viel Statistik benötigt man in der Sozialen Arbeit bzw. in der Pflege?[1]

Hinter der Frage wie viel Statistik man in diesen Arbeitsfeldern benötigt steckt die folgende Überlegung: Inwieweit muss sich ein(e) Mitarbeiter(in) im Bereich der Sozialen Arbeit bzw. der Pflege mit den Methoden und Verfahren der Statistik für ihre/seine tägliche Arbeit auskennen?

In Zeiten der Geldknappheit wird bzgl. zahlreicher sozialer Einrichtungen und Dienstleistungen hinterfragt, inwieweit es sinnvoll ist, diese Einrichtung weiterhin bestehen zu lassen oder alternativ zu schließen. Des Weiteren stellt sich immer öfter die Frage, welches von mehreren beantragten Projekten bewilligt oder welches der schon laufenden Projekte weiter finanziert werden soll. Auch stellt sich die Frage, ob und wie die Qualität der geleisteten Arbeit gemessen und bewertet werden kann.

Bei derartigen Fragestellungen benötigen die Mitarbeiter(innen) nicht nur Argumente, die auf empirischem Zahlenmaterial beruhen, sondern auch angemessene Präsentationstechniken (Tabellen, Grafiken, etc.), um auf geeignete Art und Weise zu reagieren. Aber auch die Leitungskräfte der einzelnen Einrichtungen sowie die Personen, die die zugehörigen politischen Entscheidungen treffen, müssen bzw. sollten in der Lage sein, aufgrund der präsentierten Ergebnisse empirischer Studien Entscheidungen zu treffen.

Tatsächlich kann man jedoch nur dann Daten oder Ergebnisse interpretieren und Vor- und Nachteile einer statistischen Methode erkennen und beurteilen, wenn man – wenigstens in groben Zügen – den Aufbau der jeweiligen statistischen Methode verstanden hat. Trotz eines (nach der Lektüre des Buches hoffentlich) soliden statistischen Grundwissens, sollte man sich jedoch nicht scheuen, in den Fällen, in denen man erkennt, dass das eigene Wissen zur Behandlung des statistischen Problems nicht ausreicht, einen statistischen Experten zu Rate zu ziehen. Getreu dem Motto *„Wenn ich ernstlich krank bin, suche ich einen Arzt auf und*

---

[1] Diese Überschrift orientiert sich an dem Titel einer 1997 erschienenen gemeinsamen Arbeit der Autoren, die sich mit Fragen zur Statistikausbildung für Mitarbeiter(innen) im Bereich der Sozialen Arbeit bzw. der Soziale Dienste befasst.

*kuriere mich nicht selbst!"* ist es für eine(n) Sozialarbeiter(in) bzw. für eine(n) Pflegemitarbeiter(in) nicht diskriminierend den Statistiker aufzusuchen. Die Hinzuziehung eines statistischen Experten ist in vielen Fällen zwar mit Kosten verbunden, es ist jedoch dabei abzuwägen, ob dies im Endeffekt nicht doch preisgünstiger ist, als

- eine Mitarbeiterin oder einen Mitarbeiter über einen langen Zeitraum für die statistische Analyse frei zu stellen, wo sie/er an anderer Stelle besser eingesetzt werden könnte und/oder
- durch mangelnde statistische Kenntnisse eine falsche bzw. unzureichende Analyse durchzuführen, aus der dann falsche, d.h., kostenintensive Entscheidungen abgeleitet werden.

Die Suche nach einem geeigneten statistischen Experten kann sich unter Umständen schwierig gestalten, jedoch gibt es gerade im Umfeld von Universitäten und Fachhochschulen genügend Gelegenheit fündig zu werden. So existiert in vielen Fällen im Bereich der Rechenzentren oder im Bereich von statistischen Lehrstühlen eine statistische Beratungsstelle. Es besteht aber auch die Möglichkeit sich direkt an die Lehrenden einer Hochschule zu wenden, die für die Fachgebiete Statistik / Empirische Sozial- oder Pflegeforschung zuständig sind.

## 1.2     Was ist Statistik?

Wenn man in einer deutschen Enzyklopädie, z.B. im *Brockhaus*, unter dem Begriff Statistik nachschlägt, so findet man:

Statistik [18.Jahrh. aus ital.], im *materiellen* Sinn die geordnete Menge von Informationen in Form empirischer Zahlen (>Statistiken<); im *instrumentalen* Sinn (Statist. Methoden) der Inbegriff der Verfahren, nach denen empirische Zahlen gewonnen, dargestellt, verarbeitet, analysiert und für Schlußfolgerungen, Prognosen und Entscheidungen verwendet werden. Im ersteren Sinn hat sich die S. institutionalisiert (Statist. Institutionen). Im letzteren Sinn ist sie ein wissenschaftl. Fach, das an Universitäten gelehrt wird. Im beide Bedeutungen umfassenden Sinn kann die S. definiert werden als >Inbegriff theoretisch fundierter, empirischer, objektivierter Daten< (G. MENGES). Danach gehören zur S. die → Daten, die an theoret. Konzepten orientiert und aus der Realität nach bestimmten Meßvorschriften gewonnen sind, sowie die Verfahren, die zu solchen Daten führen und die solche Daten zum Gegenstand haben.

Der Begriff S. geht auf M. → Schmeitzel (1679 bis 1747) zurück, der in Jena und Halle Vorlesungen (Titel: >Collegium politico-statisticum<) hielt. Das Wort S. wurde von G. → Achenwall (1719-72) geprägt; er leitete es von dem italien. >statista< (Staatsmann) ab und verstand darunter das Wissen, das ein Staatsmann besitzen sollte. In dieser Bedeutung als >Praktische Staatskunde< hielt sich der Begriff ein Jahrhundert. Um die Mitte des 19.Jahrh. wandelte und teilte er sich zu seinen heute verwendeten Bedeutungen.

Etwas weiter hinten findet man dann unter dem Subbegriff *Geschichte*: Die ältesten Zeugnisse statist. Tätigkeit reichen ins dritte vorchristliche Jahrtsd. zurück, die erste bekanntgewordene statist. Ermittlung wurde um 3050 v. Chr. in Ägypten durchgeführt. Mehrfach fanden Zählungen in der röm.

Kaiserzeit und der Zeit des vorspan. Inkareichs statt; für das MA. liegen vergleichsweise wenig S. vor. In der Form systemat. Staatenbeschreibungen gab es S. zwischen dem 16. und 18.Jahrh., zunächst in Italien, später in Holland und Dtl. Statist. Erhebungen über den auswärtigen Handel wurden schon im 17.Jahrh. veranstaltet und später umfangreich ausgebaut, doch wurden deren Ergebnisse meist geheimgehalten. Die erste Schule der wissenschaftl. S. (>Universitätsstatistik<) wurde 1660 von Hermann → Conring an der Universität Helmstedt begründet, G. → Achenwall lehrte seit 1748 in Göttingen. Mit moderner S. hatte diese Staatenkunde jedoch wenig gemeinsam, da sie auf quantitative Aussagen weitgehend verzichtete. Zu Beginn des 19.Jahrh. zerfiel diese Richtung als Folge einerseits der Arbeitsteilung (Staatslehre, Geographie, Volkswirtschaftslehre) und andererseits der wachsenden Zahl von nationalen statist. Ämtern, die die Zahlensuche privater Forscher überflüssig machte. Die Disziplin überlebte durch die sich 1830-50 vollziehende Verbindung mit der >Politischen Arithmetik<, die in England schon in der Mitte des 17.Jahrh. von John → Graunt und William → Petty begründet worden war; ihr Vertreter in Dtl. war J.P. → Süßmilch. Im Gegensatz zur deskriptiv orientierten Universitäts-S. war die Politische Arithmetik auf der Suche nach Regelmäßigkeiten im Wirtschafts- und Sozialleben. Bes. bemühte sie sich um die Erforschung der Bevölkerungsverhältnisse, zunächst ohne explizite Heranziehung der → Wahrscheinlichkeitsrechnung. Ihre heutige Bedeutung verdankt die S. der sich seit 1880 anbahnenden Verbindung mit der Wahrscheinlichkeitsrechnung, deren erste Grundlagen von B. → Pascal und P. de → Fermat um die Mitte des 17.Jahrh. erarbeitet wurden, die im 18.Jahrh. eine Blüte erlebte (Jakob → Bernoulli, A. de → Moivre, L. → Euler, Th. → Bayes) und ihre spätere Form gerade durch die Verbindung mit der S. gewann. Um die Popularisierung der modernen S. machte sich in der Mitte des 18.Jahrh. bes. L.A.J. → Quetelet verdient. Im 19.Jahrh. entstanden drei Richtungen, eine russische, hauptsächlich von P.L.Tschebyschew (1821-94), eine englische, von F. → Galton und eine deutsche, von W. → Lexis begründet. Als zukunftsstärkste Richtung erwies sich die englische. Ihr wichtigster Vertreter war R.A. → Fisher. Die von ihm im wesentlichen zwischen 1920 und 1935 entwickelte Methodik ist die bis heute vorherrschende. Der testtheor. Erweiterung der Fischerschen Methode widmeten sich J.→ Neyman und E.S.→Pearson. In den vierziger Jahren trat zu den klassischen statist. Zielsetzungen (Beschreibung und Analyse) eine weitere, von A. → Wald begründete Zielsetzung hinzu, die Entscheidung unter Risiko und Ungewißheit.

So weit das Zitat aus der Brockhaus Enzyklopädie. Aber auch im so genannten täglichen Leben begegnet uns der Begriff Statistik immer wieder, wie z.B. bei

„... nun kommt die Tabelle der Fußball-Bundesliga für die Statistiker ..."

„... die Bundesanstalt für Arbeit meldet die Arbeitslosenstatistik ..."

„... im statistischen Mittel rauchen Deutsche 18.3 Zigaretten pro Tag ..."

Auf diese fälschliche (volkstümliche) Interpretation der Statistik wies schon *Schott (1914)* hin:

... dass heute unter Statistik allgemein das Ergebnis irgendeiner Zählung verstanden wird. Allein mit solcher Feststellung werden wir unsre Neugier schwerlich als befriedigt erachten wollen; es kann doch nicht sein, dass im Zusammenzählen irgendwelcher Dinge, beliebigen Sinns oder Unsinns, sich schon die Aufgabe der Statistik erschöpft. Auch wenn wir dem Unsinn den Zutritt versperren und als Statistik nur das Ergebnis einer Zählung gelten lassen, die unsre Erkenntnis auf irgendeinem Gebiet bereichert, ist der Kreis noch viel zu weit gezogen, denn wohl gibt es nach unsrer heutigen Auffassung ohne Zählen keine Statistik, aber ebensowenig entsteht diese durch bloßes Zusammenzählen. Der Knabe, der die Äpfel im Frühstückskorb und das Mädchen, das beim Stricken die Maschen zählt, sind dadurch noch nicht zu Statistikern geworden.

Gerade aber in dem Bereich der Sozialarbeit und -pädagogik wie auch in der Pflege ist es wichtig über das reine Zählen hinaus, die jeweilige Situation oder das Umfeld genau zu beschreiben und zu analysieren. Dies wurde auch schon (in leicht abgewandelter Form) von *Schott (1914)* ausgedrückt:

Mensch und Menschenwerk sind das Objekt der Statistik im engeren Sinne, oder wie man auch wohl zur Vermeidung von Mißverständnissen zu sagen liebt, der sozialen Statistik. In diesem bescheidener umgrenzten Wirkungskreis der Statistik werden sich unsre weiteren Ausführungen bewegen, denn hier liegen dauernde, im Wesen des Objekts wurzelnde Aufgaben der Statistik vor, die keine Einsicht höherer Art, wie so häufig in den Naturwissenschaften, jemals entbehrlich zu machen vermag. Im Gegenteil: je reicher und vielgestaltiger mit zunehmender Kultur, mit steigender Vergesellschaftung die Beziehungen von Mensch zu Mensch werden, je verwickelter und unübersichtlicher die menschlichen Zwecksetzungen und Willens-äußerungen sich gestalten, desto mehr schwindet die Hoffnung auf einfache Formulierung der Erscheinungen des Gesellschaftslebens. Dieselbe Entwicklung macht aber auch die Bemühungen um einen Weltkatalog in dem oben erwähnten Sinne immer aussichtloser. Die unendlichen Verschiedenheiten der Vorgänge des Gesellschaftslebens einzeln festzuhalten, ist ebenso unmöglich, wie der Versuch, sie auf ausnahmslos gültige Formeln zu bringen, ohne Ertrag bleibt. So muss die Statistik den Retter in der Not abgeben und unter Verzicht auf Allgemeingültigkeit oder Vollständigkeit nach einzelnen wichtigen Merkmalen ihre Gruppen bilden, deren Besetzung ermitteln und so ihr skizzenhaftes Bild entwerfen.

Ähnlich befand auch *Quetelet (1914)*, in dem er in seinem Vorwort sich folgendermaßen über die Statistik äußerte: ... der vierte [Abschnitt] enthält meine Gedanken über die Lehre vom *mittleren Menschen* und über die Organisation des sozialen Systemes.

Im Rahmen dieses Buches möchten wir darauf eingehen, wie man
- Zahlen festhält,
- deren Typisches, Beachtenswertes, Auffälliges ermittelt,
- ihre verborgenen Regeln und Gesetzmäßigkeiten sowie die jeweiligen Zusammenhänge ermittelt.

Im Wesentlichen können wir uns der Aussage von *Riedwyl (1992)* anschließen, der meint: Unter Statistik verstehen wir das Sammeln und Interpretieren von Zahlen, um Hypothesen zu finden und zu überprüfen.

## 1.3     Teilgebiete der Statistik

Das Gebiet der Statistik lässt sich in (zumindest) drei Teilgebiete untergliedern. Nämlich in die
- deskriptive Statistik,
- induktive Statistik,
- (explorative) Datenanalyse.

Die deskriptive (beschreibende) Statistik befasst sich mit der (komprimierten) Aufarbeitung von Zahlen- oder Datenmaterial. Mit Hilfe der Methoden der deskriptiven Statistik soll das Datenmaterial beschrieben werden. Dazu werden auch vielfach grafische Darstellungen verwendet. Man kann sie als Vorstufe zur induktiven Statistik ansehen.

Die induktive (schließende) Statistik dient dazu, sinnvolle Aussagen zu machen über Auffälligkeiten in gegebenem Datenmaterial, das (zum Teil) nur indirekt oder aber auch nur unvollständig beobachtet wurde. Mit Hilfe der deskriptiven Statistik sollen substanzwissenschaftliche Hypothesen aufgestellt werden, die dann mit Hilfe der induktiven Statistik verifiziert bzw. falsifiziert werden sollen. Zur Durchführung der Methoden und Verfahren der induktiven Statistik wird zumeist ein statistisch-mathematisches Modell benötigt.

Die (explorative) Datenanalyse kann als eine Art Zwitter zwischen deskriptiver und induktiver Statistik angesehen werden. Zum einen versucht sie (wie die deskriptive Statistik), die Daten geeignet zu beschreiben, zum anderen sollen Entscheidungen getroffen werden, ohne auf die Existenz eines statistisch-mathematischen Modells zurückgreifen zu müssen. Sie versucht ihre Schlussfolgerungen daten- und nicht modellorientiert zu ziehen.

Im Rahmen dieses Buches werden wir uns hauptsächlich auf die deskriptive und induktive Statistik beschränken. Falls Methoden oder Verfahren der (explorativen) Datenanalyse vorgestellt werden, wird dies explizit erwähnt.


# 1.4      Statistik und EDV

Statistik ist heutzutage ohne den Einsatz von EDV nicht mehr vorstellbar. Dies bezieht sich aber nicht nur auf die statistischen Analysen, sondern auch auf die Datenerhebung. In vielen Einrichtungen findet heutzutage eine (gesetzlich vorgeschriebene) Dokumentation statt – unabhängig davon, ob dies EDV-gestützt oder traditionell noch auf Papierbasis geschieht. Dabei sollen die Dokumentation und damit auch die erhobenen Daten, wie z.B. in *Garms-Homolová & Niehörster (1997)* beschrieben, nicht nur dem Leistungsnachweis und zur rechtlichen Absicherung genutzt werden, sondern auch zur Förderung des Informationsflusses, als Kommunikationsmedium, als kontrollierbarer Nachweis und als Organisationsmittel. Doch ohne eine adäquate statistische Analyse der Daten aus der Dokumentation für die jeweilige Problemstellung sind diese Zusatzfunktionen der Dokumentation nicht nutzbar. Um eine Einrichtung evaluieren zu können oder die Dienstleistung einer Einrichtung an die Bedürfnisse ihrer Kundschaft, ihres Klientels oder ihrer Patienten besser ausrichten zu können, bedarf es oftmals einer soliden Datengrundlage. Datenerhebungen machen jedoch keinen Sinn, wenn diese Daten nicht anschließend genutzt, d.h. adäquat ausgewertet und präsentiert werden und dies kann nur unter dem Einsatz von EDV geschehen. Als Beispiele für diese Zusatzfunktionen seien nur kurz erwähnt:
- Erstellung eines Datenblattes für die Zusammenarbeit mit dem MDK
- Dokumentation der Arbeits- und Leistungsnachweise pro Mitarbeiter(in) für regelmäßig stattfindende Personalgespräche
- Reports als unterstützendes Medium bei der Dienstübergabe

- Kennzahlen als Hilfsmittel im Controlling
- Dokumentation und Analyse der Umsetzung von integrierter Versorgung in Netzwerken, von Entlassungsmanagement und Überleitung

Aus diesem Grunde erscheint es als unumgänglich, dass bei der Qualifikation für leitendes Personal (vgl. auch *Ostermann & Wolf-Ostermann (2004)*) eine Grundausbildung in EDV und Empirie bzw. Statistik stattfindet. Es soll jedoch dabei betont werden, dass es dabei nicht darum geht, diese Methodenausbildung überzubetonen. Vielmehr geht es darum, eine Sensibilisierung für diese Problematik zu erreichen, damit die angehenden Leitungskräfte in der Lage sind, entsprechende Statistiken interpretieren zu können. Des Weiteren sollen sie aber auch ihre persönlichen Grenzen in diesem Bereich erfahren, um entscheiden zu können, dass bei höherwertigen Fragestellungen eine externe Beratung herangezogen werden sollte.

# 2 Empirische Forschung und Statistik

Sowohl im Bereich der Sozialen Arbeit als auch der Pflege sind empirische Untersuchungen unverzichtbare Bestandteile der Forschung. Aufbauend auf erfahrungswissenschaftliche Untersuchungen sollen hierbei Problemlösungsprozesse für ganz bestimmte Fragestellungen entwickelt werden. Methoden, die hierfür Verwendung finden, lassen sich grob in die Bereiche der quantitativen und der qualitativen Verfahren einteilen. Diese beiden Bereiche sollten dabei nicht als konkurrierende Verfahren sondern stattdessen als sinnvolle Ergänzungen zueinander gesehen werden. Im Folgenden soll der Ablauf eines empirischen Forschungsprozesses im Bereich der quantitativen Forschungsmethoden kurz skizziert werden (zur Darstellung qualitativer Forschungsabläufe vgl. etwa *Bortz & Döring (2002)*).

## 2.1 Ablauf eines empirischen Forschungsprozesses

Ziel jeder erfahrungswissenschaftlichen Untersuchung ist es, für eine bestimmte Fragestellung fundierte Lösungen oder Lösungsansätze zu ent-wickeln. Der Ablauf eines solchen Prozesses lässt sich grob in die folgenden Teilschritte gliedern:

- Definition des Forschungsthemas / der Fragestellung
- Festlegung der Zielgruppe (Grundgesamtheit)
- Festlegung der Untersuchungsgesamtheit
- Entwicklung des Forschungsinstrumentariums (Versuchs-, Erhebungsdesign, Fragenbogendesign, …)
- Anwendung des Forschungsinstrumentariums (Erhebung/Befragung)
- Informationsauswertung (Datenmanagement, statistische Analyse)
- Dokumentation / Präsentation der Ergebnisse

Für die **Festlegung des Forschungsthemas** ist zunächst eine genaue und klare Abgrenzung der Fragestellung wichtig. Ohne eine solche Präzi-sion ist nachfolgend keine sinnvolle Bearbeitung der Fragestellung möglich. Dies beinhaltet, dass in diesem ersten Stadium einer Untersuchung entweder bereits ein fundiertes Vorwissen vorhanden sein muss und/oder ausgedehnte (Literatur-)Recherchen notwendig sind. Nicht zuletzt impliziert die präzise Formulierung einer Fragestellung auch eine notwendige semantische Präzision. Mangelnde Sorgfalt bei der genauen Festlegung der interessierenden Fragestellung resultiert ansonsten in der Regel in zwei Situationen, die beide gleichermaßen unbefriedigend sind:

- ungenügende Daten zur Beantwortung der Fragestellung („Datenmangel"), d.h. die Fragestellung kann mit den vorliegenden Daten nicht bearbeitet werden
- viele erhobene Daten, die jedoch nichts zur Beantwortung der Fragestellung beitragen können („Datenfriedhof")

Beide Situationen bedeuten einen erheblichen Aufwand und Kosten, produzieren jedoch nicht die angestrebten Ergebnisse und sollten von daher bereits im Anfangsstadium einer empirischen Untersuchung möglichst ausgeschlossen werden.

Ebenso wichtig wie die Festlegung des Forschungsthemas ist die Festlegung der **Zielgruppe** (Grundgesamtheit) sowie der **Untersuchungsgruppe**. Auch hier ist eine klare Abgrenzung wichtig. Mit der Festlegung der Zielgruppe wird definiert, worüber oder über wen nachfolgend Aussagen getroffen werden sollen. Die Untersuchungsgruppe beschreibt i.d.R. eine Teilmenge der Zielgruppe, an der dann tatsächlich die Erhebung durchgeführt wird. Es kann jedoch auch die gesamte Zielgruppe identisch mit der Untersuchungsgruppe sein. Die Auswahl der Untersuchungsgruppe erfolgt anhand theoretischer Kriterien (→ Stichprobenverfahren) sowie praxisbezogener Überlegungen (z.B. Kosten, Erreichbarkeit, ...).

Bei der Entwicklung des **Forschungsinstrumentariums** muss zunächst geklärt werden, welche „Methode" Verwendung finden soll. Dies ist im Regelfall durch die Fragestellung bereits vorgegeben (*„Die Fragestellung bestimmt die Methode."*). Einige der bekanntesten Methoden sind:
- die **Sekundäranalyse**, d.h. die Nutzung bereits vorhandener Daten. Dies ist oftmals eine kostengünstige Analyseform, jedoch „passen" die Daten nicht immer genau zur Fragestellung, da sie unter einer anderen Zielsetzung erhoben worden sein können.
- das **Experiment**. Hierbei handelt es sich um eine stark strukturierte Situation („Versuchsplan"), die überwiegend in naturwissenschaftlichen, technischen, psychologischen oder medizinischen Bereichen zur Anwendung kommt.
- die **Beobachtung**. Hierbei werden anhand eines „Beobachtungsplans" Daten erhoben. Beobachtungsstudien sind typisch für sozial- und pflegewissenschaftliche Anwendungen.
- die (standardisierte) **Befragung**. Diese kann sowohl schriftlich, telefonisch, oder persönlich durchgeführt werden und gehört ebenfalls zu den typischen Forschungsmethoden im sozial- und pflegewissenschaftlichen Bereich.

Im Folgenden wollen wir auf die verschiedene Formen standardisierter Befragungen eingehen und deren Vor- und Nachteile kurz vorstellen.

Als Grundformen der **standardisierten Befragung** lassen sich im Wesentlichen vier Grundformen unterscheiden: mit oder ohne eine befragende Person (Interviewer) sowie traditionellere und an modernere Techniken geknüpfte Verfahren (vgl. Tabelle 2.1):

| Form | mit Interviewer | ohne Interviewer |
|---|---|---|
| „traditionell" | persönlich/mündlich (PAPI/CAPI[2]) | postalisch |
| „moderner" | telefonisch (CATI[3]) | per Internet |

Tabelle 2.1 Formen der standardisierten Befragung

Die persönlich/mündliche Form der Befragung unter zu Hilfenahme eines Interviewers ist das klassische Instrument zur Bevölkerungsbefragung und findet in vielen Bereichen seine Einsatzmöglichkeiten, z.B. der Volkszählung (Mikrozensus), allgemeiner Meinungsforschung, Wahlprognosen, Mitarbeiter-/Patientenbefragungen, etc. Auch im Bereich der Sozialen Arbeit ist an vielen Stellen der Einsatz von Interviewern zu empfehlen. Die Auswahl der zu Befragenden erfolgt nach einem ausgearbeiteten „Stichprobenplan". Durch die direkte Form der Befragung ist es möglich, nachzufragen, zu motivieren, Fragen und/oder Antwortvorgaben zu erläutern und auch Hilfsmittel (Bilder, Gegenstände, etc.) einzusetzen. Die Zeit, die zur Beantwortung eines Fragebogens zur Verfügung steht, ist relativ kurz und es ist keine Kontrolle / Rücksprachemöglichkeit des Interviewers gegeben. In den letzten Jahren haben moderne EDV-gestützte Fragebögen mehr und mehr an Bedeutung gewonnen. Zum einen wird dabei versucht, einen Papier-Fragebogen so zu gestalten, dass er direkt mit einem Belegleser in einen Computer eingelesen werden kann, um so die Fehlerrate gegenüber einer Übertragung per Hand zu verringern (siehe auch *Kreienbrock & Ostermann (1993)*). Zum anderen werden Fragebögen direkt auf einem Computer-Bildschirm (Laptop) der zu befragenden Person gezeigt, um jegliche Übertragungsfehler zu vermeiden. Letztere Methode ist unter dem Stichwort CAPI (Computer Assisted Personal Interview) bekannt. Im Bereich der Sozialen Arbeit kann jedoch der Einsatz eines CAPI zu unvermuteten Schwierigkeiten führen, da z.B. bei psychisch Kranken eine hohe Ablehnung gegenüber diesem Instrumentarium zu verzeichnen ist.

Ein weiteres klassisches Instrument zur Bevölkerungsbefragung ist die telefonische Form der Befragung (ebenfalls unter zu Hilfenahme eines Interviewers). Telefonbefragungen haben oftmals den Vorteil, dass sie preisgünstiger sind als der Einsatz von Interviewern und einen hohen Zeitgewinn bieten. Sie werden eingesetzt für so genannte „Blitzumfragen", zur Meinungsforschung, etc. Die zuvor gemachten Anmerkungen zum persönlichen Interview gelten im Wesentlichen auch für diese Befragungsform. Nicht möglich ist natürlich der Einsatz von Hilfsmitteln (mit Ausnahme von akustischen Hilfsmitteln). Die Beantwortungszeit ist sehr kurz und erfolgt unter einem gewissen „Zeitdruck". Es besteht jedoch eine Kontroll-/ Rücksprachemöglichkeit des Interviewers.

Beide Befragungstypen setzen eine situationsgerechte Konstruktion des Befragungsbogens (einfache Fragen, nicht zu viele Antwortmöglichkeiten, …) voraus. Sehr wichtig ist auch eine sorgfältige Schulung der Interviewer, da hiervon der Erfolg der Umfrage ganz wesentlich

---

[2] PAPI: Papfer Assisted Personal Interview / CAPI Computer Assisted Personal Interview

[3] CATI Computer Assisted Telephone Interview

abhängt. Dies bedeutet zum einen, dass der Interviewer zuverlässig ist, sich z.B. genau an den vorgegebenen Auswahlplan hält, so dass keine Verfälschungen (etwa aus Bequemlichkeit) auftreten. Zum anderen müssen aber auch Auftreten, Stimme und nicht zuletzt auch Kleidung der Befragungssituation angepasst sein. Neben vielen positiven Effekten einer Interviewer-gestützten Befragung ist jedoch auch zu berücksichtigen, dass diese in aller Regel mit großen Kosten (da sehr personalintensiv) verbunden ist.

Vielfach werden deshalb Umfragen ohne den Einsatz von Interviewern durchgeführt. Auch bei „anonymen" Befragungen erfolgt die Auswahl der Befragten prinzipiell nach einem genauen „Stichprobenplan". Da die Fragen und Antwortmöglichkeiten vom Befragten selbst gelesen werden, sind sehr klare Formulierungen und evtl. schriftliche Erläuterungen im Befragungsbogen notwendig. Der Einsatz von Hilfsmitteln ist bei dieser Form der Befragung nur sehr bedingt möglich. Prinzipiell ist die Beantwortungszeit beliebig lang, eine Kontrolle der Befragungssituation (wer antwortet und in welcher Antwortreihenfolge) ist nicht mehr möglich. Bei der postalischen Form einer solchen Befragung ist es zudem sehr wichtig, einen Anreiz zur Rücksendung des ausgefüllten Fragebogens – etwa durch eine bereits adressierten und frankierten Rückumschlag und/oder die Koppelung mit einem Preisausschreiben o.ä. – zu liefern, um einen zufrieden stellenden Rücklauf der Fragebögen sicherzustellen. In aller Regel erfolgt eine starke Selbstauswahl der Befragten - trotz eines vorher aufgestellten Stichprobenplanens – da oftmals nur Personen mit einem starken Interesse an dem Thema (positiv wie negativ) zu einer Antwort bereit sind.

Bei einer Internet-basierten Befragung ist die prinzipielle Auswahl der Befragten nach einem Stichprobenplan nicht möglich, sondern die Selbstauswahl der Befragten die Regel. Lediglich durch das Setzen von „Links" auf bestimmten Internetseiten kann versucht werden, die Auswahl der Befragten ansatzweise zu steuern. Hierbei ist auch darauf hinzuweisen, dass bei Internet-basierten Befragungen evtl. bestimmte Bevölkerungsgruppen nicht erreichbar oder unterrepräsentiert sind (Ältere, Frauen etc.) Befragungen im Internet können jedoch gerade im Kinder- und Jugendbereich eine interessante Alternative sein. Positiv bei Internetbefragungen ist zu sehen, dass durch den Einsatz von (programmierten) Filtertechniken Hinweise auf fehlende oder falsche Eingaben gegeben werden können. In allen Fällen einer schriftlichen Befragung ist der Kostengesichtspunkt nicht zu vernachlässigen. Bei Internet-basierten Befragungen kommt hinzu, dass der Aufwand für die technischen Voraussetzungen, den Programmieraufwand, Fragen der Datensicherheit und Anonymität nicht unterschätzt werden sollte.

Insgesamt gilt für alle Typen einer standardisierten Befragung, dass Gesichtspunkte der praktischen Durchführung von vornherein in einem angemessenen Ausmaß bei der Planung der Befragung berücksichtigt werden müssen. Dazu gehören die (teilweise schon angesprochenen) Aspekte bei der Formulierung der Fragen, von Ausfüllanweisungen und Anschreiben und/oder Erinnerungsschreiben oder aber die Organisation von Versand und Rücksendung, mögliche Interviewerschulungen und natürlich die Berücksichtigung des zur Verfügung stehenden Budgets. Wichtig ist bei allen Planungen, dass eine sorgfältige Dokumentation des Ablaufes und insbesondere von Abweichungen von der ursprünglichen Erhebungsplanung erfolgt. Daneben muss natürlich auch sichergestellt sein, dass notwendigen Formalitätsaspekten Rechnung getragen wird:

- Nennung von Institution / Auftraggeber der Befragung
- je nach Umfrageart: persönliche Vorstellung des Interviewers, Erklärung von Auswahlrichtlinien, Angaben zur Befragungsdauer,…
- Erläuterung des Themas
- Zusicherung (und Einhaltung!) von Anonymität / Datensicherheit[4]
- Hinweis auf Freiwilligkeit bzw. Einholen des Einverständnisses von Erziehungsberechtigten bei Minderjährigen (Richtlinien einhalten!)

## 2.2 Fragebogendesign

Bei der Konstruktion des Fragebogens selbst ist darauf zu achten, dass sowohl die Einzelfragen als auch der gesamte Bogen gewissen Gütekriterien entsprechen. So muss der Fragebogen als Ganzes insbesondere die üblichen Gütekriterien

- **Objektivität**: Durchführung, Auswertung und Interpretation sind unabhängig von der anwendenden Person
- **Reliabilität**: wie groß sind Fehlereinflüsse? (Messgenauigkeit!)
- **Validität**: wird tatsächlich gemessen, was gemessen werden soll?

erfüllen. (Für eine genauere Definition der Gütekriterien und weitere Ausführungen hierzu vgl. etwa *Bortz & Döring (2002, S.193ff)*). Dies bedeutet für die einzelnen Fragen und Fragenkomplexe eines Bogens, dass zunächst genau über die Zielsetzung der jeweiligen Fragen nachgedacht werden muss, um dann zu einer sorgfältigen zielführenden Formulierung der Fragen zu gelangen. Hierbei sollten u.a. die nachfolgend aufgelisteten Kriterien berücksichtigt werden:

- Relevanz bzgl. Fragestellung
- Abdeckung des gesamten affektiven Bereichs
- Vermeidung „allgemeiner" Sachverhalte / Tatsachenbeschreibungen
- keine Suggestivfragen
- Formulierung eines Gedankens pro Frage
- kurze, klare, direkt verständliche Formulierungen
- Verwendung positiver und negativer Formulierungen
- eindeutige Interpretation

Auch die Anzahl vorgegebener Antwortkategorien beeinflusst die später damit erzielten Ergebnisse. Bei abgestuften (ordinalen) Antwortkategorien (z.B. *gefällt mir nicht, teils/teils, gefällt mir*) führt eine gerade Anzahl vorgegebener Kategorien dazu, dass die Befragten sich jeweils positionieren müssen, wohingegen eine ungerade Anzahl von Kategorien in aller Regel eine „neutrale" (mittlere) Position erlaubt. Bei nicht abgestuften (nominalen) Antwortkategorien muss prinzipiell über das Problem der Reihenfolge (alphabetisch? nach Wichtigkeit?) nachgedacht werden. Zudem sollte darauf geachtet werden, dass nicht zu viele Kategorien vorgegeben werden, da dies dazu führen kann, dass nur noch die ersten (und evtl. die

---

[4] siehe Bundesdatenschutzgesetz

letzten) Kategorien wirklich Beachtung finden. Für weitere Ausführungen sei etwa auf *Schwarz et al. (1989)* verwiesen. Bei der Verwendung von Alternativfragen (nur zwei Antwortkategorien sind möglich, etwa ja/nein) sollten jeweils beide Kategorien auf dem Bogen sichtbar sein, damit nachfolgend auch fehlende Werte noch unterschieden werden können.

Neben einer Einteilung von Fragen nach Form der Antwortvorgaben in
- **offene Fragen**: haben ein breites Antwortspektrum (Eindimensionalität?), jedoch müssen die Antworten i.d.R. nachträglich strukturiert werden und
- **geschlossene Fragen**: vorgegebene Antwortkategorien (Alternativfragen / Auswahlfragen)

können Fragen auch nach ihrem Zweck klassifiziert werden (vgl. auch *Becker (2004)*):
- **Einleitungs- /Übergangsfragen** stellen Bezugsrahmen her
- **Filterfragen** dienen dem Ausschluss nicht relevanter Personengruppen
- **Hauptfragen** erfragen die wesentlichen Sachverhalte (demografische Fragen, Fakt-, Meinungs-, Beurteilungs- und Verhaltensfragen)
- **Folgefragen** dienen der genaueren Analyse von Antworten
- **Kontrollfragen** ermöglichen eine Antwortkontrolle bzw. dienen der Erfassung der Antwortqualität
- **indirekte Fragen** dienen zur Erfassung „sensibler" Themen
- **Abschlussfragen** geben dem Befragten die Möglichkeit zu Anmerkungen und Kommentaren

Aber auch die Reihenfolge der Fragen in dem gesamten Bogen sowie das gewählte Layout sind entscheidend für den Erfolg der Umfrage. So ist es etwa entscheidend für welche Klientel der Bogen gedacht ist:
- muss eine besondere Schriftgröße z.B. für Hochbetagte oder sehbehinderte Personen gewählt werden?
- sind anstelle von schriftlich formulierten Antwortkategorien Symbole – z.B. „ ☺ " – vorzuziehen, etwa bei Grundschulkindern, etc.?

Generell gilt, dass zu kleine oder ausgefallene Schrifttypen zu vermeiden sind, Farben eher dezent Verwendung finden sollten und der Bogen insgesamt ein ausgewogenes und dem Zweck angemessenes Layout erhält.

Bevor der entwickelte Fragebogen in einer Untersuchung tatsächlich zum Einsatz kommt, sollte er einem **Pretest** unterzogen werden. Dieser dient dazu evtl. Unklarheiten (etwa in den Formulierungen) und/oder Probleme in der Anwendung noch vor der großflächigen Anwendung „abzufangen".

Wichtig ist bei allen genannten Punkten, sich zu vergegenwärtigen, dass der Erfolg und die Qualität der wissenschaftlichen Erhebung in hohem Maße von den hier beschriebenen „Vorüberlegungen" und „Vorarbeiten" abhängt und mangelnde Sorgfalt nachfolgend nicht mehr zu korrigieren ist.

Bewusst machen muss man sich aber auch, dass es trotz aller Sorgfalt keine Garantie dafür gibt, dass die gemessene (Einstellungs-) Werte mit den „wahren" (Einstellungs-) Werten tatsächlich übereinstimmen. So ist immer zu berücksichtigen, dass jede Umfrage abhängig ist von

- der jeweiligen Situation, der Kooperationsbereitschaft der Befragten
- Verzerrungen aufgrund kognitiver Effekte
- einer Vielzahl möglicher Urteilsfehler (Hawthorne-Effekt, Sponsorship-Bias, Soziale Erwünschtheit, Self-Disclosure, Halo-Effekt, Milde-Härte-Fehler, Tendenz zur Mitte, Primacy-Regency-Effekt, Rater-Rater-Interaktion, ... (vgl. hierzu etwa *Bortz & Döring (2002, S.182ff)*)

Mögliche Strategien zur Vermeidung dieser Problematiken können nur in einer ausgesprochen sorgfältigen Vorbereitung der Umfrage sowie in der ausführlichen Darstellung der Untersuchung und ihrer Ziele und der Zusicherung von Anonymität für die Befragten bestehen.

Die hier angesprochenen Aspekte sollen nur beispielhaft aufzeigen, was für eine gute Fragebogengestaltung wichtig sein kann, ohne dass diese Aufzählung hier vollständig ist. Weitere Ausführungen findet man in den einschlägigen Werken zur empirischen Sozialforschung wie z.B. *Atteslander (2003), Roth (1993)* oder *Holm (1975).*

# 2.3 Datenmanagement und Datenanalyse

Nach der Entwicklung eines Fragebogens und der eigentlichen Umfrage ist ein gutes Datenmanagement notwendig, damit die gewonnen Ergebnisse auch adäquat verarbeitet und genutzt werden können. Auch dieser Teilbereich eines empirischen Forschungsprozesses steht noch vor der eigentlichen Auswertung der Ergebnisse und kann sich ebenfalls sehr zeitintensiv gestalten, da auch hier eine große Sorgfalt notwendig ist.

Zunächst sollte schon parallel zur Fragebogenentwicklung über notwendige Kodierungsschemata nachgedacht werden und evtl. auch schon darauf aufbauende Dateneingabemasken entwickelt werden. Hierzu gehören u.a.

- die Vergabe von Fragebogennummern bzw. PIDs (Persönliche Identifikations-Nummern)
- die interne Kodierung von Umfragemerkmalen (wie etwa Ort, Datum, Interviewer, …)
- die (evtl. hierarchische) Kodierung der Antworten

Jeder Fragebogen sollte mit einer (mehrteiligen) Fragebogennummer versehen werden. Diese Fragebogennummer hat oftmals sowohl den Zweck, den einzelnen Bogen zu identifizieren und für spätere Korrekturen des eingegebenen Datensatzes noch einmal zugänglich zu machen, als auch zur internen Kodierung von Umfragemerkmalen zu dienen. Durch eine geeignete Verschlüsselung lassen sich hierbei einige (vornehmlich diskrete) Variablen direkt kodieren, wie etwa:

- Interviewer
- Ort und Datum der Befragung
- Befragungswelle

Die Fragebogennummer muss bei der Dateneingabe ebenfall mit aufgenommen werden. Versieht man den Fragebogen noch vor der Befragung mit einer Nummer, kann dies jedoch evtl. zu Schwierigkeiten führen. Einige der Befragten unterliegen dann oftmals dem Irrtum, dass die ihnen zugesagte Anonymität nicht mehr gewährleistet ist. Man sollte in diesen Fällen entsprechende „Rezepte" parat haben, und ggf. die Fragebogennummer nachträglich handschriftlich auf den Fragebogen schreiben.

Kodierungsschemata für alle Fragen orientieren sich grundsätzlich daran, dass für jede Antwortkategorie einer Frage auf dem Fragebogen i.d.R. eine Ziffer vergeben wird. Diese Ziffern sollten in sinnvoller Weise die vorgegebenen Kategorien abbilden. So sollte etwa bei gestuften (ordinalen) Kategorien auch die gewählten Ziffern diese Ordnung wiedergeben. Fehlende Werte sollten nicht als leere Datenfelder eingetragen sondern ebenfall explizit kodiert werden. Es scheint nahe zu liegen, bei „Nichtantworten" den Kode „0" zu vergeben. Kann jedoch der Wert 0" auch als tatsächlicher Zahlenwert in einer Umfrage erzielt werden, ist es oftmals besser eine andere, deutlich von tatsächlichen Zahlenwerten abweichende Kodierung zu wählen, etwa den Wert „-999".

Es kann in manchen Situationen auch sinnvoll sein, die Behandlung der fehlenden Werte umfangreicher vorzunehmen. Manchmal ist man in der glücklichen Lage, dass man die fehlenden Werte selbst in unterschiedliche Kategorien einteilen kann, da für ihr Auftreten unterschiedliche Gründe vorliegen. So könnte man z.B. die Kodierungen

-1   die Person wurde (noch) nicht angetroffen
-2   die Person verweigerte die Auskunft
-3   die Daten gingen verloren

vornehmen, um die oben genannten drei verschiedenen Gründe zu klassifizieren. Man wählt diese Vorgehensweise, da man z.B. bei den Kodierungen –1 und –3 durch eine weitere Befragung doch noch zu den für die Umfrage erforderlichen Daten gelangen kann. Bei der Kodierung –2 wird man wohl davon ausgehen, dass auch bei einem zweiten Versuch die Antwort verweigert wird.

Auf Grund langjähriger Praxiserfahrung ist aber noch ein weiteres Phänomen bekannt: Obwohl nur eine Antwort zugelassen ist, wird mehr als eine Antwort gegeben. So ist es keine Seltenheit, dass selbst bei der Frage nach dem Geschlecht sowohl „weiblich" als auch „männlich" angekreuzt wird. In diesen Fällen empfiehlt es sich, einen weiteren Kodewert zu vergeben. Somit hat man dann z.B. beim Geschlecht die Kodierungen

0   keine Angabe
1   weiblich
2   männlich
3   mehr als eine Angabe

Damit trägt man der Tatsache Rechnung, dass fehlende Werte andere Sachverhalte darstellen als nicht erlaubte Mehrfachnennungen.

Nach der Festlegung der Kodierungsschemata kann die eigentliche Dateneingabe erfolgen. Hierbei sollten folgende Punkte beachtet werden:

•   Der Datensatz sollte entweder in einer Datenbank oder aber als Einzeldatensatz in Matrixstruktur (je Bogen eine Zeile, je Item einen Spalte) angelegt werden

- Die zuvor festgelegten Kodierungen müssen beachtet werden.
- Die Anzahl von Ziffern und Nachkommastellen muss festlegt werden.
- „Labelvereinbarungen" für Variablen und Kodierungen
- Zu jedem Datensatz sind **Sicherheitskopien** anzulegen!

Die Dateneingabe kann zur größeren Genauigkeit (und bei vorhandenen Ressourcen) evtl. doppelt mit nachfolgendem Datenabgleich erfolgen. Abgeschlossen wird jede Dateneingabe immer durch Plausibilitätskontrollen des Datensatzes, um nachfolgend auch valide Analysen durchführen zu können.

Erst daran schließt sich dann die eigentliche Analyse des Datensatzes an. Hierbei erfolgt zunächst eine eindimensionale (überwiegend deskriptive) Analyse der erhobenen Daten. Erst im Anschluss daran finden ausgewählte mehrdimensionale Auswertungsverfahren Verwendung. Im Bereich der induktiven Methoden ist dabei vor einer inflationären Verwendung statistischer Testverfahren zu warnen, da hierbei oftmals das Problem des multiplen Testens und der damit verbundnen mangelnden Gültigkeit von erzielten $p$-Werten nicht ausreichend berücksichtigt wird. Wie wichtig eine ausreichende Methodenkenntnis zur adäquaten Auswertung von Datensätzen und auch die Kenntnis entsprechender Programmsysteme (SPSS, Excel, ...) ist, muss an dieser Stelle sicher nicht explizit erwähnt werden.

# 2.4     Dokumentation und Präsentation

Als letzter Schritt eines empirischen Forschungsprozesses schließt sich dann die Dokumentation und Präsentation der erzielten Ergebnisse an. Um die erzielten Ergebnis einordnen zu können ist die Beschaffung von zusätzlichen Informationen und Literatur sowie der Umgang damit eine notwendige Voraussetzung. Kenntnisse formaler Aspekte und Sicherheit im Umgang mit diesen formalen Aspekten sind ebenfalls grundlegend. Hierzu gehört auch die Kenntnis entsprechender Textverarbeitungs- und/oder Präsentationsprogramme. Um Ergebnisse aus Auswertungsprogrammen in diese zu übertragen, müssen Importfunktionen für Grafiken und Tabellen ebenso beherrscht werden wie automatische Indizierungen, Querverweise und Formatvorlagen in den Textverarbeitungsprogrammen.

Das Erlernen von Präsentationstechniken (weniger ist hier oft mehr) sowie von Vortragstechniken ist wichtig, um die gewonnen Erkenntnisse auch einer größeren (Fach-) Öffentlichkeit zugänglich zu machen.

Für schriftliche Veröffentlichungen sei hier nur kurz eine beispielhafte Gliederung von empirischen Arbeiten aufgenommen

- Einleitung
- (Theoretische) Einführung in das Thema
- Hypothesen und Modellbildung / Fragestellung
- Material und Methode(n)
- Ergebnisse
- Diskussion

- Ausblick
- Literaturverzeichnis und Anhänge (Verzeichnisse von Abbildungen, Tabellen, Abkürzungen, Fragebogen, ...)

Für weitergehende Hinweise hierzu sei auf entsprechende Literatur verwiesen (z.B. *Reinhart (2003), Sesink (1994), Werder, (1993)*).

In den nachfolgenden Kapiteln wollen wir uns aber allgemeinen methodischen Fragestellungen nicht mehr zuwenden und uns auf die methodischen Aspekte statistischer Analysen beschränken.

# 3　Grundlegende Begriffe

Nachdem in dem vorhergehenden Kapitel kurz auf die Probleme der Datenerhebung eingegangen worden ist, sollen nun grundlegende Begriffe der deskriptiven Statistik (beschreibenden Statistik) definiert bzw. erläutert werden, um eine einheitliche Begriffsbildung zu schaffen.

## 3.1　Untersuchungseinheiten und Merkmale

Daten, die im Rahmen einer Studie oder einer Untersuchung erhoben werden, misst man an Personen, Tieren oder Objekten. Diese Personen, Tiere oder Objekte werden Untersuchungseinheiten genannt. Die Größen, die an den Untersuchungseinheiten gemessen werden, heißen Merkmale. Die (theoretischen) Werte, die die Merkmale annehmen können, nennt man Merkmalsausprägungen. Oft wird anstelle des Begriffs der Merkmalsausprägung auch der Begriff Realisation verwandt.

*Beispiel 3.1 Werden in einer Schulklasse die Körpergrößen und -gewichte der Kinder gemessen, so sind die Schulkinder die Untersuchungseinheiten, Körpergröße bzw. -gewicht die beiden Merkmale und 125cm, 128cm, 118cm bzw. 28kg, 29 kg, 24kg sind mögliche Merkmalsausprägungen.*

*Beispiel 3.2 Bei einer Umfrage über die Situation von Pflegeheimen könnten die Untersuchungseinheiten die Heime selber sein. Mögliche Merkmale sind Träger, Anzahl der Einzel- bzw. Doppelzimmer, Anzahl Pflegekräfte.*

*Beispiel 3.3 Im Rahmen einer Umfrage an einer Fachhochschule werden die Studierenden nach Alter, Semesterzahl und Studienziel befragt. Hier sind die Untersuchungseinheiten die Studierenden. Die Merkmale sind Alter, Semesterzahl und Studienziel. Mögliche Ausprägungen sind 22, 28, 35 Jahre; 1., 3., 7. Semester sowie Sozialarbeiter, Sozial- oder Heilpädagoge.*

*Beispiel 3.4 In einer Studie über Familienunterstützende Dienste sind die Untersuchungseinheiten die Familien, die diesen Dienst in Anspruch nehmen. Interessierende Merkmale sind z.B. wöchentliche Stundenzahl der Inanspruchnahme, welches Familienmitglied betreut wird, die Höhe der Selbstkostenbeteiligung.*

## 3.2      Das Skalenniveau von Merkmalen

Merkmale lassen sich auf vielfältige Art und Weise in Klassen oder Niveaus einteilen. Die wichtigsten Einteilungen werden im Folgenden vorgestellt.

Die Skala mit dem niedrigsten Niveau ist die **Nominalskala**. Die Ausprägungen eines Merkmals, das einer Nominalskala genügt, unterliegen keiner Ordnung. Man kann für die Ausprägungen nur entscheiden, ob sie gleich oder ungleich sind.

*Beispiel 3.5 Im Folgenden sind einige nominalskalierte Merkmale und ihre möglichen Merkmalsausprägungen aufgelistet:*

| | |
|---|---|
| *Beruf* | *Sozialarbeiter, Krankenschwester, Altenpfleger, ...* |
| *Geschlecht* | *weiblich, männlich* |
| *Farbe* | *rot, blau, gelb, violett, ...* |
| *Staat* | *Belgien, Deutschland, Dänemark, ...* |

Eine Skala mit höherem Niveau ist die **Ordinalskala (Rangskala)**. Für Ausprägungen eines ordinalskalierten Merkmals kann man entscheiden, ob sie gleich oder ungleich sind, und die Ausprägungen lassen sich in einer Reihenfolge anordnen. Obwohl auf der Ordinalskala eine Ordnung vorliegt, sind die Abstände auf dieser Skala nicht interpretierbar. So ist das Merkmal Schulnote ordinalskaliert, jedoch ist ein Schüler, der die Note „gut" erhalten hat, nicht doppelt so gut wie ein Schüler mit der Note „ausreichend"; er ist nur besser. (Würde man die Schulnoten nicht mit den Zahlen 1, 2, 3, ... in Verbindung bringen, sondern mit den Buchstaben A, B, C, ..., so wäre die Schulnote leichter als ordinalskaliert aufzufassen.) Auf einer Ordinalskala ist es nicht erforderlich, dass die Merkmalsausprägungen konsekutiv benannt werden, also z.B. 1, 2, 3, ... oder A, B, C, .... Es muss jedoch die Reihenfolge (Ordnung) eindeutig erkennbar sein, d.h., man muss entscheiden können, ob zwei Ausprägungen gleich oder ungleich sind, und im Falle der Ungleichheit, welche der beiden Ausprägungen die „größere" bzw. die „kleinere" ist. Das Ordnungsprinzip „kleiner", „gleich" oder „größer" ist dabei nicht strikt numerisch zu verstehen, da z.B. auch verbale Beurteilungen – etwa Antwortvorgaben in einem Fragebogen – in eine Reihenfolge gebracht werden können.

*Beispiel 3.6 Im Folgenden sind einige ordinalskalierte Merkmale und einige ihrer möglichen Merkmalsausprägungen aufgelistet:*

| | |
|---|---|
| *Schulnote* | *1, 2, 3, 4, 5 und 6* |
| *Note beim Eiskunstlaufen* | *6.0, 5.9, 5.8, ...* |
| *Handelsklassen* | *A, B, C, ...* |
| *Beurteilung (Fragebogen)* | *gefällt mir, weiß nicht, gefällt mir nicht* |
| *Pflegestufe* | *I, II und III* |

Die Skala mit dem höchsten Niveau ist die **metrische Skala (Kardinalskala)**. Auf ihr ist nicht nur eine Ordnung gegeben, sondern die Abstände sind interpretierbar. Für Ausprägungen eines metrischskalierten Merkmals kann man daher entscheiden, ob die Ausprägungen gleich oder ungleich sind, man kann sie in eine Reihenfolge bringen und diese Reihenfolge auch bezüglich ihrer Abstände und evtl. auch bzgl. ihrer Verhältnisse zueinander interpretieren.

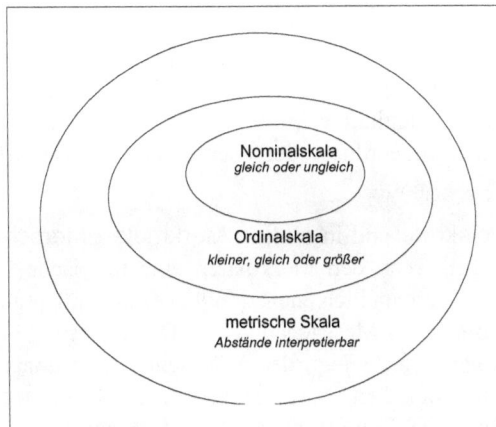

*Abbildung 3.1 Schematische Darstellung der verschiedenen Skalenniveaus*
*und zugehörige Interpretationsmöglichkeiten der Ausprägungen*

Die metrische Skala wird zusätzlich unterteilt in die Intervallskala und in die Verhältnis-skala. Eine Verhältnisskala besitzt einen natürlichen Nullpunkt (Ursprung), eine Intervall-skala einen künstlichen. So ist eine Temperaturskala in Celsiusgraden eine Intervallskala, da der Nullpunkt (Schmelzpunkt Eis → Wasser) willkürlich gewählt wurde. Eine Temperatur-messung in Kelvin entspricht einer Verhältnisskala, da Null Grad Kelvin beim absoluten Nullpunkt gemessen werden. Der Unterschied zwischen den beiden Skalen soll an diesem Beispiel noch einmal erläutert werden:

- Stehen in einem Berliner Pflegeheim zwei Tassen mit Tee, wobei der Tee der ersten Tasse eine Temperatur von 40 Grad Celsius und die der zweiten von 20 Grad Celsius, so darf man dennoch nicht behaupten, dass der Tee in der ersten Tasse doppelt so heiß sei wie der Tee der zweiten Tasse. Denn würden die beiden Tassen in New York stehen, so hätten der Tee der ersten Tasse eine Temperatur von 104 Grad Fahrenheit und der Tee der zweiten Tasse eine Temperatur von 68 Grad Fahrenheit. Das Verhältnis von 104 zu 68 beträgt nun nicht mehr 2:1.

- Da es sich aber in beiden Fällen um eine Intervallskala handelt, darf man nun sagen: Die Temperatur des Tees der ersten Tasse ist doppelt so weit von Schmelzpunkt des reinen Wassers (mit 32 Grad Fahrenheit) entfernt wie die Temperatur des Tees der zweiten Tasse, denn auch bei Messung in Fahrenheit gilt:

$$\frac{104-32}{68-32} = \frac{72}{36} = \frac{2}{1} \quad .$$

*Beispiel 3.7 Im Folgenden sind einige metrischskalierte Merkmale und die Angabe, ob sie einer Intervall- oder einer Verhältnisskala entsprechen, aufgelistet:*

| | |
|---|---|
| *Körpergröße* | *Verhältnisskala* |
| *Übergewicht (in kg)* | *Intervallskala* |
| *Pflegemehraufwand (in Minuten)* | *Intervallskala* |
| *Anzahl der Seiten in einem Buch* | *Verhältnisskala* |

Vielfach werden Merkmale auch in **qualitative** und **quantitative Merkmale** untergliedert. Die qualitativen Merkmale unterscheiden sich durch ihre Art, die quantitativen durch ihre Größe. Nominale Merkmale sind daher immer auch qualitative Merkmale und metrischskalierte Merkmale sind immer quantitative Merkmale. Ordinale Merkmale werden entweder den qualitativen Merkmalen zugeordnet oder aber unter dem Begriff der **komparativen** (vergleichenden) Merkmale erfasst.

Außerdem wird noch in **diskrete** und in **stetige Merkmale unterschieden**. Diese Einteilung ist jedoch nur sinnvoll, wenn den Merkmalen eine metrische Skala zugrunde liegt. Diskrete Merkmale besitzen nur endlich viele mögliche Ausprägungen, stetige Merkmale unendlich viele (bei beliebig feiner Messgenauigkeit). Der Übergang von diskreten zu stetigen Merkmalen ist nicht genau festgelegt, darum spricht man oftmals bei einem diskreten Merkmal mit sehr vielen möglichen Ausprägungen von einem **approximativ stetigen Merkmal**. Zudem kann die Frage, ob ein metrisches Merkmal diskret oder stetig ist, auch von dem jeweiligen Kontext abhängen, in dem das Merkmal beobachtet wird.

**Beispiel 3.8** *Das Merkmal „Kinder ja/nein" ist qualitativer Natur, die Angabe der „Kinderzahl" (0, 1,2,...) dagegen ein quantitatives und diskretes Merkmal. Die (beliebig genau) gemessene Körpergröße ist ein quantitatives und stetiges Merkmal. Das quantitative Merkmal „Alter" z.B. würde man bei einer Untersuchung im Kindergarten mit den Ausprägungen 3, 4, 5 und 6 als diskretes Merkmal auffassen, aber bei einer Untersuchung über die bundesrepublikanische Bevölkerung mit einem Wertebereich von 0 bis 120 Jahren als approximativ stetiges oder sogar als stetiges Merkmal.*

# 3.3     Grundgesamtheit versus Stichprobe

Wir messen Merkmale an Untersuchungseinheiten und interessieren uns für ihre Merkmalsausprägungen. Dabei stellt sich die Frage, woher diese Untersuchungseinheiten stammen. Dazu ist es notwendig, die Begriffe Grundgesamtheit und Stichprobe zu definieren. Unter einer **Grundgesamtheit** versteht man alle Untersuchungseinheiten, denen das zu untersuchende Merkmal gemeinsam ist. Eine Grundgesamtheit lässt sich nach räumlichen, zeitlichen und/oder sachlichen Gesichtspunkten eindeutig charakterisieren bzw. abgrenzen. Diese Abgrenzung ergibt sich im Einzelfall immer aus der jeweiligen Problemstellung. Den Umfang der Grundgesamtheit bezeichnen wir mit $N$. Werden alle Untersuchungseinheiten in die Erhebung einbezogen, d.h., wird an allen Untersuchungseinheiten der Grundgesamtheit das interessierende Merkmal gemessen, so spricht man von einer **Voll-** oder **Totalerhebung**. Das bekannteste Beispiel einer (Beinah)-Totalerhebung ist die Volkszählung. Volkszählungen gab es im Altertum schon bei den Chinesen, Ägyptern und Juden (2.Sam. 24, 1-10). In Deutschland wurden schon früh Stadt- bzw. Landeszählungen durchgeführt (Nürnberg 1449, Preußen 1725). Nach Vorschlägen der UNO sollen Volkszählungen in heutiger Zeit etwa alle 10 Jahre stattfinden. Volkszählungen dienen dazu, staatlichen Behörden und Einrichtungen Informationen zu liefern, damit diese aufgrund der Datenbasis der Volkszählungen Planungen durchführen können. So ist z.B. eine Planung und Abschätzung des Bedarfes an Kindergartenplätzen ohne derartige Datenerhebungen nicht möglich.

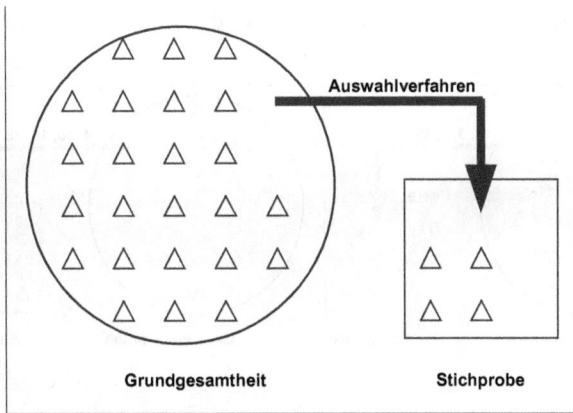

*Abbildung 3.2 Vorgehensweise zur Erstellung einer Stichprobe*

Totalerhebungen, also die Erfassung der vollen Grundgesamtheit, stellen unter dem Gesichtspunkt einer statistischen Auswertung die wünschenswerteste Form der Datenerhebung dar. In der Regel ist eine Totalerhebung jedoch aus zeitlichen, finanziellen oder anderen Gründen nicht durchführbar. Aus diesem Grund wird versucht, eine Teilmenge aus der Grundgesamtheit zu erfassen, die es ebenfalls ermöglichen soll, sinnvolle Aussagen über die Grundgesamtheit zu treffen.

Eine Teilmenge von Untersuchungseinheiten aus einer Grundgesamtheit bezeichnen wir als **Stichprobe**. Ihren Umfang bezeichnen wir mit $n$. Es gilt: $n \leq N$. Bei einer Stichprobenuntersuchung spricht man auch von einer **Teilerhebung**. Die bekannteste Teilerhebung ist der Mikrozensus. Der Mikrozensus dient der Aktualisierung der Volkszählungsergebnisse. In der Bundesrepublik Deutschland werden vierteljährlich 0.1% und jährlich 1% aller Haushalte im Rahmen des Mikrozensus befragt.

Auf Grund des jeweilig verwandten Auswahlverfahrens werden die Stichproben verschiedenartig bezeichnet. Hierbei kann man z.B. unterscheiden, ob ein Element der Grundgesamtheit höchstens einmal oder aber auch mehrfach in einer Stichprobe vertreten sein kann. Bei einer **Stichprobe ohne Zurücklegen** kann eine Untersuchungseinheit nur ein einziges Mal in der Stichprobe vorhanden sein, bei einer **Stichprobe mit Zurücklegen** mehrmals.

*Beispiel 3.9 Wenn in einem Altenzentrum mit 350 Patient(inn)en, die damit die Grundgesamtheit bilden, insgesamt 25 Patient(inn)en zufällig ausgewählt um im Rahmen einer Befragung die Patientenzufriedenheit zu ermitteln, handelt es sich um eine Stichprobe ohne Zurücklegen.*

*Beispiel 3.10 Werden in einem Krankenhaus n=25 Patient(inn)en einer Station täglich nach ihrem Getränkewunsch zum Frühstück befragt, so handelt es sich um Stichprobe mit Zurücklegen, da die einzelnen Patient(inn)en mehrfach befragt werden.*

Man spricht von einer **einfachen Zufallsauswahl** oder **einfachen Zufallsstichprobe**, falls alle $n$-elementigen Teilmengen der Grundgesamtheit die gleiche Wahrscheinlichkeit besitzen, als Stichprobe ausgewählt zu werden. Dies ist in der Abbildung 3.3 links oben schematisch zu sehen.

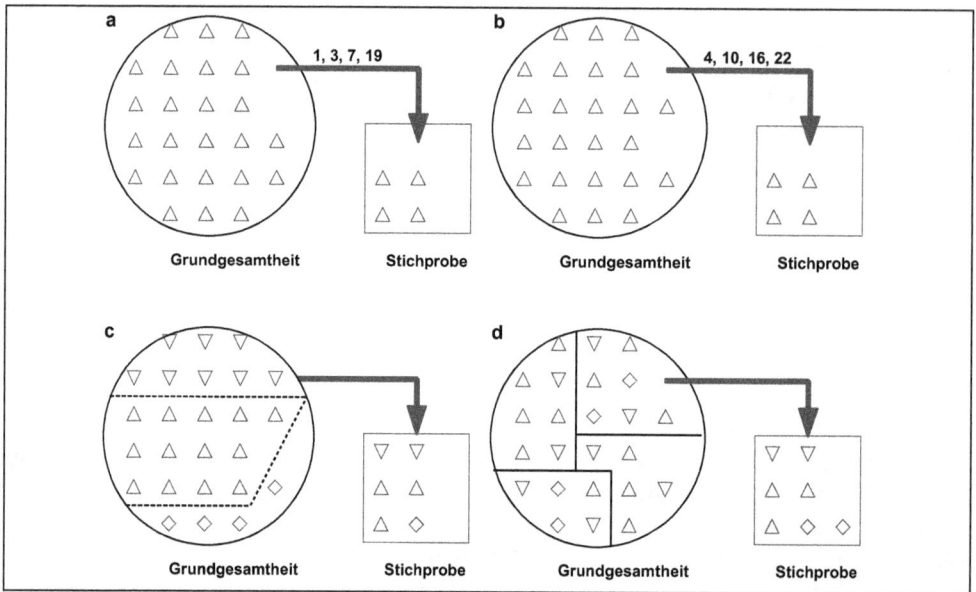

*Abbildung 3.3 Visualisierung verschiedener Konstruktionsprinzipien von Stichproben*

Unterteilt man die Grundgesamtheit nach einer Sortierung in Teilbereiche und wählt im 1.Teilbereich ein Element zufällig aus, um anschließend in gleichen Sprüngen durch die Sortierung zu laufen, so spricht man von einer **systematischen Zufallsstichprobe** (oben rechts in Abbildung 3.3). Zwar erhält nun auch jedes Element die gleiche Wahrscheinlichkeit in die Stichprobe zu gelangen, jedoch sind nun nicht mehr alle Kombinationen möglich wie es bei der einfachen Zufallsauswahl möglich war.

Weiterhin kann man unterscheiden, ob nur eine Zufallsauswahl stattfindet oder verschiedene Formen von Zufallsauswahlen miteinander kombiniert werden. Im einfacheren Fall, bei nur einer Zufallsauswahl, liegt ein **einstufiges** Verfahren vor. Werden Verfahren sequentiell miteinander kombiniert, so spricht man von **zwei-, drei-** oder **mehrstufigen Verfahren**. Ein Beispiel für ein zweistufiges Verfahren ist eine **geschichtete Stichprobe**. Hierbei wird die Grundgesamtheit zuerst in disjunkte[5] Teilmengen (Schichten) eingeteilt und dann wird aus diesen Teilmengen (Schichten) jeweils eine einfache Zufallsauswahl gezogen. Dabei sollen die Schichten in sich homogen sein, jedoch untereinander sehr heterogen. Eine geschichtete Stichprobe heißt **proportional**, wenn die Verhältnisse der Schichtenstichprobenumfänge mit den Verhältnisse der Schichtenumfänge in der Grundgesamtheit übereinstimmen (vgl. Abbildung 3.3 links unten). Ist dies nicht der Fall, so spricht man von **nicht-proportionalen** geschichteten Stichproben.

---

[5] Zwei Mengen heißen disjunkt, wenn es kein Element gibt, das gleichzeitig zu beiden Mengen gehört.

*Beispiel 3.11* *Möchte man die Rechtschreibkenntnisse von 12-14jährigen Schülern einer Stadt oder Gemeinde überprüfen, so könnte man, um eine geschichtete Stichprobe zu erhalten, zuerst alle Schüler in Schichten einteilen, z.B. nach der Schulform (Hauptschule, Realschule, Gymnasium, Gesamtschule, ...) und dann in den einzelnen Schichten eine einfache Zufallsstichprobe ziehen.*

Ein weiteres Beispiel für ein zweistufiges Verfahren ist ein Klumpenverfahren (rechts unten in Abbildung 3.3). Hierbei wird die Grundgesamtheit ebenfalls in disjunkte Teilmengen zerlegt, wobei jedoch jede Teilmenge (jeder Klumpen) ein verkleinertes Abbild der Grundgesamtheit sein soll. Klumpen sind also untereinander homogen, in sich jedoch sehr heterogen. Von allen Teilmengen (Klumpen) wird bei diesem Verfahrenstyp dann eine einfache Zufallsstichprobe gezogen. In den ausgewählten Teilmengen kann dann nochmals eine einfache Zufallsauswahl erfolgen. In vielen Fällen arbeitet man jedoch nur mit einem einstufigen Klumpenverfahren, d.h., in den ausgewählten Teilmengen wird keine Zufallsauswahl sondern eine Vollerhebung durchgeführt. Dadurch wird insgesamt nur eine Zufallsauswahl getroffen, und es liegt somit ein einstufiges Verfahren vor.

*Beispiel 3.12* *In dem letzten Beispiel würde man bei einem (einstufigen) Klumpenverfahren einige Schulen zufällig als Klumpen auswählen, um dann dort eine Totalerhebung durchzuführen. Die einzelnen Schulen sind disjunkte Teilmengen, da es keinen Schüler gibt, der zwei Schulen gleichzeitig besucht.*

Eine weitergehende Einführung in die Stichprobentheorie würde den Rahmen des vorliegenden Buches sprengen. Interessierte Leser seien daher z.B. auf die Bücher von *Kreienbrock (1989)* oder *Stenger (1971)* verwiesen. Zum Schluss sei kurz auf den Begriff der Repräsentativität eingegangen. *Stenger (1994)* beschreibt die Repräsentativität einer Stichprobe folgendermaßen: *Repräsentative Stichproben* genießen heute eine beachtliche Wertschätzung, vor allem auch bei Nicht-Statistikern. Man stellt sich darunter meist Teilmengen vor, die ebenso gegliedert sind wie die *Grundgesamtheit,* der sie entnommen wurden. In einer repräsentativen Stichprobe von Personen wären beispielsweise alle Ausprägungskombinationen von Merkmalen wie Geschlecht, Alter, Ausbildung, Beruf, Haushaltsgröße, Gemeindegröße ... vertreten, und zwar jeweils mit Häufigkeiten, die proportional zu den entsprechenden Häufigkeiten der Grundgesamtheit sind. Natürlich ließen sich bei derartiger *Strukturgleichheit* an der Stichprobe mühelos Aussagen über die Grundgesamtheit ablesen.

Anhand dieser Beschreibung erkennt man leicht, wie schwierig es ist, sowohl repräsentative Stichproben zu gewinnen als auch den Nachweis der Repräsentativität zu führen. Nach *Rothe & Wiedenbeck (1994)* kennt die mathematische Stichprobentheorie keine allgemein verbindliche Definition der „Repräsentativität", denn Stichproben sind grundsätzlich keine Substitute für die Grundgesamtheit. *Kreienbrock (1989)* bezeichnet eine Stichprobe als repräsentativ, wenn aus ihr der Schluss auf die zugrunde gelegte Grundgesamtheit erlaubt ist. Etwas später schreibt er dann: Eine Stichprobe heißt repräsentativ, wenn aus ihr der Mittelwert der Grundgesamtheit „vernünftig" geschätzt werden kann. Wir möchten es an dieser Stelle mit diesen Zitaten bewenden lassen und daraus nur die Schlussfolgerung ziehen, dass die Repräsentativität einer Stichprobe in jedem Einzelfall neu zu überprüfen ist. In vielen Fällen ist es wesentlich leichter abzuprüfen, ob die Stichprobe nicht grob „nicht repräsentativ" ist.

# 3.4    Übungsaufgaben

**Aufgabe 3.1** In der Geschäftsstelle eines mobilen Pflegedienstes sollen zur Verbesserung des Hilfsangebots die Erfahrungen der Einsätze des letzten Jahres ausgewertet werden. Von besonderem Interesse sind dabei unter anderem die Länge des Anfahrtsweges, Anzahl beteiligter Personen, Alter und Geschlecht der pflegebedürftigen Personen, Art des Pflegeeinsatzes sowie Dauer und Kosten des Einsatzes.

a.   Bestimmen Sie die Untersuchungseinheiten und die zu erhebenden Merkmale!

b.   Geben Sie mögliche Merkmalsausprägungen an!

**Aufgabe 3.2** Für die Mitarbeiter(innen) des mobilen Pflegedienstes aus Aufgabe 3.1 besteht die Möglichkeit, sich während ihrer Arbeitszeit zentral verpflegen zu lassen. Bei einer Umfrage wurden folgende Getränkewünsche ermittelt:

| Getränk | vH der Mitarbeiter(innen) |
|---------|---------------------------|
| Obstsäfte | 10 |
| Mineralwasser | 20 |
| Milch | 5 |
| Tee | 5 |
| Kaffee | 60 |

Ordnen Sie die Begriffe Untersuchungseinheit, Merkmal und Merkmalsausprägung richtig zu. Welcher Skalentyp wird in dieser Untersuchung verwandt?

**Aufgabe 3.3** Bestimmen Sie für jedes Merkmal aus Aufgabe 3.1 den zugrunde liegenden Skalentyp!

**Aufgabe 3.4** Ordnen Sie die Begriffe nominal, ordinal, metrisch, quantitativ, qualitativ, stetig, diskret jeweils den passenden nachfolgenden Merkmalen zu, soweit dies möglich und sinnvoll ist:

Geschlecht, Körpergewicht, Religion, Pflegestufe, Arbeitslohn, Lebensalter, Steuerklasse, Bettenzahl im Pflegeheim, Barthel-Index, Geschwisterzahl.

**Aufgabe 3.5** Das Meinungsforschungsinstitut INFOFIX ist beauftragt worden, unter allen Klienten einer Schuldnerberatung mit insgesamt 50 Büros eine Umfrage durchzuführen. Dazu wählt es zufällig 23 Büros aus und befragt dort jeweils die fünfzehn Kunden, die am Befragungstag zuerst das Büro betreten. Um was für eine Stichprobe handelt es sich? Sind eventuell Fehler bei der Planung gemacht worden? Ist diese Stichprobe repräsentativ?

# 4 Häufigkeiten und Konzentrationsmessung

Die bei einer Untersuchung erhobenen Merkmale und ihre Ausprägungen werden an den Untersuchungseinheiten beobachtet bzw. gemessen. In folgenden wollen wir davon ausgehen, dass wir an $n$ Untersuchungseinheiten $U_1$, $U_2$, ..., $U_n$ jeweils das Merkmal $X$ messen. Den Messwert an der Untersuchungseinheit $U_i$ bezeichnen wir mit $x_i$, $i = 1, ..., n$. Wir setzen weiterhin voraus, dass für alle Untersuchungseinheiten Messungen vorliegen, d.h., es treten keine fehlenden Werte auf. Auf die mit fehlenden Werten vorhandene Problematik werden wir in Kapitel 5.1 näher eingehen. Die Gesamtheit der Messungen $x_1$, $x_2$, ... $x_n$ wird Urliste genannt. Wird die Urliste bei einem ordinalen oder metrischen Merkmal der Größe nach auf- oder absteigend geordnet, so spricht man von einer geordneten Urliste oder Ordnungsstatistik. Diese Ordnungsstatistik wird mit $x_{(1)}$, $x_{(2)}$, $x_{(3)}$, ..., $x_{(n)}$ bezeichnet. Für sie gilt im Falle der Aufwärtssortierung $x_{(1)} \leq x_{(2)} \leq ... \leq x_{(n)}$ bzw. $x_{(1)} \geq x_{(2)} \geq ... \geq x_{(n)}$ bei Abwärtssortierung. Dabei bedeutet „$\leq$" kleiner oder gleich und „$\geq$" größer oder gleich. Im Folgenden wird immer die Aufwärtssortierung verwandt. Bei einer Ordnungsstatistik ist zu beachten, dass im allgemeinen gilt $x_i \neq x_{(i)}$, $i = 1, ..., n$. Dies bedeutet, dass die Beob-achtung an der Stelle $i$ der Urliste i. allg. nicht mit der Beobachtung an der Stelle $i$ der geordneten Urliste übereinstimmt.

*Beispiel 4.1 In einer Kindertagesstätte soll das Alter (in Jahren) derjenigen Kinder erfasst werden, die regelmäßig über Mittag betreut werden. Für die ersten sechs befragten Kinder ergab sich die folgende Urliste*

| $x_1$ | $x_2$ | $x_3$ | $x_4$ | $x_5$ | $x_6$ |
|-------|-------|-------|-------|-------|-------|
| 5 | 6 | 3 | 4 | 4 | 5 |

.

*Die geordnete Urliste ergibt sich zu*

| $x_{(1)}$ | $x_{(2)}$ | $x_{(3)}$ | $x_{(4)}$ | $x_{(5)}$ | $x_{(6)}$ |
|-----------|-----------|-----------|-----------|-----------|-----------|
| 3 | 4 | 4 | 5 | 5 | 6 |

.

*Hierbei ist $x_i \neq x_{(i)}$ für alle $i = 1, ..., 6$.*

# 4.1 Diskrete Häufigkeitsverteilung

Wir betrachten zunächst den Fall, dass diskretes Datenmaterial gegeben ist, d.h., es existiert nur eine begrenzte (endliche) Anzahl möglicher Merkmalsausprägungen. Diese möglichen Ausprägungen werden mit $a_1$, ..., $a_k$ bezeichnet und im Falle eines ordinalskalierten oder metrischskalierten Merkmals soll gelten $a_1 < a_2 < ... < a_k$. Dabei bedeutet „<" echt kleiner.

Die **absolute Häufigkeit** $H(a_j)$, $j=1$, ..., $k$, ist die Anzahl der Beobachtungen $x_1$, ..., $x_n$, bei denen $x_i = a_j$ ist. Damit gilt

$$H(a_1) + H(a_2) + \cdots + H(a_k) = \sum_{j=1}^{k} H(a_j) = n.$$

Die **relative Häufigkeit** $h(a_j) = \frac{1}{n} H(a_j)$, $j=1$, ..., $k$, ist der Anteil der Beobachtungen $x_1$, ..., $x_n$, für die $x_i = a_j$ ist. Somit gilt

$$h(a_1) + h(a_2) + \cdots + h(a_k) = \sum_{j=1}^{k} h(a_j) = \frac{1}{n} \sum_{j=1}^{k} H(a_j) = 1.$$

**Beispiel 4.2** *Bei einer Umfrage des Marktforschungsinstituts INFOFIX unter n=20 Jugendlichen nach ihrer Lieblingsfarbe ergab sich die folgende Urliste:*

| blau | rot | grün | blau | rot |
|------|-----|------|------|-----|
| gelb | rot | blau | gelb | violett |
| violett | violett | violett | schwarz | rot |
| schwarz | pink | grün | rot | rot |

*Da sich hierbei die verschiedenen Ausprägungen des nominalen Merkmals Lieblingsfarbe nicht größenmäßig ordnen lassen, können wir die verschiedenen Ausprägungen $a_j$, $j = 1$, ... ,7 in der Reihenfolge ihres (spaltenweisen) Auftretens zuordnen. Es ist $a_1$ = blau, $a_2$ = gelb, $a_3$ = violett, $a_4$ = schwarz, $a_5$ = rot, $a_6$ = pink und $a_7$ = grün. Somit ergeben sich die folgenden absoluten und relativen Häufigkeiten:*

| $a_j$ | $H(a_j)$ | $h(a_j)$ |
|-------|----------|----------|
| blau | 3 | 3 / 20 = 0.15 |
| gelb | 2 | 2 / 20 = 0.10 |
| violett | 4 | 4 / 20 = 0.20 |
| schwarz | 2 | 2 / 20 = 0.10 |
| rot | 6 | 6 / 20 = 0.30 |
| pink | 1 | 1 / 20 = 0.05 |
| grün | 2 | 2 / 20 = 0.10 |
| Summe | 20 | 20 /20 =1.00 |

**Beispiel 4.3** *In einem kleinen Hospiz im Sauerland wurde bei n = 10 zufällig ausgewählten Patienten der Jahre 1999 – 2002 dokumentiert, wie viele vollständige Tage der Hospizaufenthalt dauerte. Man erhielt die folgenden Daten:*

$$39, 144, 78, 52, 348, 52, 10, 0, 48, 25 \ .$$

*Man erkennt sofort, dass für alle Angaben (bis auf den Wert 52) $H(a_j) = 1$ gilt. Es ist nur $H(52) = 2$. Auch bereitet es keine Schwierigkeiten, die Ordnungsstatistik aufzustellen:*

$$0 \le 10 \le 25 \le 39 \le 48 \le 52 \le 52 \le 78 \le 144 \le 348 \ .$$

Oftmals interessiert man sich nicht nur — im Falle eines ordinalen oder metrischen Merkmals — für die Häufigkeitsverteilung, d.h. dafür, wie viele Untersuchungseinheiten eine jeweilige bestimmte Merkmalsausprägung besitzen, sondern auch dafür, wie viel Prozent kleiner oder gleich einer bestimmten Ausprägung sind. (Damit ist natürlich auch der Anteil bekannt, der größer als diese Merkmalsausprägung ist.) Man kann sich z.B. dafür interessieren, wie viel Prozent der Einwohner einer Stadt ein Einkommen unterhalb des Sozialhilfesatzes bekommen. Die prozentuale Angabe kann hierbei viel informativer als die absolute Anzahl sein, da man so leichter Gemeinden miteinander vergleichen kann. Wir interessieren uns also für eine Funktion (Zuordnungsvorschrift) $F_n$, die folgendermaßen definiert ist:

$$F_n(a_{k^*}) = \sum_{j=1}^{k^*} h(a_j) \quad k^* \in \{1, \dots, k\}$$

mit den Ausprägungen $a_1 < a_2 < a_3 < \dots < a_k$ und $i = 1, \dots, n$ Beobachtungen. (Hierbei steht das Zeichen „$\in$" für *ist Element von*.) Damit gilt für einen beliebigen Wert $x$

$$F_n(x) = \begin{cases} 0 & \text{für} \quad x < a_1 \\ F_n(a_{k^*}) & \text{für} \quad a_{k^*} \le x < a_{k^*+1} \quad k^* \in \{1, \dots, k\} \\ 1 & \text{für} \quad a_k \le x \end{cases} \ .$$

Die Funktion $F_n$ wird **empirische Verteilungsfunktion** genannt. Sie gibt den Anteil der Beobachtungen an, die kleiner oder gleich einer vorgegebenen Zahl $x$ sind. Dabei muss die Zahl $x$ nicht beobachtet worden sein. Da eine Verteilungsfunktion kumulative Häufigkeiten beschreibt, ist sie immer eine monoton nicht fallende Funktion. Aus $a_1 < a_2$ folgt sofort $F_n(a_1) \le F_n(a_2)$.

Die empirische Verteilungsfunktion lässt sich gut grafisch darstellen, indem auf der Abszissenachse ($x$-Achse) die Merkmalsausprägungen abgetragen werden und auf der Ordinatenachse ($y$-Achse) die korrespondierenden, kumulierten relativen Häufigkeiten. Der Graph sieht bei diskreten Merkmalen treppenförmig aus, da sich der Wert der empirischen Verteilungsfunktion in einem Intervall $\left( a_{k^*}, a_{k^*+1} \right)$ nicht verändert.

An diesem Graphen lässt sich der Wert der Verteilungsfunktion $F_n(x)$ für jedes vorgegebene $x$ direkt ablesen. Hierzu wird an der Stelle $x$ der Abszisse eine (gedachte) Linie parallel zur Ordinatenachse gezogen. Vom Schnittpunkt dieser Linie mit dem eingezeichneten Graphen (Treppenfunktion) wird dann parallel zur Abszisse eine (gedachte) Linie zur Ordinatenachse gezogen, wo dann direkt der Wert der Verteilungsfunktion abgelesen werden kann. Umgekehrt kann auch zu jedem vorgegebenen Wert der Verteilungsfunktion $F_n$ der zugehörige Merkmalswert $x$ bestimmt werden.

**Beispiel 4.4** *In dem Hospiz möchte man nun für die Aufenthaltsdauern die empirische Verteilungsfunktion berechnen und zeichnen. Dazu erstellt man die folgende Arbeitstabelle:*

| $x$ | $h(x)$ | $F_n(x)$ | $x$ | $h(x)$ | $F_n(x)$ |
|-----|--------|----------|-----|--------|----------|
| 0   | 0.1    | 0.1      | 52  | 0.2    | 0.7      |
| 10  | 0.1    | 0.2      | 78  | 0.1    | 0.8      |
| 25  | 0.1    | 0.3      | 144 | 0.1    | 0.9      |
| 39  | 0.1    | 0.4      | 348 | 0.1    | 1.0      |
| 48  | 0.1    | 0.5      |     |        |          |

*Anschließend zeichnet man die empirische Verteilungsfunktion. Möchte man den Anteil der Patient(inn)en bestimmen, die weniger oder höchstens 100 Tage im Hospiz waren, so ermittelt man 80%. Die Hälfte der Patient(inn)en hatte eine Aufenthaltsdauer von bis zu 48 Tagen. Das Ergebnis ist in Abbildung 4.1 zu sehen. Die beiden obigen Aussagen sind dort gestrichelt dargestellt.*

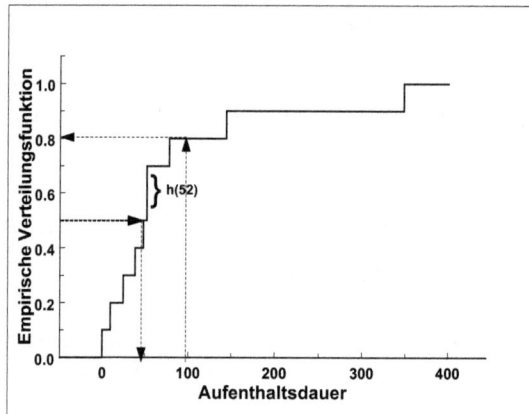

*Abbildung 4.1 Empirische Verteilungsfunktion der Aufenthaltstage aus Beispiel 4.3*

# 4.2    Stetige Häufigkeitsverteilung

Nun wollen wir den Fall betrachten, dass stetiges Datenmaterial gegeben ist. Damit besitzt das zu untersuchende Merkmal $X$ immer metrisches Skalenniveau. Prinzipiell lassen sich die Ausführungen aus dem vorherigen Abschnitt direkt auch auf stetige Merkmale übertragen, jedoch ist dies aus (zumindest) zwei Gründen nicht empfehlenswert:

- Da es sich um ein stetiges Merkmal handelt, erhält man – vor allem bei einem großen Stichprobenumfang $n$ – auch sehr viele verschiedene Merkmalsausprägungen.
- Ebenfalls zu berücksichtigen ist, dass mit hoher Wahrscheinlichkeit für fast alle Ausprägungen die absolute Häufigkeit nur den Wert Eins annimmt.

Aus diesen Gründen geht man häufig bei der deskriptiven Aufbereitung des gegebenen Datenmaterials dazu über, die Beobachtungswerte $x_1$, ..., $x_n$ in k **Klassen** $K_1$, ..., $K_k$ zusammenzufassen. Man spricht dann von **klassierten** oder auch **gruppierten** Daten. Die Klassen werden so konstruiert, dass die obere Grenze einer Klasse an die untere Grenze der nächst höheren Klasse anschließt. Damit wird sichergestellt, dass jede Beobachtung $x_1$, ..., $x_n$ genau einer Klasse $K_j$, $j=1,...,$ $k$, zugeordnet wird. Dies setzt implizit voraus, dass die Klassen $K_1$, ..., $K_k$ den gesamten Wertebereich der Merkmalsausprägungen abdecken. Es ist jeweils im Einzelfall zu entscheiden, zu welcher Klasse die **Klassengrenze** gehört. Man sollte dabei eine kontextabhängige Entscheidung treffen.

Eine Klasse $K_j$ mit den Grenzen $a_j$ und $b_j$, bei der $a_j$ nicht zur Klasse und $b_j$ zur Klasse gehört, wird mit $K_j = (a_j, b_j]$ bezeichnet. Dabei bedeutet die runde Klammer „(" oder „)", dass die Klassengrenze nicht mehr zur Klasse hinzugehört. Eine eckige Klammer „[" oder „]" hingegen bedeutet, dass die Grenze noch zur Klasse hinzugehört. Die Klassen heißen **äquidistant**, falls sie alle gleich groß sind, also die Differenz $b_j - a_j$ für alle Klassen $1,...,$ $k$ denselben Wert annimmt. Im Folgenden bezeichnen wir mit $m_1$, ..., $m_k$ die **Klassenmitten**. Es ist $m_1 < m_2 < ... < m_k$ und es gilt

$$m_j = \frac{a_j + b_j}{2} \qquad , j = 1, ..., k \quad .$$

Die Entscheidung, wie viele Klassen gebildet werden und wie groß diese jeweils sind, muss – wenn keine externen Vorgaben vorliegen – nach sachlogischen Gesichtspunkten getroffen werden. Die Anzahl der Klassen sollte dabei nicht zu gering sein, um die Daten nicht zu stark zusammenzufassen. Andererseits darf die Klassenanzahl auch nicht zu groß gewählt werden, da sonst keine bessere Übersichtlichkeit durch die Klassenbildung im Vergleich zu den Originaldaten erzielt wird. Weitere Ausführungen findet man auch in *Ostermann et al. (2004a)*.

Mit diesen Vereinbarungen kann nun die absolute Klassenhäufigkeit definiert werden. Die **absolute Klassenhäufigkeit** $H(K_j)$, $j=1$, ..., $k$, ist die Anzahl der Beobachtungen $x_1$, ..., $x_n$, für die $x_i \in K_j$ ist. Damit gilt

$$H(K_1) + H(K_2) + \cdots + H(K_k) = \sum_{j=1}^{k} H(K_j) = n \quad .$$

Die **relative Klassenhäufigkeit** $h(K_j) = \frac{1}{n} H(K_j)$, $j=1$, ..., $k$, ist der Anteil der Beobachtungen $x_1$, ..., $x_n$, für die $x_i \in K_j$ ist. Somit gilt

$$h(K_1) + h(K_2) + \cdots + h(K_k) = \sum_{j=1}^{k} h(K_j) = \frac{1}{n} \sum_{j=1}^{k} H(K_j) = 1 \quad .$$

Wenn der Bezug eindeutig ist, werden wir im Folgenden an Stelle der Schreibweise $H(K_j)$ bzw. $h(K_j)$ häufig die verkürzte Schreibweise $H_j$ bzw. $h_j$ verwenden.

*Beispiel 4.5* Bei einer Umfrage des Marktforschungsinstituts INFOFIX unter n=33 regelmä-
ßigen Besucher(inne)n einer Tagesstätte über die Dauer (in Minuten) ihrer täglichen Anfahrtszeit ergab sich folgende Urliste:

|     |     |     |     |     |     |     |     |     |     |     |
|-----|-----|-----|-----|-----|-----|-----|-----|-----|-----|-----|
| 5   | 15  | 12  | 8   | 6   | 12  | 13  | 14  | 18  | 2   | 24  |
| 20  | 17  | 4   | 11  | 12  | 19  | 16  | 14  | 14  | 9   | 28  |
| 7   | 8   | 5   | 6   | 12  | 10  | 10  | 10  | 18  | 1   | 28  |

Unter Verwendung von sieben äquidistanten Klassen ergeben sich die folgenden absoluten
und relativen (gerundeten) Klassenhäufigkeiten:

| Klasse | $H(K_j)$ | $h(K_j)$ |
|--------|----------|----------|
| $K_1 = [0,4]$   | 3  | 0.091 |
| $K_2 = (4,8]$   | 7  | 0.212 |
| $K_3 = (8,12]$  | 9  | 0.272 |
| $K_4 = (12,16]$ | 6  | 0.182 |
| $K_5 = (16,20]$ | 5  | 0.152 |
| $K_6 = (20,24]$ | 1  | 0.030 |
| $K_7 = (24,28]$ | 2  | 0.061 |
| Summe  | 33 | 1.000 |

Gerade bei einem stetigen Merkmal interessiert man sich in vielen Fällen nicht so sehr für
die (Klassen)-Häufigkeitsverteilung, sondern vielmehr dafür, wie viel Prozent kleiner oder
gleich einer bestimmten Merkmalsausprägung sind. (Damit ist natürlich auch hier der Anteil
bekannt, der größer als diese Merkmalsausprägung ist.) Wir interessieren uns also wiederum
für eine Funktion (Zuordnungsvorschrift) $F_n$, die den Anteil an Beobachtungen beschreibt,
die kleiner oder gleich einem vorgegebenen Wert sind. Wir werden diese Funktion $F_n$ nächst
analog zum diskreten Fall direkt für einen vorliegenden Datensatz definieren. Hierbei ist

$$F_n(x) = \sum_{y \leq x} h(y) \ .$$

Damit gilt für ein beliebiges $x$

$$F_n(x) = \begin{cases} 0 & \text{für} & x < x_{(1)} \\ \sum_{i=1}^{j} h(x_{(i)}) & \text{für} & x_{(j)} \leq x < x_{(j+1)} \, j \in \{1,...,n-1\} \\ 1 & \text{für} & x_{(n)} \leq x \end{cases} \ .$$

Die Funktion $F_n$ wird wiederum **empirische Verteilungsfunktion** genannt. Sie gibt den Anteil derjenigen Beobachtungen an, die kleiner oder gleich einer vorgegebenen Zahl $x$ sind.
Dabei braucht die Zahl $x$ nicht beobachtet worden sein. Die empirische Verteilungsfunktion
lässt sich analog zum Vorgehen im diskreten Fall grafisch darstellen, in dem auf der Abszissenachse die Merkmalsausprägungen und auf der Ordinatenachse die korrespondierenden
kumulierten relativen Häufigkeiten abgetragen werden. Die Interpretation und das Vorgehen
beim Ablesen des Graphen sind identisch mit dem diskreten Fall. Der Graph sieht bei stetigen Merkmalen wie eine entartete Treppenfunktion aus, da ja – wie schon oben erwähnt –

jede einzelne Ausprägung mit hoher Wahrscheinlichkeit nur einmal auftritt. Deshalb geht man vielfach dazu über, die empirische Verteilungsfunktion für die jeweils gewählten Klassen anzugeben. Es gibt nun mehrere Möglichkeiten für die Konstruktion der empirischen Verteilungsfunktion bei Verwendung von klassiertem Datenmaterial. Man kann

- als Sprungstelle der Treppenfunktion die linke Klassengrenze wählen,
- als Sprungstelle der Treppenfunktion die Klassenmitte $m_j$ wählen,
- als Sprungstelle der Treppenfunktion die rechte Klassengrenze wählen,
- an Stelle der Treppenfunktion die Werte der empirischen Verteilungsfunktion an der gewählten Sprungstelle linear miteinander verbinden. Dies wird oft gewählt, um die Stetigkeit des Merkmals deutlich hervorzuheben.

Wir wollen bei stetigem Datenmaterial einen solchen stetigen Linienzug wählen. Zunächst bestimmen wir für die Klassen $K_j = (a_j, b_j], j = 1, \cdots, k$, die kumulierten relativen Häufigkeiten

$$F_n(K_j) = \sum_{i=1}^{j} h(K_i), \quad j \in \{1, \ldots, k\}.$$

Im Weiteren werden wir an Stelle der Schreibweise $F_n(K_j)$ häufig die verkürzte Schreibweise $F_j$ verwenden, wenn der Bezug eindeutig ist. Für klassiertes Datenmaterial ist die empirische Verteilungsfunktion $F_n$ damit für einen beliebigen Wert $x$ folgendermaßen definiert.

$$F_n(x) = \begin{cases} 0 & \text{für } x \leq a_1 \\ F_n(K_{j-1}) + \dfrac{h(K_j)}{b_j - a_j} \cdot (x - a_j) & \text{für } a_j < x \leq b_j, j \in \{1, \ldots, k\} \\ 1 & \text{für } b_k < x \end{cases}.$$

Die Interpretation und das Vorgehen beim Ablesen des zugehörigen Graphen bleiben analog zu den vorangehend betrachteten Fällen erhalten. Im Beispiel 4.6 werden wir nun für die Daten aus Beispiel 4.5 die empirische Verteilungsfunktion der klassierten Daten erstellen und diese mit der empirischen Verteilungsfunktion der nicht-klassierten Daten vergleichen.

*Beispiel 4.6* *Für die Daten aus Beispiel 4.5 ergibt sich für die Bestimmung der empirischen Verteilungsfunktion der klassierten Daten die nachfolgende Arbeitstabelle. In der letzten Spalte ist jeweils die Geradengleichung für den Verlauf der empirischen Verteilungsfunktion zu sehen.*

| $K_j$ | $h(K_j)$ | $F_n(K_j)$ | $F_n(x)$, $x \in K_j$ |
|---|---|---|---|
| $K_1=[0,4]$ | 0.091 | 0.091 | $0 + \dfrac{0.091}{4} \cdot (x-0)$ |
| $K_2=(4,8]$ | 0.212 | 0.303 | $0.091 + \dfrac{0.212}{4} \cdot (x-4)$ |
| $K_3=(8,12]$ | 0.272 | 0.575 | $0.303 + \dfrac{0.272}{4} \cdot (x-8)$ |
| $K_4=(12,16]$ | 0.182 | 0.757 | $0.575 + \dfrac{0.182}{4} \cdot (x-12)$ |
| $K_5=(16,20]$ | 0.152 | 0.909 | $0.757 + \dfrac{0.152}{4} \cdot (x-16)$ |
| $K_6=(20,24]$ | 0.030 | 0.939 | $0.909 + \dfrac{0.030}{4} \cdot (x-20)$ |
| $K_7=(24,28]$ | 0.061 | 1.000 | $0.939 + \dfrac{0.061}{4} \cdot (x-24)$ |

*Als grafische Darstellung erhält man Abbildung 4.2, in der auch die entsprechende empiri-sche Verteilungsfunktion der Originaldaten als Treppenfunktion (gestrichelte Linie) darge-stellt ist. Der Anteil derjenigen Besucher(innen), die beispielsweise eine Anfahrtszeit von bis zu 15 Minuten haben, beträgt $0.575 + (0.182/4) \cdot (15 - 12) = 0.7115$, also 71.15%. Genau die Hälfte aller befragten Besucher(innen) hat eine Anfahrtszeit von ungefähr 11 Minuten. Diese beiden Sachverhalte sind wiederum durch die Pfeile in der Grafik dargestellt.*

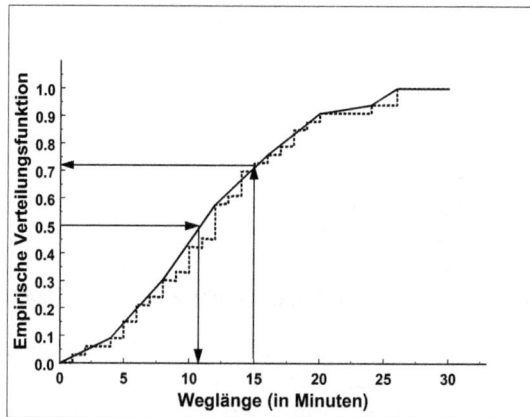

*Abbildung 4.2 Empirische Verteilungsfunktion der Anfahrtszeiten aus der Umfrage von INFOFIX*

# 4.3     Konzentrationsmessung

Mit Hilfe der empirischen Verteilungsfunktion kann man Aussagen darüber treffen, wie viel Prozent der Untersuchungseinheiten eine Ausprägung besitzen, die kleiner oder gleich einem bestimmten Wert ist. Ist man allerdings daran interessiert wie viel Prozent der Merkmalssumme kleiner oder gleich einem bestimmten Wert sind, so spricht man von **Konzentrationsmessung.**

Liegen bei insgesamt $n$ Untersuchungseinheiten nur positive Werte eines (klassierten) Merkmals $X$ vor, so lässt sich z.B. mit Hilfe der **Lorenzkurve**[6] bzw. des **Lorenzschen Konzentrationsmaßes** die Konzentration veranschaulichen bzw. messen. Wir werden zunächst die Bestimmung der Lorenzkurve und des Lorenzschen Konzentrationsmaßes für nicht-klassierte Daten betrachten und danach zu klassierten Daten übergehen.

Sei $X$ ein Merkmal mit $k$ verschiedenen, positiven Ausprägungen $a_1 < a_2 < ... < a_k$ der Stichprobe $x_1, ..., x_n$. Bezeichne $h(a_j)$, $j = 1, ..., k$, die zu $a_j$ gehörende relative Häufigkeit bzw. mit $H(a_j)$, $j = 1, ..., k$, die zugehörige absolute Häufigkeit. Zur Konstruktion der Lorenzkurve – einer grafischen Veranschaulichung von Konzentration – werden zuerst (schrittweise) die Werte der empirischen Verteilungsfunktion berechnet:

$$F_n(a_j) = \sum_{i=1}^{j} h(a_i)$$

für $j = 1, ..., k$. Sodann werden die Anteile jeder Ausprägung an der Gesamtmerkmalssumme $g(a_j)$ berechnet, (schrittweise) kumuliert und mit $G_n(a_j)$ bezeichnet:

$$g(a_j) = \frac{a_j \cdot H(a_j)}{\sum_{j=1}^{k} a_j \cdot H(a_j)} \ .$$

$$G_n(a_j) = \sum_{i=1}^{j} g(a_i) \quad \text{für } j = 1, ..., k.$$

Die **Lorenzkurve** entsteht nun, indem in einem Koordinatensystem die Werte $F_n(a_j)$ auf der Abszisse (x-Achse) und die korrespondierenden Werte $G_n(a_j)$ auf der Ordinate (y-Achse) abgetragen werden. Zusätzlich wird als Startpunkt das Wertepaar $(F_n(a_0), G_n(a_0)) := (0,0)$ eingetragen und dann die Wertepaare $(F_n(a_j), G_n(a_j))$, $j = 0, ..., k$, linear miteinander verbunden. Es handelt es sich damit um einen Polygonzug, der beginnend im Koordinatenursprung monoton steigend die Punkte $(F_n(a_j), G_n(a_j))$, $j = 1, ..., k$, miteinander verbindet und im Punkt $(F_n(a_k), G_n(a_k)) = (1,1)$ endet.

Je stärker die Anteile der Merkmalssumme den Anteilen der Beobachtungen entsprechen, desto mehr nähert sich dieser Polygonzug einer Geraden zwischen den Punkten (0,0) und

---

[6] Die Lorenzkurve ist benannt nach Max Otto Lorenz (*1876, †1944), einem amerikanischen Statistiker, der diese Kurve 1905 für den Vergleich von Einkommensverhältnissen einführte.

(1,1) – der Winkelhalbierenden – an. Diese grafische Annäherung der Lorenzkurve an die Winkelhalbierende entspricht inhaltlich einer abnehmenden Konzentration. Bei fehlender Konzentration erhält man als Lorenzkurve gerade die Winkelhalbierende. Mit zunehmender Konzentration nähert sich umgekehrt die Lorenzkurve immer stärker der Abszisse an. Bei vollständiger Konzentration entspricht die Lorenzkurve bis zum Wertepaar $(F_n(a_{k-1}), G_n(a_{k-1}))$ genau der Abszisse: $(F_n(a_j), G_n(a_j)) = (F_n(a_j), 0))$ für $j = 0, ..., k-1$. Im Punkt $(F_n(a_k), G_n(a_k))$ wird der Wert $(1, 1)$ angenommen.

Die Interpretation einer grafischen Darstellung ist zu einem Teil auch immer vom subjektiven Empfinden und der Erfahrung des Interpretierenden abhängig. Aus diesem Grund ist es von Vorteil, den Grad einer Konzentration (zusätzlich) durch eine Maßzahl ausdrücken zu können. Als eine solche Maßzahl für die Konzentration wird z.B. das so genannte **Lorenzsche Konzentrationsmaß (LKM)** herangezogen, das auch vielfach **Gini-Koeffizient**[7] genannt wird. Anschaulich beträgt diese Maßzahl gerade das Doppelte der Fläche zwischen der Lorenzkurve und der Winkelhalbierenden. Für die Berechnung gilt:

$$LKM = \left\{ \sum_{j=1}^{k} \left( F_n\left(a_{j-1}\right) + F_n\left(a_j\right)\right) \cdot g\left(a_j\right) \right\} - 1 \quad .$$

Weiterhin ist (bei $n$ Untersuchungseinheiten)

$$0 \le LKM \le \frac{n-1}{n} \quad .$$

Um eine Größe zu erhalten, die auch den Wert Eins annehmen kann, normiert man die Maßzahl mit $n \cdot (n-1)^{-1}$

$$LKM_{norm} = \frac{n}{n-1} \cdot LKM$$

und nennt dies das **normierte Konzentrationsmaß**. Für das normierte Konzentrationsmaß gilt

$$0 \le LKM_{norm} \le 1.$$

Die Normierung wird durchgeführt, um eine Maßzahl zu erhalten, die unabhängig vom jeweiligen Stichprobenumfang ist. Hierdurch ist z.B. eine bessere Vergleichbarkeit verschiedener Datensätze gegeben. Auch bei unterschiedlichen Konzentrationsstrukturen kann derselbe Wert für das Lorenzsche Konzentrationsmaß ermittelt werden. Dies geschieht immer dann, wenn zwischen Winkelhalbierender und Lorenzkurve dieselbe Fläche eingeschlossen ist.

Bei Vorliegen klassierten Datenmaterials erfolgt die Bestimmung der Lorenzkurve und des Lorenzschen Konzentrationsmaßes analog zum nicht-klassierten Fall. Zur Konstruktion der Lorenzkurve werden zuerst die Größen $F_j$ der empirischen Verteilungsfunktion des Merkmals $X$ unter Verwendung der geordneten Klassen $K_1, ..., K_k$ berechnet

---

[7] Corrado Gini (*1884, †1965) entwickelte diese Maßzahl unabhängig von Lorenz und publizierte sie im Jahre 1912. Gini war einer der bekanntesten Ökonometriker Italiens. Er lehrte zuletzt an der Universität von Rom.

$$F_j = F_n(K_j) = \sum_{i=1}^{j} h(K_i)$$

für $j = 1, ..., k$ und $F_0 = F_n(K_0) := 0$. Hierbei bezeichnet $h(K_i)$ die relative Häufigkeit der Klasse $K_i$. Sodann berechnet man die Größen $g_j$ – dies ist analog zum diskreten Fall der Anteil der Klasse an der Gesamtmerkmalssumme – und $G_j$, die kumulierten Werte von $g_j$:

$$g_j = \frac{m_j \cdot H(K_j)}{\sum_{i=1}^{k} m_i \cdot H(K_i)} \qquad \text{und} \qquad G_j = \sum_{i=1}^{j} g_i$$

für $j = 1, ..., k$ und $G_0 = G_n(K_0) := 0$. Dabei ist $m_j$ die Klassenmitte der Klasse $K_j$ und $H(K_j)$ deren absolute Häufigkeit. Für die grafische Darstellung werden nun die Werte $F_j$, $j = 1, ...,$ $k$, auf der Abszisse und die korrespondierenden Werte $G_j$ auf der Ordinate abgetragen. Trägt man zusätzlich als Startpunkt die Koordinaten $(F_n(K_0), G_n(K_0)) := (0,0)$ ein und verbindet alle Punkte miteinander, so erhält man die Lorenzkurve für klassierte Daten. Auch nun ist die Lorenzkurve ein Polygonzug, der im Koordinatenursprung beginnt und monoton steigend die Punkte $(F_j, G_j)$, $j = 1, ..., k$, miteinander verbindet. Der Polygonzug endet wieder im Punkt $(1,1) = (F_k, G_k)$. Die Interpretation erfolgt analog zum nicht-klassierten Fall.

Für die Berechnung des Lorenzschen Konzentrationsmaßes gilt nun

$$LKM = \left( \sum_{j=1}^{k} (F_{j-1} + F_j) \cdot g_j \right) - 1$$

mit

$$0 \leq LKM \leq \frac{n-1}{n}$$

(bei $n$ Untersuchungseinheiten). Das normierte Konzentrationsmaß ergibt sich wie im vorangehenden (diskreten) Fall als

$$LKM_{norm} = \frac{n}{n-1} \cdot LKM$$

mit

$$0 \leq LKM_{norm} \leq 1 \quad .$$

*Beispiel 4.7 Im Rahmen einer Untersuchung zur Situation sozialer Einrichtungen wurde in einem westdeutschen Bundesland die Anzahl der Einrichtungen und die jeweilige Mitarbeiter(innen)zahl dieser Einrichtungen ermittelt. Man interessiert sich nun für die Frage, ob eine Konzentration von Mitarbeiter(innen) bei einzelnen Einrichtungen vorliegt. Dabei wurde zwischen kirchlichen und nicht-kirchlichen Einrichtungen unterschieden.*

| Anzahl der Mitar-beiter(innen) | kirchlich | nicht-kirchlich |
|---|---|---|
| [0, 10] | 4 | 6 |
| (10, 30] | 20 | 15 |
| (30, 50] | 9 | 12 |
| (50, 100] | 5 | 3 |
| (100, 200] | 2 | 4 |
| Summe | 40 | 40 |

Zur Berechnung der Lorenzkurve für das Merkmal „Mitarbeiter(innen)zahl kirchlicher Einrichtungen" wird die folgende Arbeitstabelle angefertigt:

| $K_j$ | $m_j$ | $F_j$ | $m_j H(K_j)$ | $g_j$ | $G_j$ |
|---|---|---|---|---|---|
| $K_1$ | 5 | 0.100 | 20 | 0.0138 | 0.0138 |
| $K_2$ | 20 | 0.600 | 400 | 0.2749 | 0.2887 |
| $K_3$ | 40 | 0.825 | 360 | 0.2474 | 0.5361 |
| $K_4$ | 75 | 0.950 | 375 | 0.2577 | 0.7938 |
| $K_5$ | 150 | 1.000 | 300 | 0.2062 | 1.0000 |
| | | | Summe: 1455 | | |

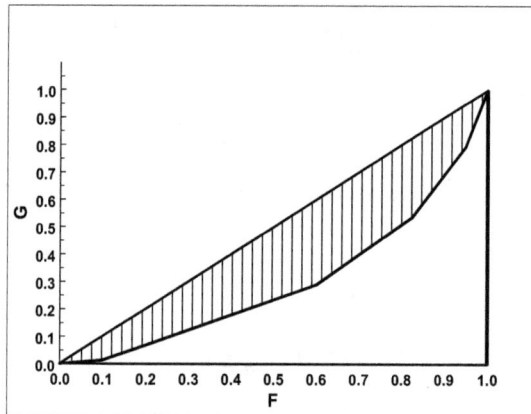

Abbildung 4.3 Lorenzkurve für die Daten aus Beispiel 4.7

Somit erhält man die Lorenzkurve aus Abbildung 4.3. Als Konzentrationsmaß berechnet man:

$$
\begin{aligned}
LKM &= \left( \sum_{j=1}^{k} (F_{j-1} + F_j) \cdot g_j \right) - 1 \\
&= \big( (0+0.1) \cdot 0.0138 + (0.1+0.6) \cdot 0.2749 + (0.6+0.825) \cdot 0.2474 \\
&\quad + (0.825+0.95) \cdot 0.2577 + (0.95+1.0) \cdot 0.2062 \big) - 1 \\
&= 1.4059 - 1 = 0.4059 \quad .
\end{aligned}
$$

*Das normierte Konzentrationsmaß nimmt damit den Wert*

$$LKM_{norm} = \frac{40}{39} \cdot 0.4059 = 0.4163$$

*an. Es liegt somit eine mittlere Konzentration vor.*

# 4.4     Übungsaufgaben

**Aufgabe 4.1** Ermitteln Sie für das Merkmal „Mitarbeiter(innen)zahl nicht-kirchlicher Einrichtungen" aus Beispiel 4.7
- die empirische Verteilungsfunktion,
- die Lorenzkurve und
- das normierter und unnormierte Lorenzsche Konzentrationsmaß.

**Aufgabe 4.2** In der untenstehenden Abbildung ist die Verteilungsfunktion zur Anzahl der Kinder in einer Stichprobe sozialgefährdeter Familien zu sehen. Wie viel Prozent aller Ausprägungen des Merkmals $X$ sind

1. kleiner als 3 $[X < 3]$?

2. kleiner als oder gleich 3 $[X \leq 3]$?

3. größer als 2 aber kleiner als 4 $[2 < X < 4]$?

4. größer als oder gleich 2 aber kleiner als 4 $[2 \leq X < 4]$?

5. größer als oder gleich 2 aber kleiner als oder gleich 4 $[2 \leq X \leq 4]$?

6. größer als 5 $[X > 5]$?

7. größer als oder gleich 5 $[X \geq 5]$?

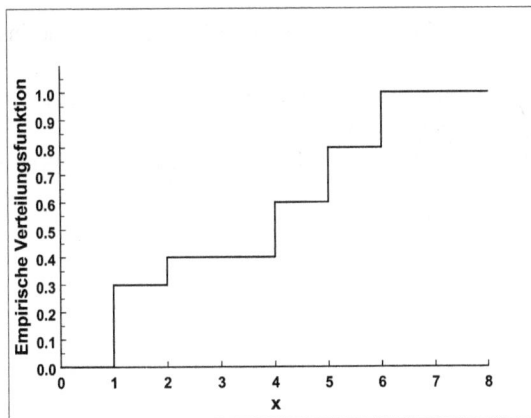

**Aufgabe 4.3** Geben Sie für die Häufigkeitsverteilung aus Aufgabe 4.2 den Bereich an, in dem
1. die mittleren 50% der Beobachtungen,
2. 20% der größten Beobachtungen,
3. die unteren 30% der Beobachtungen
liegen.

**Aufgabe 4.4** Bei einer Umfrage unter der Belegschaft eines Pflegeheimes wurde erfragt, wie viele Urlaubstage die einzelnen Mitarbeiter(innen) im letzten Jahr verfallen ließen. Es ergab sich die folgende Tabelle:

| Tage | Kum. Proz. | Tage | Kum. Proz. | Tage | Kum. Proz. |
|------|------------|------|------------|------|------------|
| 1 | 4% | 11 | 62% | 21 | 90% |
| 2 | 6% | 12 | 68% | 22 | 91% |
| 3 | 7% | 13 | 72% | 23 | 92% |
| 4 | 12% | 14 | 76% | 24 | 93% |
| 5 | 19% | 15 | 79% | 25 | 95% |
| 6 | 24% | 16 | 83% | 26 | 96% |
| 7 | 39% | 17 | 85% | 27 | 97% |
| 8 | 48% | 18 | 86% | 28 | 98% |
| 9 | 53% | 19 | 87% | 29 | 99% |
| 10 | 56% | 20 | 88% | 30 | 100% |

Beantworten Sie die folgenden Fragen:

1. Wie viel Prozent haben maximal 5 Tage verfallen lassen?
2. Wie viel Prozent haben weniger als 10 Tage verfallen lassen?
3. Wie viel Prozent haben mehr als 16 Tage verfallen lassen?
4. Wie viel Prozent haben mindestens 18 Tage verfallen lassen?
5. Wie viel Prozent haben mehr als 2, aber weniger als 5 Tage verfallen lassen?
6. Wie viel Prozent haben mindestens 3, aber höchstens 8 Tage verfallen lassen?
7. Wie viel Personen haben höchstens 12 Tage verfallen lassen, wenn insgesamt 300 Personen befragt wurden?
8. Wie viel Personen haben mehr als 18 Tage verfallen lassen, wenn insgesamt 300 Personen befragt wurden?
9. Wie viel Personen haben höchstens 12 Tage, aber mehr als 5 Tage verfallen lassen, wenn insgesamt 300 Personen befragt wurden?
10. Wie viel Personen haben mindestens 12 Tage verfallen lassen, wenn insgesamt 300 Personen befragt wurden?

# 5    Lageparameter

Haben wir bis jetzt die Verteilung eines Merkmals durch die Häufigkeitsverteilung bzw. die empirische Verteilungsfunktion beschrieben, werden ab nun zur Charakterisierung von Häufigkeitsverteilungen auch statistische Kenngrößen oder Maßzahlen herangezogen. Diese Maßzahlen verdichten den gesamten Datensatz i.allg. zu einer Zahl, die eine typische Besonderheit aller Daten anzeigen soll. Im Rahmen dieses Kapitels werden Lageparameter behandelt, während im darauf folgenden Kapitel Streuungsparameter vorgestellt werden.

**Lageparameter** sind Maßzahlen, die besonders typische und aussagekräftige Werte auf einer beobachteten Skala bezeichnen. Oft sind dies Werte, die eine Art Mitte oder Zentrum der Beobachtungen bzw. einer Häufigkeitsverteilung darstellen. Die Wahl eines Lageparameters hängt von der Skala des jeweils gegebenen Merkmals $X$ ab. Zur Berechnung eines solchen Parameters gehen wir im Folgenden davon aus, dass eine Stichprobe vom Umfang $n$, also $x_1, ..., x_n$, gegeben ist. Vorab jedoch sei noch kurz auf das Problem der fehlenden Werte eingegangen.

## 5.1    Fehlende Werte

In vielen Untersuchungen, Studien oder Erhebungen stellt sich das Problem der **fehlenden Werte (Missing Values)**. Fehlende Werte beeinflussen die jeweiligen Ergebnisse in hohem Maße. Wir wollen diese Problematik an einem Beispiel erläutern.

**Beispiel 5.1** *Bei einer Umfrage unter n=12 Schülern erhielt man bei der Frage nach der Mathematiknote im letzten Zeugnis die folgenden Antworten. Dabei sind die fehlenden Werte mit einem „?" symbolisiert.*

| Nr. des Kindes | 1 | 2 | 3 | 4 | 5 | 6 | 7 | 8 | 9 | 10 | 11 | 12 |
|----------------|---|---|---|---|---|---|---|---|---|----|----|----|
| Mathematiknote | 2 | ? | 4 | 2 | 1 | ? | 3 | 3 | 3 | ? | 4 | 4 |

*Aus dem gegebenen Datenmaterial lässt sich nicht schlussfolgern, dass es kein Kind mit der Mathematiknote „5" oder „6" gegeben hat, da die drei potentiellen Antwortverweigerer eventuell eine dieser beiden Noten hätten haben können. Bis zu 25% der interviewten Personen könnten also eine derartige schlechte Note haben.*

Es ist also in derartigen Fällen immer angeraten, den Stichprobenumfang zu reduzieren (im obigen Beispiel also von 12 auf 9) und nur noch dieses Datenmaterial zu analysieren. Man

sollte aber unbedingt, z.B. in einem Abschlußbericht, den Anteil der fehlenden Werte doku-
mentieren.

Die Gründe für fehlende Werte sind vielfältiger Natur. Wir wollen im Folgenden einige bei-
spielhaft aufzählen:
- Bei einer Befragung ist eine Seite des Fragebogens verloren gegangen.
  - Bei einer indiskreten Frage wurde die Beantwortung verweigert.
  - Teile der Daten aus einem Archiv fielen Feuer oder Wasser zum Opfer.
  - Der PC, auf dem die Daten gespeichert waren, ist ausgefallen.
  - Der Interviewer hat vergessen, die eine oder andere Frage zu stellen.
  - Die zu analysierende Laborprobe ist vom Tisch gefallen.
  - Bei der Frage nach Kinderkrankheiten traten Gedächtnislücken auf.
  - $\vdots$

Wichtig ist es, das Problem der fehlenden Daten zu kennen und bei allen Analysen zu berücksichtigen. Gegebenenfalls kann man die Gruppe der fehlenden Werte als eine Sonder-
gruppe betrachten, bei der man die sonstigen erhobenen Daten separat analysiert und sie den
anderen Ergebnissen gegenüberstellt.

**Beispiel 5.2** *Bei einer postalischen Befragung von n = 1000 verheirateten Personen verwei-
gerten 246 Personen die Frage nach ihrem Geschlecht. Auf die Frage, ob sie schon einmal
Ehebruch begangen hätten, antworteten 928 Personen. Beide Fragen beantworteten 58 Personen nicht. Deutlich ist das unterschiedliche Antwortverhalten bzgl. der Frage nach dem
Ehebruch zwischen den Personen zu sehen, die die Frage nach dem Geschlecht beantwortet
haben oder nicht.*

| | Ehebruch | | | |
|---|---|---|---|---|
| *Geschlecht* | *ja* | *nein* | *?* | *Summe* |
| *männlich* | *100* | *312* | *12* | *424* |
| *weiblich* | *60* | *268* | *2* | *330* |
| *?* | *170* | *18* | *58* | *246* |
| *Summe* | *330* | *598* | *72* | *1000* |

Das Problem fehlender Werte ist in der Praxis ein nicht zu vernachlässigendes Problem, was
auch in *Vogt (2001)* deutlich wird. Bei einer dort durchgeführten Klientendokumentation einer Drogenambulanz mit 1625 Klienten mit Alkoholproblemen waren nur bei 1012 Klienten
auch Angaben zu Geschlecht und Schulabschluss gemacht worden. Bei 613 Klienten, was
fast 38 Prozent entspricht, fehlte zumindest eine der beiden Angaben. Bei Klienten mit Dro-
genproblemen fehlte diese Angabe in etwas mehr als 20 Prozent aller Fälle. Die durchgeführten statistischen Analysen wurden natürlich durch diesen hohen Anteil fehlender Werte stark
beeinflusst. Eine weitergehende Diskussion der Behandlung fehlender Werte findet man u.a.
in *Vach & Schumacher (1996)*.

# 5.2     Der Modus

Der Modus $x_{mod}$ (auch **Modalwert** oder **häufigster Wert** genannt) bezeichnet die Merkmalsausprägung, die am häufigsten beobachtet wurde. Für die Bestimmung des Modus wird
nur die Existenz einer Nominalskala vorausgesetzt, d.h., er ist prinzipiell bei jedem Skalenniveau berechenbar. Formal ist der Modus diejenige Merkmalsausprägung $x_i$, für die gilt:

$$H(x_i) > H(x_j) \text{ bzw. } h(x_i) > h(x_j) \qquad \text{für alle } i, j = 1,...,n \text{ mit } i \neq j.$$

Treten viele Ausprägungen mit (annähernd) gleichen absoluten oder relativen Häufigkeiten
auf, ist es nicht sinnvoll, den Modus zur Charakterisierung der Häufigkeitsverteilung heran-
zuziehen, da er in derartigen Situationen keine hohe Aussagekraft besitzt.

Der Modalwert wird noch häufig angegeben, falls sich nur zwei Merkmalsausprägungen auf
Grund ihrer hohen absoluten Häufigkeit von den übrigen unterscheiden. In diesen Fällen
werden beide Ausprägungen angegeben, und man spricht dann von **Bimodalität**. Analoges
gilt für die **Trimodalität**.

*Beispiel 5.3 Für die Lieblingsfarben aus Beispiel 4.2 ergibt sich als Modus die Ausprägung
„rot", denn die absolute Häufigkeit von „rot" (H(rot) = 6) ist größer als alle anderen Häufigkeiten.*

Bei klassiertem Datenmaterial spricht man von einer **modalen Klasse**, d.h., von der Klasse
mit den meisten Beobachtungen. Die modale Klasse $K_i$ ist dann diejenige Klasse, für die gilt

$$H(K_i) > H(K_j) \text{ bzw. } h(K_i) > h(K_j) \qquad \text{für alle } i, j = 1, ..., n \text{ mit } i \neq j.$$

*Beispiel 5.4 Im Beispiel 4.7 ist für das Merkmal „Mitarbeiter(innen)zahl kirchlicher Einrich-
tungen" die modale Klasse $K_2 = [10,30]$.*

Die Bedeutung der Unimodalität im Bereich der Sozialwissenschaften wird auch in *Gabler
& Borg (1996)* hervorgehoben. Hierauf wird noch in Kapitel 5.5 eingegangen.

# 5.3     Der Median

Der **Median** $\tilde{x}_{0.5}$ (auch oft **Zentralwert** genannt) ist die „mittlere" Beobachtung in der geordneten (!) Reihe der Beobachtungen. Für ihn gilt:

- mindestens 50% aller Beobachtungen sind größer oder gleich dem Median und
- mindestens 50% aller Beobachtungen sind kleiner oder gleich dem Medians.

Für die Bestimmung des Medians wird zumindest eine Ordinalskala (Rangskala) vorausgesetzt. Um den Median berechnen zu können, ist es notwendig, zwischen Beobachtungsreihen
mit einer geraden Anzahl von Beobachtungen und solchen mit einer ungeraden Anzahl von
Beobachtungen zu unterscheiden. Ist der Stichprobenumfang $n$ ungerade, so ist der Median
die Beobachtung $x_{((n+1)/2)}$ in der geordneten Datenreihe $x_{(1)}, ..., x_{(n)}$. Ist $n$ gerade, so ist der

Median ein beliebiger Wert im Intervall $[x_{(n/2)}, x_{(n/2+1)}]$. Zumeist nimmt man dann den Wert $\tilde{x}_{0.5} = 1/2 \cdot \left(x_{(n/2)} + x_{(n/2+1)}\right)$. Damit gilt:

$$\tilde{x}_{0.5} := \begin{cases} x_{\left(\frac{n+1}{2}\right)} & \text{für} \quad n \text{ ungerade} \\ \frac{1}{2} \cdot \left(x_{\left(\frac{n}{2}\right)} + x_{\left(\frac{n}{2}+1\right)}\right) & \text{für} \quad n \text{ gerade} \end{cases} \quad .$$

**Beispiel 5.5** *Hugo Hascherl besucht im Rahmen einer berufsbegleitenden Supervision-Ausbildung jedes Wochenende (WE) ein Seminar. In den letzten drei Monaten (Mai-Juli) nahm er an insgesamt 14 Wochenendseminaren teil. Nach jedem Wochenende bewertet er auf einer 12-stufigen Skala, deren Endpunkte „1" = „war ungeheuer gut und wichtig für mich" und „12" = „hat mir nichts gebracht" sind, die einzelnen Wochenendseminare.*

|        | Bewertungen | | |
|--------|-----|------|------|
|        | *Mai* | *Juni* | *Juli* |
| *1.WE* | 12  | 4    | 2    |
| *2.WE* | 4   | 6    | 3    |
| *3.WE* | 8   | 3    | 10   |
| *4.WE* | 2   | 5    | 10   |
| *5.WE* | 1   |      | 5    |

*Zur Berechnung des Medians seiner Bewertungen in den Monaten Mai und Juni (n = 9) ergibt sich die folgende geordnete Urliste:*

| $x_{(1)}$ | $x_{(2)}$ | $x_{(3)}$ | $x_{(4)}$ | $x_{(5)}$ | $x_{(6)}$ | $x_{(7)}$ | $x_{(8)}$ | $x_{(9)}$ |
|---|---|---|---|---|---|---|---|---|
| 1 | 2 | 3 | 4 | 4 | 5 | 6 | 8 | 12 |

*Der Median ist damit die fünftgrößte Beobachtung*

$$\tilde{x}_{0.5} = x_{\left(\frac{9+1}{2}\right)} = x(5) = 4 \quad .$$

*Berechnet man den Median aus allen Bewertungen der Monate Mai – Juli, so ergibt sich als geordnete Reihe von Beobachtungen:*

| $x_{(1)}$ | $x_{(2)}$ | $x_{(3)}$ | $x_{(4)}$ | $x_{(5)}$ | $x_{(6)}$ | $x_{(7)}$ | $x_{(8)}$ | $x_{(9)}$ | $x_{(10)}$ | $x_{(11)}$ | $x_{(12)}$ | $x_{(13)}$ | $x_{(14)}$ |
|---|---|---|---|---|---|---|---|---|---|---|---|---|---|
| 1 | 2 | 2 | 3 | 3 | 4 | 4 | 5 | 5 | 6 | 8 | 10 | 10 | 12 |

*Es liegt eine gerade Anzahl von Beobachtungen vor (n = 14). Der Median berechnet sich damit als*

$$\tilde{x}_{0.5} = \frac{1}{2} \cdot \left(x_{(14/2)} + x_{(14/2+1)}\right) = \frac{1}{2} \cdot \left(x_{(7)} + x_{(8)}\right) = \frac{4+5}{2} = 4.5 \quad .$$

Ist das vorliegende Datenmaterial klassiert, so sind zur Bestimmung des Medians zwei Teil-schritte nötig. In einem ersten Schritt wird die Klasse bestimmt, in der der Median liegt. Dies ist die Klasse, in der die empirische Verteilungsfunktion $F$ erstmals größer oder gleich dem Wert 0.5 ist. Da die Klassen entsprechend den Beobachtungen aufsteigend sortiert sind, lie-gen mindestens 50% aller Beobachtungen in dieser oder in darunterliegenden Klassen.

Darauf folgt in einem zweiten Schritt die Feinbestimmung des Medians in dieser Klasse. Be-zeichnet man mit $a$ die untere Grenze dieser Klasse und mit $b$ die obere Klassengrenze, so ermittelt man den Median als

$$\tilde{x}_{0.5} = a + \frac{0.5 - F(a)}{F(b) - F(a)} \cdot (b - a)$$

Hierbei bezeichnen $F(a)$ und $F(b)$ die Werte der empirischen Verteilungsfunktion an der un-teren bzw. oberen Klassengrenze. Eine gleichmäßige Verteilung der Merkmalswerte in die-ser Klasse wird vorausgesetzt. Damit ist der Median ein (willkürlich) festgelegter Wert aus dieser Klasse, da die Werte der Urliste nicht bekannt sind.

*Beispiel 5.6* *Für das Merkmal „Mitarbeiter(innen)zahl kirchlicher Einrichtungen" aus Beispiel 4.7 wird bei der Klasse $K_2 = [10,30]$ der Wert 0.5 von der Verteilungsfunktion erst-mals überschritten. Also berechnen wir:*

$$\tilde{x}_{0.5} = 10 + \frac{0.5 - 0.1}{0.6 - 01} \cdot (30 - 10)$$

$$= 10 + \frac{0.4}{0.5} \cdot 20 = 10 + 0.8 \cdot 20$$

$$= 10 + 16 = 26 \quad .$$

*Dies bedeutet, dass 50% aller kirchlicher Einrichtungen höchstens 26 Mitarbeiter(innen) und 50% aller kirchlicher Einrichtungen mindestens 26 Mitarbeiter(innen) haben.*

# 5.4 Quantile

Der in Kapitel 5.3 beschriebene Median ist ein Spezialfall einer allgemeinen Gruppe von La-gemaßen, der $\alpha$-Quantile. Für viele Problemstellungen ist es nicht nur von Interesse einen zentralen Wert zu bestimmen, sondern man möchte bestimmen, bis zu welchem Wert ein be-stimmter Prozentsatz der kleinsten Werte aufgetreten ist. Ein $\alpha$-Quantil teilt die (geordnete) Reihe der Beobachtungen so auf, dass

- mindestens $100 \cdot \alpha$% der beobachteten Werte kleiner oder gleich dem $\alpha$-Quantil und
- mindestens $100 \cdot (1-\alpha)$% der beobachteten Werte größer oder gleich dem $\alpha$-Quantil sind.

Für die Bestimmung eines $\alpha$-Quantils wird zumindest eine Ordinalskala vorausgesetzt. Oft ist es nicht möglich, eine geordnete Reihe von Beobachtungen $x_{(1)}, ..., x_{(n)}$ im Verhältnis $100 \cdot \alpha$% zu $100 \cdot (1-\alpha)$% so aufzuteilen, dass das $\alpha$-Quantil mit einem der beobachteten Werte übereinstimmt. Um eine Eindeutigkeit bei der Bestimmung eines $\alpha$-Quantils zu gewährleisten, schließen wir uns der Definition von *Hartung (1987)* an: Ist $x_{(1)} \leq \ldots \leq x_{(n)}$ die geordnete Beobachtungsreihe, so bezeichnet man als $\alpha$-Quantil $\tilde{x}_\alpha$ $(0 < \alpha < 1)$ dieser Reihe gerade den Wert

$$
\tilde{x}_\alpha := \begin{cases} x(l) & \text{falls } n \cdot \alpha \text{ keine ganze Zahl ist.} \\ & (l \text{ ist dann die auf } n \cdot \alpha \text{ folgende ganze Zahl.}) \\ \dfrac{x(l) + x(l+1)}{2} & \text{falls } n \cdot \alpha \text{ eine ganze Zahl ist. (Es ist dann } l = n \cdot \alpha.) \end{cases}
$$

Ein $\alpha$-Quantil $\tilde{x}_\alpha$ wird damit für ganze Zahlen $n \cdot \alpha$ so gewählt, dass $n \cdot \alpha$ Beobachtungswerte kleiner oder gleich und $n \cdot (1-\alpha)$ Werte größer oder gleich $\tilde{x}_\alpha$ sind. Ist $n \cdot \alpha$ keine ganze Zahl, so soll für das $\alpha$-Quantil gelten, dass $l-1$ Werte kleiner und $n-l$ Werte größer sind als $\tilde{x}_\alpha$, wobei $l$ die auf $n \cdot \alpha$ folgende ganze Zahl ist.

Ist $n \cdot \alpha$ eine ganze Zahl, so würde diese Bedingung prinzipiell durch jede Zahl zwischen $x_{(n \cdot \alpha)}$ und $x_{(n \cdot \alpha+1)}$ erfüllt; wir haben hier jedoch ein spezielles $\alpha$-Quantil, nämlich den Durchschnitt dieser beiden Werte, gewählt, um – wie vorangehend erwähnt – Eindeutigkeit zu erzielen. Der bereits erwähnte Median ist also ein spezielles Quantil, nämlich das $\alpha$=0.5-Quantil. Weitere Quantile, die einen besonderen Namen haben, sind das **untere Quartil** ($\alpha = 0.25$) und das **obere Quartil** ($\alpha = 0.75$) sowie die **Dezile** ($\alpha = 0.1$ bzw. $\alpha = 0.9$).

**Beispiel 5.7** *Für die Daten aus Beispiel 4.3 sollen das untere Dezil und das obere Quartil berechnet werden. Für $\alpha = 0.1$ ist*

$$
\tilde{x}_{0.1} = \frac{x(1) + x(2)}{2} = \frac{0 + 10}{2} = 5 \quad,
$$

*da $n \cdot \alpha = 10 \cdot 0.1 = 1$ ist. Für $\alpha = 0.75$ ist*

$$
\tilde{x}_{0.75} = x(8) = 78,
$$

*da $n \cdot \alpha = 10 \cdot 0.75 = 7.5$ ist. Damit haben zehn Prozent aller Patienten eine Aufenthaltsdauer von weniger als 5 Tagen im Hospiz und 25 Prozent eine Aufenthaltsdauer von 78 Tagen und mehr.*

Liegen die Beobachtungswerte nur in klassierter Form vor, so ist die Vorgehensweise analog zur Bestimmung des Medians: Zuerst wird die Klasse bestimmt, die das entsprechende Quantil beinhaltet, sodann wird unter der Annahme einer gleichmäßigen Verteilung in dieser Klasse eine proportionale Aufteilung vorgenommen.

Um die Klasse zu bestimmen, die das interessierende $\alpha$-Quantil enthält, betrachtet man wiederum die empirische Verteilungsfunktion des klassierten Merkmals. Die Quantilklasse ist dann die Klasse, bei der die empirische Verteilungsfunktion $F$ den Wert $\alpha$ erstmals erreicht oder überschreitet. Näherungsweise lässt sich dann in einem zweiten Schritt wiederum unter der Annahme einer gleichmäßigen Verteilung der Beobachtungen in dieser Klasse ein feinbestimmter Wert berechnen. Bezeichne $a$ die untere und $b$ die obere Grenze der Quantilklasse, so berechnet sich das $\alpha$-Quantil als

$$\tilde{x}_{\alpha} = a + \frac{\alpha - F(a)}{F(b) - F(a)} \cdot (b - a) \quad , 0 < \alpha < 1 \quad .$$

Wie beim Median bezeichnen auch hier $F(a)$ und $F(b)$ die Werte der empirischen Verteilungsfunktion an der unteren bzw. oberen Klassengrenze.

**Beispiel 5.8** *Für die Daten aus Beispiel 4.5 sollen nun die Dezile berechnet werden (vgl. hierzu auch Beispiel 4.6). Für das untere Dezil gilt, dass der Wert 0.1 von der empirischen Verteilungsfunktion erstmals in der Klasse 2 überschritten wird. Damit ist*

$$\tilde{x}_{0.1} = 4 + \frac{0.1 - 0.091}{0.303 - 0.091} \cdot (8 - 4)$$

$$= 4 + \frac{0.009}{0.212} \cdot 4 = 4.170 \quad .$$

*Für das obere Dezil gilt, dass der Wert 0.9 von der empirischen Verteilungsfunktion erstmals in der Klasse 5 überschritten wird. Damit ist*

$$\tilde{x}_{0.9} = 16 + \frac{0.9 - 0.757}{0.909 - 0.757} \cdot (20 - 16)$$

$$= 16 + \frac{0.143}{0.152} \cdot 4 = 19.763 \quad .$$

*Damit haben 10 Prozent aller befragten Besucher(innen) eine Anfahrtszeit von weniger als 4.2 Minuten Dauer und 90 Prozent aller befragten Besucher(innen) eine Anfahrtszeit von bis zu 19.8 Minuten Dauer. Daraus folgt aber auch, dass ebenfalls 10 Prozent aller befragten Besucher(innen) eine Anfahrtszeit von mehr als 19.8 Minuten und 90 Prozent aller befragten Besucher(innen) eine Anfahrtszeit von mehr als 4.2 Minuten haben.*

# 5.5      Das arithmetische Mittel

Für das **arithmetische Mittel** $\bar{x}$ wird das höchste Skalenniveau, nämlich die metrische Skala vorausgesetzt. (Dabei ist das arithmetische Mittel die Größe, die allgemein als der Mittelwert bezeichnet wird.) Es ist

$$\bar{x} := \frac{1}{n} \sum_{i=1}^{n} x_i = \frac{1}{n} \sum_{i=1}^{n} x_{(i)} \quad .$$

Im Unterschied zum Median wird bei der Berechnung des arithmetischen Mittels nicht die Rangreihenfolge der Beobachtungen herangezogen, sondern es werden die tatsächlich beobachteten Werte berücksichtigt. Das arithmetische Mittel ist als „Durchschnitt" aller Beobachtungen i.allg. nicht mit einem tatsächlich beobachteten Wert identisch.

**Beispiel 5.9** *Berechnet man das arithmetische Mittel für die Anzahl der verbrachten Hospiztage aus Beispiel 4.3, so erhält man*

$$\bar{x} = \frac{1}{10} \cdot (39 + 144 + 78 + 52 + 348 + 52 + 10 + 0 + 48 + 25)$$

$$= \frac{1}{10} \cdot (0 + 10 + 25 + 39 + 48 + 52 + 52 + 78 + 144 + 348)$$

$$= \frac{796}{10} = 79.6 \quad .$$

*Im Durchschnitt verbleiben die Patienten fast 80 Tage im Hospiz.*

Im Unterschied zum Median ist das arithmetische Mittel sehr empfindlich gegenüber Beobachtungswerten, die sehr viel größer oder sehr viel kleiner als die übrigen Beobachtungen sind. Diese extremen Beobachtungen beeinflussen den berechneten Wert des arithmetischen Mittels sehr stark, da der gemessene Wert in die Berechnung eingeht und nicht nur seine Stellung innerhalb der geordneten Beobachtungsreihe. Dies soll das folgende Beispiel verdeutlichen.

**Beispiel 5.10** *Es liege eine (geordnete) Reihe von fünf Beobachtungswerten vor:*

| $x(1)$ | $x(2)$ | $x(3)$ | $x(4)$ | $x(5)$ |
|--------|--------|--------|--------|--------|
| -2     | -1     | 0      | 1      | 2      |

*Median und arithmetisches Mittel sind in diesem Fall gleich. Sie nehmen beide den Wert Null an: $\tilde{x}_{0.5} = \bar{x} = 0$. Betrachten wir nun eine leicht veränderte Reihe von fünf Beobachtungen, bei der der größte Wert beträchtlich von den anderen abweicht:*

| $x(1)$ | $x(2)$ | $x(3)$ | $x(4)$ | $x(5)$ |
|--------|--------|--------|--------|--------|
| -2     | -1     | 0      | 1      | 202    |

*Als Werte für den Median und das arithmetische Mittel erhalten wir jetzt*

$$\tilde{x}_{0.5} = 0 \qquad und \qquad \bar{x} = 40 \quad .$$

*Während der Median auch in diesem Fall seine Aussagekraft behält, wird das arithmetische Mittel stark in Richtung der einzelnen, sehr großen Beobachtung verzerrt. Analog würde sich durch ein „Verschieben" der kleinsten Werte eine Verzerrung in diese Richtung ergeben.*

Ist eine statistische Maßzahl durch einzelne Beobachtungen wie hier im Fall des arithmetischen Mittels stark zu beeinflussen, so wird sie als nicht **robust** bezeichnet.

Im Falle von klassierten Daten sind für die Berechnung eines arithmetischen Mittels zwei Fälle zu unterscheiden:
1. das arithmetische Mittel innerhalb der einzelnen Klassen ist bekannt oder
2. das arithmetische Mittel innerhalb der einzelnen Klassen ist unbekannt.

Im ersten Fall gilt, wenn wir die **Klassenmittel** (also die arithmetischen Mittel der einzelnen Klassen) der $k$ Klassen mit $\overline{K}_1, \overline{K}_2, ..., \overline{K}_k$ bezeichnen:

$$\bar{x} = \frac{1}{n} \sum_{j=1}^{k} H(K_j) \cdot \overline{K}_j = \sum_{j=1}^{k} h(K_j) \cdot \overline{K}_j \quad .$$

Sind die Klassenmittel nicht bekannt, so kann man das arithmetische Mittel nur noch annähernd mit Hilfe der **Klassenmitten** bestimmen. Bezeichnet man mit $m_1$, $m_2$, ..., $m_k$ die $k$ Klassenmitten, so ist

$$\bar{x} \approx \frac{1}{n} \sum_{j=1}^{k} H(K_j) \cdot m_j = \sum_{j=1}^{k} h(K_j) \cdot m_j \ .$$

Die Berechnung mit Hilfe der Klassenmitten ist dann eine gute Näherung, wenn die Verteilung in den Klassen annähernd gleichmäßig ist.

**Beispiel 5.11** *Für das Merkmal „Mitarbeiter(innen) kirchlicher Einrichtungen" aus Beispiel 4.7 ergibt sich unter Verwendung der Klassenmitten $m_1=5$, $m_2=20$, $m_3=40$, $m_4=75$ und $m_5=150$*

$$\bar{x} \approx \frac{1}{40} \cdot (4 \cdot 5 + 20 \cdot 20 + 9 \cdot 40 + 5 \cdot 75 + 2 \cdot 150)$$

$$= \frac{1}{40} \cdot (20 + 400 + 360 + 375 + 300)$$

$$= \frac{1455}{40} = 36.375 \ .$$

*Dieses Ergebnis weicht aufgrund der zwei sehr großen Einrichtungen stark vom Median $\tilde{x}_{0.5} = 26$ ab, der in Beispiel 5.6 berechnet worden war.*

Für eine sinnvolle Berechnung des arithmetischen Mittels ist es sehr wichtig, dass die Häufigkeitsverteilung unimodal ist. Darauf weisen auch *Gabler & Borg (1996)* hin: Die Aussagekraft des arithmetischen Mittels sinkt allerdings gravierend, wenn die Verteilung etwa U-förmig oder mehrgipflig ist. Diese Aussage soll noch an einem Beispiel verdeutlicht werden.

**Beispiel 5.12** *In einer Umfrage unter $n=100$ Drogenabhängigen wurde gefragt, wie häufig sie innerhalb der letzten vier Wochen eine Drogenberatungsstelle aufgesucht hätten. Man erhielt die folgende Tabelle:*

| Anzahl der Besuche | 0 | 1 | 2 | 3 | 4 | 5 |
|---|---|---|---|---|---|---|
| Anzahl der Personen | 28 | 16 | 6 | 10 | 18 | 22 |

*Als arithmetisches Mittel ergibt sich*

$$\bar{x} = \frac{28 \cdot 0 + 16 \cdot 1 + 6 \cdot 2 + 10 \cdot 3 + 18 \cdot 4 + 22 \cdot 5}{100} = \frac{240}{100} = 2.4 \ .$$

*Dieser Mittelwert besitzt sehr wenig Aussagekraft, da 50% aller Befragten Antworten zu den beiden Endpunkten gaben.*

# 5.6        Das getrimmte und das winsorisierte Mittel

In einigen Datensituationen möchte man zur Bestimmung einer Lagemaßzahl nicht alle gemessenen Beobachtungswerte zur Berechnung heranziehen. Treten z. B. einige extreme Beobachtungen (Ausreißer) auf, so kann dies bei der Verwendung des arithmetischen Mittels zu
sehr unbefriedigenden Ergebnissen führen (vgl. hierzu auch Beispiel 5.10 in Kapitel 5.5).
Wünschenswert in solchen Situationen sind Maßzahlen, die unempfindlich (robust) gegenüber extremen Beobachtungen sind. Nachfolgend stellen wir zwei solche Lagemaße vor, das
getrimmte und das winsorisierte Mittel.

Beim $\alpha$-**getrimmten Mittel** $\bar{x}_{\alpha t}$ wird jeweils ein Anteil *100·α%, 0< α <0.5* der kleinsten und
größten Datenwerte zur Berechnung des arithmetischen Mittels nicht herangezogen. Das $\alpha$-
getrimmte Mittel entspricht dem arithmetischen Mittel für die *100·(1-2α)%* „inneren" Datenwerte der geordneten Beobachtungsreihe $x_{(1)} \le \dots \le x_{(n)}$.

Zur Berechnung des $\alpha$-getrimmten Mittels $\bar{x}_{\alpha t}$ wird zunächst der Wert $a = [\alpha \cdot n]$, $0 < \alpha <$
*0.5* errechnet. Dieser Wert $a$ bezeichnet die Anzahl der kleinsten bzw. größten Datenwerte,
die bei der Berechnung von $\bar{x}_{\alpha t}$ nicht berücksichtigt werden. Der Ausdruck $a = [\alpha \cdot n]$ bedeutet dabei, dass $a$ die größte ganze Zahl kleiner oder gleich $\alpha \cdot n$ ist. Dann ist

$$\bar{x}_{\alpha t} := \frac{1}{n-2a} \cdot \sum_{i=a+1}^{n-a} x_{(i)} \quad .$$

Gebräuchliche Werte für den Anteil getrimmter Werte sind $\alpha = 0.01$, $\alpha = 0.05$ und $\alpha = 0.10$.
Beim 10%-getrimmten Mittel $\bar{x}_{0.10t}$ werden also die 10% kleinsten und die 10% größten
Datenwerte eliminiert und dann das arithmetische Mittel der verbleibenden 80% innerer Da-
tenwerte berechnet.

Beim $\alpha$-**winsorisierten Mittel** $\bar{x}_{\alpha w}$[8] werden dagegen die *100·α%* der kleinsten und größten
Beobachtungen nicht eliminiert, sondern jeweils auf den verbleibenden kleinsten bzw. größ-
ten Beobachtungswert gesetzt. Das winsorisierte Mittel berechnet sich dann als das arithmetische Mittel der jeweils *100·α%* der korrigierten kleinsten bzw. größten Beobachtungen und
der verbleibenden *100·(1-2α)%* der inneren Beobachtungen. Zur Berechnung des $\alpha$-
winsorisierten Mittels $\bar{x}_{\alpha w}$ wird zunächst ebenfalls der Wert $a = [\alpha \cdot n]$, $0 < \alpha < 0.5$ für die $n$
vorliegenden Beobachtungen berechnet. Dann werden die Werte der geordneten Beobach-
tungsreihe $x_{(1)} \le \dots \le x_{(n)}$ bestimmt, die als kleinste und größte Beobachtung der vorliegenden
Stichprobe in die Berechnung eingehen. Dies ist als kleinster Wert $x_{(a+1)}$ und als größte
Beobachtung $x_{(n-a)}$. Damit ist das $\alpha$-winsorisierten Mittel definiert als

---

[8] Die Bezeichnung des winsorisierten Mittels geht auf Charles P. Winsor zurück. Er war Mitte des
20.Jahrhunderts an der John Hopkins University tätig.

$$\overline{x}_{\alpha w} := \frac{1}{n} \cdot \left[ a \cdot x_{(a+1)} + \sum_{i=a+1}^{n-a} x_{(i)} + a \cdot x_{(n-a)} \right] \quad .$$

Für spätere Ausführungen sei an dieser Stelle schon einmal darauf verwiesen, dass das winsorisierte Mittel die vorliegenden (Original-)Daten damit stärker berücksichtigt als dies bei einem getrimmten Mittel der Fall ist.

**Beispiel 5.13** *Ermittelt man bei den Hospizdaten aus Beispiel 4.3 das 10%-getrimmte Mittel, so werden zunächst die Daten der Größe nach geordnet:*

| $x_{(1)}$ | $x_{(2)}$ | $x_{(3)}$ | $x_{(4)}$ | $x_{(5)}$ | $x_{(6)}$ | $x_{(7)}$ | $x_{(8)}$ | $x_{(9)}$ | $x_{(10)}$ |
|---|---|---|---|---|---|---|---|---|---|
| 0 | 10 | 25 | 39 | 48 | 52 | 52 | 78 | 144 | 348 |

*Es ist* $n = 10$*,* $\alpha = 0.1$ *und damit* $a = [0.1 \cdot 10] = 1$*. Damit ist*

$$\overline{x}_{0.1t} = \frac{1}{10-2} \cdot \sum_{i=2}^{9} x_{(i)} = \frac{10+25+39+48+52+52+78+144}{8} = 56 \quad .$$

*Das 10%-getrimmte Mittel ist damit das arithmetische Mittel der verbleibenden acht Beobachtungen. Im Gegensatz zum arithmetischen Mittel über alle zehn Beobachtungen (* $\overline{x} = 79.6$ *) berechnet sich für das 10%-getrimmte Mittel ein kleinerer Wert, da hier die extreme Beobachtung* $x_{(10)} = 348$ *nicht in die Berechnung des Mittels eingeht. Verwendet man anstelle des getrimmten Mittels ein 10%-winsorisiertes Mittel, so erhält man:*

$$\overline{x}_{0.1w} = \frac{1}{10} \cdot \left[ 1 \cdot x_{(2)} + \sum_{i=2}^{9} x_{(i)} + 1 \cdot x_{(9)} \right]$$

$$= \frac{10+10+25+39+48+52+52+78+144+144}{10}$$

$$= \frac{602}{10} = 60.2 \quad .$$

*Da bei der Berechnung des winsorisierten Mittels die extremen Beobachtungen nicht völlig wegfallen, sondern korrigiert werden, ergibt sich ein größerer Wert als beim getrimmten Mittel. Diese Korrektur führt jedoch immer noch zu einem wesentlich kleineren Wert als beim arithmetischen Mittel aller Beobachtungen.*

Es existieren auch Vorschläge nur einseitig zu trimmen bzw. zu winsorisieren. Darauf soll hier jedoch nicht eingegangen werden. Der Median kann als 50%-getrimmtes Mittel aufgefasst werden, da dort im Prinzip – bis auf einen Wert – auf der rechten und linken Seite jeweils 50 Prozent der Datenwerte eliminiert werden. Für weitere Ausführungen zum getrimmten bzw. winsorisierten Mittel sei u.a. auf *Jackson (1986)* oder auch *Büning (1991)* verwiesen.

## 5.7    Weitere Lageparameter

Zum Schluss sei noch kurz auf weitere Lageparameter eingegangen. Das **geometrische Mittel** $\bar{x}_g$ wird berechnet, wenn eine durchschnittliche relative Änderung beschrieben werden soll. Dies ist z.B. bei Gehaltserhöhungen, Steigerungen des Bruttosozialproduktes, o.ä. der Fall. Zur Berechnung wird vorausgesetzt, dass nur positive Beobachtungswerte vorliegen ($x_i > 0$ für $i = 1, ..., n$). Dann ist

$$\bar{x}_g = \sqrt[n]{x_1 \cdot x_2 \cdot ... \cdot x_n} \quad .$$

Dabei bedeutet $\sqrt[n]{\phantom{x}}$ die $n$-te Wurzel, z.B. $\sqrt[3]{27} = 3$, denn $3 \cdot 3 \cdot 3 = 27$. Sind nicht alle Beobachtungswerte positiv – dies ist z.B. bei Steigerungsraten oft der Fall – so kann man das geometrische Mittel dennoch berechnen, indem die Beobachtungswerte mit Hilfe einer festen Basis transformiert werden und man so positive Werte erhält. Als Basis dienen hierbei oft die Werte 1 oder 100%.

Das **harmonische Mittel** $\bar{x}_h$ ist der reziproke Wert des arithmetischen Mittels aller reziproken Werte, d.h.,

$$\bar{x}_h = \frac{n}{\sum\limits_{i=1}^{n} \frac{1}{x_i}} \quad .$$

Das harmonische Mittel wird benötigt, wenn man einen Mittelwert angeben will, die Messwerte jedoch das umgekehrte Verhältnis ausdrücken, wie z.B. bei Stunde pro Kilometer und nicht wie gewohnt Kilometer pro Stunde. Ein typisches Anwendungsbeispiel besteht darin, aus durchschnittlichen Geschwindigkeiten für Teilstrecken die mittlere Geschwindigkeit für die Gesamtstrecke zu ermitteln.

Weitergehende Ausführungen sowohl zum geometrischen als auch zum harmonischen Mittel findet man insbesondere in *Sachs (1984)*. Nach *Bortz (1977)* ist das harmonische Mittel für sozialwissenschaftliche Fragestellungen praktisch ohne Bedeutung.

## 5.8    Zusammenfassung

Abschließend sollen nun noch einmal alle hier vorgestellten Lagemaße tabellarisch zusammengefasst werden:

| Lageparameter | Skalenniveau des Merkmals | | |
|---|---|---|---|
|  | nominal | ordinal | metrisch |
| Modus | ● | ● | ● |
| Median / Quantile | -- | ● | ● |
| Mittelwerte (arithm./getrimmt/winsorisiert) | -- | -- | ● |

Tabelle 5.1 Zuordnung von Skalenniveau und Lageparametern

Aus dieser Zuordnung wird noch einmal deutlich, wann ein jeweiliges Lagemaß sinnvoll angewendet werden darf.

# 5.9 Übungsaufgaben

**Aufgabe 5.1** Berechnen Sie für das Merkmal „Mitarbeiter(innen)zahl nicht-kirchlicher Einrichtungen" aus Beispiel 4.7

1. die modale Klasse.
2. den Median.
3. das 0.1-Quantil und das 0.9-Quantil (unteres und oberes Dezil).
4. arithmetische Mittel unter Verwendung der Klassenmitten.

**Aufgabe 5.2** Welche (zentralen) Lageparameter sind für die Merkmale aus Aufgabe 3.4 geeignet?

**Aufgabe 5.3** Bestimmen Sie für die Daten aus Beispiel 4.3
1. den Modus               2.  den Median
3. das 20%-getrimmte Mittel   4.  das 20%-winsorisierte Mittel

**Aufgabe 5.4** Gegeben sei eine Stichprobe mit den fünf Werten: 0, 4 , -2 , -2 und 5. Bestimmen Sie
1. das arithmetische Mittel.          2.  den Median.
3. das obere und das untere Quartil   4.  den Modus.

**Aufgabe 5.5** Auf einer Pflegestation sind die monatlichen Mitarbeiter(innen)überstunden protokolliert worden. Dabei ergaben sich für die n=30 Mitarbeiter(innen) die jeweils untenstehenden Stunden:

| Anzahl der Mitarbeiter(innen) | Überstunden |
|---|---|
| 5 | 2 |
| 10 | 6 |
| 5 | 8 |
| 8 | 10 |
| 2 | 20 |

Berechnen Sie für das Merkmal „Überstunden"

1. das arithmetische Mittel      2.  den Median
3. den Modus                     4.  die Spannweite
5. den Interquartilsabstand      6.  den MAD
7. das 10%-getrimmte Mittel

**Aufgabe 5.6** Gegeben sei eine Stichprobe mit n=5 Beobachtungen. Bestimmen Sie für die untenstehenden Kombinationen jeweils die fehlende Größe:

$$x_1 = 5 \quad x_2 = 4 \quad x_3 = ? \quad x_4 = 4 \quad x_5 = 5 \qquad \bar{x} = 4.$$
$$x_1 = 1 \quad x_2 = 5 \quad x_3 = 8 \quad x_4 = ? \quad x_5 = -2 \quad \tilde{x}_{0.5} = 3$$
$$x_1 = 5 \quad x_2 = 4 \quad x_3 = ? \quad x_4 = 4 \quad x_5 = 5 \quad x_{mod} = 4$$
$$x_1 = 1 \quad x_2 = 5 \quad x_3 = 1 \quad x_4 = ? \quad x_5 = 5 \quad \tilde{x}_{0.5} = 3$$

# 6    Skalenparameter

Während Lageparameter die Lage bzw. ein Zentrum einer Häufigkeitsverteilung charakterisieren, werden **Skalenparameter** (sie werden auch häufig **Streuungsparameter** genannt) für die Beschreibung der Variabilität einer gegebenen Datenmenge um ein solches Zentrum bzw. einer Häufigkeitsverteilung herangezogen. Skalen- oder Streuungsparameter geben an, wie stark Beobachtungen voneinander bzw. von einem Lageparameter abweichen. Liegen alle Beobachtungen dicht zusammen bzw. in der Nähe eines gewählten Lagemaßes, so ist die Variabilität der Beobachtungen klein. Liegen umgekehrt alle Beobachtungen weit auseinander bzw. weit entfernt von diesem Lagemaß, so liegt eine große Variabilität vor. Je kleiner eine ermittelte Streuung ist, desto aussagekräftiger ist die Beschreibung einer Datenmenge durch einen Lageparameter. Wie wichtig die Angabe der Variabilität einer gegebenen Datenmenge ist, soll an einem Beispiel verdeutlicht werden.

*Beispiel 6.1 In einer westdeutschen Großstadt gibt es insgesamt drei große konfessionslose Träger für die Jugendarbeit. Der erste Träger besetzt 50 Prozent seiner Stellen immer mit Vollzeitkräften (8 Stunden pro Tag) und die übrigen 50 Prozent jeweils mit Halbtagskräften (4 Stunden pro Tag). Je eine Vollzeit- und eine Halbtagskraft arbeiten immer projektgebunden zusammen. Interessiert man sich für die durchschnittliche Arbeitszeit, so erhält man bei diesem Träger ein arithmetisches Mittel von 6 Stunden.*

*Beim zweiten Träger gibt es drei verschiedene Arten der Stellen, nämlich Vollzeit-, Dreiviertel- und Halbtagskräfte, die jeweils ein Drittel des Stellenpools ausmachen. Die Dreiviertelkräfte arbeiten 6 Stunden pro Tag. Auch hier erhält man als arithmetisches Mittel für die tägliche Arbeitsdauer 6 Stunden. Beim dritten Träger existieren die gleichen Stellenformen wie beim 2.Träger. Nur sind hier 80 Prozent aller Mitarbeiter Dreiviertelkräfte und nur je 10 Prozent Vollzeit- bzw. Halbtagskräfte. Wiederum erhält man als arithmetisches Mittel für die tägliche Arbeitszeit 6 Stunden.*

*Bei allen drei Trägern ist also trotz der unterschiedlichen Stellenstruktur eine durchschnittliche tägliche Arbeitszeit von 6 Stunden vorzufinden. Ein geeigneter Skalenparameter ist nun in der Lage diese unterschiedlichen Strukturen adäquat zu beschreiben.*

## 6.1    Ein Streuungsmaß für nominale Daten

Liegen Daten vor, die einer Nominalskala genügen, so wird oftmals zur Beschreibung der Variabilität nur die Häufigkeitsverteilung herangezogen. Es ist jedoch bei dieser Vorgehensweise schwierig, falls man zwei Stichproben miteinander vergleichen will, zu entscheiden, wo eine größere Variabilität vorliegt. Dies wollen wir an einem Beispiel verdeutlichen.

**Beispiel 6.2** *Bei der Hauptberatungsstelle des Drogenvereins „Weg von der Spritze e.V."* *findet an jedem Wochentag eine Beratung statt. In der Filiale, die sich in der Nähe des Hauptbahnhofes befindet, nur an den Werktagen von montags bis freitags. In der folgenden Tabelle sind die relativen Häufigkeiten der Beratungen für die einzelnen Wochentage der beiden Geschäftsstellen zu sehen.*

| Geschäftsstelle | Mo | Di | Mi | Do | Fr | Sa | So |
|---|---|---|---|---|---|---|---|
| Hauptstelle | 0.05 | 0.5 | 0.15 | 0.1 | 0.1 | 0.05 | 0.05 |
| Filiale | 0.1 | 0.4 | 0.2 | 0.2 | 0.1 | — | — |

*Auf den ersten Blick ist es schwierig zu entscheiden, bei welcher der beiden Geschäftstellen sich die Beratungshäufigkeit mehr auf einen Wochentag konzentriert (geringe Variabilität) bzw. bei welcher Geschäftsstelle eine gleichmäßigere Verteilung auf mehrere Wochentage vorliegt (höhere Variabilität).*

Um Variabilität eines nominalen Merkmals beschreiben zu können, sind zunächst Vorüberlegungen notwendig, was minimale bzw. maximale Variabilität in diesem Fall einmal überhaupt bedeutet. Sei $X$ ein nominales Merkmal mit den Ausprägungen $a_1, \ldots, a_k$. Vogel (1994) bezeichnet die Streuung eines nominalen Merkmals als minimal, wenn alle Merkmalsträger durch dieselbe Ausprägung $a_i$, $i \in \{1, \ldots, k\}$, gekennzeichnet sind. Für die relative Häufigkeit dieser Merkmalsausprägung $a_i$ gilt: $h(a_i) = 1$. Für alle anderen Merkmalsausprägungen $a_j, j \neq i$ gilt $h(a_j) = 0$ (**Einpunktverteilung**). Die Streuung wird als maximal bezeichnet, wenn die relativen Häufigkeiten bei allen Merkmalsausprägungen gleich groß sind (**diskrete Gleichverteilung**). Diese Forderung ist dadurch eingeschränkt, dass sie nicht immer für alle Kombinationen von $k$ Merkmalsausprägungen und $n$ Beobachtungen erfüllt werden kann. So ist es z.B. nicht möglich $n = 10$ Beobachtungen auf $k = 3$ Merkmalsausprägungen gleichmäßig aufzuteilen.

Zur Konstruktion eines Streuungsmaßes für nominale Merkmale ist nun zuerst der Abstand der beobachten Häufigkeitsverteilung zu der korrespondierenden (theoretischen) Häufigkeitsverteilung mit minimaler Streuung zu berechnen. Es ist $a_{mod}$ die Merkmalsausprägung, die am häufigsten bei dem beobachteten Datensatz auftritt. Dann ist der Abstand $\phi_D$ zur Verteilung mit minimaler Streuung gerade

$$\phi_D := 2(1 - h(a_{\mathrm{mod}})) \quad .$$

Sodann wird der Abstand $\phi_G$ zur korrespondierenden (theoretischen) Häufigkeitsverteilung mit maximaler Streuung berechnet. Dieser ist bei einem Merkmal mit $k$ Ausprägungen:

$$\phi_G := \sum_{i=1}^{k} \left| h(a_i) - \frac{1}{k} \right| \quad .$$

Hierbei bezeichnet $|\cdot|$ den Absolutbetrag, so gilt z.B. $|3| = |-3| = 3$. Für das nominale Merkmal $X$ wird nun das Streuungsmaß $\phi$ berechnet zu:

$$\phi(X) := \frac{\phi_D}{\phi_D + \phi_G} \quad .$$

Hierbei gilt:

$$0 \le \phi(X) \le 1 \quad .$$

Bei minimaler Variabilität (vollständige Konzentration auf einer Ausprägung) nimmt $\phi(X)$ den Wert Null an. Im Falle maximaler Variabilität (Gleichverteilung über alle Ausprägungen) wird der Wert Eins angenommen. Allgemein gilt: je kleiner der Wert von $\phi(X)$ ist, desto geringer ist die Variabilität in den Daten, je größer der Wert von $\phi(X)$ ist, desto größer ist die Variabilität der Daten.

**Beispiel 6.3** *Für die beiden Geschäftsstellen aus Beispiel 6.2 ergibt sich mit k = 7 für die Hauptstelle mit* $h(a_{\mathrm{mod}}) = h(Dienstag) = 0.5$ *und k = 5 mit* $h(a_{\mathrm{mod}}) = h(Dienstag) = 0.4$ *für die Filiale*

$$\phi_D(Hauptstelle) \;=\; 2(1 - 0.5) = 1$$

$$\phi_D(Filiale) \;=\; 2(1 - 0.4) = 1.2$$

$$\phi_G(Hauptstelle) \;=\; \left|0.05 - \frac{1}{7}\right| + \left|0.5 - \frac{1}{7}\right| + \left|0.15 - \frac{1}{7}\right| + 2 \cdot \left|0.1 - \frac{1}{7}\right| + 2 \cdot \left|0.05 - \frac{1}{7}\right|$$

$$\;=\; 0.093 + 0.357 + 0.007 + 2 \cdot 0.043 + 2 \cdot 0.093$$

$$\;=\; 0.729$$

$$\phi_G(Filiale) \;=\; \left|0.1 - \frac{1}{5}\right| + \left|0.4 - \frac{1}{5}\right| + 2 \cdot \left|0.2 - \frac{1}{5}\right| + \left|0.1 - \frac{1}{5}\right|$$

$$\;=\; 0.1 + 0.2 + 2 \cdot 0 + 0.1 = 0.4$$

*und damit insgesamt für die beiden Geschäftsstellen*

$$\phi(Hauptstelle) \;=\; \frac{1}{1 + 0.729} = 0.578$$

$$\phi(Filiale) \;=\; \frac{1.2}{1.2 + 0.4} = 0.75 \quad .$$

*Die Filiale zeichnet sich also durch eine höhere Variabilität aus. Bei der Hauptstelle findet die Beratung also konzentrierter an einem Wochentag, nämlich dem Dienstag statt.*

Wie das Beispiel 6.3 zeigt, lassen sich mit der Maßzahl $\phi$ auch zwei nominale Merkmale miteinander vergleichen, die eine unterschiedliche Anzahl von Merkmalsausprägungen besitzen.

## 6.2      Ein Streuungsmaß für ordinale Daten

Bei ordinalskalierten Merkmalen ist die Behandlung von Skalenparametern komplexer. Zwar sind hier z.B. die Angabe von Minimum und Maximum möglich, jedoch beschreibt die gemeinsame Angabe dieser beiden Größen noch keine Variabilität. Es ist sogar oftmals so, dass bei einem genügend großen Stichprobenumfang, der minimale und der maximale Wert der Ordinalskala mit hoher Sicherheit angenommen werden. Man denke dabei z.B. nur an die Variable „Schulnote": Eine „Eins" und eine „Sechs" gibt es bestimmt in (fast) jeder Klassenarbeit. Eine ausführliche Darstellung der Problematik von Skalenparametern bei ordinalskalierten Merkmalen findet man z.B. bei *Vogel (1991)*.

*Vogel (1994)* schlägt folgenden einfachen Skalenparameter für ein ordinales Merkmal vor. Sei $X$ ein ordinales Merkmal mit den geordneten Ausprägungen $a_1 < a_2 < ... < a_k$. Die Streuung eines ordinalen Merkmals ist minimal, wenn alle Beobachtungen durch dieselbe Ausprägung gekennzeichnet sind, d.h., für ein $i, j \in \{1, ..., k\}$, gilt: $h(a_i) = 1$ (**Einpunktverteilung**). Eine maximale Streuung liegt vor, wenn für die $k$ Ausprägungen gilt: $h(a_1) = h(a_k) = 0.5$ und $h(a_2) = ... = h(a_{k-1}) = 0$. Damit ist

$$F(a_1) = F(a_2) = \cdots = F(a_{k-1}) = 0.5 \quad \text{und} \quad F(a_k) = 1 \ .$$

Unter Verwendung der empirischen Verteilungsfunktion $F$ berechnet man den Abstand $d_X$ der beobachteten Verteilung zur (theoretischen) Verteilung mit maximaler Streuung – hier als $F_{max}(a_j)$ bezeichnet – durch

$$d_X := \sum_{j=1}^{k} \left| F(a_j) - F_{max}(a_j) \right| = \sum_{j=1}^{k-1} \left| F(a_j) - 0.5 \right| \ .$$

Die Summation bei der Berechnung von $d_X$ ist hierbei nur bis zum Index $j = k-1$ notwendig, da für den Index $j = k$ stets gilt $F_{max}(a_k) = F(a_k) = 1$ und damit $|F(a_k) - F_{max}(a_k)| = |1 - 1| = 0$. (Dabei bezeichnet $|\cdot|$ wiederum den Absolutbetrag.) Nach Normierung dieses Abstandes mit

$$d_{X,norm} := \frac{2d_X}{k-1}$$

erhält man das Streuungsmaß $\phi_o(X)$ durch

$$\phi_o(X) := 1 - d_{X,norm} \ .$$

Auch für $\phi_o(X)$ gilt:

$$0 \leq \phi_o(X) \leq 1 \ .$$

Je größer $\phi_o(X)$ wird, desto größer ist die Variabilität der vorliegenden Daten. Bei $\phi_o(X) = 0$ liegt eine vollständige Konzentration auf einer Ausprägung vor (minimale Variabilität).

**Beispiel 6.4** *Bei einem der Wochenendseminare, die Hugo Hascherl im Rahmen seiner Ausbildung besucht, wird der Kursleiter von den anwesenden 20 Frauen und 20 Männern bewertet. Dazu verteilen sie die Noten „1" bis „6". Um zu schauen, ob sich die Geschlechter bei der Bewertung hinsichtlich ihrer Variabilität unterscheiden, erstellt Hugo Hascherl die folgende Arbeitstabelle und berechnet den oben erwähnten Parameter.*

| Note | 1 | 2 | 3 | 4 | 5 | 6 | Summe |
|------|-----|-----|-----|-----|-----|-----|-------|
| Männer | 6 | 4 | 5 | 2 | 2 | 1 | 20 |
| Frauen | 1 | 3 | 2 | 5 | 4 | 5 | 20 |
| F(Männer) | 0.30 | 0.50 | 0.75 | 0.85 | 0.95 | 1.00 | |
| F(Frauen) | 0.05 | 0.20 | 0.30 | 0.55 | 0.75 | 1.00 | |

*Anhand der Verteilungsfunktionen erkennt Hugo Hascherl, dass der Median der Bewertungen bei den Frauen bei der Note „4" liegt, während die Männer den Kursleiter im Median mit der Note „2.5" bewerten. Bezüglich der Variabilität berechnet er:*

$$d_X(M\ddot{a}nner) = 0.2 + 0 + 0.25 + 0.35 + 0.45 = 1.25$$

$$d_X(Frauen) = 0.45 + 0.3 + 0.2 + 0.05 + 0.25 = 1.25$$

*Für beide Geschlechter ergibt sich — bei unterschiedlichem Median — ein gleicher Wert für den Skalenparameter, nämlich*

$$\phi_o(X) = 1 - \frac{2 \cdot 1.25}{6-1} = 1 - 0.5 = 0.5 \quad .$$

*Damit zeigen beide Geschlechter ein gleiches Verhalten bezüglich der Homogenität bzw. Inhomogenität ihrer Antworten bei der Einschätzung des Kursleiters.*

Anders als bei nominalen oder ordinalen Merkmalen gestaltet sich die Beschreibung der Variabilität bei metrischskalierten Merkmalen. Dort sind die Größen Maximum und Minimum in der Regel nicht von vornherein festgelegt, und damit leistet die gleichzeitige Angabe dieser beiden Größen einen Beitrag zur Beschreibung der Variabilität der jeweilig gegebenen Daten. Im Folgenden werden nun einige Skalenparameter vorgestellt, die bei metrischskalierten (zum Teil aber auch bei ordinalskalierten) Merkmalen berechnet werden können. Wir gehen weiterhin davon aus, dass $n$ Beobachtungen $x_1$, ..., $x_n$ eines metrischen Merkmals $X$ vorliegen. Lässt sich eine angegebene Maßzahl auch für ordinalskalierte Merkmale berechnen, so wird explizit hierauf hingewiesen.

## 6.3    Die Spannweite

Der einfachste Skalenparameter für metrischskalierte Variablen ist die **Spannweite** $R$ (auch **Range** genannt). Die Spannweite $R$ ist die Differenz zwischen Maximum und Minimum, also

$$R := x_{(n)} - x_{(1)} \quad .$$

Die Spannweite lässt sich auch für ordinalskalierte Merkmale verwenden, hat hierbei jedoch in vielen Fällen keine hohe Aussagekraft (vgl. hierzu Kapitel 6.2). Die Maßzahl $R$ sollte nicht isoliert zur Charakterisierung herangezogen werden, sondern vielmehr zusammen mit einem Lageparameter benutzt werden. Zusammen mit dem Median kann man z.B. Aussagen darüber treffen, ob der Wertebereich der unteren 50% ungefähr die gleiche Ausbreitung besitzt wie der Wertebereich der oberen 50%.

**Beispiel 6.5** *Die Spannweite der Hospiz-Daten aus Beispiel 4.3 berechnet sich zu R = 348-0 = 348. Zudem erkennt man, dass die unteren 50% der Beobachtungen (Intervall [0,50]) einen kleineren Streubereich besitzen als die oberen 50% (Intervall [50,348]). Es handelt sich hier um eine nicht-symmetrische Verteilung. Der Streubereich der oberen 50% ist ungefähr sechsmal größer als der Streubereich der unteren 50% der Beobachtungen.*

Im Falle von klassiertem Datenmaterial wird als Spannweite die Differenz zwischen der oberen Grenze der obersten Klasse und der unteren Grenze der untersten Klasse genommen. Ist eine oder beide dieser extremen Klassen offen, d.h., besitzt sie nach oben bzw. nach unten keine genaue Grenzangabe, so wird ein beliebiger Wert aus dieser Klasse als „Stellvertreter" gewählt.

**Beispiel 6.6** *Im Falle der Anfahrtszeiten aus Beispiel 4.5 ergibt sich für die Originaldaten eine Spannweite von R = 28 - 1 = 27 Minuten. Verwendet man dagegen die dort verwendete Klasseneinteilung, so ergibt sich eine Spannweite von R = 28 - 0 = 28 Minuten. Die beiden Werte unterscheiden sich nur geringfügig.*

Die Spannweite $R$ wird von extremen Beobachtungen stark beeinflusst, d.h., sie ist nicht robust.

## 6.4     Der Interquartilsabstand

Der Interquartilsabstand beschreibt die „Spannweite" der mittleren 50% aller (geordneten) Beobachtungen. Für seine Berechnung wird mindestens ein ordinales Skalenniveau vorausgesetzt. Im Unterschied zur Spannweite $R$ ist der Interquartilsabstand auch für ordinalskalierte Merkmale ein sinnvolles Streuungsmaß.

Der Interquartilsabstand $IQR$ ist definiert als die Differenz von oberem Quartil und unterem Quartil (vgl. Kapitel 5.4)

$$IQR := \tilde{x}_{0.75} - \tilde{x}_{0.25} \ .$$

Der Interquartilsabstand ist also die Länge des Intervalls, das die mittleren 50% aller Beobachtungen beinhaltet.

**Beispiel 6.7** *Für die Hospiz-Daten aus Beispiel 4.3 ermittelt man mit n=10 für das unteres Quartil n·0.25 = 2.5 → 3 und für das obere Quartil n· 0.75 = 7.5 → 8. Somit ist*

$$\tilde{x}_{0.25} = x_{(3)} = 25 \qquad und \qquad \tilde{x}_{0.75} = x_{(8)} = 78 \qquad .$$

*Damit ergibt sich ein Interquartilsabstand von IQR=78-25=53. Im Unterschied zur Spannweite R liegen die mittleren 50% aller beobachteten Tage vergleichsweise dicht zusammen. Der Interquartilsabstand beträgt im vorliegenden Beispiel nur ungefähr ein Siebtel (ca. 15%) der Spannweite.*

Liegen die Beobachtungswerte nur in klassierter Form vor, so werden zunächst in einem (zweistufigen) Verfahren die Quantile bestimmt (vgl. Kapitel 5.4). Dann wird aus den feinbestimmten Quantilen der Interquartils-abstand berechnet. Wir wollen dies am folgenden Beispiel demonstrieren:

**Beispiel 6.8** *Für die Dauer der Anfahrtswege (Beispiel 4.5 bzw. Beispiel 4.6) ergibt sich, dass das untere Quartil der Klasse $K_2$ und das obere Quartil der Klasse $K_4$ angehört, denn bei diesen beiden Klassen überspringt die empirische Verteilungsfunktion erstmals die Werte 0.25 bzw. 0.75. Es ermitteln sich*

$$\tilde{x}_{0.25} = 4 + \frac{0.250 - 0.091}{0.303 - 0.091} \cdot (8 - 4) = 7.0$$

*und*

$$\tilde{x}_{0.75} = 12 + \frac{0.750 - 0.575}{0.757 - 0.575} \cdot (16 - 12) = 15.85$$

*und damit ein Interquartilsabstand von IQR= 15.85 - 7.0 = 8.85. Die mittleren 50% der beobachteten Anfahrtszeiten liegen damit weniger als neun Minuten auseinander. Dies entspricht etwa einem Drittel der Spannweite.*

## 6.5     Der MAD

Ein Skalenparameter, der auf dem Median $\tilde{x}_{0.5}$ aufbaut, ist der Median der absoluten Abweichungen vom Median (kurz: MAD, Median Absolute Deviation). Der MAD kann sowohl für metrisch- wie auch für ordinalskalierte Merkmale berechnet werden. Zur Berechnung des MAD werden zunächst die Größen

$$y_i = \left| x_i - \tilde{x}_{0.5} \right| \qquad i = 1, \cdots, n$$

berechnet. Von diesen Größen $y_i$ wird dann der Median bestimmt.

**Beispiel 6.9** *Im Beispiel 4.3 der Hospiz-Daten lagen die Werte zwischen 0 und 348. Als Median dieser Werte erhält man $\tilde{x}_{0.5} = 50$. Die absoluten Abweichungen vom Median sind*

| CD-Bestand $x_i$ | 0 | 10 | 25 | 39 | 48 | 52 | 52 | 78 | 144 | 348 |
|---|---|---|---|---|---|---|---|---|---|---|
| Abstand zum Median | -50 | -40 | -25 | -11 | -2 | -2 | 2 | 28 | 94 | 298 |
| $y_i = \|x_i - \tilde{x}_{0.5}\|$ | 50 | 40 | 25 | 11 | 2 | 2 | 2 | 28 | 94 | 298 |

*Damit ergibt sich als MAD der Wert $\tilde{y}_{0.5} = 26.5$, denn dies ist der Median der absoluten Abstände zum Median. Da eine gerade Anzahl von Beobachtungen vorliegt (n = 10), ist der Median das arithmetische Mittel der Werte $y_{(5)} = 25$ und $y_{(6)} = 28$. Die Daten variieren somit bezogen auf den Median $\tilde{x}_{0.5} = 50$ durchschnittlich um den Wert 26.5. Damit besitzen 50 Prozent aller Patienten eine Aufenthaltsdauer, die höchstens 26.5 (Tage) vom Median $\tilde{x}_{0.5} = 50$ entfernt ist. Sie verbleiben also zwischen 23.5 und 76.5 Tagen im Hospiz.*

Bei klassierten Daten ist zunächst der Median zu berechnen. Sodann werden unter Verwendung der Klassenmittel oder der Klassenmitten die absoluten Abweichungen vom Median bestimmt. Diese Abweichungen sind mit der jeweiligen Klassenhäufigkeit zu gewichten. Ist z.B. $H(K_i) = 3$ und $H(K_j) = 5$, so sind die entsprechenden Abweichungen mehrmals zu verwenden, nämlich „$H(K_i) = 3$-fach" bzw. „$H(K_j) = 5$-fach". Abschließend wird dann der Median der Abweichungen gebildet.

**Beispiel 6.10** *Für die klassierten Daten aus Beispiel 4.5 ergibt sich als Median ein Wert aus der Klasse $K_3$*

$$\tilde{x}_{0.5} = 8 + \frac{0.5 - 0.303}{0.575 - 0.303} \cdot (12 - 8) = 10.9$$

*(vgl. auch Beispiel 4.6). Unter Verwendung der Klassenmitten $m_j$ ergibt sich die folgende Tabelle:*

| $K_j$ | $m_j$ | $H(K_j)$ | $y_j = \lvert m_j - \tilde{x}_{0.5} \rvert$ |
|---|---|---|---|
| $K_1 = [0,4]$ | 2 | 3 | $\lvert 2 - 10.9 \rvert = 8.9$ |
| $K_2 = (4,8]$ | 6 | 7 | $\lvert 6 - 10.9 \rvert = 4.9$ |
| $K_3 = (8,12]$ | 10 | 9 | $\lvert 10 - 10.9 \rvert = 0.9$ |
| $K_4 = (12,16]$ | 14 | 6 | $\lvert 14 - 10.9 \rvert = 3.1$ |
| $K_5 = (16,20]$ | 18 | 5 | $\lvert 18 - 10.9 \rvert = 7.1$ |
| $K_6 = (20,24]$ | 22 | 1 | $\lvert 22 - 10.9 \rvert = 11.1$ |
| $K_7 = (24,28]$ | 26 | 2 | $\lvert 26 - 10.9 \rvert = 15.1$ |

*Unter Berücksichtigung der Klassenhäufigkeiten beträgt der MAD damit 4.9. Die Hälfte aller Besucher(innen) hat damit eine Anfahrtszeit, die zwischen sechs und knapp unter 16 Minuten dauert.*

Der MAD ist ein sinnvolles Streuungsmaß, um Abweichungen vom Lageparameter Median zu bestimmen. Er ist als Streuungsmaß insbesondere geeignet, wenn Datenmaterial mit extremen Beobachtungen vorliegt.

## 6.6 Die Varianz und die Standardabweichung

Die empirische Varianz $s^2$ ist der wohl am häufigsten verwandte Skalenparameter für metrische Daten. Bildet man das (arithmetische) Mittel der quadratischen Abstände aller Beobachtungen zum arithmetischen Mittel, so erhält man die **empirische Varianz** $s^2$ einer Beobachtungsreihe

$$s^2 := \frac{1}{n-1} \sum_{i=1}^{n} (x_i - \bar{x})^2 \quad .$$

Da die empirische Varianz ein quadratisches Funktional ist, wird an ihrer Stelle oftmals zur Beschreibung der Variabilität der Daten die **Standardabweichung** $s = \sqrt{s^2}$ herangezogen. Werden z.B. die Messwerte $x_1, ..., x_n$ in $[m]$ gemessen, so wird die Varianz in $[m^2]$ gemessen, während die Standardabweichung wiederum als Einheit $[m]$ hat. Dass bei der Varianz durch den Wert *n-1* und nicht durch den Stichprobenumfang *n* dividiert wird, ist durch Überlegungen der statistischen Schätz- und Testtheorie begründet, auf die wir noch später eingehen werden. Bei großen Stichprobenumfängen ist es unwesentlich, ob durch *n* oder durch *n-1* dividiert wird, nicht jedoch bei kleinen Datensätzen. Auf die Berechnung der (empirischen) Varianz bzw. Standardabweichung haben extrem kleine oder extrem große Beobachtungen einen sehr starken Einfluss.

Man bildet bei der Varianz die quadratischen Abstände zum Mittel, da das arithmetische Mittel eine **Minimumseigenschaft** besitzt. Es gilt

$$\frac{1}{n-1}\sum_{i=1}^{n}(x_i - \bar{x})^2 \le \frac{1}{n-1}\sum_{i=1}^{n}(x_i - d)^2 \quad \text{für alle Zahlen d.}$$

*Beispiel 6.11 Für die Hospiz-Daten aus Beispiel 4.3 ergibt sich ein arithmetisches Mittel von $\bar{x} = 79.6$ (vgl. Beispiel 5.9) und damit*

$$\begin{aligned}
s^2 &= \frac{1}{10-1}\cdot\Big((-40.6)^2 + (64.4)^2 + (-1.6)^2 + (-27.6)^2 + (268.4)^2 \\
&\quad + (-27.6)^2 + (-69.6)^2 + (-79.6)^2 + (-31.6)^2 + (-54.6)^2\Big) \\
&= \frac{94520.4}{9} = 10502.27 \quad .
\end{aligned}$$

*Die Standardabweichung beträgt s = 102.48. Der große Wert der Standardabweichung ist hierbei auf die stark abweichende Beobachtung $x_{(10)} = 348$ zurückzuführen.*

Bei klassierten Daten (mit k Klassen) kann die Varianz mit Hilfe der Klassenmitten oder der Klassenmittel berechnet werden. Verwendet man die Klassenmittel, so ist

$$s^2 = \frac{1}{n-1}\sum_{j=1}^{k}H(K_j)\cdot\left(\overline{K}_j - \bar{x}\right)^2 \quad ,$$

wobei $\overline{K}_j$ das Klassenmittel der *j*-ten Klasse, *j* = 1, ..., *k*, bezeichnet. Die Varianzschätzung mit Hilfe der Klassenmittel ergibt immer einen kleineren Schätzwert als die wahre Varianz (berechnet mit Hilfe der Urliste), da die Variabilität innerhalb der einzelnen Klassen vernachlässigt wird. Verwendet man die Klassenmitten $m_1, ..., m_k$, so ist

$$s^2 = \frac{1}{n-1}\sum_{j=1}^{k}H(K_j)\cdot\left(m_j - \bar{x}\right)^2 \quad ,$$

und man wird in der Regel die Varianz überschätzen. Dies ist darin begründet, dass im Regelfall die Daten innerhalb einer Klasse keine symme-trische Häufigkeitsverteilung aufweisen. Liegen k **äquidistante** (gleichbreite) Klassen $K_1, ..., K_k$ vor, so lässt sich mit Hilfe der

Sheppardschen Korrektur[9] diese Überschätzung korrigieren. Ist die konstante Klassenbreite $c$, so ist die Schätzung mit Hilfe der Sheppardschen Korrektur

$$s_*^2 = s^2 - \frac{c^2}{12} \quad .$$

Nach *Weber (1980)* soll die Sheppardsche Korrektur nicht bei stark asymmetrischen, U- bzw. J-förmigen Verteilungen angewandt werden. Auch sollte der Stichprobenumfang größer sein als $n = 1000$. Es sei jetzt schon darauf hingewiesen, dass mit korrigierten Varianzen keine statistischen Tests durchgeführt werden dürfen.

**Beispiel 6.12** *Für die Dauer der Anfahrtszeiten aus Beispiel 4.5 ergibt sich unter Verwendung der Klassenmitten ein arithmetisches Mittel von* $\overline{x} = 11.7$. *Damit ist*

$$s^2 = \frac{3 \cdot 9.7^2 + 7 \cdot 5.7^2 + 9 \cdot 1.7^2 + 6 \cdot 2.3^2 + 5 \cdot 6.3^2 + 1 \cdot 10.3^2 + 2 \cdot 14.3^2}{32}$$

$$= \frac{1280.97}{32} = 40.03$$

*und s = 6.33. Auf die Anwendung der Sheppardschen Korrektur wird hier verzichtet, da der Stichprobenumfang kleiner als 1000 ist.*

Oftmals ist es günstiger, die Varianz mit

$$s^2 = \frac{1}{n-1} \left( \sum_{i=1}^{n} x_i^2 - n\overline{x}^2 \right)$$

zu berechnen, denn es gilt unter Verwendung von $\sum_{i=1}^{n} x_i = n\overline{x}$,

$$s^2 = \frac{1}{n-1} \sum_{i=1}^{n} (x_i - \overline{x})^2 = \frac{1}{n-1} \sum_{i=1}^{n} \left( x_i^2 - 2x_i\overline{x} + \overline{x}^2 \right)$$

$$= \frac{1}{n-1} \left( \sum_{i=1}^{n} x_i^2 - 2\overline{x} \sum_{i=1}^{n} x_i + \sum_{i=1}^{n} \overline{x}^2 \right)$$

$$= \frac{1}{n-1} \left( \sum_{i=1}^{n} x_i^2 - 2n\overline{x}^2 + n\overline{x}^2 \right) = \frac{1}{n-1} \left( \sum_{i=1}^{n} x_i^2 - n\overline{x}^2 \right).$$

---

[9] William Fleetwood Sheppard (* 21.11.1863, † 21.10.1936) führte diese Korrektur 1898 ein: On the calculation of the most probable values of frequency-constants, for data arranged according to equidistant divisions of a scale. Sheppard arbeitete eng mit K.E. Pearson zusammen.

# 6.7    Weitere Skalenparameter

Ein anderer Skalenparameter, der auf dem Median basiert, ist die **mittlere absolute Abweichung vom Median** $s_{0.5}$. Sie ist definiert durch

$$s_{0.5} := \frac{1}{n} \sum_{i=1}^{n} |x_i - \tilde{x}_{0.5}| \quad .$$

Hierbei werden die absoluten Abweichungen vom Median aufaddiert und dann durch den Stichprobenumfang dividiert. Es wird also das arithmetische Mittel der absoluten Abweichungen vom Median berechnet.

Für klassiertes Datenmaterial gelten analoge Ausführungen wie beim MAD. Zunächst wird auch hier der Median der klassierten Daten errechnet. Dann werden jeweils unter Verwendung der Klassenmitten oder der Klassenmittel die absoluten Abweichungen vom Median gebildet. Diese werden entsprechend der relativen Klassenhäufigkeit gewichtet und aufsummiert.

Bedingt durch die Berechnung des arithmetischen Mittels der absoluten Abweichungen vom Median ist das Streuungsmaß $s_{0.5}$ nicht robust. Es wird im Unterschied zum MAD durch extreme Beobachtungen stark beeinflusst. Für die mittlere absolute Abweichung vom Median gilt die nachfolgende **Minimumseigenschaft:**

$$\frac{1}{n} \sum_{i=1}^{n} |x_i - c| \geq \frac{1}{n} \sum_{i=1}^{n} |x_i - \tilde{x}_{0.5}| \quad \text{für alle Zahlen } c.$$

Ein etwas „aus der Mode gekommener" Skalenparameter ist die **durchschnittliche Abweichung vom Mittelwert** $s_m$. Sie ist definiert durch

$$s_m := \frac{1}{n} \sum_{i=1}^{n} |x_i - \bar{x}| \quad .$$

Da $s_m$ im Gegensatz zu $s_{0.5}$ anstelle des Median als Bezugsgröße das arithmetische Mittel $\bar{x}$ einsetzt, besitzt $s_m$ keine Minimumseigenschaft. Daher gilt immer $s_m \geq s_{0.5}$. Für klassierte Daten wird – unter Verwendung der Klassenmittel oder Klassenmitten – zunächst das arithmetische Mittel berechnet. Danach werden die absoluten Abweichungen vom berechneten arithmetischen Mittel bestimmt und mit der entsprechenden Klassenhäufigkeit gewichtet. Die erhaltenen Werte werden aufsummiert und durch die Anzahl aller Beobachtungen geteilt. Das Streuungsmaß $s_m$ ist nicht robust. Für weitere Aussagen über $s_m$ sei auf *Sachs (1984)* verwiesen.

Auch für Skalenparameter lassen sich robuste Maße entwickeln, die unempfindlich gegenüber extremen Beobachtungen sind. In Analogie zum getrimmten und winsorisierten Mittel stellen wir zwei Parameter vor, die auf diesen Mitteln basieren.

Sei $x_{(1)}, \ldots, x_{(n)}$ eine geordnete Beobachtungsreihe. Die $\alpha$-**getrimmte Varianz** $s_{\alpha t}^2$ entspricht im Wesentlichen der empirischen Varianz $s^2$ unter Verwendung eines $\alpha$-getrimmten Mittels anstelle des arithmetischen Mittels. Sei $a = [\alpha \cdot n]$, $0 < \alpha < 0.5$ (vgl. Kapitel 5.6), dann ist die $\alpha$-getrimmte empirische Varianz definiert als

$$s_{\alpha t}^2 := \frac{1}{n-2a} \cdot \sum_{i=a+1}^{n-a} \left(x_{(i)} - \bar{x}_{\alpha t}\right)^2 \quad .$$

Die $\alpha$-getrimmte empirische Varianz beruht damit nur auf den $100(1-2\alpha)\%$ der „inneren" Datenwerte. Jeweils $100 \cdot \alpha\%$ der kleinsten und der größten Beobachtungen werden für die Berechnung dieses Varianzschätzers nicht herangezogen.

Bei der $\alpha$-**winsorisierten Varianz** wird die empirische Varianz mit Hilfe des $\alpha$-winsorisierten Mittels modifiziert. Mit $a = [\alpha \cdot n]$, $0 < \alpha < 0.5$ ist die $\alpha$-winsorisierten empirische Varianz definiert als

$$s_{aw}^2 := \frac{1}{n-1} \left\{ a \left(x_{(a+1)} - \bar{x}_{aw}\right)^2 + \sum_{i=a+1}^{n-a} \left(x_{(i)} - \bar{x}_{aw}\right)^2 + a \left(x_{(n-a)} - \bar{x}_{aw}\right)^2 \right\}.$$

Die $\alpha$-winsorisierte empirische Varianz beruht damit auf den $100(1-2\alpha)\%$ unveränderten „inneren" Beobachtungen sowie auf den jeweils $100 \cdot \alpha\%$ modifizierten kleinsten und größten Beobachtungen. Die Werte $x_{(a+1)}$ bzw. $x_{(n-a)}$ sind dabei die aus der Stichprobe unverändert verbleibende kleinste bzw. größte Beobachtung (vgl. Kapitel 5.6), durch die jeweils alle extremeren Beobachtungen ersetzt werden.

Da das $\alpha$-winsorisierte Mittel die Streuung einer vorliegenden Beobachtungsreihe stärker berücksichtigt als das getrimmte Mittel, werden Varianzschätzer, die auf dem winsorisierten Mittel beruhen, oft denen, die auf einem getrimmten Mittel beruhen, vorgezogen.


# 6.8     Zusammenfassung

Analog zum Kapitel 5.8 (Lagemaße) sollen auch hier die vorgestellten Skalenmaße tabellarisch zusammengefasst werden:

| Skalenparameter | Skalenniveau des Merkmals | | |
|---|---|---|---|
| | nominal | ordinal | metrisch |
| $\phi(X)$ | • | -- | -- |
| $\phi_o(X)$ | -- | • | -- |
| R | -- | • | • |
| IQR | -- | • | • |
| MAD | -- | • | • |
| $s^2$ (s) | -- | -- | • |
| $s_{0.5}$ | -- | • | • |
| $s_m$ | -- | -- | • |
| $s_{\alpha t}^2 / s_{\alpha w}^2$ | -- | | |

Tabelle 6.1 Zuordnung von Skalenniveau und Skalenparametern

Aus dieser Zuordnung wird noch einmal deutlich, wann ein jeweiliges Skalenmaß sinnvoll angewendet werden darf.

# 6.9    Übungsaufgaben

**Aufgabe 6.1** Gegeben sei folgende Häufigkeitsverteilung mit k=4 Klassen.

| Klasse | $H(K_j)$ | $m_j$ | $\bar{x}_j$ |
|---|---|---|---|
| $K_1 = [0,100]$ | 200 | 50 | 60 |
| $K_2 = (100,200]$ | 300 | 150 | 180 |
| $K_3 = (200,300]$ | 300 | 250 | 240 |
| $K_4 = (300,400]$ | 200 | 350 | 320 |

Berechnen Sie das arithmetische Mittel mit Hilfe der Klassenmitten und -mittel sowie die Varianz bzw. die Standardabweichung unter Verwendung der Klassenmittel und -mitten (mit und ohne Sheppardsche Korrektur).

**Aufgabe 6.2** Ermitteln Sie für die Daten aus Aufgabe 6.1 die Spannweite $R$ und den Interquartilsabstand $IQR$.

**Aufgabe 6.3** In der Klasse 3a von Frau Else Gut befinden sich 12 Jungen. Diese prahlen gerne über die Anzahl der mit einem Fußball zerschossenen Fensterscheiben. Hierzu führt Else Gut eine Befragung durch und erhält die folgende geordnete Datenliste:

$$0, 0, 1, 1, 1, 1, 2, 2, 3, 3, 3, 4 \, .$$

Ermitteln Sie die Spannweite $R$, den Interquartilsabstand $IQR$ sowie den $MAD$ und die mittlere absolute Abweichung vom Median $s_{0.5}$.

**Aufgabe 6.4** Gegeben sei eine Stichprobe mit den fünf Werten: 0, 4, -2, -2 und 5. Bestimmen Sie und vergleichen Sie die folgenden Streuungsmaße.
1. den $MAD$.
2. die durchschnittliche Abweichung vom Mittelwert $s_m$.
3. die Standardabweichung $s$.
4. die für $\alpha = 0.2$ getrimmte und winsorisierte Standardabweichung.

**Aufgabe 6.5** Gegeben seien die folgenden sechs Merkmale. Welche der nachstehenden Skalenparameter dürfen verwendet werden? Markieren Sie diese mit einem „Ja", die anderen mit „Nein"!
1. Steuerklasse --- Spannweite.
2. Zinssätze in verschiedenen Jahren --- Interquartilsabstand.
3. Pkw-Modelle eines Autohauses --- Spannweite.
4. Wagenklasse der Deutschen Bundesbahn --- MAD.

5. Durchschnittseinkommen --- empirische Standardabweichung.

6. Pkw-Modelle eines Autohauses --- Interquartilsabstand.

**Aufgabe 6.6** Gegeben sei eine fünfelementige Stichprobe. Bestimmen Sie für die folgenden Kombinationen jeweils die fehlende Größe:

$$x_1 = ? \quad x_2 = 0 \quad x_3 = 2 \quad x_4 = 2 \quad x_5 = 0 \qquad s^2 = 1.$$

$$x_1 = ? \quad x_2 = 0 \quad x_3 = 2 \quad x_4 = 2 \quad x_5 = 10 \quad IQR = 1.$$

**Aufgabe 6.7** Bestimmen Sie für die Daten aus Beispiel 4.2 den Streuungsparameter $\phi$ aus Kapitel 6.1.

**Aufgabe 6.8** Berechnen Sie für die n=9 vorhandenen Daten aus Beispiel 5.1 den Streuungs-parameter $\phi_0(x)$ aus Kapitel 6.2.

# 7 Schiefe und Wölbung

In den beiden vorangegangenen Kapiteln sind Lage- und Skalenparameter zur Beschreibung von eindimensionalen Häufigkeitsverteilungen vorgestellt worden. Neben diesen Maßzahlen lässt sich die Form einer unimodalen Verteilung insbesondere bei metrischskalierten Daten durch weitere Maße beschreiben. Zwei dieser Gruppen von Maßzahlen werden nachfolgend kurz vorgestellt. Die erste Gruppe von Maßzahlen beschreibt die Abweichung von der Annahme einer symmetrischen Häufigkeitsverteilung, während die zweite Gruppe die Ausprägung eines Verteilungszentrums im Vergleich zu einer Normalverteilung (vgl. Kapitel 13) misst.

## 7.1 Die Schiefe

Der Begriff der **Schiefe** oder **Asymmetrie** einer unimodalen Häufigkeitsverteilung basiert auf einem Vergleich der Verteilungsseiten beidseitig des Modalwertes. Ist bei einer Häufigkeitsverteilung die Verteilung stärker auf der linken Verteilungsseite konzentriert, so bezeichnet man diese Verteilung als **linkssteil** bzw. **rechtsschief**. Konzentriert sich im umgekehrten Fall die Verteilung stärker auf der rechten Seite, so ist die Verteilung **rechtssteil** oder **linksschief**. Sind beide Verteilungsseiten annähernd gleich ausgeprägt, spricht man von einer **symmetrischen Verteilung**.

Auf einfache Art lässt sich die (A-)Symmetrie einer unimodalen Häufigkeitsverteilung mit Hilfe der folgenden – in Kapitel 5 beschriebenen – Lageparameter $\bar{x}$ (arithmetisches Mittel), $\tilde{x}_{0.5}$ (Median) und $x_{\mathrm{mod}}$ (Modalwert) charakterisieren. Dabei ist eine Verteilung

- linkssteil bzw. rechtsschief, wenn $\bar{x} \geq \tilde{x}_{0.5} \geq x_{\mathrm{mod}}$ gilt,
- rechtssteil bzw. linksschief, wenn $\bar{x} \leq \tilde{x}_{0.5} \leq x_{\mathrm{mod}}$ gilt,
- symmetrisch, wenn $\bar{x} = \tilde{x}_{0.5} = x_{\mathrm{mod}}$ gilt.

Arithmetisches Mittel/Modalwert und Median können u.U. auch bei schiefen Verteilungen zusammenfallen. Arithmetisches Mittel und Modalwert unterscheiden sich in diesen Fällen jedoch immer (vgl. *Weber (1980)*)! Je dichter die drei Lageparameter zusammen liegen, desto „symmetrischer" ist eine Verteilung. *Nagel et al. (1994)* charakterisieren (eingipflige) (a-)symmetrische Verteilungen und ihr Vorkommen wie folgt:

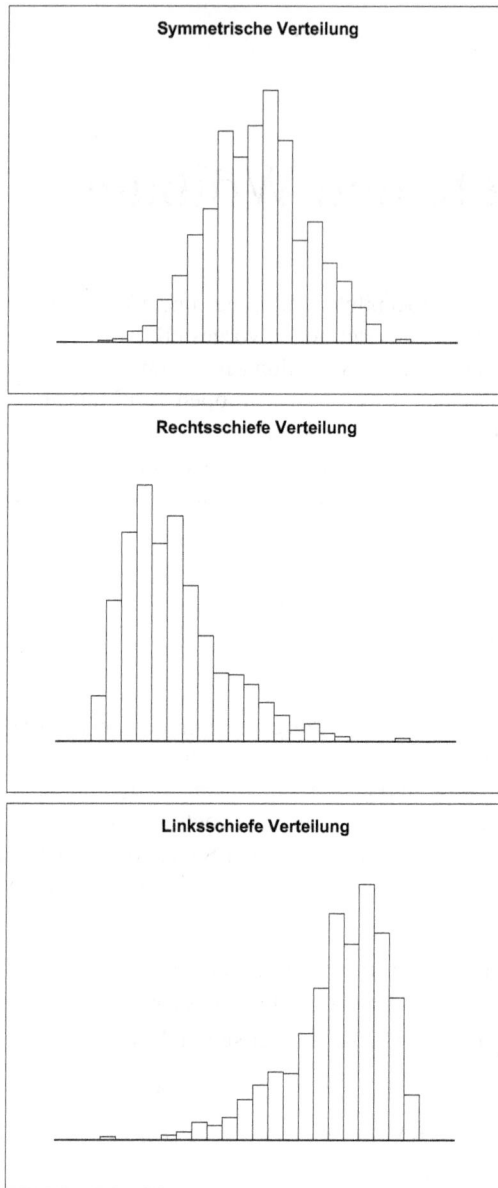

*Abbildung 7.1 Grafische Darstellung verschiedener Verteilungstypen*

**symmetrische Verteilungen** (wie sie z.B. durch die Normalverteilung repräsentiert werden, vgl. auch *Abbildung 7.1*): Viele „zufällige" Einflüsse bewirken diese Art von Verteilung, die daher Homogenität der Population im Hinblick auf das gemessene Merkmal bedeutet. Sie ist häufiger im naturwissenschaftlich-technischen als im biologischen und medizinischen Bereich zu finden und kommt im sozial- und wirtschaftswissenschaftlichen Bereich kaum vor.

**linkssteile bzw. rechtsschiefe Verteilungen** (wie z.B. die log-Normalverteilung, vgl. wieder *Abbildung 7.1*): Viele biologische und wirtschaftliche Merkmale sind rechtsschief. Das hat seine Ursache darin, dass eine untere Schranke existiert, die die Variation des Merkmals in dieser Richtung hemmt oder begrenzt, während sie nach oben „unbeschränkt" gegeben ist. Ein typisches Beispiel sind Lebensdauerverteilungen.... Es kann sich bei rechtsschiefen Verteilungen auch um Überlagerungen von zwei nicht zentrierten Normalverteilungen mit eventuell ungleicher Varianz handeln.

**rechtssteile bzw. linksschiefe Verteilungen** (vgl. wieder *Abbildung 7.1*): Diese Verteilungen treten auf, wenn eine obere Schranke gegeben ist oder wenn zwei Normalverteilungen mit ungleichem Mittelwert und (eventuell) ungleicher Varianz überlagert werden.

Ein klassischer Schiefekoeffizient, der auf Karl Pearson zurückgeht, ist

$$\sqrt{\beta_1} := \frac{\sum\limits_{i=1}^{n}(x_i - \bar{x})^3 / n}{\left(\sum\limits_{i=1}^{n}(x_i - \bar{x})^2 / n\right)^{3/2}} \quad .$$

Bei einer linksschiefen Verteilung wird die Größe $\sqrt{\beta_1}$ negativ, bei einer rechtsschiefen Verteilung positiv, bei symmetrischen Verteilungen – z. B. Normal- oder t-Verteilung – wird der Wert Null angenommen.

**Beispiel 7.1** *Für die Dauer der Anfahrtswege aus Beispiel 4.5 gilt:*

$$\bar{x} = 12.36, \quad \tilde{x}_{0.5} = 12 \quad und \quad x_{mod} = 12 \quad .$$

*Damit ist die Verteilung rechtsschief bzw. linkssteil, da*

$$\bar{x} > \tilde{x}_{0.5} \geq x_{mod} \quad .$$

*Für $\sqrt{\beta_1}$ errechnet sich:*

$$\sum_{i=1}^{n} \frac{(x_i - \bar{x})^3}{n} \quad = \quad \sum_{i=1}^{33} \frac{(x_i - 12.36)^3}{33} = 170.2,$$

$$\left(\sum_{i=1}^{n} \frac{(x_i - \bar{x})^2}{n}\right)^{3/2} \quad = \quad \left(\sum_{i=1}^{33} \frac{(x_i - 12.36)^2}{33}\right)^{3/2} = 286.3,$$

$$\sqrt{\beta_1} \quad = \quad \frac{170.2}{286.3} = 0.5944,$$

*d.h., auch mit diesem Koeffizienten wird der Eindruck einer rechtsschiefen Verteilung bestätigt.*

## 7.2　　Die Wölbung

Eine zweite Gruppe von Maßzahlen, die sich mit der Form einer Verteilung befassen, misst die Ausprägung des (Dichte-)Zentrums einer Verteilung im Vergleich zur Normalverteilung. Ist dieser Verteilungsgipfel – bei gleicher Varianz – höher als der einer Normalverteilung, so spricht man von **positiver Wölbung**, liegt er darunter von einer **negativen Wölbung**. Die Wölbung wird vielfach auch **Exzess** oder **Kurtosis** genannt.

Für Verteilungen mit positiver Wölbung ist die Verteilungskurve spitzer als die Glockenkurve der Normalverteilung (vgl. Abbildung 7.2), d.h., speziell in der Nähe des (Dichte-)Zentrums aber auch an den äußeren Verteilungsenden konzentrieren sich vergleichsweise mehr Werte während die Flanken dünner besetzt sind. Bei einer negativen Wölbung ist die Ausprägung der Verteilungskurve gedrungener und der Verteilungsgipfel im Vergleich zur Normalverteilung flacher. Dies führt dazu, dass bei negativ gewölbten Verteilungen ein Werteüberschuss in den Flanken vorliegt und das Verteilungszentrum sowie die Verteilungsenden schwächer besetzt sind.

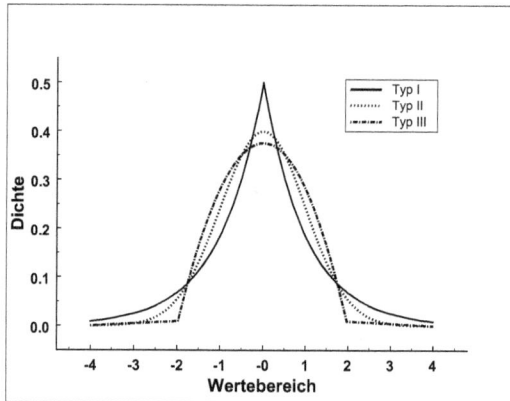

*Abbildung 7.2 Verteilungen mit unterschiedlicher Wölbung*
*I: $\beta_2 > 3$, II: $\beta_2 = 3$, III: $\beta_2 < 3$*

Der Begriff der Wölbung wurde von Karl Pearson im Jahre 1894 eingeführt. Er schlug als Maßzahl für die Wölbung folgenden Quotienten vor:

$$\beta_2 := \frac{\sum_{i=1}^{n}(x_i - \bar{x})^4 / n}{\left(\sum_{i=1}^{n}(x_i - \bar{x})^2 / n\right)^2} \quad .$$

Bei Vorliegen einer Normalverteilung nimmt $\beta_2$ gerade den Wert 3 an. Ist $\beta_2 > 3$, so liegt eine hochgipflige Verteilung vor. Im Fall $\beta_2 < 3$ ist die Verteilung flachgipfliger (als eine

Normalverteilung). Für viele Berechnungen wird anstelle von $\beta_2$ oft die leicht modifizierte Form

$$\beta_2' = \beta_2 - 3$$

verwandt, da sich hierbei für eine Normalverteilung als Wölbung der Wert Null ergibt.

**Beispiel 7.2** *Für die Dauer der Anfahrtszeiten aus Beispiel 4.5 berechnet sich als Wölbungsmaß $\beta_2$ der Verteilung:*

$$\sum_{i=1}^{33} \frac{(x_i - 12.36)^4}{33} = 5758 \quad,$$

$$\left( \sum_{i=1}^{33} \frac{(x_i - 12.36)^2}{33} \right)^2 = 1887 \quad,$$

$$\beta_2 = \frac{5758}{1887} = 3.051 \quad.$$

*Für $\beta_2'$ ergibt sich: $\beta_2' = 3.051 - 3 = 0.051$. Die Verteilung hat also einen vergleichbaren Verteilungsgipfel wie eine Normalverteilung.*

Anzumerken ist, dass eine Verteilung durch die Angabe von Lage, Streuung, Schiefe und Wölbung nicht eindeutig charakterisiert ist. Verteilungen mit den gleichen Werten dieser Maßzahlen können durchaus völlig unterschiedliche Verteilungsformen aufweisen. Sowohl für Schiefe- als auch für Wölbungsmaße gibt es eine Vielzahl alternativer Maßzahlen, die oft durch den Vergleich spezieller Quantile berechnet werden. Weitere Ausführungen und auch erläuternde grafische Darstellungen hierzu findet man in *Sachs (1984)* oder in *Nagel et al. (1994)*.

# 7.3      Übungsaufgaben

**Aufgabe 7.1** Berechnen Sie für die Daten aus Beispiel 4.3 die Schiefe- und Wölbungskoeffizienten nach Pearson.

**Aufgabe 7.2** Entscheiden Sie, ob für die folgenden Parameterkonstellationen annähernd eine linksschiefe, symmetrische oder rechtsschiefe Verteilung vorliegt:

1.  $\bar{x} = 0$,      $\tilde{x}_{0.5} = 0.1$   und   $x_{\mathrm{mod}} = 0.1$,

2.  $\bar{x} = 12$,     $\tilde{x}_{0.5} = 4$    und   $x_{\mathrm{mod}} = 1$,

3.  $\bar{x} = -12$,    $\tilde{x}_{0.5} = -12$   und   $x_{\mathrm{mod}} = 0$.

# 8 Zweidimensionale Häufigkeitsverteilungen

Bisher haben wir nur die Situation betrachtet, dass wir an einer Untersuchungseinheit jeweils ein Merkmal $X$ messen. Somit liegen eindimensionale Messwerte $x_1, ..., x_n$ vor. Nun wollen wir den Fall betrachten, dass an jeder Untersuchungseinheit zwei Merkmale ($X$ und $Y$) erhoben werden. Als Beobachtungen liegen somit die $n$ Tupel $(x_1, y_1), (x_2, y_2), ..., (x_n, y_n)$ vor.

## 8.1 Diskrete zweidimensionale Häufigkeitsverteilungen

Analog zu den eindimensionalen Häufigkeitsverteilungen betrachten wir zunächst den Fall, dass zwei diskrete Merkmale $X$ und $Y$ gegeben sind. Die Merkmalsausprägungen, die $X$ annehmen kann, seien mit $a_1, ..., a_k$ bezeichnet. Im Falle eines ordinalen oder metrischskalierten Merkmals $X$ soll dabei gelten: $a_1 < a_2 < ... < a_{k-1} < a_k$. Die Merkmalswerte, die $Y$ annehmen kann, seien mit $b_1, ..., b_m$ bezeichnet. Im Falle eines ordinalen oder metrischskalierten Merkmals $Y$ soll analog gelten: $b_1 < b_2 < ... < b_{m-1} < b_m$.

Die gemeinsame Verteilung von $X$ und $Y$ wird durch alle möglichen Kombinationen $(a_j, b_l)$ $(j = 1,...,k; l = 1,...,m)$ beschrieben und wird zumeist in tabellarischer Form dargestellt. Diese Tabelle wird als $k \times m$ Kontingenztafel oder als Mehrfeldertafel bezeichnet. Dabei bezeichnet $H(a_j, b_l)$ die absolute Häufigkeit mit der die Kombination $(a_j, b_l)$ auftritt, d.h., $H(a_j, b_l)$ ist die Anzahl von Beobachtungen $(x_i, y_i)$, $i = 1, ..., n$ bei denen $x_i = a_j$ und $y_i = b_l$ ist. Es gilt

$$H(a_1, b_1) + H(a_1, b_2) + \cdots + H(a_k, b_m) = \sum_{j=1}^{k} \sum_{l=1}^{m} H(a_j, b_l) = n \quad .$$

Die relative Häufigkeit wird mit $h(a_j, b_l)$ bezeichnet, und es gilt

$$h(a_j, b_l) = \frac{H(a_j, b_l)}{n} \quad .$$

Die relative Häufigkeit gibt den Anteil an Beobachtungen $(x_i, y_i)$, $i = 1,..., n$ an, für die $x_i = a_j$ und $y_i = b_l$ ist. Hierfür gilt

$$h(a_1,b_1) + h(a_1,b_2) + \cdots + h(a_k,b_m) = \sum_{j=1}^{k}\sum_{l=1}^{m} h(a_j,b_l) = 1 \quad .$$

Der Begriff der empirischen Verteilungsfunktion lässt sich auch für zweidimensionale Häufigkeitsverteilungen verwenden. Eine **zweidimensionale empirische Verteilungsfunktion** gibt den Anteil von beobachteten Wertepaaren an, die kleiner als ein vorgegebenes – nicht notwendigerweise beobachtetes – Wertepaar $(x,y)$ sind. Es ist

$$F_n(x,y) = \begin{cases} 0 & \text{für } x < a_1 \text{ und } y < b_1 \\ \sum_{j=1}^{k^*}\sum_{l=1}^{m^*} h(a_j,b_l) & \text{für } k^* \in \{1,\cdots,k\} \text{ und } m^* \in \{1,\cdots m\} \\ 1 & \text{für } a_k \leq x \text{ und } b_m \leq y \end{cases} \quad .$$

Daneben gibt es für zweidimensionale Häufigkeitsverteilungen noch den Begriff der **Randhäufigkeit**. Die Randhäufigkeiten entsprechen den jeweiligen eindimensionalen Häufigkeiten, falls man die beiden Merkmale getrennt voneinander betrachtet. Es werden jeweils nur Häufigkeiten für die Ausprägungen eines Merkmals betrachtet, unabhängig davon, welche Ausprägungen das andere Merkmal annimmt. Für eine gegebene Merkmalsausprägung $a_j$, $j = 1$, ..., $k$ des Merkmals $X$ ist $H(a_j, b_.) = n_{j.}$ die **absolute Randhäufigkeit** von $(X,Y)$ bzgl. der Ausprägung $a_j$ des Merkmals $X$. $H(a_j, b_.) = n_{j.}$ ist damit die Anzahl von Beobachtungen $x_1$, ..., $x_n$ für die $x_i = a_j$ ist. Für eine gegebene Merkmalsausprägung $b_l$, $l = 1$, ..., $m$ des Merkmals $Y$ ist $H(a_., b_l) = n_{.l}$ die absolute Randhäufigkeit von $(X,Y)$ bzgl. der Ausprägung $b_l$ des Merkmals $Y$. $H(a_., b_l) = n_{.l}$ ist die Anzahl von Beobachtungen $y_1, \cdots, y_n$, für die $y_i = b_l$ ist. Der Punkt „." als Index symbolisiert, dass hier alle möglichen Werte ($j = 1,...,k$ bzw. $l = 1,...,m$) für den jeweiligen Indexwert eingesetzt werden und über diese dann summiert wird.

Nimmt man jeweils alle Randhäufigkeiten $H(a_j, b_.)$ für $j = 1$, ..., $k$ bzw. $H(a_., b_l)$ für $l = 1,...,$ $m$, so nennt man dies die **absolute Randverteilung** von $X$ bzw. $Y$. Die Randverteilung entspricht der jeweiligen eindimensionalen Häufigkeitsverteilung. Analog zu den absoluten Randhäufigkeiten lassen sich auch **relative Randhäufigkeiten** bestimmen. Hierzu wird jeweils die zugehörige absolute Häufigkeit durch die Anzahl der Beobachtungen dividiert. Die relative Randhäufigkeit

$$h(a_j,b_.) = \frac{1}{n}\cdot H(a_j,b_.) = h(a_j) = \frac{n_{j.}}{n}$$

ist der Anteil von Beobachtungen, für die $x_i = a_j$ gilt. Umgekehrt ist die relative Randhäufigkeit

$$h(a_.,b_l) = \frac{1}{n}\cdot H(a_.,b_l) = h(b_l) = \frac{n_{.l}}{n}$$

der Anteil von Beobachtungen, für die $y_i = b_l$ gilt. Durch Ermittlung aller relativen Randhäufigkeiten ergibt sich analog zu den absoluten Randhäufigkeiten die **relative Randverteilung** von $X$ bzw. $Y$.

| Merkmal | Y | | | |
|---|---|---|---|---|
| X | $b_1$ | ... | $b_m$ | $H(a_j, b.)$ |
| $a_1$ | $H(a_1,b_1)$ | ... | $H(a_1,b_m)$ | $H(a_1, b.)=n_1$. |
| $\vdots$ | $\vdots$ | | $\vdots$ | $\vdots$ |
| $a_k$ | $H(a_k,b_1)$ | ... | $H(a_k,b_m)$ | $H(a_k,b.)=n_k$. |
| $H(a., b_l)$ | $H(a., b_1)=n._1$ | $H(a., b_m)=n._m$ | | $n$ |

Tabelle 8.1 Tabellarische Darstellung einer zweidimensionalen, diskreten Verteilung für absolute Häufigkeiten

Eine tabellarische Darstellung einer zweidimensionalen Häufigkeitsverteilung für absolute
Häufigkeiten zeigt Tabelle 8.1. Die letzte Spalte bzw. Zeile in dieser Tabelle ist die Randverteilung von $X$ bzw. von $Y$. Zu einer vollständigen Darstellung zweidimensionalen Datenmaterials gehört sowohl die Angabe der Häufigkeiten aller Kombinationen $(a_j, b_l)$ als auch die
Angabe aller Randhäufigkeiten.

Oftmals interessiert man sich bei zweidimensionalen Häufigkeitsverteilungen für die Häufigkeit oder auch die Verteilung des einen Merkmals unter der Bedingung, dass das andere
Merkmal eine bestimmte Ausprägung annimmt. Solche Häufigkeiten bzw. Häufigkeitsverteilungen werden bedingte Häufigkeiten bzw. bedingte Häufigkeitsverteilung genannt. Die
bedingte absolute Häufigkeit für die Ausprägung $a_j, j = 1, ..., k$ des Merkmals $X$ unter der
Bedingung, dass $Y$ die Ausprägung $b_l, l = 1,..., m$, annimmt ist $H(a_j|b_l)$. Die bedingte relati-
ve Häufigkeit ist

$$h\left(a_j|b_l\right)=\frac{1}{n}\cdot H\left(a_j|b_l\right)\ .$$

Der senkrechte Strich „|" verdeutlicht dabei, dass nachfolgend die Bedingung notiert wird.

Umgekehrt bezeichnen $H(b_l|a_j)$ bzw. $h(b_l|a_j)$ die absolute bzw. relative bedingte Häufigkeit
für die Ausprägung $b_l$ des Merkmals $Y$ unter der Bedingung, dass $X$ die Ausprägung $a_j$ an-
nimmt. Für bedingte absolute Häufigkeiten gilt $H(a_j|b_l) = H(a_j,b_l)$ und $H(b_l|a_j) = H(b_l,a_j)$,
d.h., diese können direkt den zweidimensionalen absoluten Häufigkeiten gleichgesetzt werden. Für die bedingten relativen Häufigkeiten gilt

$$h\left(a_j|b_l\right)=\frac{h\left(a_j,b_l\right)}{h(a.,b_l)}=\frac{h\left(a_j,b_l\right)}{h(b_l)}=\frac{H\left(a_j,b_l\right)}{H(a.,b_l)}=\frac{H\left(a_j,b_l\right)}{H(b_l)}$$

bzw.

$$h(b_l|a_j)=\frac{h\left(a_j,b_l\right)}{h(a_j,b.)}=\frac{h\left(a_j,b_l\right)}{h(a_j)}=\frac{H\left(a_j,b_l\right)}{H(a_j,b.)}=\frac{H\left(a_j,b_l\right)}{H(a_j)}\ ,$$

d.h., die zweidimensionale relative Häufigkeit muss noch durch den zugehörigen Wert der
Randverteilung dividiert werden.

**Beispiel 8.1** *Im Jugendheim Klingeltown wurden n=25 Jugendliche befragt,*
- *ob sie lieber Musik von Prince (P) oder von Joe Cocker (J) hören*
- *ob sie Raucher (R) oder Nichtraucher (N) sind.*
*Dabei erhielt man folgende 25 Antworttupel als zweidimensionale Urliste:*

$$(P,R), \quad (P,R), \quad (J,R), \quad (J,R), \quad (J,R),$$
$$(J,N), \quad (P,N), \quad (P,N), \quad (P,N), \quad (P,N),$$
$$(J,N), \quad (J,N), \quad (J,R), \quad (J,R), \quad (P,R),$$
$$(J,R), \quad (J,R), \quad (J,R), \quad (P,R), \quad (P,N),$$
$$(J,N), \quad (J,N), \quad (P,R), \quad (P,N), \quad (J,N).$$

*Da jede der beiden Variablen (X = Sänger, Y = Rauchverhalten) nur zwei Ausprägungen besitzt, erhält man zur Beschreibung der zweidimensionalen Häufigkeitsverteilung die folgende 2x2-(Kontingenz-)Tafel:*

| Sänger | Rauchverhalten | | |
|--------|------|------|------|
|        | R | N | |
| Prince | 5 | 6 | 11 |
| Joe Cocker | 8 | 6 | 14 |
|        | 13 | 12 | 25 |

*Für die relative Häufigkeitsverteilung erhält man:*

| Sänger | Rauchverhalten | | |
|--------|------|------|------|
|        | R | N | |
| Prince | 0.20 | 0.24 | 0.44 |
| Joe Cocker | 0.32 | 0.24 | 0.56 |
|        | 0.52 | 0.48 | 1.00 |

*Es gilt dabei z.B.*

$$h(\text{Raucher}, \text{Prince}) = \frac{H(\text{Raucher}, \text{Prince})}{n} = \frac{5}{25} = 0.20 \quad ,$$

*d.h. 20 Prozent aller Befragten sind Raucher und bevorzugen Prince. Aber es gilt auch:*

$$h(\text{Raucher}|\text{Prince}) = \frac{H(\text{Raucher}, \text{Prince})}{H(\text{Prince})} = \frac{5}{11} = 0.45 \quad und$$

$$h(\text{Prince}|\text{Raucher}) = \frac{H(\text{Raucher}, \text{Prince})}{H(\text{Raucher})} = \frac{5}{13} = 0.38 \quad .$$

*Dies bedeutet, dass 45 Prozent aller Jugendlichen, die Prince bevorzugen Raucher sind, und 38 Prozent aller Raucher Prince bevorzugen.*

# 8.2  Stetige zweidimensionale Häufigkeitsverteilungen

Im Falle von stetigen Merkmalen (oder von diskreten Merkmalen mit sehr vielen Ausprägungen) kann man entweder

• die einzelnen Beobachtungspaare als Urliste aufreihen und/oder

• durch Klassenbildung wiederum zu „diskreten Merkmalen" übergehen.

Beide Vorgehensweisen sind in Beispiel 8.2 erläutert.

Bezüglich der Klassenbildung gelten wiederum die Anmerkungen aus Kapitel 4.2. Für jedes der beiden Merkmale wird dabei die Einteilung der Klassen unabhängig voneinander vorgenommen. Seien $K_j$, $j = 1, \ldots, k$ die gebildeten Klassen für das Merkmal $X$ und $K_l$, $l = 1, \ldots, m$, die gebildeten Klassen für das Merkmal $Y$. Die **absolute (zweidimensionale) Klassenhäufigkeit** $H(K_j, K_l)$ ist dann die Anzahl von Beobachtungen $(x_i, y_i), i = 1, \ldots, n$ für die $x_i \in K_j$ und $y_i \in K_l$ ist. Es gilt

$$H(K_1, K_1) + \cdots + H(K_1, K_m) + H(K_2, K_1) + \cdots + H(K_k, K_m)$$

$$= \sum_{j=1}^{k} \sum_{l=1}^{m} H(K_j, K_l) = n \quad .$$

Die **relative (zweidimensionale) Klassenhäufigkeit** $h(K_j, K_l)$ ist der Anteil von Beobachtungen $(x_i, y_i)$, $i = 1, \ldots, n$ für die $x_i \in K_j$ und $y_i \in K_l$ ist. Es ist

$$h(K_j, K_l) = \frac{1}{n} \cdot H(K_j, K_l) \quad .$$

Somit gilt

$$h(K_1, K_1) + \cdots + h(K_1, K_m) + h(K_2, K_1) + \cdots + h(K_k, K_m)$$

$$= \sum_{j=1}^{k} \sum_{l=1}^{m} h(K_j, K_l) = 1 \quad .$$

**Beispiel 8.2** *Bei einem Sportfest zur Integration sozial auffälliger Jugendlicher wurden sowohl die erzielten Zeiten des 100-m-Laufes (in Sekunden) als auch die Ergebnisse im Weitsprung (in Metern) von n=24 Jugendlichen ermittelt. Man erhielt folgende Tabelle:*

| Startnummer | 1 | 2 | 3 | 4 | 5 | 6 | 7 | 8 |
|---|---|---|---|---|---|---|---|---|
| 100-m-Lauf | 11.1 | 11.9 | 11.3 | 12.3 | 12.7 | 12.1 | 11.5 | 12.9 |
| Weitsprung | 5.0 | 6.2 | 5.1 | 5.8 | 6.1 | 5.2 | 5.6 | 6.5 |
| Startnummer | 9 | 10 | 11 | 12 | 13 | 14 | 15 | 16 |
| 100-m-Lauf | 11.2 | 12.5 | 11.3 | 12.2 | 11.7 | 12.8 | 11.1 | 11.6 |
| Weitsprung | 6.3 | 5.3 | 6.0 | 5.1 | 6.8 | 6.7 | 5.4 | 6.4 |
| Startnummer | 17 | 18 | 19 | 20 | 21 | 22 | 23 | 24 |
| 100-m-Lauf | 11.4 | 12.0 | 11.5 | 12.6 | 11.4 | 12.4 | 11.8 | 11.2 |
| Weitsprung | 5.7 | 5.9 | 5.2 | 5.3 | 5.5 | 5.0 | 6.9 | 6.6 |

*Bilden wir für die Ergebnisse des 100-m-Laufes (Zeilen) die vier Klassen $K_1 = [11.0, 11.5)$, $K_2 = [11.5, 12.0)$, $K_3 = [12.0, 12.5)$ und $K_4 = [12.5, 13.0)$ sowie für die Weitsprungergebnisse (Spalten) die 3 Klassen $K_1 = [5.0, 5.7)$, $K_2 = [5.7, 6.3)$ und $K_3 = [6.3, 7.0)$, so erhält man folgende 4x3-(Kontingenz-)Tafel.*

| 100-m-Lauf (in sec) | Weitsprung (in m) | | | |
|---|---|---|---|---|
| | [5.0 - 5.7) | [5.7 - 6.3) | [6.3 – 7.0) | |
| [11.0 - 11.5) | 4 | 2 | 2 | 8 |
| [11.5 – 12.0) | 2 | 1 | 3 | 6 |
| [12.0 - 12.5) | 3 | 2 | 0 | 5 |
| [12.5 – 13.0) | 2 | 1 | 2 | 5 |
| | 11 | 6 | 7 | 24 |

*So sind bei der Kombination der Klasse* $K_1$ = *[11.0, 11.5) und der Klasse* $K_1$ = *[5.0, 5.7) die Startnummern 1, 3, 15 und 21 wieder zu finden.*

# 8.3    Tabellen

Ein- oder zweidimensionale Häufigkeitsverteilungen werden zumeist in tabellarischer Form präsentiert. Dabei ist das Erstellen einer „schönen" Tabelle komplizierter als man denkt und sollte mit sehr viel Sorgfalt durchgeführt werden. Bei diesen Häufigkeitstabellen sind genauso wie bei allen anderen Tabellen einige grundlegende Regeln zu beachten, die dazu beitragen die „Lesefreundlichkeit" einer Tabelle zu erhöhen. Leider werden jedoch bei der Erstellung aussagekräftiger Tabellen, die auf den ersten Blick simpel und einfach erscheinen, oftmals gravierende Fehler gemacht.

**Beispiel 8.3** *Im Klinikverbund Florence Nightingale wird im Jahresbericht die Qualifikation der Pflegekräfte dokumentiert. Dazu erstellt die Pflegedienstleitung die folgende „unschöne" Tabelle:*

| | Anzahl der | |
|---|---|---|
| | examinierten Pflegekräfte | nicht-examinierten Pflegekräfte |
| Klinik Theodor Fliedner | 141 | 68 |
| Haus Basilius | 1088 | 475 |
| Klinik Benedikt von Nursia | 521 | 198 |
| Haus Hildegard von Bingen | 126 | 69 |

Tabelle 8.2

Die Tabelle 8.2 weist einige Layout-Gedanken nicht auf, die man unbedingt einhalten sollte. Folgende Sachverhalte sollten berücksichtigt werden:
* die Inhaltsangabe muss klar und übersichtlich sein,
* die Faktoren, nach denen die Tabelle aufgebaut ist, sollten hervorgehoben werden,
* die Zahlen sind rechtsbündig ausgerichtet,
* es erfolgt eine Beschriftung aller Spalten,
* Spalten- und Zeilensummen sind vorhanden.

*Beispiel 8.4 Um die Tabelle aus Beispiel 8.3 zu verbessern, nimmt die Pflegedienstleitung einige Änderungen vor.*

| Klinik | Ausbildungsstand der Pflegekräfte | | Summe |
|---|---|---|---|
| | examiniert | nicht-examiniert | |
| Klinik Theodor Fliedner | 141 | 68 | 209 |
| Haus Basilius | 1.088 | 475 | 1.563 |
| Klinik Benedikt von Nursia | 521 | 198 | 719 |
| Haus Hildegard von Bingen | 126 | 69 | 195 |
| **Summe** | 1.876 | 810 | 2.686 |

Tabelle 8.3 Anzahl der Pflegekräfte nach Ausbildungsstand
im Klinikverbund Florence Nightingale im Jahre 2003

*Neben der Einhaltung der oben erläuterten Sachverhalte, ist sie dazu übergangen, große Zahlen zu punktieren. Die Überschriften sind durch Fettdruck hervorgehoben, was die Lesefreundlichkeit verbessert. Ebenso sind die absoluten Randverteilungen (Zeilen- bzw. Spaltensummen) mit aufgenommen worden. Auch ist die Tabellenunterschrift durch eine zeitliche und räumliche Angabe aussagekräftiger geworden, vgl. Tabelle 8.3.*

Bei der Verwendung von Prozentangaben oder Dezimalstellen werden häufig einige Fehler gemacht, die oftmals aus den Voreinstellungen der verwendeten Softwareprodukte resultieren oder aus der Vorstellung, dass viele Nachkommastellen automatisch eine größere Genauigkeit bedeuten. Eine Verwendung von zwei Nachkommastellen bei den Prozentangaben – wie sie häufig vorkommt – wäre in Beispiel 8.5 sinnlos, da selbst bei ca. 2.500 Mitarbeiter(innen) schon eine Angabe von 0.01 Prozent nur ca. 0.25 Personen entsprechen würde, was sicherlich keine sinnvolle Angabe mehr ist.

*Beispiel 8.5 (Fortsetzung des Beispiel 8.4) Um einen leichteren Vergleich mit anderen Einrichtungen zu ermöglichen, wandelt die Pflegedienstleitung die absoluten Angaben in (gerundete) Prozentwerte um.*

| Klinik | Ausbildungsstand der Pflegekräfte | | Summe |
|---|---|---|---|
| | examiniert | nicht-examiniert | |
| **Klinik Theodor Fliedner** | 5,3% | 2,5% | **7,8%** |
| **Haus Basilius** | 40,5% | 17,7% | **58,2%** |
| **Klinik Benedikt von Nursia** | 19,4% | 7,4% | **26,8%** |
| **Haus Hildegard von Bingen** | 4,7% | 2,6% | **7,3%** |
| **Summe** | **52,7%** | **47,3%** | **100,0%** |

Tabelle 8.4 Prozentuale Verteilung der Pflegekräfte nach Ausbildungsstand im Klinikverbund
Florence Nightingale im Jahre 2003 ein Prozent der 2.686 Gesamtpflegekräfte im Verbund

Diese Beispiele können nur einen kurzen Einblick in die Problematik der Gestaltung von guten und aussagekräftigen Tabellen geben. Weitere detaillierte Ausführungen zur Konstruktion von Tabellen finden sich in *Ostermann et al. (2004a)* oder in *Seitz (2004). Ostermann et al. (2004a)* sind auch die nachfolgenden Basisregeln entnommen, die bei der Konstruktion von (statistischen) Tabellen zu beachten sind.

**Basisregeln**

**1.** Rundung auf max. 2 Dezimalstellen

**2.** Zahlenvergleiche lieber über Spalten als über Zeilen

**3.** Anordnung von Zeilen und Spalten in natürlicher Ordnung oder nach Größe. Wenn möglich: große Zahlen nach oben

**4.** Für Spalten und Zeilen Angabe von Durchschnitten oder Summen

**5.** Das Layout soll das Auge „leiten"

**6.** Verbale Zusammenfassung im „Begleittext"

**7.** Ergänzung der Botschaft der Tabelle durch geeignete Grafiken

# 8.4     Übungsaufgaben

**Aufgabe** 8.1 In der Klasse 4 der Wilhelm-O.-Grundschule sind nur gute Schüler(innen), d.h., die Note „5" tritt nicht auf. Bestimmen Sie in der untenstehenden zweidimensionalen Häufigkeitsverteilung für die beiden Merkmale „Lesen" und „Rechnen" die fehlenden Werte.

| LESEN | RECHNEN | | | | |
|---|---|---|---|---|---|
| Note | 1 | 2 | 3 | 4 | Summe |
| 1 | 1 | 1 | 1 | | 3 |
| 2 | | 6 | 4 | 2 | 12 |
| 3 | | | 3 | 2 | 6 |
| 4 | | 1 | | 1 | 3 |
| Summe | 2 | 9 | | 5 | 24 |

**Aufgabe 8.2** Charlotte K. betreut die EDV in einer Einrichtung für psychisch behinderte Menschen. Sie stellt fest, dass sie schon n=80 Klienten aufgenommen hat. 60% aller Klienten sind weiblich. 50% aller Klienten werden ambulant betreut, die restlichen Klienten teilen sich je zur Hälfte auf die Wohnformen "Betreutes Wohnen" und "Wohnheim" auf. Bei genauer Ansicht der Klientendaten stellt sie zudem fest, dass 25% der Wohnheimbewohner weiblich sind und es keinen männlichen ambulanten Klienten gibt. Stellen Sie die zugehörige Tabelle der absoluten Häufigkeiten auf.

# 9 Grafische Darstellungen

Haben wir in den letzten Kapiteln die gegebenen Daten mit Hilfe von Tabellen, Lage- und Skalenparametern beschrieben, so wollen wir dies nun unter Verwendung von grafischen Darstellungen tun. In vielen Fällen kann eine gut gestaltete Grafik zur Beschreibung von Daten aussagekräftiger sein als Tabellen oder auch numerische Maßzahlen. *Nagel et al. (1996, S.2)* fassen die Vorteile von Grafiken gegenüber numerischen und/oder tabellarischen Beschreibungen von Daten folgendermaßen zusammen:

1. Tabellen und Grafiken sind die zwei Beschreibungsformen, die eine globale Darstellung aller Beobachtungen eines Datensatzes ermöglichen, wobei aus Grafiken wesentliche Strukturen der Daten schneller und leichter als aus Tabellen erfasst werden können.
2. Bei Verwendung numerischer Zusammenfassungen muss man sich darauf verlassen, dass diese numerische Wiedergabe tatsächlich die wesentlichen Eigenschaften eines Datensatzes beschreibt. Falls zu wenige oder unzureichende numerische Methoden verwendet werden, ist das Risiko sehr groß, wichtige Eigenschaften der Daten zu übersehen.
3. Durch Grafiken können leicht individuelle Besonderheiten von Datensätzen erkannt werden. Details können weit besser bzw. schneller aufgedeckt und veranschaulicht werden als durch Tabellen.
4. Grafiken sind einprägsamer als Tabellen oder Kombinationen von Zahlen, da Bilder komplex im Gedächtnis gespeichert werden.
5. Grafiken können in weit größerem Umfang zweckbestimmt gestaltet und verwendet werden als Tabellen.

Allerdings wird der Wert von Grafiken wie der aller anderen statistischen Werkzeuge durch die Qualität des ihnen zugrunde liegenden Datenmaterials und natürlich durch die Qualität der grafischen Darstellung beeinflusst.

An dieser Stelle sei auch darauf hingewiesen, dass Präsentationsgrafiken durch gezielte oder auch unbewusste Verzerrungen leicht zu einer falschen Interpretation verleiten können. Auf sehr einfache Weise kann dies z.B. durch Manipulation des Maßstabes einer Darstellung geschehen. Beispiele für einen allzu unbekümmerten Umgang mit grafischen Darstellungen und die sich daraus ergebenden (fehlerhaften) Schlussfolgerungen finden sich in zahlreicher Form in Druckmedien oder auch Fernsehsendungen. Die Bücher von *Krämer (1998)* oder *Dewdney (1994)* liefern hierfür zahlreiche anschauliche Beispiele. Mit der sehr komplexen Problematik der Perzeption grafischer Darstellungen werden wir uns nachfolgend nicht beschäftigen. Hierzu sei auf *Nagel et al. (1996), Ostermann et al. (2004l)* und die dort zitierte Fachliteratur verwiesen.

Wir beschränken uns in diesem Kapitel überwiegend auf die grafische Darstellung eindimensionalen Datenmaterials, d.h., wir gehen i.allg. davon aus, dass eine Stichprobe $x_1, ..., x_n$, gegeben ist. Die nachfolgend beschriebenen grafischen Darstellungsmethoden sind dabei in ihrer Verwendung vom Skalenniveau der betrachteten Merkmale abhängig.

# 9.1     Das Stem-and-Leaf-Diagramm

Das Stem-and-Leaf-Diagramm (Stamm-und-Blatt-Diagramm) ähnelt in seiner Struktur mehr einer Tabelle als einer Grafik. Diese Diagrammart geht im Wesentlichen auf *Tukey (1977)* zurück und wird zu den Methoden der explorativen Datenanalyse gezählt. Zur Erstellung eines Stem-and-Leaf-Diagramms wird ein metrischskaliertes Merkmal vorausgesetzt.

Jede einzelne Merkmalsausprägung wird dabei geeignet in einen Stamm („großer" Anteil der Beobachtung) und in ein Blatt („kleiner" Anteil der Beobachtung) zerlegt. Das Blatt besteht dabei nur aus einer Ziffer. Für den Stamm ist es oft notwendig, den notierten Wert mit einer Konstanten zu multiplizieren, da auch der Stamm oft verkürzt notiert wird, um aus Stamm und Blatt direkt wieder die ursprüngliche Beobachtung zusammensetzen zu können. Daher wird ein Stamm mit beispielsweise dem Wert 20 zumeist nur mit einer „2" symbolisiert. (In Beispiel 9.1 hat die Konstante ebenfalls den Wert 10.) Die Darstellung des Stamm-und-Blatt-Diagrammes erfolgt dann in der Art, wie sie in Beispiel 9.1 zu sehen ist. So wird z.B. der Wert 24 in einen Stamm 20 und in ein Blatt 4 aufgespalten. Der Wert 12 in 10 und 2. Für alle Blätter, die nun zu einem Stamm gehören, wird nur jeweils ein Stamm verwendet. Die Werte der Blätter werden dann hinter dem Stamm in aufsteigender Reihenfolge sortiert angegeben.

**Beispiel 9.1** *Für die Dauer der Anfahrtswege aus Beispiel 4.5 ergibt sich die folgende Stamm-und-Blatt-Darstellung:*

$$
\begin{array}{c|l}
0 & 12455667889 \\
1 & 000122223444567889 \\
2 & 0488
\end{array}
$$

*Abbildung 9.1 Stamm-und-Blatt-Darstellung der Anfahrtszeiten*

Aus einem Stem-and-Leaf-Diagramm lassen sich wesentliche Informationen ablesen. So ist z.B.
- die ungefähre Klassenhäufigkeit,
- Symmetrie bzw. Rechts- oder Linksschiefe,
- Uni-, Bi- oder Multimodalität,
- die Verteilung innerhalb einer Klasse

erkennbar. Die Klassen werden dabei durch die Stammeinteilung vorgegeben. Zu beachten ist hierbei, dass der visuelle Eindruck durch die Wahl der „Stamm"-Werte (Klasseneinteilung!) stark beeinflusst wird. Es existieren zahlreiche Modifikationen des Stem-and-Leaf-Diagramms, bei denen sowohl die Aufteilung des Stammes als auch die Darstellung der Blätter variiert werden. Interessierte Leser(innen) seien dafür auf *Henschke & Nagel (1990)*, *Po-*

*lasek (1988)* oder auf *Nagel et al. (1996)* verwiesen. Das Stem-and-Leaf-Diagramm ist für gruppiertes Datenmaterial i.allg. nicht geeignet.

# 9.2    Das Stabdiagramm

Bei einem **Stabdiagramm** (oftmals auch als **Balkendiagramm** bezeichnet) werden die absoluten bzw. relativen Häufigkeiten der einzelnen Ausprägungen eines Merkmals durch einen Stab (Balken) visualisiert. Dabei korrespondiert die Höhe/Länge des Stabes mit der jeweiligen Häufigkeit. Es spielt dabei keine Rolle, ob man eine vertikale oder eine horizontale Darstellung wählt. Das Stabdiagramm wird vornehmlich bei nominalskalierten oder ordinalskalierten Merkmalen eingesetzt; seltener bei metrischskalierten Merkmalen, da metrische Merkmale für diese Art der Darstellung in der Regel klassiert werden müssen. Zudem ist zu beachten, dass der Einsatz eines Stabdiagramms nur sinnvoll ist, wenn die Anzahl der verschiedenen Ausprägungen nicht zu groß ist, da ansonsten die Grafik an Übersichtlichkeit verliert. Für weitere Ausführungen zum Stabdiagramm und seine diversen Modifikationen sei u.a. auf *Nagel et al. (1996), Ostermann et al. (2004c)* verwiesen.

*Beispiel 9.2 Für die Daten aus Beispiel 4.2 (Lieblingsfarben von 20 Jugendlichen) ergibt sich als Stabdiagramm für die absoluten Häufigkeiten die Abbildung 9.2. Hierbei könnte z.B. noch zusätzlich die absolute Häufigkeit in jeden Balken eingetragen werden.*

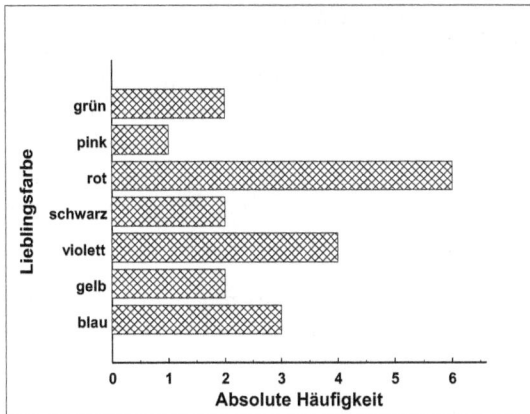

*Abbildung 9.2 Stabdiagramm der Lieblingsfarben*

Bei der Verwendung von Stabdiagrammen zum Vergleich von Untergruppen sind zwei Diagrammarten zu unterscheiden:
* Die Balken für jede Untergruppe werden nebeneinander dargestellt (**Side-by-Side-Chart**). Liegen sehr viele Untergruppen vor, ist die Abschätzung der Gesamtsumme schwierig. Die Werte der einzelnen Untergruppen lassen sich gut und einfach miteinander vergleichen.

- Die Balken für jede Untergruppe werden übereinander gestapelt (**gestapeltes Stabdia-gramm**). Hierbei ist darauf zu achten, dass die Darstellung der zuoberst abgetragenen Untergruppe durch den Verlauf der unterliegenden Untergruppen stark beeinflusst wird. Im Gegensatz zum Side-by-Side-Chart lassen sich die Gesamtsummen gut miteinander vergleichen, jedoch kann der Vergleich der einzelnen Untergruppen sich äußert schwierig gestalten. Auch sind Vergleiche analog zur empirischen Verteilungsfunktion möglich.

Auf Beispiele zu diesen Diagrammarten sei hier aus Platzgründen verzichtet. Beide Diagrammarten sowie die Back-to-Back-Darstellung werden in *Ostermann et al. (2004d)* ausführlich diskutiert.

## 9.3     Das Histogramm

Das **Histogramm** ist eine dem Stabdiagramm ähnliche Darstellung, jedoch wird es für metrischskalierte Merkmale verwendet. Im Gegensatz zu nominal- oder ordinalskalierten Merkmalen ist es bei einem stetigen Merkmal oft nicht sinnvoll, zu jeder auftretenden Ausprägung eine Säule eines Stabdiagramms zu erstellen. (Zudem hätten die meisten dieser Stäbe nur die Höhe Eins bei der Darstellung absoluter Häufigkeiten.) Eine derartige Darstellung ist nur bei einem diskreten (metrischskalierten) Merkmal möglich.

Deshalb fasst man die Merkmalsausprägungen in $k$ Klassen, $j = 1, ..., k$, zusammen, wobei die im Abschnitt 4.2 beschriebenen Regeln zur Klassenbildung gelten. Nun zeichnet man über die Klassen $K_j$ jeweils ein Rechteck. Hierbei muss die Fläche jedes Rechtecks die relative Häufigkeit $h_j$ bzw. die absolute Häufigkeit $H_j$ der Klasse $K_j$ widerspiegeln (**Prinzip der Flächentreue**). Hierdurch unterscheidet sich ein Histogramm wesentlich vom Stabdiagramm. Während die Grundlinie eines Rechtecks für eine Klasse $K_j$ durch deren Grenzen $a_j$ und $b_j$ definiert ist, wird die Höhe $r_j$ durch

$$r_j = \frac{h_j}{b_j - a_j} \quad \text{bzw.} \quad r_j = \frac{H_j}{b_j - a_j} \quad , j = 1, \cdots, k \quad ,$$

bestimmt. Nur bei äquidistanten Klassen, also wenn $b_j - a_j = c$ für alle Klassen $K_j$ gilt, kann die Klassenhöhe mit der relativen bzw. absoluten Häufigkeit gleichgesetzt werden.

Werden einzelne (schwach besetzte) Klassen zusammengefasst, so gewährleistet das Prinzip der Flächentreue, dass auch bei der neuen Klasse die Fläche der relativen Häufigkeit entspricht. Somit kann die neue Klasse auch mit anderen „alten" Klassen verglichen werden. Auch bei Histogrammen ist zu beachten, dass der visuelle Eindruck durch die Wahl der Klasseneinteilung stark beeinflusst wird.

**Beispiel 9.3** *Während in* Abbildung 9.3 *ein Histogramm der äquidistanten Klassen aus Beispiel 4.5 zu sehen ist, ist in Abbildung 9.4 ein Histogramm der nicht-äquidistanten Klassen aus Beispiel 4.7 für die „Anzahl der Mitarbeiter(innen) kirchlicher Einrichtungen" zu sehen. Für die Erstellung der Abbildung 9.4 ist die folgende Arbeitstabelle nützlich:*

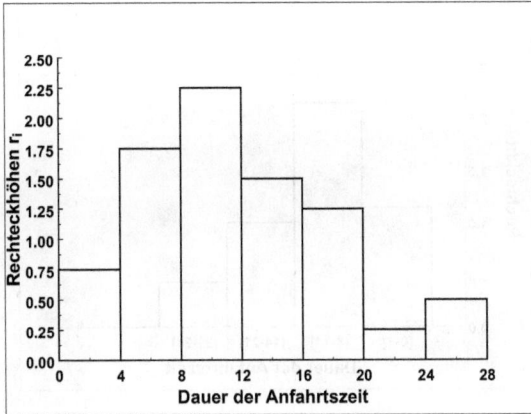

*Abbildung 9.3 Histogramm (für absolute Häufigkeiten) mit äquidistanten Klassen für die Daten aus Beispiel 4.5*

| Anzahl der Mitarbeiterinnen $K_j = (a_j, b_j]$ | Häufigkeit $H_j$ | Breite $b_j - a_j$ | Höhe $r_j$ |
|---|---|---|---|
| [0, 10] | 4 | 10 | 0.40 |
| (10, 30] | 20 | 20 | 1.00 |
| (30, 50] | 9 | 20 | 0.45 |
| (50, 100] | 5 | 50 | 0.10 |
| (100, 200] | 2 | 100 | 0.02 |

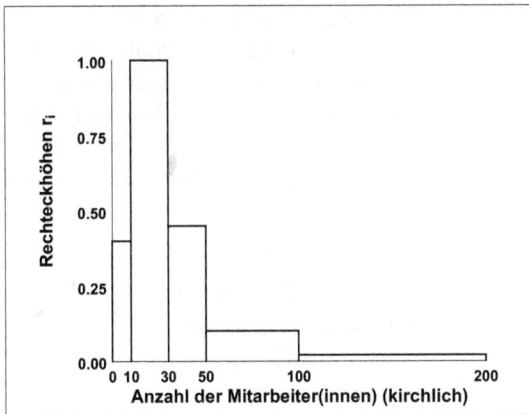

*Abbildung 9.4 Histogramm (für die absoluten Häufigkeiten) mit nicht-äquidistanten Klassen für die Daten aus Beispiel 4.7*

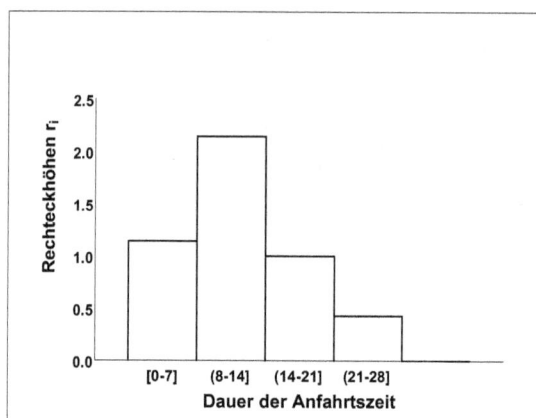

*Abbildung 9.5 Histogramm (für die absoluten Häufigkeiten) mit äquidistanten Klassen für die Daten aus Beispiel 4.5 mit anderer Klassenbreite*

Der Einfluss der Auswahl der Klassen (und ihrer jeweiligen Breiten) soll durch das Histogramm in Abbildung 9.5 verdeutlicht werden. Während man in Abbildung 9.3 noch den Eindruck hat, dass die Daten stark zur rechten Seite abfallen, gewinnt man in Abbildung 9.5 den Eindruck, dass es sich um eine annähernd symmetrische Häufigkeitsverteilung handelt. Ausführlich wird das Histogramm in *Ostermann et al. (2004e)* behandelt.

# 9.4     Das Average-Shifted-Histogramm (ASH)

Wie man an *Abbildung 9.3* und Abbildung 9.5 erkennt, beeinflusst die Auswahl der Klassen (Anzahl und Breite) in hohem Maße die Gestalt und damit auch die Interpretation eines Histogramms. Dies trifft insbesondere dann zu, wenn nicht-äquidistante Klassen zur Bildung des Histogramms herangezogen werden. Um dieses Problem zu lösen, ist von *Scott (1979)* das Average-Shifted-Histogramm (ASH) vorgeschlagen worden. Das ASH baut auf den in Kapitel 9.3 beschriebenen Konstruktionsregeln für Histogramme auf und es sind die folgenden Schritte notwendig.

Zunächst wird für die vorliegenden Daten ein Histogramm mit **konstanter** Klassenbreite $c$ erstellt. Anschließend werden *m-1* analoge Histogramme konstruiert, wobei der Startpunkt jedes weiteren Histogramms – also die untere Grenze der ersten betrachteten Klasse – jeweils um den gleichen Betrag $c/m$ verschoben wird. Die gewählte konstante Klassenbreite $c$ bleibt hierbei immer unverändert. Entstehende Klassen am rechten Rand des jeweiligen Histogramms, die nicht die vorgegebene Klassenbreite $c$ haben, bleiben unberücksichtigt. Durch mehr als *m-1* Verschiebungen würden nun nur noch bereits bearbeitete Klasseneinteilungen entstehen. Das ASH ist dann definiert als das arithmetische Mittel der berechneten $m$ Histogramme. Für die Mittelbildung wird der gesamte Bereich des Ausgangshistogramms in Intervalle der Breite $c/m$ aufgeteilt. Für jedes dieser Intervalle wird das arithmetische Mittel derjenigen Rechteckhöhen des Ausgangshistogramms und der verschobenen Histogramme berechnet, deren zugehörigen Klassen dieses Intervall überdecken. Dies wird nachfolgend in einer ausführlichen Berechnung beispielhaft gezeigt.

**Beispiel 9.4** *Für die Daten aus Beispiel 4.5 (Anfahrtszeiten) mit n = 33 Beobachtungen soll ein ASH erstellt werden. Als Ausgangspunkt wählen wir das in* Abbildung 9.3 *dargestellte Histogramm mit konstanter Klassenbreite. Als Verschiebungswert* $c/m$ *wählen wir den Wert Eins. Es müssen also insgesamt drei weitere Histogramme berechnet werden, um wieder deckungsgleich mit den Klassen aus* Abbildung 9.3 *zu sein (vgl. Tabelle 9.1).*

| Ausgangshistogramm | | | 1.Verschiebung | | |
|---|---|---|---|---|---|
| $K_j$ | $H(K_j)$ | $r_j$ | $K_j$ | $H(K_j)$ | $r_j$ |
| [0;4] | 3 | 3/4 = 0.75 | (1;5] | 4 | 4/4 = 1.00 |
| (4;8] | 7 | 7/4 = 1.75 | (5;9] | 6 | 6/4 = 1.50 |
| (8;12] | 9 | 9/4 = 2.25 | (9;13] | 9 | 9/4 = 2.25 |
| (12;16] | 6 | 6/4 = 1.50 | (13;17] | 6 | 6/4 = 1.50 |
| (16;20] | 5 | 5/4 = 1.25 | (17;21] | 4 | 4/4 = 1.00 |
| (20;24] | 1 | 1/4 = 0.25 | (21;25] | 1 | ¼ = 0.25 |
| (24;28] | 2 | 2/4 = 0.50 | | | |
| 2. Verschiebung | | | 3.Verschiebung | | |
| $K_j$ | $H(K_j)$ | $r_j$ | $K_j$ | $H(K_j)$ | $r_j$ |
| (2;6] | 5 | 5/4 = 1.25 | (3;7] | 6 | 6/4 = 1.50 |
| (6;10] | 7 | 7/4 = 1.75 | (7;11] | 7 | 7/4 = 1.75 |
| (10;14] | 9 | 9/4 = 2.25 | (11;15] | 9 | 9/4 = 2.25 |
| (14;18] | 5 | 5/4 = 1.25 | (15;19] | 5 | 5/4 = 1.25 |
| (18;22] | 2 | 2/4 = 0.50 | (19;23] | 1 | ¼ = 0.25 |
| (22;26] | 1 | 1/4 = 0.25 | (23;27] | 1 | ¼ = 0.25 |

Tabelle 9.1 Arbeitstabellen für die Erstellung des ASH der Anfahrtszeiten

*Aus diesen vier Histogrammen wird nun das ASH berechnet. Dafür werden für alle Intervalle der Breite Eins – beginnend mit der unteren Grenze der 1.Klasse bis zur oberen Grenze der letzten Klasse des Ausgangshistogramms – die errechneten Rechteckhöhen gemittelt (vgl. Tabelle 9.2).*

| Intervall | Mittlere Rechteckhöhe |
|-----------|------------------------|
| [0;1] | $\bar{r} = 1/1 \cdot 0.75 = 0.7500$ |
| (1;2] | $\bar{r} = 1/2 \cdot (0.75 + 1.00) = 0.8750$ |
| (2;3] | $\bar{r} = 1/3 \cdot (0.75 + 1.00 + 1.250) = 1.0000$ |
| (3;4] | $\bar{r} = 1/4 \cdot (0.75 + 1.00 + 1.250 + 1.500) = 1.1250$ |
| (4;5] | $\bar{r} = 1/4 \cdot (1.00 + 1.250 + 1.500 + 1.750) = 1.3750$ |
| (5;6] | $\bar{r} = 1/4 \cdot (1.250 + 1.500 + 1.750 + 1.500) = 1.5000$ |
| (6;7] | $\bar{r} = 1/4 \cdot (1.500 + 1.750 + 1.500 + 1.750) = 1.6250$ |
| (7;8] | $\bar{r} = 1/4 \cdot (1.750 + 1.500 + 1.750 + 1.750) = 1.6875$ |
| (8;9] | $\bar{r} = 1/4 \cdot (1.500 + 1.750 + 1.750 + 2.25) = 1.8125$ |
| (9;10] | $\bar{r} = 1/4 \cdot (1.750 + 1.750 + 2.25 + 2.25) = 2.0000$ |
| (10;11] | $\bar{r} = 1/4 \cdot (1.750 + 2.25 + 2.25 + 2.25) = 2.1250$ |
| (11;12] | $\bar{r} = 1/4 \cdot (2.25 + 2.25 + 2.25 + 2.25) = 2.2500$ |
| (12;13] | $\bar{r} = 1/4 \cdot (2.25 + 2.25 + 2.25 + 1.50) = 2.0625$ |
| (13;14] | $\bar{r} = 1/4 \cdot (2.25 + 2.25 + 1.50 + 1.50) = 1.8750$ |
| (14;15] | $\bar{r} = 1/4 \cdot (2.25 + 1.50 + 1.50 + 1.25) = 1.6250$ |
| (15;16] | $\bar{r} = 1/4 \cdot (1.50 + 1.50 + 1.25 + 1.25) = 1.3750$ |
| (16;17] | $\bar{r} = 1/4 \cdot (1.50 + 1.25 + 1.25 + 1.25) = 1.3125$ |
| (17;18] | $\bar{r} = 1/4 \cdot (1.25 + 1.25 + 1.25 + 1.00) = 1.1875$ |
| (18;19] | $\bar{r} = 1/4 \cdot (1.25 + 1.25 + 1.00 + 0.50) = 1.0000$ |
| (19;20] | $\bar{r} = 1/4 \cdot (1.25 + 1.00 + 0.50 + 0.25) = 0.7500$ |
| (20;21] | $\bar{r} = 1/4 \cdot (1.00 + 0.50 + 0.25 + 0.25) = 0.5000$ |
| (21;22] | $\bar{r} = 1/4 \cdot (0.50 + 0.25 + 0.25 + 0.25) = 0.3125$ |
| (22;23] | $\bar{r} = 1/4 \cdot (0.25 + 0.25 + 0.25 + 0.25) = 0.2500$ |
| (23;24] | $\bar{r} = 1/4 \cdot (0.25 + 0.25 + 0.25 + 0.25) = 0.2500$ |
| (24;25] | $\bar{r} = 1/4 \cdot (0.25 + 0.25 + 0.25 + 0.50) = 0.3125$ |
| (25;26] | $\bar{r} = 1/3 \cdot (0.25 + 0.25 + 0.50) = 0.3333$ |
| (26;27] | $\bar{r} = 1/2 \cdot (0.25 + 0.50) = 0.3750$ |
| (27;28] | $\bar{r} = 1/1 \cdot 0.50 = 0.5000$ |

Tabelle 9.2 Arbeitstabelle zur Ermittlung der Rechteckhöhen

*Die hier berechneten Ergebnisse sind in Abbildung 9.6 abgetragen. Deutlich erkennt man, dass die berechneten Rechteckhöhen auf der rechten Seite (ungefähr ab dem Wert 22) nach einem vorangehenden Abfall wieder etwas ansteigen. Am Ende der vorliegenden Beobachtungsskala konzentrieren sich also mehr Beobachtungen als zwischen den Werten 20 und 25.*

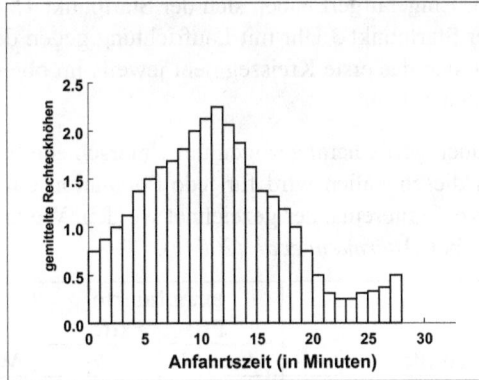

*Abbildung 9.6 ASH für die Daten aus Beispiel 4.5*

Weitere Ausführungen zum ASH (auch in seiner zwei- oder dreidimensionalen Darstellung) sind *Nagel et al. (1996)* zu entnehmen.

# 9.5    Das Kreisdiagramm

Das Kreisdiagramm ist eine der bekanntesten Darstellungsformen statistischen Datenmaterials. Ähnlich wie bei einem Stabdiagramm wird es vornehmlich bei nominal- oder auch ordinalskalierten Merkmalen verwendet. Bei metrischen Merkmalen gilt, dass die Verwendung eines Kreisdiagramms in der Regel eine Klassierung des Merkmals voraussetzt. Wichtig ist auch hierbei wieder, darauf zu achten, dass die Anzahl der verschiedenen Ausprägungen oder Klassen nicht zu groß ist, um eine übersichtliche Darstellung zu erhalten.

Bei einem **Kreisdiagramm** werden die relativen Häufigkeiten $h_j$ der einzelnen Ausprägungen $a_j$ oder Klassen $K_j$, $j = 1, ..., k$, durch Kreissegmente („Tortenstücke") dargestellt. Den einzelnen Ausprägungen oder Klassen werden die Kreissegmente derart zugeordnet, dass der Flächeninhalt mit der jeweiligen Häufigkeit übereinstimmt. Dazu muss der Zentriwinkel $\alpha_j$ jedes einzelnen Kreissektors nach der Regel

$$\alpha_j = 360° \cdot h_j$$

berechnet werden. Der Kreis wird in so viele Segmente unterteilt, wie das Merkmal ver-
schiedenartige Ausprägungen bzw. Klassen hat. Die Kreissegmente werden entsprechend der
berechneten Zentriwinkel abgetragen.

Bei einem Kreisdiagramm ist prinzipiell zu beachten, ob die einzelnen Segmente im oder gegen den Uhrzeigersinn abgetragen werden. Zudem ist es wichtig, wo sich der Startpunkt des
ersten Segmentes befindet. Eingebürgert haben sich der Startpunkt 12 Uhr mit Laufrichtung
im Uhrzeigersinn bzw. der Startpunkt 3 Uhr mit Laufrichtung gegen den Uhrzeigersinn. Bei
beiden Verfahren befindet sich das erste Kreissegment jeweils im oberen linken Quadranten
des kartesischen Koordinatensystems.

Kreisdiagramme werden auch gerne herangezogen um Unterschiede bei zwei oder mehr Populationen darzulegen. In diesen Fällen wird für jede Population ein Kreisdiagramm konstruiert, die dann neben- bzw. untereinander gezeichnet werden. Weitere Ausführungen zum
Kreisdiagramm findet man bei *Ostermann et al. (2004b)*.

| Klinik | examinierte Pflegekräfte | | Winkel |
|---|---|---|---|
| | Anzahl | $h_i$ | |
| Klinik Theodor Fliedner | 141 | 0.075 | 27.1 |
| Haus Basilius | 1.088 | 0.580 | 208.8 |
| Klinik Benedikt von Nursia | 521 | 0.278 | 100.0 |
| Haus Hildegard von Bingen | 126 | 0.067 | 24.2 |
| **Summe** | 1.876 | | |
| Klinik | nicht-examinierte Pflegekräfte | | Winkel |
| | Anzahl | $h_i$ | |
| Klinik Theodor Fliedner | 68 | 0.084 | 30.2 |
| Haus Basilius | 475 | 0.586 | 211.1 |
| Klinik Benedikt von Nursia | 198 | 0.244 | 88.0 |
| Haus Hildegard von Bingen | 69 | 0.085 | 30.7 |
| **Summe** | 810 | | |

Tabelle 9.3 Arbeitstabelle zur Konstruktion von Kreisdiagrammen für die examinierten und nicht-
examinierten Pflegekräfte im Klinikverbund Florence Nightingale im Jahre 2003

**Beispiel 9.5** *In Tabelle 9.3 sind für die examinierten und nicht-examinierten Pflegekräfte im
Klinikverbund Florence Nightingale die jeweiligen relativen Häufigkeiten und die daraus resultierenden Winkel tabellarisch dargestellt. Abweichungen der einzelnen Spaltensummen
von den theoretischen Werten 1 bzw. 360 ergeben sich dabei aufgrund von Rundungsfehlern.
Die Abbildung 9.7 vergleicht nun diese prozentualen Verteilungen mit Hilfe zweier Kreisdiagramme. Es ist dabei zu beachten, dass der Startpunkt dieser Kreisdiagramme bei 3 Uhr
liegt und die Laufrichtung gegen den Uhrzeigersinn ist.*

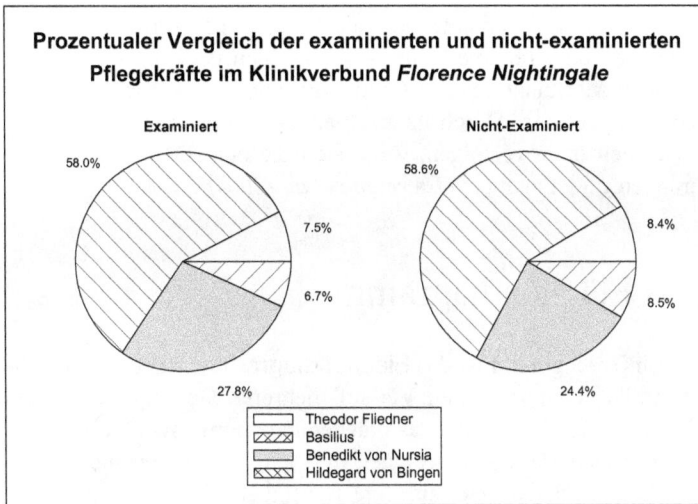

**Prozentualer Vergleich der examinierten und nicht-examinierten Pflegekräfte im Klinikverbund *Florence Nightingale***

Examiniert

Nicht-Examiniert

58.0%

58.6%

7.5%

8.4%

6.7%

8.5%

27.8%

24.4%

Theodor Fliedner
Basilius
Benedikt von Nursia
Hildegard von Bingen

*Abbildung 9.7 Kreisdiagramm für die Daten aus Tabelle 8.4*

# 9.6 Das Liniendiagramm

Das Liniendiagramm (auch oftmals Polygonzug genannt) eignet sich insbesondere zur grafischen Darstellung von zeitlichen Verläufen. Für einen Polygonzug werden auf der Abszisse (x-Achse, horizontale Achse) die Zeitpunkte abgetragen und auf der Ordinate (y-Achse, vertikale Achse) die zugehörigen Werte des interessierenden Merkmals. Sodann werden die Punkte gemäß ihrer zeitlichen Ordnung miteinander verbunden. Bekannt sind derartige Darstellungen z.B. als Fieberkurve oder wenn die Entwicklung der Arbeitslosenzahlen veröffentlicht wird.

**Beispiel 9.6** *Für die Bewertungen von Hugo Hascherl bei verschiedenen Wochenendseminaren (Beispiel 5.5) für die Monate Mai bis Juli ergibt sich der Polygonzug aus Abbildung 9.8.*

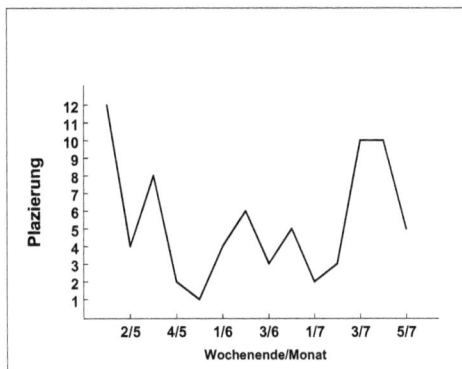

*Abbildung 9.8 Liniendiagramm für die Daten aus Beispiel 5.5*

Der Polygonzug ist sowohl für nominale, ordinale als auch für metrische Merkmale geeignet. Häufig werden absolute oder relative Häufigkeiten zu den gegebenen Zeitpunkten abgetragen. Will man mehrere Merkmale in einer Grafik darstellen, so werden sie gemeinsam in das Koordinatensystem eingetragen. Durch unterschiedliche Linienarten lassen sich die einzelnen Verläufe auch noch dann verfolgen, wenn sich die einzelnen Polygonzüge schneiden. Weitere Ausführungen findet man bei *Ostermann et al. (2004f)*.

# 9.7    Das Flächendiagramm

Sehr ähnlich zum Liniendiagramm ist das Flächendiagramm. Bei einem Flächendiagramm versucht man ebenfalls einen zeitlichen Verlauf mehrerer Merkmale darzustellen. Ebenso wie das Liniendiagramm ist damit auch das Flächendiagramm sowohl für nominale als auch für ordinale oder metrische Merkmale geeignet. In der Regel werden auch hierbei für die interessierenden Merkmale relative oder absolute Häufigkeiten abgetragen. Zur Konstruktion wird für die Datenreihe des ersten Merkmals bzgl. der Zeitachse ein Polygonzug abgetragen und dieser dann nach unten grafisch ge-staltet, z.B. mit einer Farbe ausgefüllt. Für das zweite Merkmal werden nun die Merkmalswerte zu den gegebenen Zeitpunkten punktweise zum ersten Linienzug aufaddiert und die entstehende Fläche wiederum nach unten grafisch gestaltet. Für jedes weitere Merkmal wird dieses Verfahren nun konsekutiv fortgeführt. Zu beachten ist, dass die Gestalt eines Flächendiagramms und die damit verbundene Interpretation stark von der verwendeten Reihenfolge der beteiligten Merkmale abhängen. Weitere Ausführungen zum Flächendiagramm findet man bei *Ostermann et al. (2004g)*.

**Beispiel 9.7** *Zur Auslastungskontrolle zweier Jugendheime wurden über 10 Wochen die Besucherzahlen in beiden Heimen ermittelt. Es ergab sich die folgende Tabelle:*

| Woche  | 1  | 2  | 3  | 4  | 5  | 6  | 7  | 8  | 9  | 10 |
|--------|----|----|----|----|----|----|----|----|----|----|
| Heim 1 | 42 | 45 | 41 | 44 | 40 | 39 | 42 | 43 | 42 | 44 |
| Heim 2 | 35 | 38 | 40 | 44 | 46 | 45 | 42 | 39 | 39 | 36 |

*Wendet man ein Flächendiagramm zur Visualisierung der obigen Datenreihen an, so erhält man die Abbildung 9.9. Deutlich ist im linken Teil zu sehen, dass im Heim 1, dessen Besucherzahlen dort unten dargestellt sind, ein fast konstanter Verlauf vorliegt. Im Heim 2 (obere Kurve) ist zuerst ein Anstieg und anschließend ein Absinken der Besucherzahlen zu erkennen.*

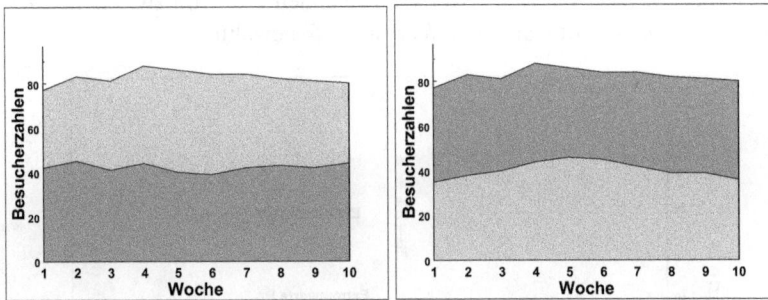

*Abbildung 9.9 Zwei Flächendiagramme mit verschiedener Reihenfolge*

*Vertauscht man nun die Reihenfolge, trägt also zuerst die Besucherzahlen für Heim 2 auf und dann diejenigen für das Heim 1, so erhält man die rechte Darstellung aus Abbildung 9.9. Wiederum ist der Anstieg beim Heim 2 zu erkennen, gefolgt von dem abschließenden Absinken der Besucherzahlen. Allerdings gewinnt man nun einen ähnlichen Eindruck (Anstiegen und Absinken) auch bei dem Heim 1. Der dortige in Wirklichkeit vorliegende konstante Verlauf ist nur noch schwierig zu erkennen.*

## 9.8 Der Box-and-Whiskers-Plot

Der Box-and-Whiskers-Plot (kurz: Boxplot) ist eine neuere grafische Darstellungsform und wurde vornehmlich von John W. Tukey Anfang der siebziger Jahre eingeführt und verbreitet. Er wurde anfangs mehr zur explorativen Datenanalyse gezählt, mittlerweile hat er jedoch seinen festen Platz in der deskriptiven Statistik gefunden. Der Boxplot vereinigt auf grafische Weise viele der in den vorherigen Kapiteln eingeführten deskriptiven Kenngrößen, da er es ermöglicht, Lage, Streuung, (A-)Symmetrie und auftretende Extremwerte eines Datensatzes in einer grafischen Darstellung zusammenzufassen. Anwendung findet der Boxplot vornehmlich für metrische, bedingt auch für ordinale Merkmale.

Jeder Boxplot setzt sich im Wesentlichen aus drei Komponenten zusammen: der Box, den Whiskers und einzeln gekennzeichneten Extremwerten. Die Box veranschaulicht die Lage der mittleren 50 Prozent des dargestellten Datensatzes. Sie ist der zentrale Teil der Grafik. Die Box besteht insgesamt aus drei horizontalen Linien, die das untere Quartil ($\tilde{x}_{0.25}$), den Median ($\tilde{x}_{0.50}$) und das obere Quartil ($\tilde{x}_{0.75}$) symbolisieren. Die Länge der Box entspricht damit gleichzeitig dem Interquartilsabstand ($IQR$). Die Breite der Box ist ohne Aussagekraft, sie sollte jedoch so gestaltet sein, dass die Grafik übersichtlich bleibt. Die Whiskers schließen jeweils am oberen bzw. unteren Ende der Box an und werden als vertikale Linien dargestellt. Sie erstrecken sich maximal über das Intervall [$\tilde{x}_{0.25} - k{\cdot}IQR$, $\tilde{x}_{0.25}$] nach unten bzw. [$\tilde{x}_{0.75}$, $\tilde{x}_{0.75} + k{\cdot}IQR$] nach oben. Die Box wird durch die Whiskers also jeweils um das k-fache des Interquartilsabstandes nach oben und unten verlängert, sofern in diesem Bereich noch Beobachtungswerte vorliegen. Sollten in diesem Bereich keine Daten beobachtet worden, so werden die Whiskers bis zum jeweils auftretenden größten bzw. kleinsten Wert verkürzt. Für den Parameter $k$ wird i. allg. der Wert $k = 1.5$ gewählt.

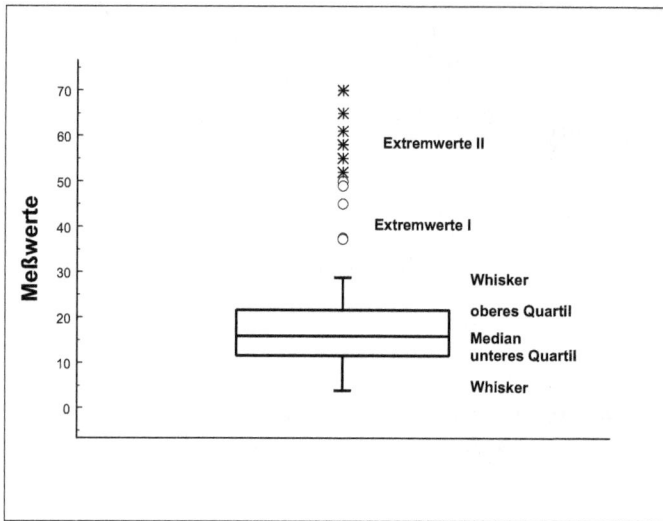

*Abbildung 9.10 Erläuterung eines Box-and-Whisker-Plots*

Als Extremwerte werden diejenigen Beobachtungen bezeichnet, die außerhalb des Bereiches der Box und der anschließenden Whiskers liegen. Hierbei wird i.allg. noch zwischen Extremwerten I und Extremwerten II unterschieden. Beobachtungen, die außerhalb der Whiskers liegen, aber nicht weiter als den dreifachen Interquartilsabstand vom unteren bzw. oberen Quartil entfernt sind, werden mit einem „O" symbolisiert (Extremwerte I). Hierbei handelt es sich also um Beobachtungen aus den Intervallen $[\tilde{x}_{0.25} - 3 \cdot IQR , \tilde{x}_{0.25} - 1.5 \cdot IQR]$ bzw. $[\tilde{x}_{0.75} + 1.5 \cdot IQR , \tilde{x}_{0.75} + 3 \cdot IQR]$. Beobachtungen, die noch weiter „außen" liegen, werden mit einem „*" gekennzeichnet (Extremwerte II). Extremwerte können – ebenso wie auch die Whiskers – beidseitig, einseitig oder auch gar nicht vorhanden sein.

Zudem muss die zugehörige vertikale Achse der Merkmalswerte abgetragen werden, um die jeweiligen Symbole und Markierungen den beobachteten Werten zuordnen zu können. In Abbildung 9.10 ist ein möglicher Box-and-Whiskers-Plot dargestellt. Dort sind nur obere Extremwerte zu finden.

Aufgrund dieser grafischen Darstellung erhält man schnell einen Eindruck über die Häufigkeitsverteilung der zugrunde liegenden Daten. Man erkennt sofort Lage und (A-)Symmetrie der Verteilung sowie das Auftreten von Extremwerten.

***Beispiel 9.8.*** *In der Klasse 3a der Heinz-Oskar-Schulte-Schule möchte die Lehrerin Else Gut die Rechtschreibfähigkeit ihrer 40 Schüler(innen) untersuchen. Dazu lässt sie ein Diktat schreiben und ermittelt dabei die Anzahl der Rechtschreibfehler. Sie erhält die folgende Urliste:*

| 3 | 7 | 11 | 16 | 2 | 0 | 0 | 1 |
| 11 | 14 | 18 | 22 | 2 | 13 | 11 | 10 |
| 19 | 20 | 25 | 0 | 4 | 9 | 20 | 18 |
| 1 | 2 | 3 | 4 | 8 | 12 | 17 | 3 |
| 14 | 12 | 11 | 5 | 15 | 19 | 23 | 3 |

*Zur Analyse fertigt die Frau Gut einen Boxplot an. Für diesen Boxplot müssen zunächst die folgenden Messzahlen berechnet werden:*

| $\tilde{x}_{0.25}$ | $\tilde{x}_{0.5}$ | $\tilde{x}_{0.75}$ | $IQR$ |
|---|---|---|---|
| *3* | *11* | *16.5* | *13.5* |

*Der Bereich der Whiskers beträgt maximal [-17.25, 3] bzw. [16.5, 36.75] (1.5·IQR = 20.25). Da das Minimum den Wert 0 annimmt und das Maximum den Wert 25, werden die Whiskers entsprechend bis zu diesen Werten verkürzt. Der hierauf aufbauende Boxplot ist in Abbildung 9.11 zu sehen. Man erkennt an dieser Darstellung, dass hier keine Ausreißer auftreten. Weiterhin ist die annähernd symmetrische Verteilung der Daten erkennbar.*

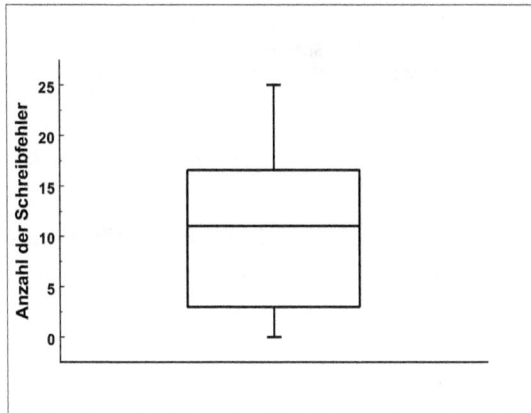

*Abbildung 9.11 Boxplot der Rechtschreibfehler aus Beispiel 9.8*

Boxplots werden vielfach verwandt, um einzelne (Unter-)Stichproben miteinander zu vergleichen, indem mehrere Boxplots nebeneinander aufgetragen werden.. Mit Hilfe dieser grafischen Darstellung lassen sich sehr leicht Lokations- und Variabilitätsunterschiede zwischen einzelnen Gruppen feststellen. Wir wollen dies an einem Beispiel verdeutlichen.

***Beispiel 9.9*** *In einer Studie wurden je 100 Schüler von vier verschiedenen Schulformen (Hauptschule, Realschule, Gymnasium und Gesamtschule) befragt, wie viel Taschengeld ihnen pro Monat im Jahr 2001 zur Verfügung steht. Die vergleichenden Boxplots sind in Abbildung 9.12 zu sehen.*

*Während die Hauptschüler und Realschüler „im Mittel" gleich viel Taschengeld haben (ca. 50 DM), verfügen die Gymnasiasten über ca. 75 DM und Gesamtschüler sogar über ca. 90 DM. Hauptschüler und Gymnasiasten unterscheiden sich in ihrer Variabilität kaum. Die Re-*

*alschüler scheinen eine sehr homogene Gruppe zu sein, denn sowohl die Box als auch die Whiskers sind sehr klein bzw. kurz. Auffällig ist die große Variabilität innerhalb der Gesamtschüler. Dort treten auch die größten Extremwerte auf. Bei den Hauptschülern, Gymnasiasten und den Gesamtschülern sind die für die jeweilige Gruppe extremen Beobachtungen deutlich zu erkennen.*

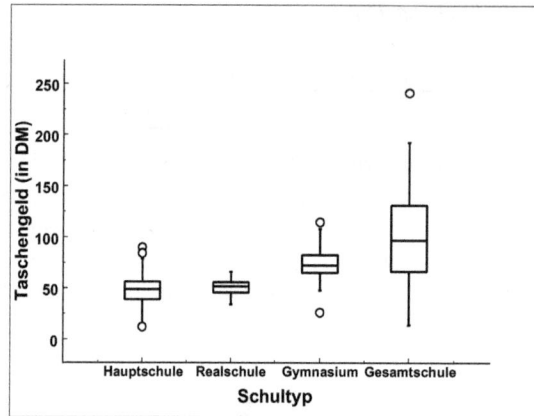

*Abbildung 9.12: Vergleichende Boxplots für die vier Schulformen*

Weitere Ausführungen zum Boxplot bei denen auch auf Modifikationen der hier vorgestellten Grundform eingegangen wird, findet man bei *Ostermann et al. (2004j).*

# 9.9    Streudiagramme

Auch bei zweidimensionalen stetigen Häufigkeitsverteilungen ist es üblich, die gegebenen Daten grafisch zu veranschaulichen. Dazu werden in einem rechtwinkligen Koordinatensystem die beobachteten Werte beider Variablen gegeneinander aufgetragen. Eine derartige Darstellungsform wird **Streudiagramm** oder **Scatterplot** genannt. Für die Originaldaten aus Beispiel 8.2 ist ein derartiges Streudiagramm in Abbildung 9.13 zu sehen.

Aus einem solchen Diagramm lassen sich bereits viele Informationen über mögliche Zusammenhänge der beiden betrachteten Merkmale $X$ und $Y$ gewinnen. Vermitteln die abgetragenen Beobachtungswerte den Eindruck einer ungeordneten Punktwolke, so liegt i.allg. kein Zusammenhang zwischen den Merkmalen vor. Lassen sich dagegen Strukturen in dieser Punktwolke erkennen, so ist dies ein Hinweis, dass möglicherweise ein Zusammenhang zwischen beiden Merkmalen besteht. Ein Zusammenhang zwischen Merkmalen wird auch als **Korrelation** oder **Assoziation** bezeichnet. Auf die Frage, in welcher Form sich ein solcher Zusammenhang darstellen lässt, werden wir in Kapitel 16 (Regressionsrechnung) eingehen.

Neben der Fragestellung, ob ein Zusammenhang besteht, interessiert vor allem die Frage, wie stark ein solcher Zusammenhang bzw. die Abhängigkeit ist. Maßzahlen zur Beschreibung solcher Abhängigkeiten bzw. von Unabhängigkeit werden in den Kapiteln 10.1 - 10.5 beschrieben.

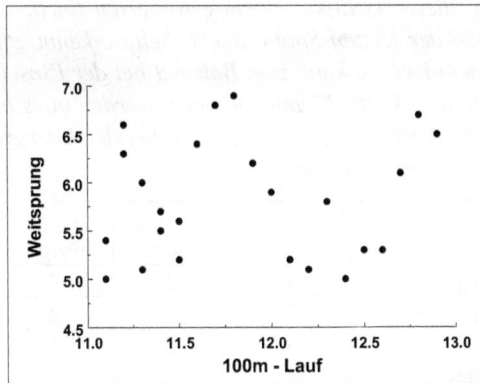

*Abbildung 9.13 Streudiagramm der Daten aus Beispiel 8.2*

Die hier beschriebene Grundform eines Streudiagramms kann in vielfältiger Art und Weise modifiziert werden. So können weitere Merkmale durch Variation von Form und Farbe der Plotsymbole integriert werden. Zudem besteht die Möglichkeit marginale Informationen an den Rändern der Achsen zu integrieren. Ebenso lassen sich multivariate Zusammenhänge durch die Verwendung von 3D-Streudiagrammen mit integrierter Rotation oder durch die Verwendung von Streudiagramm-Matrizen aufdecken und darstellen. Diese erweiterten Nutzungsmöglichkeiten von Streudiagrammen werden ausführlich in *Ostermann et al. (2004h, 2004i)* beschrieben.

# 9.10 Spinnennetzgrafiken

In der Sozialen Arbeit und Pflege werden oftmals physische und psychische Fähigkeiten von Klienten bzw. Patienten mit Hilfe von Einschätzungsskalen (Assessment-Skalen) gemessen. Dabei können z.B. die Einschätzungen des Klienten mit Einschätzungen des Personals bzw. der Angehörigen miteinander verglichen werden. Zur Visualisierung der Ergebnisse benutzt man häufig **Spinnennetzgrafiken**.

Zur Konstruktion eines solchen Diagramms werden die erhobenen Merkmale (Skalen) gleichmäßig als Achsen in einen Kreis eingezeichnet. Je nach der Anzahl der möglichen Ausprägungen (Wertebereich) wird vielfach eine entsprechende Anzahl konzentrischer Kreise ergänzt. Die von den einzelnen Personen(-gruppen) angegebenen Skalenwerte werden nun auf den jeweiligen Achsen abgetragen und miteinander verbunden, so dass charakteristische Polygonzüge (polygon = vieleckig) entstehen.

**Beispiel 9.10** *In einer Reha-Klinik sind die ersten acht Merkmale des erweiterten Barthel-Indexes[10] (Prosiegel et al. (1996)) eines Patienten erfasst worden, einmal beurteilt von ihm selbst, daneben von Angehörigen sowie von betreuenden Mitarbeiter(inne)n (Tabelle 9.4). Die zugehörige Spinnennetzgrafik findet man in Abbildung 9.14.*

*Dabei ist die Verwendung dieser Grafikart beim erweiterten Barthel-Index nicht ganz unproblematisch. Wie man an der letzten Spalte der Tabelle erkennt, sind für einzelne Items nicht alle Ausprägungen definiert. So kann zum Beispiel bei der Einschätzung der Fähigkeit zu Essen und Trinken nicht der Wert „1" angenommen werden, dies bedeutet, dass man direkt von dem Wert „0" zum Wert „2" springt. Dies ist bei der Interpretation des Index und der grafischen Darstellung zu berücksichtigen.*

| Erweiteter Barthel-Index | Patient | Personal | Ange-höriger | nicht definiert |
|---|---|---|---|---|
| 1: Essen und Trinken | 4 | 2 | 3 | 1 |
| 2: Persönliche Pflege | 3 | 2 | 2 | 0 |
| 3: An-/Ausziehen | 4 | 2 | 2 | 3 |
| 4: Baden/Duschen/ Körper waschen | 4 | 3 | 3 | -- |
| 5: Umsteigen aus dem Rollstuhl ins Bett | 4 | 4 | 2 | 3 |
| 6: Fortbewegung auf e-benem Untergrund | 3 | 3 | 2 | -- |
| 7: Treppen auf-/absteigen | 4 | 1 | 2 | 3 |
| 8: Benutzen der Toilette | 4 | 1 | 4 | 3 |

Tabelle 9.4 Messwerte des erweiterten Barthel-Index für die ersten acht Merkmale von Patient, betreuendem Personal und Angehörigen

*Deutlich ist zu sehen, dass der Patient seine Fähigkeiten zu den ersten acht Items des erweiterten Barthel-Index deutlich besser einschätzt als dies die Angehörigen und das betreuende Personal tun, da sowohl der Polygonzug der Angehörigen als auch der des Personals innerhalb des Polygonzuges des Patienten liegen. Nur bei Item 8 stimmen Patient und Angehörige überein, während eine Übereinstimmung zwischen Patient und betreuendem Personal bei den Items 5 und 6 zu finden ist. Angehörige und betreuendes Personal schätzen die Fähigkeiten bzgl. der Items 2, 3 und 4 identisch ein (die beiden Linien überdecken sich). Bei den Items 5 und 6 liegt seitens des Personals eine höhere Bewertung vor, während die Angehörigen die Fähigkeiten zu den Items 1, 7 und 8 höher einschätzen als das betreuende Personal.*

---

[10] Der Barthel-Index erfasst anhand einer Skala mit dem Werten 0, 1, 2, 3 und 4 die zunehmende Fähigkeit Tätigkeiten des täglichen Lebens zu erledigen.

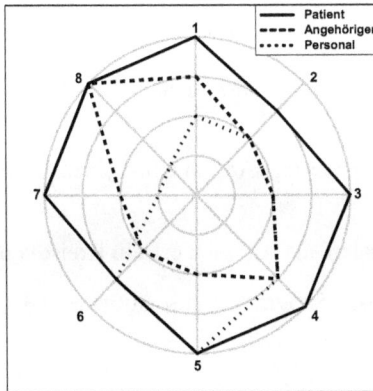

*Abbildung 9.14 Spinnenetzgrafik der Daten aus Tabelle 9.4*

Weitergehende Ausführungen zu der Verwendung von Spinnennetzgrafiken, zu ihrem Einsatz beim Auftreten von fehlenden Werten sowie der Einfluss der Merkmalsreihenfolge und der Orientierung der Achsen findet man bei *Ostermann et al. (2004k)*.

# 9.11 Übungsaufgaben

**Aufgabe 9.1** Erstellen Sie für die Daten aus Beispiel 9.8 ein Stem-and-Leaf-Diagramm!

**Aufgabe 9.2** Erstellen Sie für die Daten aus Aufgabe 4.2 ein Stabdiagramm. Lesen Sie dazu aus der empirischen Verteilungsfunktion die relativen Häufigkeiten der einzelnen Merkmalsausprägung ab.

**Aufgabe 9.3** Erstellen Sie für die Daten aus Beispiel 9.8 ein Histogramm für die relativen Häufigkeiten, indem Sie die Klasseneinteilung

1. [0,5], (5,10], (10,15], (15,20] und (20,25]
2. [0,10], (10,15] und (15,25]

benutzen. Vergleichen Sie die beiden Darstellungen.

**Aufgabe 9.4** Bei einer Umfrage von n=53 Personen über die Länge des täglichen Weges zur Arbeitsstelle (in km) ermittelte man das folgende Stem-and-Leaf-Diagramm. Dabei muss der Stamm mit dem Faktor 10 multipliziert werden:

| | |
|---|---|
| 0 | 11112225577999 |
| 1 | 00011233444555567899 |
| 2 | 00000123456789 |
| 3 | |
| 4 | 48 |
| 5 | 369 |

Ermitteln Sie
1. die modale Klasse und den Modalwert.
2. die Klasse, die den Median enthält, und den Median.
3. den Interquartilsabstand.

**Aufgabe 9.5** Erstellen Sie für die Daten aus Aufgabe 9.4 einen Boxplot und interpretieren Sie ihn.

**Aufgabe 9.6** Erstellen Sie für die Daten aus Aufgabe 6.1 ein Kreisdiagramm.

**Aufgabe 9.7** Ermitteln Sie für das Histogramm aus Aufgabe 9.3 (Teil 1) ein ASH mit $c/m = 1$.

# 10  Korrelation und Assoziation

Die Wahl einer geeigneten Maßzahl für den Zusammenhang zweier Merkmale ist von den jeweils vorliegenden Skalenniveaus der beiden Merkmale $X$ und $Y$ abhängig. Haben die beiden Variablen unterschiedliches Niveau, so kann ein Koeffizient gewählt werden, der zu dem niedrigeren Niveau gehört. Dadurch „verschenkt" man zwar die Dateninformation, die durch das jeweilige höhere Skalenniveau gegeben ist, jedoch ist man durch diese Vorgehensweise überhaupt erst in der Lage, einen Koeffizienten zu berechnen. Alternativ muss man auf einen Koeffizienten ausweichen, der für unterschiedliche Skalenniveaus entwickelt worden ist.

Empirisch kann die Unabhängigkeit bzw. Abhängigkeit zweier Merkmale $X$ und $Y$ mit den Ausprägungen $a_1$, ..., $a_k$ und $b_1$, ..., $b_m$ bereits mit Hilfe der bedingten relativen Häufigkeit überprüft werden. Zwei Merkmale $X$ und $Y$ sind **empirisch unabhängig**, wenn

$$h\!\left(a_j \middle| b_l\right) = h\!\left(b_l \middle| a_j\right) \quad \text{für alle } j = 1, \cdots, k \text{ und } l = 1, \cdots, m$$

gilt. Ist diese Bedingung für eine oder mehrere Kombinationen von Merkmalsausprägungen nicht erfüllt, so sind $X$ und $Y$ **empirisch abhängig**. Sind $X$ und $Y$ empirisch unabhängig, so gilt

$$h\!\left(a_j \middle| b_l\right) = h\!\left(a_j\right) \quad \text{und} \quad h\!\left(b_l \middle| a_j\right) = h\!\left(b_l\right)$$

und es folgt aus der Definition der bedingten relativen Häufigkeit

$$h\!\left(a_j, b_l\right) = h\!\left(a_j\right) \cdot h\!\left(b_l\right) \quad .$$

Für empirisch unabhängige Merkmale $X$ und $Y$ ist die gemeinsame relative Häufigkeit gleich dem Produkt der entsprechenden relativen Randhäufigkeiten. Diese Eigenschaft kann zur Konstruktion von Maßzahlen zur Beschreibung von Abhängigkeit bzw. Unabhängigkeit benutzt werden (siehe Kapitel 10.3).

Bevor wir uns nun einzelnen Koeffizienten und ihrer Berechnung zuwenden, sei darauf hingewiesen, dass **vor** der Berechnung eines Koeffizienten **immer** die Frage nach einem sachlogischen Zusammenhang stehen sollte. Bekannte Beispiele für **Nonsens-Korrelationen** sind etwa die Anzahl von Geburten und Zahl von Klapperstörchen in der Bundesrepublik Deutschland oder aber die Entwicklung von Aktienkursen und Rocksaumlängen.

Oft entsteht der Eindruck eines Zusammenhanges zweier nicht zusammenhängender aber parallel oder genau entgegengesetzt verlaufenden Merkmalstrends wenn diese beide von einem dritten Merkmal – etwa der Zeit – abhängen. In solchen Fällen spricht man von **Scheinkor-**

relation[11]. So entsteht z.B. der Eindruck eines Zusammenhanges des Anstiegs der Arbeitslosenzahlen und des Anstiegs des Volkeinkommens in der Bundesrepublik, da sich beide Beobachtungsreihen zeitlich parallel entwickeln. Ein rechnerischer Nachweis eines möglichen
Zusammenhanges zweier Merkmale liefert keinen Hinweis auf tatsächliche Kausalität oder
gar die Richtung einer Ursache-Wirkungs-Beziehung.

Für die Interpretation von Daten sollte auch bei tatsächlich bestehenden Zusammenhängen
neben der Berechnung einer geeigneten Maßzahl – wenn möglich – eine geeignete grafische
Darstellung hinzugezogen werden.

# 10.1     Der Korrelationskoeffizient nach Bravais-Pearson

Eine Maßzahl, die den (linearen) Zusammenhang zweier metrischskalierter Merkmale misst,
ist der Korrelationskoeffizient nach Bravais-Pearson. Dazu ist es zunächst notwendig die
**empirische Kovarianz** $s_{xy}$ der beiden Merkmale $X$ und $Y$ zu berechnen. Die empirische Kovarianz misst bereits den Grad des Zusammenhanges zwischen zwei metrischskalierten Variablen. Es ist

$$s_{xy} := \frac{1}{n-1} \sum_{i=1}^{n} (x_i - \bar{x}) \cdot (y_i - \bar{y}) \,,$$

wobei $\bar{x}$ bzw. $\bar{y}$ die arithmetischen Mittel der Beobachtungen der Variablen $X$ bzw. $Y$ sind.
Die empirische Kovarianz ist eine verallgemeinerte Varianz, denn es ist

$$s_{xx} = \frac{1}{n-1} \sum_{i=1}^{n} (x_i - \bar{x}) \cdot (x_i - \bar{x}) = \frac{1}{n-1} \sum_{i=1}^{n} (x_i - \bar{x})^2 = s_x^2 \,.$$

Da die empirische Kovarianz beliebige Werte zwischen „minus-unendlich" (-∞) und „plus-
unendlich" (+∞) annehmen kann, ist es für eine einfache Interpretation sinnvoller, eine normierte Größe zu verwenden. Dazu wird der **empirische Korrelationskoeffizient** $r_{xy}$ nach
Bravais-Pearson als Quotient aus empirischer Kovarianz und dem Produkt der beiden empirischen Standardabweichungen $s_x$ und $s_y$ berechnet:

$$r_{xy} := \frac{s_{xy}}{s_x \cdot s_y} = \frac{\sum_{i=1}^{n} (x_i - \bar{x}) \cdot (y_i - \bar{y})}{\sqrt{\left( \sum_{i=1}^{n} (x_i - \bar{x})^2 \right) \cdot \left( \sum_{i=1}^{n} (y_i - \bar{y})^2 \right)}} \,.$$

---

[11] Für interessierte Leser sei hierzu auf die Arbeit von G. U. Yule (1926): *Why Do We Sometimes Get
Nonsens Correlations between Time Series? A Study in Sampling and the Nature of Time Series*
verwiesen.

Der empirische Korrelationskoeffizient $r_{xy}$ kann nur Werte zwischen $-1$ und $+1$ annehmen, d.h., es gilt:

$$-1 \leq r_{xy} \leq +1 \quad .$$

Bei $r_{xy} = 0$ sind die beiden Merkmale unabhängig voneinander, d.h., aus der Kenntnis der einen Variable lässt sich keine Prognose über den Wert der anderen Variablen ableiten. Bei $r_{xy} = 1$ oder $r_{xy} = -1$ (also bei $|r_{xy}| = 1$) sind die beiden Variablen strikt (linear) voneinander abhängig (siehe auch Abbildung 10.2). Für Werte von $r_{xy}$ nahe $+1$ spricht man von einer vollständigen positiven, für Werte nahe $-1$ von einer vollständigen negativen Korrelation. Der Korrelationskoeffizient $r_{xy}$ ist nur geeignet den Grad der **linearen Abhängigkeit** zwischen den Variablen $X$ und $Y$ zu messen. Zusammenhänge anderer Form, z.B. quadratische Zusammenhänge, werden nicht erkannt (vgl. Abbildung 10.1). Bei beiden Grafiken in Abbildung 10.1 liegt ein Korrelationskoeffizient mit dem Wert Null vor, obwohl ein starker nichtlinearer Zusammenhang vorhanden ist. Die Interpretation des Korrelationskoeffizienten $r_{xy}$ sollte daher immer im Zusammenhang mit der grafischen Darstellung der Daten (Streudiagramm) erfolgen.

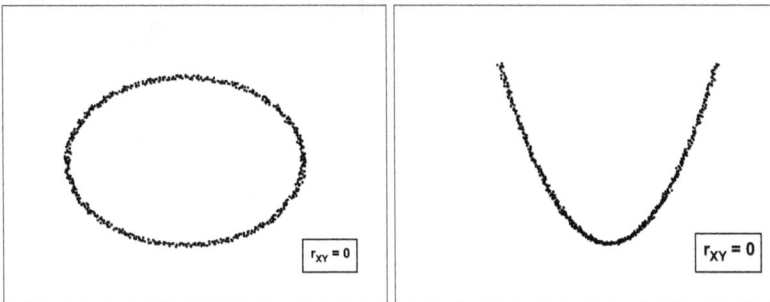

*Abbildung 10.1 Beispiele nicht-linearer Zusammenhänge*

In den vier Bildern der Abbildung 10.2 sind verschiedene lineare Zusammenhänge dargestellt. Während im Bild oben links kein linearer Zusammenhang zu erkennen ist, liegt im Bild oben rechts ein erkennbarer positiver Zusammenhang vor. In den beiden Bildern unten sind starke Zusammenhänge dargestellt; links ein positiver und rechts ein negativer.

Für die meisten realen Datensätze berechnet sich i.allg. keine vollständige positive oder negative Korrelation. Die Interpretation der errechneten Maßzahl richtet sich unter praktischen Gesichtspunkten auch nach der Art der verwendeten Daten. Stammen diese z.B. aus dem naturwissenschaftlich-technischen Bereich wo genaue Messungen möglich sind, so wird man – wenn ein Zusammenhang besteht – (betragsmäßig) größere Werte für die berechnete Korrelation erwarten, als bei Daten aus dem sozialwissenschaftlichen Bereich, da diese in der Regel sehr viel unschärfer zu erfassen sind.

Für die Bestimmung des Korrelationskoeffizienten nach Bravais-Pearson ist es oftmals günstiger, die Kovarianz mit

$$s_{xy} = \frac{1}{n-1}\left(\sum_{i=1}^{n} x_i \cdot y_i - n \cdot \bar{x} \cdot \bar{y}\right)$$

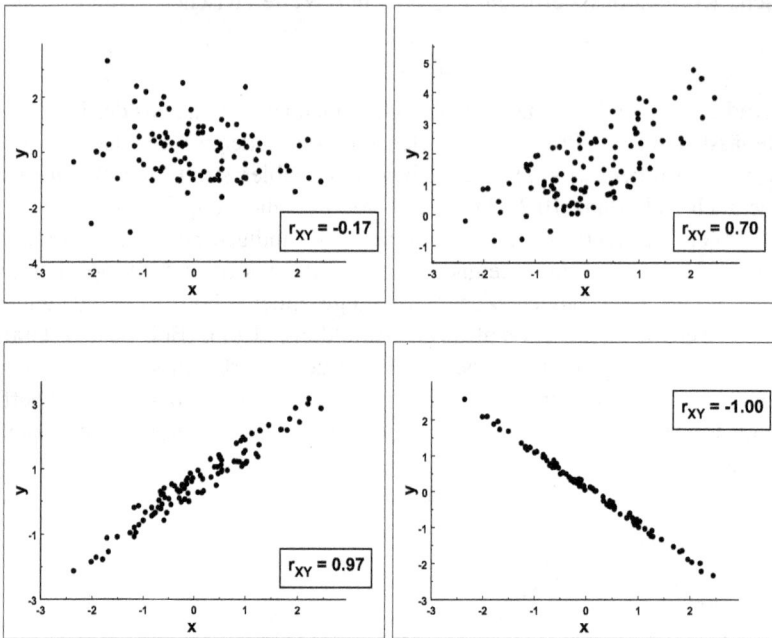

*Abbildung 10.2 Referenzdiagramme für verschiedene
lineare Zusammenhänge*

zu berechnen, denn es gilt mit $\sum_{i=1}^{n} x_i = n \cdot \bar{x}$ und $\sum_{i=1}^{n} y_i = n \cdot \bar{y}$

$$s_{xy} = \frac{1}{n-1} \sum_{i=1}^{n} (x_i - \bar{x}) \cdot (y_i - \bar{y}) = \frac{1}{n-1} \sum_{i=1}^{n} (x_i \cdot y_i - x_i \cdot \bar{y} - \bar{x} \cdot y_i + \bar{x} \cdot \bar{y})$$

$$= \frac{1}{n-1} \left( \sum_{i=1}^{n} x_i \cdot y_i - \bar{y} \sum_{i=1}^{n} x_i - \bar{x} \sum_{i=1}^{n} y_i + \sum_{i=1}^{n} \bar{x} \cdot \bar{y} \right)$$

$$= \frac{1}{n-1} \left( \sum_{i=1}^{n} x_i \cdot y_i - n \cdot \bar{x} \cdot \bar{y} - n \cdot \bar{x} \cdot \bar{y} + n \cdot \bar{x} \cdot \bar{y} \right)$$

$$= \frac{1}{n-1} \left( \sum_{i=1}^{n} x_i \cdot y_i - n \cdot \bar{x} \cdot \bar{y} \right) \quad .$$

Ebenso können natürlich auch die empirischen Standardabweichungen $s_x$ und $s_y$ mit Hilfe der modifizierten Form

$$s_x = \sqrt{\frac{1}{n-1} \left( \sum_{i=1}^{n} x_i^2 - n \cdot \bar{x}^2 \right)} \quad \text{und} \quad s_y = \sqrt{\frac{1}{n-1} \left( \sum_{i=1}^{n} y_i^2 - n \cdot \bar{y}^2 \right)}$$

berechnet werden (vgl. Kapitel 6.6). Unter Verwendung dieser Darstellungsweise ergibt sich für den Korrelationskoeffizienten

$$r_{xy} = \frac{\sum\limits_{i=1}^{n} x_i \cdot y_i - n \cdot \bar{x} \cdot \bar{y}}{\sqrt{\left(\sum\limits_{i=1}^{n} x_i^2 - n \cdot \bar{x}^2\right)\left(\sum\limits_{i=1}^{n} y_i^2 - n \cdot \bar{y}^2\right)}} \quad .$$

**Beispiel 10.1** *Für n = 11 Verbände von Reha-Kliniken wurde die Anzahl von beschäftigten Sozialarbeiter(innen) sowie das ihnen zur Verfügung stehende jährliche Budget (in Tausend Euro) erhoben.*

| $x_i$: Anz. Mit. | 10 | 8 | 13 | 9 | 11 | 14 | 6 | 4 | 12 | 7 | 5 |
|---|---|---|---|---|---|---|---|---|---|---|---|
| $y_i$: Budget | 80.4 | 69.5 | 75.8 | 88.1 | 83.3 | 99.6 | 72.4 | 42.6 | 108.3 | 48.2 | 56.8 |

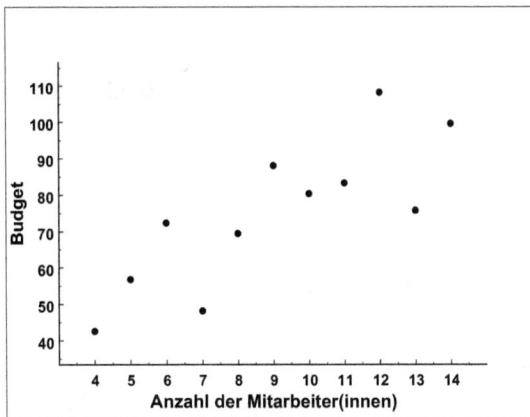

*Abbildung 10.3 Streudiagramm für die Merkmale* Anzahl Mitarbeiter(innen) *und* Budget

*Als Maßzahl für den bestehenden linearen Zusammenhang (vgl. Abbildung 10.3) soll der empirische Korrelationskoeffizient nach Bravais-Pearson berechnet werden. Es ist*

$$\bar{x} = \frac{1}{n} \cdot \sum\limits_{i=1}^{n} x_i = \frac{1}{11} \cdot 99 = 9 \quad , \qquad \bar{y} = \frac{1}{n} \cdot \sum\limits_{i=1}^{n} y_i = \frac{1}{11} \cdot 825 = 75$$

*und*

$$s_x^2 = \frac{1}{n-1} \cdot \sum_{i=1}^{n} (x_i - \bar{x})^2$$

$$= \frac{1^2 + (-1)^2 + 4^2 + 0^2 + 2^2 + 5^2 + (-3)^2 + (-5)^2 + 3^2 + (-2)^2 + (-4)^2}{10}$$

$$= \frac{1}{10} \cdot 110 = 11$$

$$s_y^2 = \frac{1}{n-1} \cdot \sum_{i=1}^{n} (y_i - \bar{y})^2$$

$$= \frac{5.4^2 + (-5.5)^2 + 0.8^2 + \cdots + 33.3^2 + (-26.8)^2 + (-18.2)^2}{10}$$

$$= \frac{1}{10} \cdot 4120.6 = 412.06$$

sowie

$$s_{xy} = \frac{1}{n-1} \cdot \sum_{i=1}^{n} (x_i - \bar{x}) \cdot (y_i - \bar{y})$$

$$= \frac{1}{10} \cdot (1 \cdot 5.4 + (-1) \cdot (-5.5) + 4 \cdot 0.8 + 0 \cdot 13.1 + 2 \cdot 8.3$$

$$+ 5 \cdot 24.6 + (-3) \cdot (-2.6) + (-5) \cdot (-32.4)$$

$$+ 3 \cdot 33.3 + (-2) \cdot (-26.8) + (-4) \cdot (-18.2))$$

$$= \frac{1}{10} \cdot 549.80 = 54.98 \qquad .$$

*Damit ist*

$$r_{xy} = \frac{s_{xy}}{\sqrt{s_x^2 \cdot s_y^2}} = \frac{54.98}{\sqrt{11 \cdot 412.06}} = \frac{54.98}{67.33} = 0.82 \qquad .$$

*Es besteht ein deutlicher positiver Zusammenhang zwischen der Anzahl beschäftigter Sozialarbeiter(innen) und dem zur Verfügung stehenden Budget.*

**Beispiel 10.2** *Für die Daten aus Beispiel 8.2 (Sportfest) soll der empirische Korrelationskoeffizient nach Bravais-Pearson berechnet werden. Um den Rechenweg nachvollziehbar zu gestalten, wird eine Arbeitstabelle erstellt. Es ist*

$$\bar{x} = \frac{1}{n} \cdot \sum_{i=1}^{n} x_i = \frac{1}{24} \cdot 284.5 = 11.85$$

*und*

$$\bar{y} = \frac{1}{n} \cdot \sum_{i=1}^{n} y_i = \frac{1}{24} \cdot 139.6 = 5.82 \qquad .$$

| Start-nummer | $x_i$ 100m-Lauf | $y_i$ Weit-sprung | $x_i^2$ | $y_i^2$ | $x_i \cdot y_i$ |
|---|---|---|---|---|---|
| 1 | 11.1 | 5.0 | 123.21 | 25.00 | 55.50 |
| 2 | 11.9 | 6.2 | 141.61 | 38.44 | 73.78 |
| 3 | 11.3 | 5.1 | 127.69 | 26.01 | 57.63 |
| 4 | 12.3 | 5.8 | 151.29 | 33.64 | 71.34 |
| 5 | 12.7 | 6.1 | 161.29 | 37.21 | 77.47 |
| 6 | 12.1 | 5.2 | 146.41 | 27.04 | 62.92 |
| 7 | 11.5 | 5.6 | 132.25 | 31.36 | 64.40 |
| 8 | 12.9 | 6.5 | 166.41 | 42.25 | 83.85 |
| 9 | 11.2 | 6.3 | 125.44 | 36.69 | 70.56 |
| 10 | 12.5 | 5.3 | 156.25 | 28.09 | 66.25 |
| 11 | 11.3 | 6.0 | 127.69 | 36.00 | 67.80 |
| 12 | 12.2 | 5.1 | 148.84 | 26.01 | 62.22 |
| 13 | 11.7 | 6.8 | 136.84 | 46.24 | 79.56 |
| 14 | 12.8 | 6.7 | 163.84 | 44.89 | 85.76 |
| 15 | 11.1 | 5.4 | 123.21 | 29.16 | 59.94 |
| 16 | 11.6 | 6.4 | 134.56 | 40.96 | 74.24 |
| 17 | 11.4 | 5.7 | 129.96 | 32.49 | 64.98 |
| 18 | 12.0 | 5.9 | 144.00 | 34.81 | 70.80 |
| 19 | 11.5 | 5.2 | 132.25 | 27.04 | 59.80 |
| 20 | 12.6 | 5.3 | 158.76 | 28.09 | 66.78 |
| 21 | 11.4 | 5.5 | 129.96 | 30.25 | 62.70 |
| 22 | 12.4 | 5.0 | 153.76 | 25.00 | 62.00 |
| 23 | 11.8 | 6.9 | 139.24 | 47.61 | 81.42 |
| 24 | 11.2 | 6.6 | 125.44 | 43.56 | 73.92 |
| Summe | 284.5 | 139.6 | 3380.25 | 820.84 | 1655.62 |

*Unter Verwendung der modifizierten Berechnungsformeln (siehe Seite 105 bzw. die Seiten 62 und 103) ergibt sich:*

$$s_x = \sqrt{\frac{1}{n-1} \cdot \left( \sum_{i=1}^{n} x_i^2 - n \cdot \bar{x}^2 \right)}$$

$$= \sqrt{\frac{1}{23} \cdot \left(3380.25 - 24 \cdot 11.85^2 \right)} = \sqrt{\frac{1}{23} \cdot \left(3380.25 - 3372.53 \right)}$$

$$= \sqrt{\frac{1}{23} \cdot 7.72} = \sqrt{0.34} = 0.58$$

$$s_y = \sqrt{\frac{1}{n-1} \cdot \left( \sum_{i=1}^{n} y_i^2 - n \cdot \bar{y}^2 \right)}$$

$$= \sqrt{\frac{1}{23} \cdot \left( 820.84 - 24 \cdot (5.82)^2 \right)} = \sqrt{\frac{1}{23} \cdot (820.84 - 812.02)}$$

$$= \sqrt{\frac{1}{23} \cdot 8.82} = \sqrt{0.38} = 0.62$$

*und*

$$s_{xy} = \frac{1}{n-1} \left( \sum_{i=1}^{n} x_i \cdot y_i - n \cdot \bar{x} \cdot \bar{y} \right)$$

$$= \frac{1}{23} \cdot (1655.62 - 24 \cdot 11.85 \cdot 5.82) = \frac{1}{23} \cdot (1655.62 - 1654.86)$$

$$= \frac{1}{23} \cdot 0.76 = 0.03 \quad .$$

*Damit ist*

$$r_{xy} = \frac{s_{xy}}{s_x \cdot s_y} = \frac{0.0332}{0.58 \cdot 0.62} = 0.09 \quad .$$

*Es liegt somit kein linearer Zusammenhang zwischen den Ergebnissen des Weitsprunges und des 100-m-Laufes vor. Dieses Ergebnis wird durch die Abbildung 9.13 bestätigt.*

## 10.2     Der Rangkorrelationskoeffizient nach Spearman

Liegen zwei ordinalskalierte Merkmale vor, so ist es nicht möglich, den Korrelationskoeffizienten nach Pearson zu verwenden. Als Maß für den Grad der Abhängigkeit zweier ordinaler Merkmale $X$ und $Y$ wird dann der empirische **Rangkorrelationskoeffizient nach Spearman**[12] $r_s$ herangezogen. Zur Berechnung dieses Koeffizienten ist es notwendig, Ränge für die beiden Merkmale zu bestimmen. Dazu muss zunächst die geordnete Reihe der Beobachtungen bestimmt werden.

Gilt für die Ordnungsstatistik $x_{(1)} < x_{(2)} < \ldots < x_{(n)}$ – treten also keine gleichen Beobachtungswerte auf – so ist der Rang $R\big(x_{(i)}\big)$ einer Beobachtung $x_{(i)}$ gleich dem Index der Beobachtung in der geordneten Urliste:

$$R\big(x_{(i)}\big) := i \qquad \text{für alle } i = 1, \cdots, n \quad .$$

---

[12] Charles Edward Spearman (* 10.09.1863, † 17.09.1945) war zunächst Offizier der britischen Armee. Sodann studierte er Psychologie in Leipzig und Göttingen und wurde 1907 Leiter der psychologischen Abteilung am University College in London.

Liegen (mehrere) identische Beobachtungswerte vor – dies nennt man **Bindungen** (engl. **Ties**) –, so wird diesen Beobachtungswerten jeweils dieselbe (mittlere) Rangzahl zugewiesen. Diese mittlere Rangzahl errechnet sich als das arithmetische Mittel der an die identischen Beobachtungen zu vergebenden Rangzahlen. Hierdurch wird erreicht, dass die Information identischer Beobachtungswerte auch für die Rangzahlen erhalten bleibt. Die Vergabe von Rängen soll an einem Beispiel verdeutlicht werden.

**Beispiel 10.3** *Gegeben sei die folgende Urliste eines Merkmals X mit n = 7 beobachteten Werten:*

| $x_1$ | $x_2$ | $x_3$ | $x_4$ | $x_5$ | $x_6$ | $x_7$ |
|-------|-------|-------|-------|-------|-------|-------|
| 40 | 12 | 10 | 12 | 31 | 31 | 31 |

*Als geordnete Urliste ergibt sich:*

| $x_3=x_{(1)}$ | $x_2=x_{(2)}$ | $x_4=x_{(3)}$ | $x_5=x_{(4)}$ | $x_6=x_{(5)}$ | $x_7=x_{(6)}$ | $x_1=x_{(7)}$ |
|------|------|------|------|------|------|------|
| 10 | 12 | 12 | 31 | 31 | 31 | 40 |

*Da für die Beobachtungswerte $x_{(2)} = x_{(3)}$ und $x_{(4)} = x_{(4)} = x_{(6)}$ gilt, liegen Bindungen vor. Als Ränge werden vergeben:*

| $R(x_{(1)})$ | $R(x_{(2)})$ | $R(x_{(3)})$ | $R(x_{(4)})$ | $R(x_{(5)})$ | $R(x_{(6)})$ | $R(x_{(7)})$ |
|------|------|------|------|------|------|------|
| 1 | 2.5 | 2.5 | 5 | 5 | 5 | 7 |

*Dabei entsteht der Rang 2.5 als mittlerer Rang der beiden Werte 2 und 3. Der Rang 5 ergibt sich als arithmetisches Mittel der Indexwerte von 4, 5 und 6.*

Unter Verwendung der Rangzahlen ist der Rangkorrelationskoeffizient nach Spearman nun gleich dem Korrelationskoeffizient nach Bravais-Pearson. Es ist also

$$r_S := \frac{\sum_{i=1}^{n}\left(R(x_i)-\overline{R(x)}\right)\cdot\left(R(y_i)-\overline{R(y)}\right)}{\sqrt{\sum_{i=1}^{n}\left(R(x_i)-\overline{R(x)}\right)^2 \cdot \sum_{i=1}^{n}\left(R(y_i)-\overline{R(y)}\right)^2}} \quad .$$

Dabei bezeichnen wir mit $\overline{R(x)}$ das arithmetische Mittel der Ränge der $x_i$ und mit $\overline{R(y)}$ analog das arithmetische Mittel der Ränge der $y_i$, $i = 1, ..., n$. Unabhängig davon, ob Bindungen auftreten oder nicht, gilt immer:

$$\overline{R(x)} = \overline{R(y)} = \frac{n+1}{2} \quad .$$

Liegen **keine Bindungen** vor, tritt also jede Rangzahl bei jedem Merkmal nur einmal auf, so lässt sich $r_S$ einfacher berechnen. Mit

$$d_i = R(x_i) - R(y_i)$$

gilt dann

$$r_S = 1 - \frac{6 \cdot \sum_{i=1}^{n} d_i^2}{n^3 - n}.$$

**Beispiel 10.4** *Für n = 8 Schüler ergab eine Umfrage die folgenden Schulnoten in den Fächern „Mathematik" und „Musik". Im unteren Teil der Tabelle sind die Rangzahlen angegeben.*

| Schüler | A | B | C | D | E | F | G | H |
|---------|---|---|---|---|---|---|---|---|
| Mathematik | 3 | 4 | 1 | 5 | 3 | 2 | 2 | 3 |
| Musik | 2 | 4 | 5 | 3 | 1 | 1 | 2 | 3 |
| R(Mathematik) | 5 | 7 | 1 | 8 | 5 | 2.5 | 2.5 | 5 |
| R(Musik) | 3.5 | 7 | 8 | 5.5 | 1.5 | 1.5 | 3.5 | 5.5 |

*Bei der Mathematiknote ist auch die Rangzahl 5 für die Schüler A, E und H aus einer Bindung entstanden, denn die Mathematiknote 3 trat insgesamt dreimal auf. Somit wurden die drei Ränge 4, 5 und 6 zur mittleren Rangzahl 5 zusammengefasst. Da hier Bindungen auftreten, ist es notwendig, die kompliziertere Berechnungsmethode für den Rangkorrelationskoeffizienten zu verwenden. Es ist:*

$$\overline{R(x)} = \overline{R(y)} = \frac{n+1}{2} = \frac{8+1}{2} = 4.5 \quad .$$

*Weiterhin ist*

$$\sum_{i=1}^{n}\left(R(x_i) - \overline{R(x)}\right)\cdot\left(R(y_i) - \overline{R(y)}\right)$$

$$= 0.5\cdot(-1) + 2.5\cdot 2.5 + (-3.5)\cdot 3.5 + 3.5\cdot 1$$

$$\quad + 0.5\cdot(-3) + (-2)\cdot(-3) + (-2)\cdot(-1) + 0.5\cdot 1$$

$$= -0.5 + 6.25 - 12.25 + 3.5 - 1.5 + 6 + 2 + 0.5 = 4$$

$$\sum_{i=1}^{n}\left(R(x_i) - \overline{R(x)}\right)^2$$

$$= 0.5^2 + 2.5^2 + (-3.5)^2 + 3.5^2 + 0.5^2 + (-2)^2 + (-2)^2 + 0.5^2$$

$$= 0.25 + 6.25 + 12.25 + 12.25 + 0.25 + 4 + 4 + 0.25 = 39.5$$

$$\sum_{i=1}^{n}\left(R(y_i) - \overline{R(y)}\right)^2$$

$$= (-1)^2 + 2.5^2 + 3.5^2 + 1^2 + (-3)^2 + (-3)^2 + (-1)^2 + 1^2$$

$$= 1 + 6.25 + 12.25 + 1 + 9 + 9 + 1 + 1 = 40.5 \quad .$$

*Somit ergibt sich:*

$$r_s = \frac{4}{\sqrt{39.5\cdot 40.5}} = 0.10.$$

*Es liegt nur eine sehr geringe Rangkorrelation zwischen den beiden Schulfächern vor. Aus der Mathematiknote lässt sich nicht auf die Musiknote schließen und umgekehrt.*

**Beispiel 10.5** *Bei der Besetzung einer Sozialarbeiterstelle wurden n=7 Kandidaten sowohl einem Wissenstest als auch einem psychologischen Test unterzogen. Zur Überprüfung, ob die Ergebnisse miteinander korrelieren, wurden die Rangreihenfolgen der 7 Kandidaten bei den beiden Tests ermittelt. Eine Berechnung der Rangzahlen ist nicht mehr nötig. Es ergab sich:*

| Bewerber | A | B | C | D | E | F | G |
|---|---|---|---|---|---|---|---|
| Wissenstest | 6 | 1 | 5 | 2 | 3 | 4 | 7 |
| Psychologischer Test | 5 | 3 | 4 | 2 | 1 | 6 | 7 |

*Da hier keine Bindung auftritt, berechnet man*

| Bewerber | A | B | C | D | E | F | G |
|---|---|---|---|---|---|---|---|
| $d_i = R(x_i) - R(y_i)$ | 1 | -2 | 1 | 0 | 2 | -2 | 0 |

*und damit*

$$\sum_{i=1}^{7} d_i^2 = 1^2 + (-2)^2 + 1^2 + 0^2 + 2^2 + (-2)^2 + 0^2 = 14.$$

*Es ist somit*

$$r_s = 1 - \frac{6 \cdot 14}{7^3 - 7} = 1 - \frac{84}{336} = 1 - \frac{1}{4} = \frac{3}{4} = 0.75.$$

*Es besteht also ein Zusammenhang zwischen dem Ergebnis der beiden Tests. Wer im Wissenstest gut war, schneidet auch beim psychologischen Test gut ab. Wer schlecht beim Wissenstest ist, gehört auch beim psychologischen Test zu den schlechten Kandidaten Dies wird auch deutlich, wenn man die Daten in folgender Art und Weise anordnet:*

| Reihenfolge | 1 | 2 | 3 | 4 | 5 | 6 | 7 |
|---|---|---|---|---|---|---|---|
| Wissenstest | B | D | E | F | C | A | G |
| Psychologischer Test | E | D | B | C | A | F | G |

*Die jeweils ersten drei bzw. zweiten drei Positionen werden jeweils von denselben Personen besetzt.*

# 10.3    Der Kontingenzkoeffizient nach Pearson

Für nominalskalierte Merkmale werden Maßzahlen zur Berechnung von Abhängigkeit bzw. Unabhängigkeit verwendet, die auf den Häufigkeiten möglicher Merkmalsausprägungen beruhen. Dabei hat es sich im Falle von nominalskalierten Variablen eingebürgert, von Assoziation und nicht von Korrelation zu sprechen.

Für zwei nominalskalierte Merkmale berechnet man als Assoziationsmaß den **Kontingenzkoeffizienten** nach Pearson. Dazu ermittelt man zunächst eine Hilfsgröße. Diese vergleicht die tatsächlich beobachteten Häufigkeiten $o_{jl}$ der Kombination von Merkmalsausprägungen $(a_j, b_l)$, $j = 1, ..., k$, $l = 1, ..., m$, mit berechneten Häufigkeiten $e_{jl}$, die sich bei der Unabhängigkeit beider Merkmale $X$ und $Y$ ergeben würden. (Für den Vergleich von beobachteten und unter der Annahme von Unabhängigkeit erwarteten Häufigkeiten ist allgemein die Verwendung der Bezeichnungen $o_{jl}$ und $e_{jl}$ üblich. Hierbei steht „$o$" für *observed* und „$e$" für *expected*. Die beobachteten Häufigkeiten $o_{jl}$ hatten wir bisher immer mit $H(a_j, b_l)$ bezeichnet. Diese neue Schreibweise wird nun gewählt, da sich dadurch die folgenden Formeln übersichtlicher gestalten lassen.) Es gilt

$$e_{jl} := \frac{n_{j\cdot} \cdot n_{\cdot l}}{n}$$

wobei $n_{j\cdot}$ bzw. $n_{\cdot l}$ die jeweiligen Randsummenhäufigkeiten sind. Aufbauend auf diesen Größen wird nun die Hilfsgröße $\chi^2$ (sprich: Chi-Quadrat) berechnet:

$$\chi^2 := \sum_{j=1}^{k} \sum_{l=1}^{m} \frac{(o_{jl} - e_{jl})^2}{e_{jl}} \quad .$$

In dieser Maßzahl werden die Abweichungen von beobachteten und (unter Unabhängigkeit von $X$ und $Y$) erwarteten Häufigkeiten für alle Kombinationen von Merkmalsausprägungen – also für alle Zellen der Kontingenz-tafel – zusammengefasst. Für große Werte von $\chi^2$ sind entweder sehr viele und/oder (einzelne) große Abweichungen zwischen der beobachteten und der erwarteten Häufigkeit in der Kontingenztafel aufgetreten, d.h., es liegt ein Zusammenhang der Merkmale $X$ und $Y$ vor. Für kleine Werte von $\chi^2$ liegen beobachtete und erwartete Häufigkeiten in der gesamten Tafel dicht beieinander, was auf Unabhängigkeit hinweist. Zur besseren Interpretation wird $\chi^2$ noch normiert, und man erhält den **Kontingenzkoeffizienten C**:

$$C := \sqrt{\frac{\chi^2}{\chi^2 + n}} \quad .$$

Für den Kontingenzkoeffizienten gilt immer

$$0 \leq C < \sqrt{\frac{\min(k,m) - 1}{\min(k,m)}} \quad ,$$

wobei $k$ und $m$ die Anzahl der Spalten bzw. der Zeilen der zweidimensionalen Häufigkeitstabelle sind. Um ein Maß zu erhalten, das auch den Wert Eins annehmen kann, ermittelt man den **korrigierten Kontingenzkoeffizienten** $C_{corr}$. Es ist

$$C_{corr} = \sqrt{\frac{\min(k,m)}{\min(k,m) - 1}} \cdot C$$

mit

$$0 \leq C_{corr} \leq 1 .$$

Nimmt $C_{corr}$ den Wert Eins an, so liegt strikte Abhängigkeit zwischen den beiden Merkmalen vor. Bei Unabhängigkeit gilt $C_{corr} = 0$.

**Wichtiger Hinweis:** Die oben genannte Hilfsgröße heißt $\chi^2$, da sie gut durch eine statistische Verteilung, nämlich eine $\chi^2$-Verteilung beschrieben werden kann. Auf die $\chi^2$-Verteilung werden wir noch später (Kapitel 13) eingehen. Die $\chi^2$-Verteilung ist eine stetige (theoretische) Verteilung; hier liegt jedoch nur diskretes Datenmaterial vor. Damit eine Approximation an eine $\chi^2$-Verteilung gut ist, sollten nach *Cochran (1954)* mindestens 80% aller erwarteten Häufigkeiten $e_{jl}$ einer Mehrfeldertafel die Faustformel

$$e_{jl} \geq 5$$

erfüllen. Ist dies nicht der Fall, so müssen benachbarte Zeilen oder Spalten nach sachlogischen Gesichtspunkten so lange zusammengefasst werden, bis obige Faustformel erfüllt ist. Die oben erwähnte Korrektur des Kontingenzkoeffizienten ist aber nur dann inhaltlich gerechtfertigt, wenn dadurch keine Verfälschung von Populationsverhältnissen auftritt (*Bortz et al. (1990, S.358)*).

**Beispiel 10.6** *Für die Daten aus Beispiel 8.1 erhielt man die folgende zweidimensionale Häufigkeitstabelle:*

| Sänger | Rauchverhalten | | |
|---|---|---|---|
| | R | N | |
| Prince | 5 | 6 | 11 |
| Joe Cocker | 8 | 6 | 14 |
| | 13 | 12 | 25 |

*Für die erwarteten Häufigkeiten $e_{jl}$ ergibt sich:*

| Sänger | Rauchverhalten | | |
|---|---|---|---|
| | R | N | |
| Prince | 5.72 | 5.28 | 11 |
| Joe Cocker | 7.28 | 6.72 | 14 |
| | 13 | 12 | 25 |

*Hierbei berechnet sich z.B. der Wert 5.72 durch (11·13)/25, der Wert 5.28 durch (11·12)/25. Da alle erwarteten Häufigkeiten die Faustformel erfüllen, ist es möglich $\chi^2$ mit*

$$\chi^2 = \frac{(5-5.72)^2}{5.72} + \frac{(6-5.28)^2}{6.28} + \frac{(8-7.28)^2}{7.28} + \frac{(6-6.72)^2}{6.72}$$

$$= \frac{(-0.72)^2}{5.72} + \frac{0.72^2}{6.28} + \frac{0.72^2}{7.28} + \frac{(-0.72)^2}{6.72} = 0.3215$$

*zu ermitteln. Als Kontingenzkoeffizient C ergibt sich nun*

$$C = \sqrt{\frac{0.3215}{0.3215 + 25}} = 0.1127$$

*und damit*

$$C_{corr} = \sqrt{\frac{\min(2,2)}{\min(2,2)-1}} \cdot C = \sqrt{2} \cdot 0.1127 = 0.1594 \quad .$$

*Somit gewinnt man den Eindruck, dass kein Zusammenhang zwischen Rauchverhalten und Musikgeschmack vorliegt.*

**Beispiel 10.7** *In einem Pflegeheim der Stadt Astadt wurden auf den insgesamt zwei Stationen Patient(inn)en aus drei Nationen gepflegt. Als Zusammenhangsmaß von Stationen und Nati-*

*onalität der Patient(inn)en ergab sich ein Kontingenzkoeffizient C von 0.68. In der Gemeinde Bstadt wurden in einem Heim auf 4 Stationen ebenfalls Patient(inn)en aus 3 Nationen gepflegt. Hier ergab sich ein Wert von C = 0.7. Um die beiden Heime miteinander vergleichen zu können, wurde jeweils der korrigierte Kontingenzkoeffizient ermittelt. Dabei ergibt sich:*

$$C_{corr}(Astadt) = \sqrt{\frac{2}{2-1}} \cdot 0.68 = 0.96$$

$$C_{corr}(Bstadt) = \sqrt{\frac{3}{3-1}} \cdot 0.70 = 0.85$$

*Im Heim der Gemeinde Astadt ist also ein höherer Zusammenhang zwischen den Merkmalen Station und Nationalität der Patienten festzustellen als in dem Heim der Gemeinde Bstadt.*

## 10.4    Der Assoziationskoeffizient nach Yule

Eine alternative Maßzahl für zwei nominalskalierte Merkmale $X$ und $Y$, die jeweils nur über zwei mögliche Ausprägungen verfügen, ist der **Assoziationskoeffizient nach Yule**[13]. Für 2x2-(Kontingenz)-Tafeln kann dieser Koeffizient, der mit $Q$ bezeichnet wird, alternativ zum Kontingenzkoeffizienten nach Pearson berechnet werden. Der Assoziationskoeffizient nach Yule bietet dabei den Vorteil, dass seine Berechnung sehr viel einfacher und direkter erfolgen kann.

Seien $a_1$, $a_2$ die Ausprägungen des Merkmals $X$ und $b_1$, $b_2$ die Ausprägungen des Merkmals $Y$. Dann ist

$$Q := \frac{H(a_1,b_1) \cdot H(a_2,b_2) - H(a_1,b_2) \cdot H(a_2,b_1)}{H(a_1,b_1) \cdot H(a_2,b_2) + H(a_1,b_2) \cdot H(a_2,b_1)}$$

oder mit den Bezeichnungen aus dem vorangehenden Abschnitt

$$Q := \frac{o_{11} \cdot o_{22} - o_{12} \cdot o_{21}}{o_{11} \cdot o_{22} + o_{12} \cdot o_{21}} \quad .$$

Für den Koeffizienten gilt:

$$-1 \le Q \le 1.$$

Für $Q = 0$ liegt Unabhängigkeit vor, für $|Q| = 1$ starke Abhängigkeit. Bei der Interpretation des Assoziationskoeffizienten wird i.allg. nur der absolute Wert des Koeffizienten berücksichtigt, nicht aber das Vorzeichen. Dies ist dadurch begründet, dass für nominale Merkmale

---

[13] George Udny Yule (* 18.02.1871, † 26.06.1951) studierte in London und Bonn, später lehrte er in London und Cambridge angewandte Mathematik und Statistik. Der Koeffizient geht auf die Arbeit *A property which holds good for all grouping of a normal distribution of frequency for 2 variables, with applications to the study of contingency-tables for the inheritance of unmeasured qualities* zurück. Yule verwandte für seinen Koeffizienten den Buchstaben Q zu Ehren des belgischen Mathematikers M.A. Quetelet. Quetelet kann als Begründer der statistischen Methodenlehre in den Gesellschaftswissenschaften angesehen werden.

keine natürliche Ordnung der Ausprägungen gegeben ist und durch einfaches Vertauschen der Zeilen oder Spalten in der Kontingenztafel ein Wechsel des Vorzeichens erreicht werden kann. Nur für Kontingenztafeln bei denen für beide Merkmale eine Ordnung der Ausprägungen gegeben ist – etwa gruppierte metrische Merkmale – wird das Vorzeichen in die Interpretation einbezogen.

*Beispiel 10.8 Für die Daten aus Beispiel 8.1 ergibt sich*

$$Q = \frac{5 \cdot 6 - 6 \cdot 8}{5 \cdot 6 + 6 \cdot 8} = \frac{-18}{78} = -0.2308 \quad .$$

*Vertauscht man in diesem Beispiel (vgl. hierzu auch Beispiel 10.6) die beiden Zeilen (Prince und Joe Cocker) miteinander, so erhält man*

$$Q = \frac{8 \cdot 6 - 5 \cdot 6}{8 \cdot 6 + 5 \cdot 6} = \frac{18}{78} = 0.2308 \quad .$$

*Wie dieses Beispiel zeigt, ist hier bei der Interpretation nur auf den absoluten Wert zu achten und nicht auf das Vorzeichen. Der berechnete Wert des Assoziationskoeffizienten ist (betragsmäßig) etwas größer als der in Beispiel 10.6 berechnete Wert des Kontingenzkoeffizienten nach Pearson, jedoch liegt auch hier wieder die Vermutung nahe, dass kein Zusammenhang im Musikgeschmack und Rauchverhalten vorliegt.*

Anzumerken ist, dass $Q$ nur dann den Wert Eins annehmen kann, wenn $H(a_1, b_2)$ und/oder $H(a_2, b_1)$ den Wert Null haben. Diese Tatsache kann bei einer Interpretation jedoch zu Schwierigkeiten führen, denn sowohl bei der *Tafel A* als auch bei der *Tafel B* nimmt $Q$ den Wert Eins an.

| $Y$ | $X$ | |
|---|---|---|
| | $a_1$ | $a_2$ |
| $b_1$ | 100 | 0 |
| $b_2$ | 0 | 100 |

Tafel A ($Q = 1$)

| $Y$ | $X$ | |
|---|---|---|
| | $a_1$ | $a_2$ |
| $b_1$ | 100 | 0 |
| $b_2$ | 50 | 100 |

Tafel B ($Q = 1$)

Während bei *Tafel A* eine wirklich strikte Assoziation zwischen den Merkmalen $X$ und $Y$ vorliegt (zu je einer Ausprägung von $X$ gehört **genau eine** Ausprägung von $Y$, ist dies bei *Tafel B* nicht gegeben. Dort ist nur bei je einer Ausprägung von $X$ bzw. $Y$ eine genaue Vorhersage von $Y$ bzw. $X$ möglich. Weitere Ausführungen zum Assoziationskoeffizienten nach Yule sind z.B. in *Perry & Jacobson (1976)* zu finden.

## 10.5   Der Eta-Koeffizient

Als ein Beispiel für einen Koeffizienten, der auf unterschiedlichen Skalenniveaus aufbaut, sei kurz auf den Eta-Koeffizienten $\eta$ eingegangen. Dieser Koeffizient wird benutzt, wenn der Einfluss eines nominalskalierten Merkmals auf ein metrischskaliertes Merkmal untersucht werden soll.

Gegeben sei ein nominales Merkmal $X$ mit $k$ Ausprägungen $a_1, ..., a_k$. (Alternativ kann es sich natürlich auch um ein metrisches Merkmal handeln, das in $k$ Klassen eingeteilt wurde, oder um ein ordinales Merkmal mit $k$ Ausprägungsstufen.) Sei $Y$ ein metrischskaliertes Merkmal. Von dem Merkmal $Y$ werden zunächst das allgemeine arithmetische Mittel $\bar{y}$, die Mittelwerte $\bar{y}_j$ bzgl. der $k$ Ausprägungen des nominalen Merkmals sowie die empirische Varianz $s_y^2$ berechnet. Sodann berechnet man

$$\eta^2 := \frac{\dfrac{1}{n-1} \cdot \displaystyle\sum_{j=1}^{k} n_j \left(\bar{y}_j - \bar{y}\right)^2}{s_y^2} \quad ,$$

wobei $n_j$ der Umfang der j-ten Teilpopulation, $j = 1, ..., k$, bzgl. des nominalskalierten Merkmal $X$ ist. Der Eta-Koeffizient ist dann

$$\eta := \sqrt{\eta^2} .$$

Er misst, inwieweit die Information der nominalen Variablen zur Erklärung der Variabilität der metrischen Variablen herangezogen werden kann.
Für den Eta-Koeffizienten gilt:

$$0 \le \eta \le 1.$$

Hat der Koeffizient einen Wert von Null, so wird durch das nominale Merkmal die Variabilität des metrischen Merkmals nicht erklärt. Bei einem Wert des Eta-Koeffizienten von Eins erklärt das nominale Merkmal die Variabilität des metrischen Merkmals vollständig. Weitere Ausführungen zum Eta-Koeffizienten findet man z.B. in *Benninghaus (1994)*.

**Beispiel 10.9** *Bei den Hospiz-Aufenthaltsdauern aus Beispiel 4.3 sind von den zehn Patienten vier weiblich und sechs männlich. Die genaue Aufteilung ist in der nachfolgenden Tabelle zu finden:*

| Geschlecht $X$ | w | w | m | w | w | m | m | w | w | m |
|---|---|---|---|---|---|---|---|---|---|---|
| Aufenthaltsdauer $Y$ | 39 | 144 | 78 | 52 | 348 | 52 | 10 | 0 | 48 | 25 |

*In Beispiel 5.9 bzw. in Beispiel 6.11 war schon ermittelt worden:* $\bar{y} = 79.6$ *und* $s_y^2 = 10502.26$. *Des Weiteren ermittelt man:*

$$\bar{y}_1 = \bar{y}_m = \frac{78 + 52 + 10 + 25}{4} = \frac{165}{4} = 41.25$$

$$\bar{y}_2 = \bar{y}_w = \frac{39 + 144 + 52 + 348 + 0 + 48}{6} = \frac{631}{6} = 105.17 \quad .$$

*Damit berechnet man:*

$$\eta^2 = \frac{\frac{1}{9}\left(4\cdot(41.25-79.6)^2 + 6\cdot(105.17-79.6)^2\right)}{10502.27}$$

$$= \frac{4\cdot(-38.35)^2 + 6\cdot25.57^2}{9\cdot10502.27} = \frac{5882.89 + 3922.95}{9\cdot10502.27} = \frac{9805.84}{94520.40} = 0.104$$

$$\eta = \sqrt{\eta^2} = \sqrt{0.104} = 0.323$$

*Von der in Beispiel 6.11 ermittelten Gesamtvariabilität lassen sich also ca. 32.3% durch das Geschlecht erklären.*

# 10.6 Übungsaufgaben

**Aufgabe 10.1** Für die beiden Merkmale $X$ und $Y$ ergaben sich die folgenden Werte: $s_x^2 = 0.16$, $s_y^2 = 0.25$ und $r_{xy} = -0.8$. Wie groß ist $s_{xy}$?

**Aufgabe 10.2** Im Krankenhaus PHOENIX sind insgesamt 1000 Mitarbeiter(innen) beschäftigt. Diese werden nach insgesamt $n = 10$ verschiedenen Lohnstufen bezahlt. Dabei erhalten die Mitglieder der Lohnstufe I den niedrigsten Lohn und die Mitglieder der Lohnstufe X den höchsten. In der untenstehenden Tabelle sind die Lohnstufen und die jeweiligen Anzahlen der Mitarbeiter in diesen Lohnstufen aufgelistet:

| Stufe | I | II | III | IV | V | VI | VII | VIII | IX | X |
|-------|-----|-----|-----|-----|-----|-----|-----|------|-----|-----|
| Anzahl | 12 | 45 | 182 | 250 | 23 | 205 | 64 | 97 | 68 | 54 |

Welcher Koeffizient ist geeignet, den Zusammenhang zwischen Lohnstufe und Anzahl der Mitarbeiter(innen) zu messen? Welchen Wert nimmt er an?

**Aufgabe 10.3** In einer Jugendstudie mit $n = 256$ Jugendlichen wurde gefragt, ob man

- selbst Motorrad fährt,
- einen Motorrad-Grand-Prix auf dem Nürburgring gesehen hat.

Es ergab sich die folgende 2x2-Tafel:

| Motorrad | Nürburgring JA | NEIN | Summe |
|----------|------|------|-------|
| JA | 24 | 74 | 98 |
| NEIN | 2 | 156 | 158 |
| Summe | 26 | 230 | 256 |

Berechnen Sie den Yuleschen Assoziationskoeffizienten um festzustellen, ob ein Zusammenhang zwischen diesen beiden Fragen existiert.

**Aufgabe 10.4** Gegeben seien die folgenden beiden Rangreihen mit n=4 Beobachtungen. Berechnen Sie den Spearmanschen Rangkorrelationskoeffizienten! (Achtung: Hier sind schon die Ränge vergeben.)

| Ränge von X: | 1 | 2 | 3 | 4 |
|---|---|---|---|---|
| Ränge von Y: | 3 | 2 | 1 | 4 |

**Aufgabe 10.5** Berechnen Sie die erstellte Tafel aus Aufgabe 8.1 die Tafel der erwarteten Häufigkeiten.

**Aufgabe 10.6** Im Archiv der Stadt Biebelberg fand Sozialarbeiter Heinrich D. für das Jahr 1888 das folgende Fragment einer 2x2-Tafel:

| | Kinder | | |
|---|---|---|---|
| Alter der Mutter | ehelich | unehelich | Summe |
| ≤ Jahre | 5 | | 8 |
| > 22 Jahre | | | |
| Summe | | 10 | 40 |

Bestimmen Sie mit Hilfe des Yuleschen Assoziationskoeffizienten, ob ein Zusammenhang zwischen dem Alter der Mutter und den ehelichen bzw. unehelichen Kindern auftritt!

**Aufgabe 10.7** Ermitteln Sie für die Daten aus Beispiel 5.2 den korrigierten Kontingenzkoeffizienten $C_{corr}$.

**Aufgabe 10.8** Für die Daten aus Beispiel 9.7 wurde für Heim 1 zusätzlich notiert, ob die Daten während der Schulzeit (S) oder der Ferien (F) erhoben wurden. Es ergab sich die folgende Tabelle:

| Woche | 1 | 2 | 3 | 4 | 5 | 6 | 7 | 8 | 9 | 10 |
|---|---|---|---|---|---|---|---|---|---|---|
| Besucherzahl | 42 | 45 | 41 | 44 | 40 | 39 | 42 | 43 | 42 | 44 |
| Schulzeit/Ferien | S | S | S | S | S | S | F | F | F | F |

Ermitteln Sie mit Hilfe des Eta-Koeffizienten den Einfluss der Schul- und Ferienzeit auf die Besucherzahl.

# 11   Einführung in die Wahrscheinlichkeitsrechnung

## 11.1   Was ist Wahrscheinlichkeit?

Der Begriff Wahrscheinlichkeit wird umgangssprachlich recht häufig verwandt. So sind z.B.

... wahrscheinlich wird es morgen regnen ...

... höchstwahrscheinlich komme ich morgen vorbei ...

... mit hoher Wahrscheinlichkeit werde ich zum 1.Vorsitzenden gewählt ...

gängige Redewendungen, in denen der Begriff Wahrscheinlichkeit auftaucht. Alle diese Aussagen beschreiben Ereignisse, die mit einer gewissen Sicherheit eintreten bzw. nicht eintreten. Die Bedeutung bzw. der Wert derartiger Aussagen beruht darin, dass man auf Grund von Erfahrungen durch eine (Prozent-)Zahl quantifizieren möchte, ob ein Ereignis eintritt. Große Wahrscheinlichkeiten bedeuten dabei, dass betrachtete Ereignisse (sehr) oft eintreten. Bei kleinen Wahrscheinlichkeiten ist dies eher selten der Fall. Der Wahrscheinlichkeitsbegriff ist daher immer mit der Vorstellung eines Zufallexperimentes verbunden, bei dem mehrere Ausgänge (Ereignisse) möglich sind. Welches Ereignis jeweils eintritt, kann zuvor nicht mit Sicherheit vorausgesagt werden. An weiteren Beispielen soll der Wahrscheinlichkeitsbegriff detaillierter erläutert werden.

*Beispiel 11.1 Die Wahrscheinlichkeit, dass an einem Freitag im Standesamt der Stadt Biebelberg drei Brautpaare getraut werden, beträgt 0.20 oder 20%. Denn in den letzten fünf Jahren sind an den insgesamt 250 Freitagen, an denen das Standesamt geöffnet war, an 50 Tagen jeweils drei Brautpaare getraut worden.*

*Beispiel 11.2 Herbert D. ist begeisterter Schachspieler, und pflegt dieses Hobby auch im Pflegeheim. Im letzten Monat hat er insgesamt 20-mal gegen den Heimbewohner Lothar G. gespielt und dabei 17-mal verloren. Die Wahrscheinlichkeit, dass er beim nächsten Aufeinandertreffen gewinnen wird, beträgt demzufolge 0.15 oder 15%.*

*Beispiel 11.3 Liegen in einer Urne drei rote und vier schwarze Kugeln, so wird man mit einer Wahrscheinlichkeit von 3/7 oder 42.86% eine rote Kugel ziehen.*

Weitere Beispiele sind in *Lorenz (1992)* zu finden. Dort findet man auch die folgende Definition des Wahrscheinlichkeitsbegriffes:

Die Zuordnung einer Wahrscheinlichkeit zu einem zufälligen Ereignis stellt selbstverständlich eine Abstraktion dar, der wir unter folgenden Bedingungen eine Bedeutung beimessen wollen:

1. Es handelt sich um Vorgänge (Versuche), die beliebig oft unter den gleichen Bedingungen ablaufen (oder als beliebig oft wiederholbar *gedacht* werden können), so dass von einer relativen Häufigkeit gesprochen werden kann, mit der ein bestimmtes Ereignis *in einer langen Serie* von Versuchen eintritt.

2. Stellt man nach jedem dieser Versuche die relative Häufigkeit neu fest, mit der das Ereignis bis dahin insgesamt eingetreten ist, so ergibt sich jedesmal ein etwas anderer Wert; mit wachsender Anzahl der Versuche nähert sich jedoch die relative Häufigkeit einem bestimmten Zahlenwert.

Diese Zahl heißt die **Wahrscheinlichkeit** des zufälligen Ereignisses.

Der hier beschriebene Effekt, dass sich die relative Häufigkeit eines Ereignisses im Laufe einer (unendlich) langen Versuchsreihe stabilisiert, wird auch als **Gesetz der Großen Zahlen** bezeichnet. Die Vorstellung einer Wahrscheinlichkeit als Ergebnis einer solchen unendlich langen Reihe von Zufallsexperimenten (Versuchen) kann dabei jedoch nur der Veranschaulichung des Wahrscheinlichkeitsbegriffes dienen. Im strikten mathematischen Sinn existiert ein solcher „Grenzwert" nicht, und auch praktisch lässt sich eine unendlich lange Versuchsreihe nicht durchführen. Um zu einem Ergebnis zu gelangen, müsste jede Versuchsreihe zu irgendeinem Zeitpunkt beendet werden, was dazu führen würde, dass – je nachdem wann dieser Zeitpunkt gewählt wird – ein und demselben Ereignis unterschiedliche Zahlenwerte (Wahrscheinlichkeiten) zugeordnet würden. Eine mathematische Beschreibung des Wahrscheinlichkeitsbegriffes, die auf der Annahme gewisser Eigenschaften (Axiome) beruht, wird in Kapitel 11.2 vorgestellt.

**Beispiel 11.4** *Auf Grund von Erfahrung weiß man, dass beim Münzwurf in der Hälfte aller Fälle „Zahl" oben liegt, und bei den übrigen Würfen liegt „Kopf" oben. Damit ist die Wahrscheinlichkeit für „Kopf" oder „Zahl" jeweils 0.5 oder 50%.*

# 11.2    Axiomatische Herleitung des Wahrscheinlichkeitsbegriffes

Schon im 17. bzw. 18.Jahrhundert wurde von **Jakob Bernoulli**[14] und von **Pierre Simon de Laplace**[15] ein Wahrscheinlichkeitsbegriff zur Bestimmung der Chancen bei Glücksspielen eingeführt. Dieser Wahrscheinlichkeitsbegriff beruht auf dem Verhältnis von

---

[14] Jakob Bernoulli (∗ 27.12.1654, † 16.08.1705) entstammte einer berühmten Mathematikerfamilie. Neben wichtigen Beiträgen zur Mathematik förderte er die Wahrscheinlichkeitsrechnung. So geht auf ihn auch die Bernoulli- bzw. Binomialverteilung zurück.

[15] Pierre Simon Marquis de Laplace (∗ 28.03.1749, † 05.03.1827) wuchs in ärmlichen Verhältnissen auf und war Physiker, Mathematiker und Astronom. In seinem Werk „Thèorie analytique des pro-

$$\frac{\text{Anzahl der günstigen Fälle}}{\text{Anzahl der möglichen Fälle}}$$

und setzt dabei voraus, dass alle Fälle (Ereignisse) mit gleicher Wahrscheinlichkeit auftreten. Für diesen Ansatz wird implizit auch vorausgesetzt, dass das betrachtete Zufallsexperiment nur eine endliche (abzählbare) Anzahl von Ergebnissen hat. Der unter diesen Voraussetzungen benutzte Wahrscheinlichkeitsbegriff wird als **Laplace-Wahrscheinlichkeit** oder **klassische Wahrscheinlichkeit** bezeichnet.

Für den Umgang mit Wahrscheinlichkeiten ist es nun notwendig, einige weitere Begriffe einzuführen (vgl. auch Beispiel 11.5). Gegeben sei ein Zufallsexperiment, dessen mögliche Ergebnisse die Ereignisse $A_1, ..., A_n$ sind. Die Menge aller möglichen Ereignisse wird **Grundraum** oder **Ereignisraum** genannt und mit $\Omega$ bezeichnet ($\Omega$ = Omega). Einelementige Ereignisse, also „atomare" Ereignisse, heißen **Elementarereignisse**. Ereignisse, die aus mehr als einem Element bestehen, werden **zusammengesetzte Ereignisse** genannt. Die **Vereinigung** zweier Ereignisse $A_i$ und $A_j$ (Symbol: $A_i \cup A_j$, $i, j \in \{1, ..., n\}$) ist das Ereignis, dass $A_i$ oder $A_j$ eintritt. Es können aber auch beide Ereignisse eintreten (Abbildung 11.1).

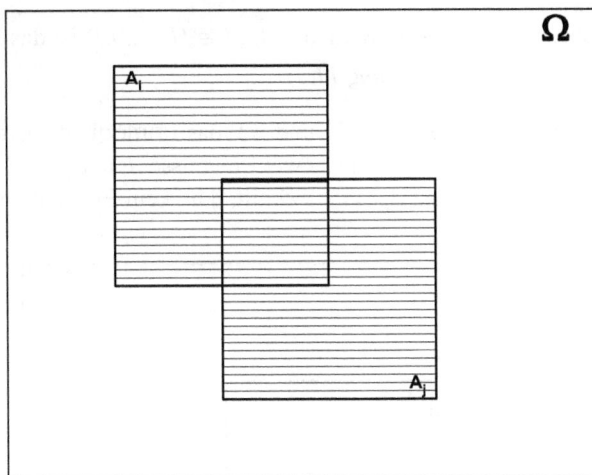

*Abbildung 11.1 Die Vereinigung der beiden Ereignisse $A_i$ und $A_j$: $A_i \cup A_j$,*

Der **Durchschnitt** zweier Ereignisse $A_i$ und $A_j$ (Symbol: $A_i \cap A_j$, $i, j \in \{1, ..., n\}$) ist das Ereignis, dass $A_i$ und $A_j$ eintreten. Es müssen also beide Ereignisse eintreten (*Abbildung 11.2*).

---

babilitès'" entwickelte er systematisch die Wahrscheinlichkeitsrechnung. Dort wird auch die Methode der kleinsten Quadrate dargelegt.

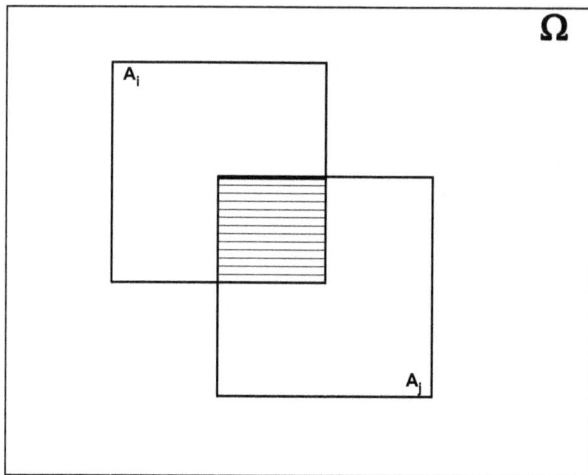

*Abbildung 11.2 Der Durchschnitt der Ereignisse $A_i$ und $A_j$: $A_i \cap A_j$*

Das **Komplement** eines Ereignisses $A_i$ (Symbol: $\overline{A_i}$ , $i \in \{1, \ldots, n\}$) ist das Ereignis, dass $A_i$ nicht eintritt. (Gegenteil von $A_i$) (*Abbildung 11.3*).

Der Grundraum $\Omega$ ist das **sichere Ereignis** und $\overline{\Omega}$ das **unmögliche Ereignis**. $\overline{\Omega}$ wird auch die **leere Menge** (Symbol: $\varnothing$) genannt. Zwei Ereignisse $A_i$ und $A_j$, $i, j \in \{1, \ldots, n\}$ heißen **disjunkt** (*Abbildung 11.4*), wenn $A_i \cap A_j = \varnothing$ gilt, d.h., kein Element zugleich in $A_i$ und $A_j$ enthalten ist.

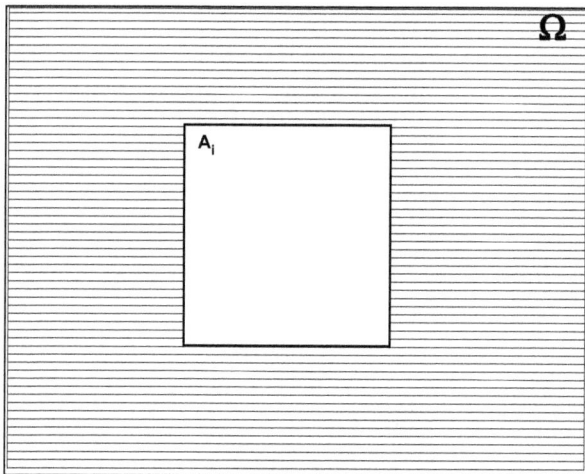

*Abbildung 11.3 Das Komplement zum Ereignis $A_i$: $\overline{A_i}$*

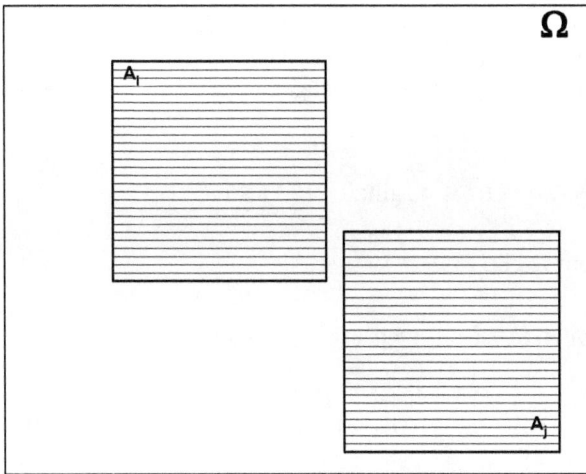

*Abbildung 11.4 Zwei disjunkte Ereignisse $A_i$ und $A_j$*

Die **Differenz zweier Ereignisse** $A_i$ und $A_j$, $i, j \in \{1, ..., n\}$, ist gegeben, wenn $A_i$ aber nicht $A_j$ eintritt und wird mit $A_i \setminus A_j$ („$A_i$ ohne $A_j$") bezeichnet. Es ist $A_i \setminus A_j = A_i \cap \overline{A_j}$ , d.h., es tritt nur das Ereignis $A_i$ aber nicht das Ereignis $A_j$ ein (vgl. *Abbildung 11.5*).

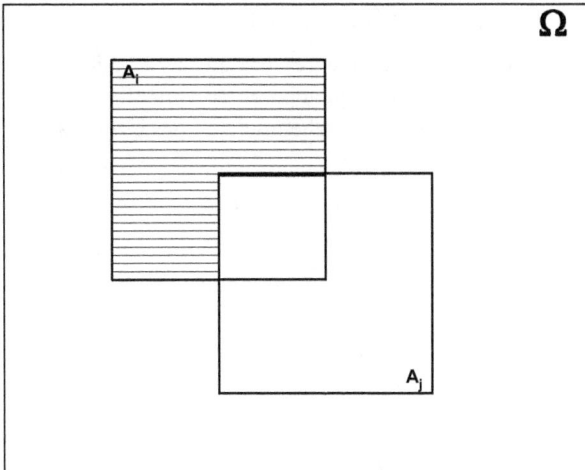

*Abbildung 11.5 Die Differenz der beiden Ereignisse $A_i$ und $A_j$: $A_i \setminus A_j$*

**Beispiel 11.5** *Beim einfachen Würfelwurf sind als Ergebnisse die Zahlen 1, 2, 3, 4, 5, und 6 möglich. Der Grundraum $\Omega$ ist damit $\Omega = \{1,2,3,4,5,6\}$. Die Elementarereignisse sind die Zahlen $\{1\},...,\{6\}$. Diese Elementarereignisse sind disjunkt, denn es können nicht zwei Zahlen gleichzeitig auftreten. Ein mögliches zusammengesetztes Ereignis sind die geraden Zahlen ($\{2,4,6\}$). Das hierzu komplementäre Ereignis sind die ungeraden Zahlen ($\{1,3,5\}$). Die Differenz der beiden Ereignisse „gerade Zahl" und $\{2\}$ ist das Ereignis $\{4,6\}$.*

Die **Wahrscheinlichkeit**, mit der ein Ereignis $A_i$, $i = 1, ..., n$ eintritt, wird mit $P(A_i)$ ($P = $ Probability) bezeichnet. Erst durch die Arbeiten von *Kolmogoroff (1933)*[16] wurde der Wahrscheinlichkeitsbegriff axiomatisiert und verallgemeinert. Die **Kolmogoroffschen Axiome** lauten im Einzelnen:

1. **Nichtnegativität**
   Für jedes Ereignis $A_i$, $i = 1, ..., \infty$, gilt: $0 \leq P(A_i) \leq 1$.

2. **Normiertheit**
   Für den Grundraum $\Omega$ gilt: $P(\Omega) = 1$.

3. **Additivität**
   Sind die Ereignisse $A_i$ ($i = 1, ..., \infty$) paarweise disjunkt, so gilt:

$$P\left(\bigcup_{i=1}^{\infty} A_i\right) = \sum_{i=1}^{\infty} P(A_i) \leq P(\Omega) = 1 \quad .$$

Hierbei bezeichnet $\bigcup_{i=1}^{\infty}$ die Vereinigung von abzählbar unendlich vielen Ereignissen. Die Axiome legen damit für Wahrscheinlichkeiten die folgenden Eigenschaften fest.

1.  Wahrscheinlichkeiten sind niemals negativ, sondern können nur Werte zwischen Null und Eins (oder entsprechend 0 und 100 Prozent) annehmen.

2.  Der Grundraum $\Omega$ als das sichere Ereignis hat eine Wahrscheinlichkeit von Eins. Dadurch ist die Wahrscheinlichkeitsfunktion normiert.

3.  Werden paarweise disjunkte (unvereinbare) Ereignisse vereinigt und die Wahrscheinlichkeit hiervon betrachtet, so ist dies gleich der Summe aller Einzelwahrscheinlichkeiten und höchstens so groß wie die Wahrscheinlichkeit des Grundraumes $\Omega$.

Betrachtet man nur Zufallsexperimente mit einer endlichen Anzahl $n$ von Ergebnissen, so reicht es aus, unter 3. zu fordern, dass $P(A_i \cup A_j) = P(A_i) + P(A_j)$ mit $A_i \cap A_j = \emptyset$ für $i \neq j$ gilt.

Auf den hier vorgestellten Axiomen baut nun die allgemeine mathematische Wahrscheinlichkeitstheorie auf. Zur direkten Berechnung der Wahrscheinlichkeiten von Ereignissen können die Axiome jedoch nicht benutzt werden. Wir greifen hierfür auf den klassischen Wahrscheinlichkeitsbegriff nach Laplace zurück.

**Beispiel 11.6** *Beim einfachen Würfelwurf (Beispiel 11.5) beträgt die Wahrscheinlichkeit, eine 1, 2, 3, 4, 5 oder 6 zu würfeln jeweils* $P(\{1\}) = P(\{2\}) = P(\{3\}) = P(\{4\}) = P(\{5\}) = P(\{6\}) = 1/6$. *Für den Grundraum* $\Omega = \{1,2,3,4,5,6\}$ *gilt* $P(\Omega) = 1$. *Für die disjunkten Elementarereignisse gilt*

---

[16] Andrej Nikolajewitsch Kolmogoroff (* 25.04.1903, † 20.10.1987) war seit 1931 Professor für Mathematik in Moskau. Neben den oben angesprochenen Axiomen entwickelte er mit W.I. Smirnow ein Verfahren, das die Abweichung einer Stichprobenverteilung von der vermuteten theoretischen Verteilung überprüft (Kolmogoroff-Smirnow-Anpassungstest).

$$P(\{1\}\cup\{2\}\cup\{3\}\cup\{4\}\cup\{5\}\cup\{6\})$$

$$= P(\{1\})+ P(\{2\})+ P(\{3\})+ P(\{4\})+ P(\{5\})+ P(\{6\})$$

$$= \frac{1}{6}+\frac{1}{6}+\frac{1}{6}+\frac{1}{6}+\frac{1}{6}+\frac{1}{6} = 1 \quad.$$

*Die Kolmogoroffschen Axiome sind damit erfüllt.*

## 11.3     Rechenregeln für Wahrscheinlichkeiten

Im Folgenden sollen einige **Rechenregeln für Wahrscheinlichkeiten** im Einzelnen erläutert werden, die sich unmittelbar aus den Kolmogoroffschen Axiomen ergeben. Gegeben sei ein Grundraum $\Omega = \{A_1, ..., A_n\}$, und $A_i$ und $A_j$ seien zwei beliebige Ereignisse aus diesem Grundraum: $A_i, A_j \in \Omega$ für $i, j \in \{1, ..., n\}$.

***Regel 11.1*** *Sind die Ereignisse $A_i$ und $A_j$ disjunkt, so gilt:* $P(A_i \cup A_j)= P(A_i)+ P(A_j)$.

***Regel 11.2*** *Sind die Ereignisse $A_i$ und $A_j$ disjunkt, so gilt:* $P(A_i \cap A_j)= P(\varnothing)= 0$.

***Regel 11.3*** *Für zwei beliebige Ereignisse $A_i$ und $A_j$ gilt:*
$P(A_i \cup A_j)= P(A_i)+ P(A_j)- P(A_i \cap A_j)$.

***Regel 11.4*** *Für ein beliebiges Ereignis $A_i$ gilt:* $P(A_i \cup \overline{A_i})= P(A_i)+ P(\overline{A_i})=1$, *da*
$A_i \cup \overline{A_i} =\Omega$ *und* $A_i \cap \overline{A_i} =\varnothing$ *gilt.*

***Regel 11.5*** *Für ein beliebiges Ereignis $A_i$ gilt:* $P(\overline{A_i})=1- P(A_i)$.

***Regel 11.6*** *Für zwei beliebige Ereignisse $A_i$ und $A_j$ gilt:* $P(A_i \setminus A_j)= P(A_i)- P(A_i \cap A_j)$.

***Regel 11.7*** *(Regeln von De Morgan[17])*

*Für zwei beliebige Ereignisse $A_i$ und $A_j$ gilt:*
*a.* $P(\overline{A_i \cup A_j})= P(\overline{A_i} \cap \overline{A_j})$,
*b.* $P(\overline{A_i \cap A_j})= P(\overline{A_i} \cup \overline{A_j})$.

---

[17] Augustus De Morgan (∗ 27.06.1806, † 18.03.1871) war 1828 – 1831 und 1836 – 1866 Professor am University College in London. Er gilt (neben G. Boole) als Begründer der Algebra der Logik. Er formulierte die Junktorenlogik im Rahmen eines Klassenkalküls.

*Beispiel 11.7 Wie groß ist die Wahrscheinlichkeit beim Wurf eines fairen Würfels, eine gerade Zahl zu erhalten? (Ein fairer Würfel besitzt die Eigenschaft, dass alle Zahlen mit gleicher Wahrscheinlichkeit, nämlich mit 1/6, geworfen werden.)*

$$P(\text{gerade Zahl}) = P(\{2,4,6\}) = P(\{2\}) + P(\{4\}) + P(\{6\})$$

$$= \frac{1}{6} + \frac{1}{6} + \frac{1}{6} = \frac{3}{6} = \frac{1}{2} \quad .$$

*Beispiel 11.8 In einer Urne befinden sich zwei rote und drei schwarze Kugeln. Darüber hinaus besitzen eine rote und eine schwarze Kugel ein Loch. Wie groß ist die Wahrscheinlichkeit*

- *eine rote Kugel,*
- *eine rote Kugel oder eine Kugel mit Loch,*
- *eine rote Kugel ohne Loch*
- *eine schwarze Kugel mit Loch*

*zu ziehen?*

$$P(\text{rote Kugel}) = \frac{2}{5} = 0.4$$

$$P(\text{rote Kugel oder Kugel mit Loch})$$

$$= P(\text{rote Kugel}) + P(\text{Kugel mit Loch}) - P(\text{rote Kugel mit Loch})$$

$$= \frac{2}{5} + \frac{2}{5} - \frac{1}{5} = \frac{3}{5} = 0.6$$

$$P(\text{rote Kugel ohne Loch}) = P(\text{rote Kugel}) - P(\text{rote Kugel mit Loch})$$

$$= \frac{2}{5} - \frac{1}{5} = \frac{1}{5} = 0.2$$

$$P(\text{schwarze Kugel mit Loch}) = \frac{1}{5} = 0.2$$

## 11.4      Bedingte Wahrscheinlichkeit und Unabhängigkeit

Bei vielen Fragestellungen ist es von Interesse, ob zwei oder mehr Ereignisse unabhängig voneinander sind oder nicht. Dabei soll unabhängig bedeuten, dass sich die Ereignisse nicht beeinflussen. Die Wahrscheinlichkeit für das Eintreten eines Ereignisses ändert sich durch das Eintreten eines anderen Ereignisses nicht.

*Beispiel 11.9*

- *Beeinflussen sich die Ergebnisse beim doppelten Würfelwurf, d.h., beeinflusst das Ergebnis des 1.Wurfes das Ergebnis des 2.Wurfes?*
- *Beeinflusst die Schulbildung das jährliche Einkommen?*

- *Beeinflusst die Körpergröße das Körpergewicht?*

Zum Teil sind derartige Fragestellungen schon im Kapitel 10 (Korrelation und Assoziation) angesprochen worden. Dort sind auch Maßzahlen für den Grad der Unabhängigkeit bzw. Abhängigkeit (in Abhängigkeit vom jeweils auftretenden Skalenniveau) berechnet worden. Nun wird die **Unabhängigkeit** über den Begriff der Wahrscheinlichkeit eingeführt. Zwei Ereignisse $A_i$ und $A_j$ aus dem Grundraum $\Omega = \{A_1, ..., A_n\}$, $i, j \in \{1, ..., n\}$, heißen (**stochastisch) unabhängig**, falls gilt:

$$P(A_i \cap A_j) = P(A_i) \cdot P(A_j) \quad .$$

Die Wahrscheinlichkeit für das gemeinsame Eintreten der Ereignisse $A_i$ und $A_j$ ist bei stochastischer Unabhängigkeit von $A_i$ und $A_j$ gleich dem Produkt der einzelnen Wahrscheinlichkeiten. Für mehr als zwei Ereignisse gilt: Die Ereignisse $A_1, ..., A_m$, $2 < m \leq n$, heißen (**stochastisch) unabhängig**, falls

$$P(A_{i_1} \cap A_{i_2} \cap \cdots \cap A_{i_k}) = P(A_{i_1}) \cdot P(A_{i_2}) \cdot \cdots \cdot P(A_{i_k})$$

für alle möglichen Teilstichproben vom Umfang $k$ aus den $m$ ursprünglichen Ereignissen gilt. Auch hierbei gilt wieder, dass die Wahrscheinlichkeit für das gemeinsame Eintreten einer Anzahl von Ereignissen bei Unabhängigkeit gleich dem Produkt aller zugehörigen Einzelwahrscheinlichkeiten ist. Diese Bedingung muss jedoch jetzt für **alle** Kombinationen vom Umfang 2 bis zum Umfang $m$ der gesamten Ereignisse $A_1, ..., A_m$ erfüllt sein. Sind Ereignisse nicht unabhängig, so heißen sie **abhängig**.

**Beispiel 11.10** *Beim doppelten Würfelwurf sind die beiden Ereignisse*
- $A =$ *„im 1.Wurf eine '6'"*
- $B =$ *„im 2.Wurf eine '6'"*

*unabhängig voneinander, denn es ist*

$$P(\{6,6\}) = \frac{1}{36} = \frac{1}{6} \cdot \frac{1}{6} = P(\{6\}) \cdot P(\{6\}) \quad .$$

**Beispiel 11.11** *Beim einfachen Würfelwurf sind die beiden Ereignisse*
- $A =$ *„Zahl ist durch zwei ganzzahlig teilbar",*
- $B =$ *„Zahl ist durch fünf ganzzahlig teilbar"*

*abhängig voneinander, denn es ist*

$$P(A) \cdot P(B) = \frac{1}{2} \cdot \frac{1}{6} = \frac{1}{12} \neq 0 = P(\emptyset) = P(A \cap B) \quad .$$

Sind zwei oder mehr Ereignisse abhängig, so bedingen/beeinflussen sie sich gegenseitig. Mit $P(A_i|A_j)$, $i, j \in \{1, ..., n\}$, bezeichnen wir die Wahrscheinlichkeit für das Ereignis $A_i$ unter der Bedingung, dass das Ereignis $A_j$ eingetreten ist (vgl. hierzu auch Kapitel 8.1, in dem bedingte Häufigkeitsverteilungen vorgestellt wurden). $P(A_i|A_j)$ ist die **bedingte Wahrscheinlichkeit** von $A_i$ gegeben $A_j$ (oder auch die **bedingte Wahrscheinlichkeit** von $A_i$ unter der Bedingung $A_j$) und ist durch

$$P(A_i|A_j) = \frac{P(A_i \cap A_j)}{P(A_j)}$$

definiert. Sind $A_i$ und $A_j$ unabhängig, so ist

$$P(A_i|A_j) = \frac{P(A_i \cap A_j)}{P(A_j)} = \frac{P(A_i) \cdot P(A_j)}{P(A_j)} = P(A_i) \quad .$$

Die Bedingung $A_j$ hat somit keinen Einfluss auf die Wahrscheinlichkeit, mit der das Ereignis $A_i$ auftritt.

**Beispiel 11.12** *Die Wahrscheinlichkeit, beim doppelten Würfelwurf als Augensumme den Wert 12 zu erhalten, beträgt 1/36, denn dazu ist es notwendig, zweimal die „6" zu erhalten. Die Wahrscheinlichkeit beim doppelten Würfelwurf als Augensumme den Wert 12 zu erhalten unter der Bedingung, dass im 1.Wurf schon einmal die „6" aufgetreten ist, beträgt 1/6, denn nun ist es nur noch notwendig, auch im zweiten Wurf die „6" zu erhalten.*

## 11.5    Der Multiplikationssatz

Gegeben sei eine Menge von Ereignissen $A_1$, ..., $A_n$, also ein Grundraum $\Omega = \{A_1, ..., A_n\}$, und $A_i$ und $A_j$ seien zwei beliebige Ereignisse aus diesem Grundraum, $i, j \in \{1, ..., n\}$. Für die bedingte Wahrscheinlichkeit von $A_i$ gegeben $A_j$ gilt:

$$P(A_i|A_j) = \frac{P(A_i \cap A_j)}{P(A_j)} \quad .$$

Durch eine einfache Umformung erhält man

$$P(A_i \cap A_j) = P(A_i|A_j) \cdot P(A_j) \quad .$$

Die Verallgemeinerung auf $m$ Ereignisse $A_1$, ..., $A_m$, $1 < m \le n$ lautet:

$$P(A_1 \cap \cdots \cap A_m)$$
$$= P(A_1) \cdot P(A_2|A_1) \cdot P(A_3|A_1 \cap A_2) \cdots P(A_m|A_1 \cap \cdots \cap A_{m-1}) \quad .$$

Diese Formel wird der **Multiplikationssatz für bedingte Wahrscheinlichkeiten** genannt. Diese Berechnungsmöglichkeit kann man nutzen, falls man die Wahrscheinlichkeit eines Durchschnittes berechnen möchte, aber zum Teil nur die bedingten Wahrscheinlichkeiten kennt.

**Beispiel 11.13** *Diskjockey Hubert K. legt im Jugendheim Klingeltown gerne die Beatles auf. Der Heimleiter Heinz-Georg A. macht ihm aber zur Auflage (damit das Programm ausgewogen ist), dass er bei 25 gespielten Platten nur achtmal die Beatles auflegen darf. Wie groß ist die Wahrscheinlichkeit, dass der Heimleiter, wenn er zufällig bei den ersten 25 Liedern die Diskothek dreimal betritt, jedes Mal die Beatles hört?*

*Sei $A_1$ das Ereignis, dass er zum 1.Mal die Diskothek betritt und die Beatles hört. Die Ereignisse $A_2$ und $A_3$ seien analog definiert. Dann ist B das Ereignis, dass er bei allen drei Besuchen die Beatles hört. Somit gilt:*

$$P(B) = P(A_1 \cap A_2 \cap A_3) = P(A_1) \cdot P(A_2|A_1) \cdot P(A_3|A_2 \cap A_1)$$

$$= \frac{8}{25} \cdot \frac{7}{24} \cdot \frac{6}{23} = 0.0243 \quad .$$

*Der Heimleiter besitzt also nur eine Chance von knapp unter 2.5 Prozent dreimal die Beatles zu hören. Für die Berechnung der bedingten Wahrscheinlichkeiten gilt, dass sich die Werte im Zähler und Nenner der Brüche jeweils fortlaufend um Eins reduzieren, da von der Gesamtzahl an Liedern ebenso wie von den Beatles-Songs jedes Mal ein Lied weniger zur Verfügung steht.*

# 11.6     Der Satz von der totalen Wahrscheinlichkeit

Liegen insgesamt $n$ paarweise disjunkte Ereignisse $A_1, \dots, A_n$ vor und gilt

$$\bigcup_{i=1}^{n} A_i = A_1 \cup A_2 \cup \dots \cup A_n = \Omega,$$

so ist für ein beliebiges Ereignis $B$ aus dem Grundraum $\Omega$

$$B = (A_1 \cap B) \cup (A_2 \cap B) \cup \dots \cup (A_n \cap B) = \bigcup_{i=1}^{n} (A_i \cap B) \quad .$$

Da $A_1, \dots, A_n$ paarweise disjunkt sind, sind auch die Ereignisse $(A_1 \cap B) \cup (A_2 \cap B) \cup \dots \cup (A_n \cap B)$ paarweise disjunkt, und somit ist nach dem dritten Kolmogoroffschen Axiom und der Definition der bedingten Wahrscheinlichkeit

$$P(B) = P\left( \bigcup_{i=1}^{n} (A_i \cap B) \right) = \sum_{i=1}^{n} P(A_i \cap B) = \sum_{i=1}^{n} P(B|A_i) P(A_i) \quad .$$

Diese Formel heißt der **Satz von der totalen Wahrscheinlichkeit** und wird vielfach eingesetzt. Eine grafische Veranschaulichung ist in *Abbildung 11.6* zu sehen.

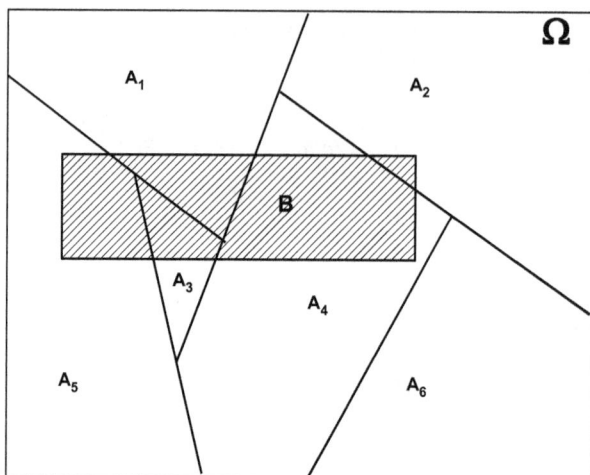

*Abbildung 11.6 Visualisierung des Satzes von der totalen Wahrscheinlichkeit*

Wir wollen den Satz von der totalen Wahrscheinlichkeit an zwei Beispielen verdeutlichen.

**Beispiel 11.14** *Der begeisterte Schachspieler Herbert D. gewinnt mit einer Wahrscheinlichkeit von 0.8, wenn er am Abend vor dem Spiel im Radio Klassik hört. Er gewinnt nur mit einer Wahrscheinlichkeit von 0.3, falls er keine Klassik hört. Herbert D. hört an drei Abenden in der Woche Klassik. Mit welcher Wahrscheinlichkeit gewinnt er sein nächstes Spiel?*

*Sei $A_1$ = „Klassik am Vorabend" und $A_2$ = „keine Klassik am Vorabend" sowie B = „Sieg". Damit ist $P(A_1) = 3/7$, $P(A_2) = 4/7$ sowie $P(B|A_1) = 0.3$ und $P(B|A_2) = 0.8$. Nun erhält man*

$$P(B) = P(B|A_1) \cdot P(A_1) + P(B|A2) \cdot P(A_2)$$

$$= 0.3 \cdot \frac{3}{7} + 0.8 \cdot \frac{4}{7} = \frac{3}{10} \cdot \frac{3}{7} + \frac{8}{10} \cdot \frac{4}{7}$$

$$= \frac{9+32}{70} = \frac{41}{70} \approx 0.586 \quad .$$

**Beispiel 11.15** *Petra hat zur Zeit drei Freunde ($F_1$, $F_2$, $F_3$), mit denen sie abwechselnd in die Diskothek geht. Sie wird von $F_1$ an drei, von $F_2$ und $F_3$ jeweils an zwei von sieben Tagen begleitet. Während sie von $F_1$ und $F_2$ mit einer Wahrscheinlichkeit von 0.6 mit dem Auto nach Hause gebracht wird, beträgt diese Wahrscheinlichkeit bei $F_3$ sogar 0.9. Mit welcher Wahrscheinlichkeit wird Petra an einem x-beliebigen Tag nach Hause gebracht?*

*Sei H = „wird nach Hause gebracht", so ergibt sich $P(F_1)$ = 3/7, $P(F_2) = P(F_3) = 2/7$ und $P(H|F_1) = P(H|F_2) = 0.6$, $P(H|F_3) = 0.9$ und damit*

$$P(H) = P(H|F_1) \cdot P(F_1) + P(H|F_2) \cdot P(F_2) + P(H|F_3) \cdot P(F_3)$$

$$= 0.6 \cdot \frac{3}{7} + 0.6 \cdot \frac{2}{7} + 0.9 \cdot \frac{2}{7} = \frac{6 \cdot 3 + 6 \cdot 2 + 9 \cdot 2}{10 \cdot 7}$$

$$= \frac{18 + 12 + 18}{70} = \frac{48}{70} \approx 0.686 \quad .$$

## 11.7 · Das Theorem von Bayes

Ausgehend von bedingten Wahrscheinlichkeiten und unter Zuhilfenahme des Satzes von der totalen Wahrscheinlichkeit, lässt sich nun das wichtige **Theorem von Bayes**[18] formulieren.

Liegen insgesamt $n$ paarweise disjunkte Ereignisse $A_1, \ldots, A_n$ vor und gilt

$$\bigcup_{i=1}^{n} A_i = A_1 \cup A_2 \cup \cdots \cup A_n = \Omega \quad ,$$

so ist für ein beliebiges Ereignis $B$ aus dem Grundraum $\Omega$

$$P(A_i|B) = \frac{P(A_i \cap B)}{P(B)} = \frac{P(B \cap A_i)}{P(B)} = \frac{P(B|A_i) \cdot P(A_i)}{\sum_{j=1}^{n} P(B|A_j) \cdot P(A_j)} \quad .$$

Mit Hilfe des Theorems von Bayes lassen sich oftmals bedingte Wahrscheinlichkeiten berechnen, die sich ansonsten nicht direkt angeben lassen.

**Beispiel 11.16** *Wollen wir bei Herbert D. aus Beispiel 11.14 die Wahrscheinlichkeit bestimmen, dass er am Vorabend Klassik gehört hat, wenn er gerade sein Spiel gewonnen hat, so ist*

$$P(A_1|B) = \frac{P(B|A_1) \cdot P(A_1)}{P(B)} = \frac{3/10 \cdot 3/7}{41/70} = \frac{9/70}{41/70} = \frac{9}{41} \approx 0.22 \quad .$$

*Für den Nenner wurde das Ergebnis aus Beispiel 11.14 verwendet.*

**Beispiel 11.17** *Möchten wir im Beispiel 11.15 bestimmen, mit welcher Wahrscheinlichkeit Freund $F_2$ Petra nach Hause gebracht hat, so ergibt sich*

$$P(F_2|H) = \frac{P(H|F_2) \cdot P(F_2)}{P(H)} = \frac{6/10 \cdot 2/7}{48/70} = \frac{12/70}{48/70} = \frac{12}{48} = 0.25 \quad .$$

*Für den Nenner ist das Ergebnis aus Beispiel 11.15 verwendet worden.*

---

[18] Thomas Bayes (∗ 1702, † 17.04.1761) war anglikanischer Geistlicher. Er untersuchte erstmals wie aus empirischen Daten auf eine Wahrscheinlichkeit geschlossen werden kann. Nach ihm sind die sogenannten Bayes-Verfahren innerhalb der Sta-tistik benannt.

# 11.8     Übungsaufgaben

**Aufgabe 11.1** Bestimmen Sie beim doppelten Würfelwurf mit zwei unterscheidbaren Würfeln den Ereignisraum $\Omega$ sowie die Wahrscheinlichkeiten für die folgenden Ereignisse:

1. Zweimal die „6".            2. Genau einmal die „6".
3. Mindestens einmal die „6". 4. Keine „6".

**Aufgabe 11.2** Aus sechs Karten, die mit den Zahlen 1,...,6 durchnummeriert sind, zieht zuerst Jan eine Karte, anschließend Alfred. Jan legt dabei seine Karte nicht zurück. Gewonnen hat, wer die höhere Karte gezogen hat. Wer hat die höheren Gewinnchancen?

**Aufgabe 11.3** Beim Münzwurf treten nur die beiden Ereignisse „Kopf" und „Zahl" auf. Wenn nun viermal hintereinander geworfen wird, wie groß ist dann die Wahrscheinlichkeit

1. viermal „Kopf",   2. dreimal „Kopf" und einmal „Zahl",
3. viermal „Zahl",   4. je zweimal „Kopf" und „Zahl"

zu erhalten?

**Aufgabe 11.4** Gegeben seien drei beliebige Ereignisse $A$, $B$ und $C$, für die gilt: $A \cup B \cup C = \Omega$. Welche der folgenden Kombinationen sind möglich?

1. $P(A) = 0.5$, $P(B) = -0.1$, $P(C) = 0.6$
2. $P(A) = 0.5$, $P(B) = 0.1$, $P(C) = 0.1$
3. $P(A) = 0.5$, $P(B) = 0.1$, $P(C) = 0.4$
4. $P(A) = 0.5$, $P(B) = 0.4$, $P(C) = 0.4$
5. $P(A) = 0.5$, $P(B) = 0.1$, $P(C) = 0.4$, $P(A \cup B) = 0.5$

**Aufgabe 11.5** Welche der nachfolgend aufgelisteten drei Ereignisse sind beim doppelten Würfelwurf paarweise unabhängig voneinander, welche sind paarweise abhängig?
A = „der erste Wurf ist sechs"
B = „die Augensumme ist größer als neun"
C = „die Augensumme ist kleiner als vier"

**Aufgabe 11.6** In den drei Urnen I, II und III befinden sich 2, 4 und 6 Kugeln. Davon ist jeweils eine Kugeln rot, die anderen Kugeln in jeder Urne sind blau. Wenn man nun eine Urne zufällig auswählt und dann eine Kugel zieht, mit welcher Wahrscheinlichkeit zieht man eine rote Kugel?

**Aufgabe 11.7** Mit welcher Wahrscheinlichkeit kann man bei der Situation aus Aufgabe 11.6 davon ausgehen, dass man die Urne II ausgewählt hatte, wenn man eine rote Kugel bzw. eine blaue Kugel gezogen hat?

**Aufgabe 11.8** Karl und Anton spielen gerne mit ihren roten und schwarzen Murmeln. Karl besitzt dabei doppelt so viele Murmeln wie Anton. Bei Anton sind zwei von drei Murmeln rot, bei Karl jede zweite. Es wird zufällig einer der beiden Freunde ausgewählt, der zufällig eine Kugel auswählen soll. Mit welcher Wahrscheinlichkeit wird eine rote Kugel ausgewählt, wenn man nicht weiß, welcher der beiden Freunde gezogen hat?

**Aufgabe 11.9** Gegeben seien die Ereignisse $A$ und $B$ sowie die Wahrscheinlichkeiten $P(A) = 0.5$, $P(B) = 0.4$ und $P(A|B) = 0.6$. Ermitteln Sie:  1. $P(A \cap B)$,  2. $P(A \cup B)$,  3. $P(B|A)$.

# 12    Diskrete Zufallsvariablen

Im vorangegangenen Kapitel zur Einführung in die Wahrscheinlichkeitsrechnung haben wir uns bereits mit dem Begriff des Zufallsexperiments befasst und den Ergebnissen eines Zufallexperimentes Zahlenwerte, nämlich Wahrscheinlichkeiten, zugeordnet. Nun wollen wir Zufallsexperimente mit Hilfe **zufälliger Variablen** so genannter **Zufallsvariablen** beschreiben. Die Zuordnung von Zahlenwerten bzw. Wahrscheinlichkeiten zu den Ergebnissen eines Zufallexperimentes entspricht mathematisch der Abbildung einer Ergebnismenge – also des Grundraumes $\Omega$ – in die Menge der reellen Zahlen und heißt **Zufallsvariable**. Auf eine genaue mathematische Beschreibung dieser Abbildung und weitergehende Messbarkeitsforderungen soll verzichtet werden. Interessierte Leser seien auf *Witting (1985)* verwiesen.

Zufallsvariablen werden wir im Folgenden durch Großbuchstaben kennzeichnen und analog zu den Merkmalen (in der deskriptiven Statistik) mit $X$, $Y$ oder $Z$ bezeichnen. Führen wir nun ein Zufallsexperiment durch, so sprechen wir bei einem Ergebnis davon, dass unsere Zufallsvariable eine **Realisation** annimmt. Realisationen einer Zufallsvariablen werden wir immer durch entsprechende Kleinbuchstaben kennzeichnen. Nimmt eine Zufallsvariable $X$ die Realisation $x$ an, so können wir dieser Realisation (diesem Ereignis) eine Wahrscheinlichkeit zuordnen. Diese zugehörige Wahrscheinlichkeit notieren wir als

$$P(X = x) \, ,$$

also die Wahrscheinlichkeit dafür, dass bei dem Zufallsexperiment das Ergebnis $x$ erzielt wurde.

*Beispiel 12.1 Wirft man eine Münze, so kann das Ergebnis dieses Zufallexperimentes nur „Kopf = K" oder „Zahl = Z" sein. Das Ergebnis („K" bzw. „Z") stellt die Realisation einer Zufallsvariablen X dar. Wir schreiben dann X = „K" oder X = „Z" bzw. X = x mit x $\in$ {K, Z}.*

*Beispiel 12.2 Beim einfachen Würfelwurf sind die möglichen Ergebnisse des Zufallexperimentes die Zahlen 1 bis 6. Die Realisationen der zugehörigen Zufallsvariablen X zur Beschreibung dieses Experimentes können als X = 1, X = 2, ... , X = 6 oder als X = x mit x $\in$ {1,2,3,4,5,6} notiert werden.*

Kann eine Zufallsvariable nur abzählbar viele Ausprägungen annehmen, so sprechen wir von einer **diskreten Zufallsvariablen**, ansonsten von einer **stetigen Zufallsvariablen**. (Eine analoge Unterscheidung haben wir bei der Beschreibung von Häufigkeitsverteilungen vorgenommen.)

# 12.1    Charakterisierung diskreter Zufallsvariablen

Bei einer diskreten Zufallsvariablen $X$ haben wir als Wertebereich, den diese Zufallsvariable annehmen kann, eine endliche (oder abzählbar unendliche) Menge von Ergebniswerten $W(X)$ = $\{x_1, x_2, x_3, ...\}$. Jedem dieser möglichen Ergebniswerte/Realisationen von $X$ können wir eine Wahrscheinlichkeit $p_j$ zuordnen, mit der die jeweilige Realisation $x_j$ der Zufallsvariablen $X$ eintritt, d.h., es gilt

$$P(X = x_j) = p_j \ \text{ für } X = x_j \quad .$$

Betrachten wir nun alle Realisationen $x_j$ und ihre zugehörigen Wahrscheinlichkeiten, so bezeichnen wir dies als **Wahrscheinlichkeitsverteilung** (oder kurz **Verteilung**) der Zufallsvariablen $X$. Diese Wahrscheinlichkeitsverteilung schreiben wir als

$$P(X = x_j) = \begin{cases} p_j & X = x_j \\ 0 & sonst \end{cases} \quad j = 1, 2, 3, \cdots \quad .$$

Zur vollständigen Beschreibung der Wahrscheinlichkeitsverteilung von $X$ ordnen wir also jeder Realisation $x_j$ die zugehörige Wahrscheinlichkeit $p_j$ zu. Alle sonstigen Werte, die keine Realisationen von $X$ sind, also außerhalb des Wertebereiches von $X$ liegen, werden mit einer Wahrscheinlichkeit von Null angenommen. Bei diskreten Zufallsvariablen gilt immer:

$$\sum_j p_j = \sum_j P(X = x_j) = 1 \quad .$$

**Beispiel 12.3** *Beim Münzwurf hat die Zufallsvariable* X *den Wertebereich* W(X) = {„K",* „Z"}, und die Wahrscheinlichkeitsverteilung hat die folgende Gestalt:*

$$P(X = x) = \begin{cases} 0.5 & X = "K" \\ 0.5 & X = "Z" \\ 0 & sonst. \end{cases}$$

*Die Summe aller Wahrscheinlichkeiten ist*

$$\sum_j p_j = P(X = "K") + P(X = "Z") = 0.5 + 0.5 = 1 \quad .$$

**Beispiel 12.4** *Beim einfachen Würfelwurf hat die Zufallsvariable* X *den Wertebereich* W(X) = {1,2,3,4,5,6}, und die Wahrscheinlichkeitsverteilung hat die folgende Gestalt:*

$$P(X = x) = \begin{cases} 1/6 & x \in \{1,2,3,4,5,6\} \\ 0 & sonst \end{cases} \quad .$$

*Die Summe aller Wahrscheinlichkeiten ist*

$$\sum_j p_j = P(X = 1) + P(X = 2) + \cdots + P(X = 6) = 6 \cdot \frac{1}{6} = 1 \quad .$$

**Beispiel 12.5** *Für die Summe beim doppelten Würfelwurf hat die Zufallsvariable X den Wertebereich* W(X) = {2,3, ..., 11,12} und die Wahrscheinlichkeitsverteilung hat die folgende Gestalt:*

$$P(X = x) = \begin{cases} 1/36 & \text{für } X = 2 \quad \text{oder} \quad X = 12 \\ 2/36 & \text{für } X = 3 \quad \text{oder} \quad X = 11 \\ 3/36 & \text{für } X = 4 \quad \text{oder} \quad X = 10 \\ 4/36 & \text{für } X = 5 \quad \text{oder} \quad X = 9 \\ 5/36 & \text{für } X = 6 \quad \text{oder} \quad X = 8 \\ 6/36 & \text{für } X = 7 \\ 0 & \text{sonst} \end{cases} .$$

*Auch hier ist die Summe aller Wahrscheinlichkeiten wieder gleich Eins.*

Wahrscheinlichkeitsverteilungen diskreter Zufallsvariablen lassen sich – wie zuvor Häufig-keitsverteilungen diskreter Merkmale – ebenfalls grafisch darstellen. Häufig wählt man hier-für Stabdiagramme, aber auch z.B. Kreisdiagramme oder Histogramme können als Darstel-lungsformen gewählt werden. Beispiele für grafische Darstellungen von Wahrscheinlich-keitsverteilungen finden sich nachfolgend bei den Beschreibungen ausgewählter diskreter (theoretischer) Verteilungen. So sind die grafischen Darstellungen für die Wahrscheinlich-keitsverteilungen aus Beispiel 12.3 und Beispiel 12.4 in Abbildung 12.3 zu sehen.

Wenn eine Zufallsvariable $X$ zumindest ordinales Skalenniveau besitzt, so lassen sich ihre möglichen Realisationen/Ausprägungen ordnen. Wir wollen ab nun davon ausgehen, dass die Ausprägungen der Größe nach (vom kleinsten zum größten Wert) geordnet sind. Sodann lässt sich (analog zu den Häufigkeitsverteilungen) die **Verteilungsfunktion** $F(x)$ einer dis-kreten Zufallsvariablen $X$ definieren. Die Verteilungsfunktion beschreibt die Wahrschein-lichkeit, dass die Zufallsvariable $X$ einen Wert kleiner oder gleich $x$ annimmt:

$$F(x) := P(X \le x) .$$

**Beispiel 12.6** *Bei einer Analyse der Einkommensverhältnisse kann es unter Umständen nicht so sehr von Interesse sein, wie viele Personen genau 630 DM[19] verdienen, sondern es ist vielmehr interessanter zu wissen, wie groß der Anteil an Personen ist, die ein Einkommen in Höhe **bis zu 630 DM einschließlich** besitzen.*

Für die Verteilungsfunktion einer diskreten Zufallsvariable gilt:

$$F(x) = \sum_{j=1}^{k^*} p_j \text{ mit } x_{(k^*)} \le x < x_{(k^*+1)} \text{ und } x_{(k^*)}, x_{(k^*+1)} \in W(X) .$$

Für $F(x)$ gilt:

$$0 \le F(x) \le 1 .$$

Für einen beliebigen Wert $x$ ist die Verteilungsfunktion einer diskreten Zufallsvariablen $X$ mit dem Wertebereich $W(X) = \{x_1, x_2, ..., x_k\}$ gegeben durch

---

[19] Dies ist die Grenze für die geringfügige Verdienste im Jahre 1999. Es soll dabei nicht diskutiert wer-den, ob es sich hierbei um ein stetiges oder diskretes Merkmal handelt.

$$F(x) = \begin{cases} 0 & \text{für } x < x_{(1)} \\ \sum\limits_{j=1}^{k^*} p_j & \text{für } x_{(k^*)} \leq x < x_{(k^*+1)} \\ 1 & \text{für } x_{(k)} \leq x \end{cases} \quad .$$

Analog zur empirischen Verteilungsfunktion lässt sich auch die Verteilungsfunktion einer diskreten Zufallsvariablen interpretieren und grafisch darstellen. Auf der Abszisse (x-Achse) werden die Ausprägungen von $X$ abgetragen und auf der Ordinate (y-Achse) die korrespondierenden kumulierten Wahrscheinlichkeiten. Für das Ablesen des Graphen gelten die in Kapitel 4.1 beschriebenen Grundsätze.

**Beispiel 12.7** *Für die Summe beim doppelten Würfelwurf hat die Verteilungsfunktion die folgende Gestalt:*

$$F(x) = \begin{cases} 0 & \text{für } x < 2 & 21/36 & \text{für } 7 \leq x < 8 \\ 1/36 & \text{für } 2 \leq x < 3 & 26/36 & \text{für } 8 \leq x < 9 \\ 3/36 & \text{für } 3 \leq x < 4 & 30/36 & \text{für } 9 \leq x < 10 \\ 6/36 & \text{für } 4 \leq x < 5 & 33/36 & \text{für } 10 \leq x < 11 \\ 10/36 & \text{für } 5 \leq x < 6 & 35/36 & \text{für } 11 \leq x < 12 \\ 15/36 & \text{für } 6 \leq x < 7 & 1 & \text{für } 12 \leq x \end{cases} \quad .$$

*In der Abbildung 12.1 ist die Verteilungsfunktion des doppelten Würfelwurfes zu sehen. So kann man dort (ungefähr) ablesen, dass die unteren 50 Prozent aller Ergebnisse bis zur „sieben" liegen. Betrachtet man das Ergebnis „neun", so stellt man fest, dass bis zu diesem Wert einschließlich ca. 80 Prozent aller Werte liegen.*

In Kapitel 5 und 6 haben wir für Häufigkeitsverteilungen Maßzahlen zur Charakterisierung von Lage und Streuung einer Verteilung kennen gelernt. Die entsprechenden Konzepte und Begriffe lassen sich auch auf theoretische Verteilungen übertragen. Für einige Maßzahlen stellen wir die theoretischen Maße nachfolgend kurz vor. Wir setzen dabei voraus, dass der Wertevorrat einer diskreten Zufallsvariablen endlich ist:

$$W(X) = \{x_1, x_2, \cdots, x_n\} \quad .$$

So ist der **Modalwert** $x_{\text{mod}}$ einer diskreten Zufallsvariablen derjenige Wert $x_j$ aus dem Wertebereich, der mit der größten Wahrscheinlichkeit angenommen wird. Für den Modalwert ist

$$P(X = x_j) \geq P\left(X = x_{j^*}\right) \text{ für alle } x_j, x_{j^*} \in W \text{ mit } j \neq j^* \quad .$$

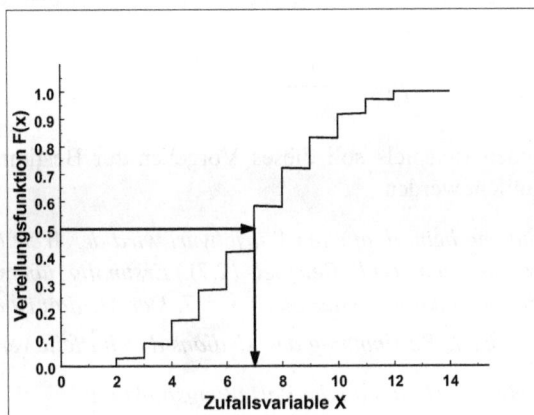

*Abbildung 12.1 Verteilungsfunktion des doppelten Würfelwurfes*

Bezüglich der Interpretation sei auf die unter Kapitel 5.2 gemachten Ausführungen verwiesen. Auch bei theoretischen (diskreten) Verteilungen muss der Modalwert nicht eindeutig sein.

**Beispiel 12.8** *Beim einfachen Würfelwurf treten alle Realisationen mit der Wahrscheinlichkeit 1/6 auf. Die Angabe eines Modalwertes ist weder eindeutig noch sinnvoll. Für die Summe beim doppelten Würfelwurf (vgl. Beispiel 12.5) ist der Modalwert eindeutig $x_{mod} = 7$, da*

$$P(X = 7) > P\left(X = x_{j^*}\right) \text{ mit } x_{j^*} \in \{2,3,4,5,6,8,9,10,11,12\} \quad .$$

Ebenso einfach lässt sich der Begriff des **Medians** auf theoretische Verteilungen übertragen. Möchte man den „zentralen" Wert – also den Median – $\tilde{\mu}_{0.5}$ einer diskreten Zufallsvariablen ermitteln, so muss hierfür gelten

$$P(X \leq \tilde{\mu}_{0.5}) \geq 0.5 \text{ und } P(X \geq \tilde{\mu}_{0.5}) \geq 0.5 \quad .$$

In Analogie zu Kapitel 5.3 gilt für den theoretischen Median, dass mindestens die Hälfte der Wahrscheinlichkeitsmasse auf Werten liegt, die kleiner oder gleich dem Median sind. Andererseits gilt auch hier, dass mindestens die Hälfte der Wahrscheinlichkeitsmasse auf Werten liegt, die größer oder gleich dem Median sind.

Der Median lässt sich auf einfache Weise aus der theoretischen Verteilungsfunktion ermitteln. Hierbei ist zu unterscheiden, ob die Verteilungsfunktion den Wert 0.5 an einer Stelle aus dem Wertebereich direkt annimmt oder nicht. Wird der Wert 0.5 von der Verteilungsfunktion nicht direkt angenommen, so ist der Median gerade derjenige Wert aus dem Wertebereich, bei dem der Wert 0.5 (erstmalig) übersprungen wird. Wird der Wert 0.5 von der Verteilungsfunktion dagegen für einen Wert $x_{(j)}$ aus dem Wertebereich angenommen, so ist der Median jede Zahl zwischen $x_{(j)}$ und dem nächstgrößeren Wert $x_{(j+1)}$ einschließlich dieser beiden Grenzwerte. Um den Median eindeutig zu gestalten, wählt man dann das arithmetische Mittel aus diesen beiden Werten:

$$\tilde{\mu}_{0.5} = \frac{x_{(j)} + x_{(j+1)}}{2} \quad .$$

Anhand des nachfolgenden Beispiels soll dieses Vorgehen zur Bestimmung des Medians auch grafisch veranschaulicht werden.

**Beispiel 12.9** *Für die Summe beim doppelten Würfelwurf wird der Wert 0.5 von der Verteilungsfunktion nicht angenommen. (vgl. Beispiel 12.7). Erstmalig übersprungen wird der Wert 0.5 von der Verteilungsfunktion an der Stelle x = 7. Der Median ist daher $\tilde{\mu}_{0.5} = 7$. In Abbildung 12.1 ist die grafische Bestimmung des Medians durch Pfeile verdeutlicht.*

*Für den einfachen Würfelwurf erhält man die Verteilungsfunktion*

$$F(x) = \begin{cases} 0 & \text{für } x < 1 \\ 1/6 & \text{für } 1 \le x < 2 \\ 2/6 & \text{für } 2 \le x < 3 \\ 3/6 & \text{für } 3 \le x < 4 \\ 4/6 & \text{für } 4 \le x < 5 \\ 5/6 & \text{für } 5 \le x < 6 \\ 1 & \text{für } x \ge 6 \end{cases}$$

*Hierbei wird der Wert 0.5 = 3/6 von der Verteilungsfunktion angenommen. Der Median ist daher zunächst jeder Wert aus dem Intervall [3,4]. Bildet man das arithmetische Mittel aus diesen Werten, so erhält man als eindeutigen Median*

$$\tilde{\mu}_{0.5} = \frac{3 + 4}{2} = 3.5 \quad .$$

*Abbildung 12.2 zeigt die grafische Bestimmung des Medians.*

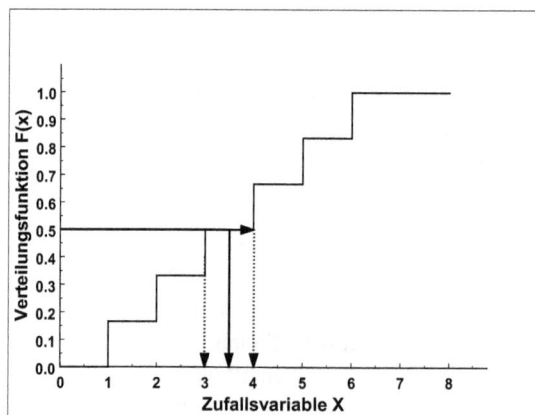

*Abbildung 12.2 Verteilungsfunktion beim einfachen Würfelwurf*

Ebenso wie der Median können auch allgemeine Quantile bestimmt werden, worauf wir hier jedoch nicht detailliert eingehen wollen.

Oftmals interessiert man sich für die Frage, welches Ergebnis bei einem Zufallsexperiment denn zu erwarten sei. Man interessiert sich für ein zu erwartendes „mittleres Ereignis". Dazu berechnet man den **Erwartungswert** einer diskreten Zufallsvariablen $X$ mit:

$$E(X) = \sum_{j=1}^{k} x_j \cdot P(X = x_j) = \sum_{j=1}^{k} x_j \cdot p_j \quad .$$

Der Erwartungswert entspricht als Lagemaß dem in Kapitel 5.5 beschriebenen arithmetischen Mittel $\bar{x}$.

**Beispiel 12.10** *Beim einfachen Würfelwurf erhält man*

$$EX = \sum_{j=1}^{6} j \cdot \frac{1}{6} = \frac{1}{6} \sum_{j=1}^{6} j = \frac{21}{6} = 3.5 \quad .$$

Bei der Berechnung des Erwartungswertes werden alle Werte aus dem Wertevorrat $W$ einer Zufallsvariablen $X$ mit der Wahrscheinlichkeit gewichtet, mit der sie jeweils angenommen werden und dann aufsummiert. Bei der Berechnung des arithmetischen Mittels wurden die Beobachtungen jeweils mit der zugehörigen relativen Häufigkeit gewichtet. Auch beim Erwartungswert ist der ermittelte Wert i.allg. nicht identisch mit einem Wert aus dem Wertevorrat der Zufallsvariablen.

Mit Hilfe der theoretischen Maßzahlen Modalwert, Median und Erwartungswert kann nun – wenn sie eindeutig zu bestimmen sind – wie unter Kapitel 7.1 für die entsprechenden empirischen Maßzahlen beschrieben auch beurteilt werden, ob eine vorliegende theoretische Verteilung **symmetrisch**, **links-** oder **rechtsschief (rechts- oder linkssteil)** ist.

Um die Streuung einer diskreten Zufallsvariablen zu berechnen, können Analogien zu den empirischen Maßzahlen (vgl. Kapitel 6) konstruiert werden. So lassen sich z.B. Spannweite und Interquartilsabstand direkt übertragen und auch die Bestimmung von Streuungsmaßen, die auf dem Median beruhen, ist möglich. Ausführlicher beschrieben werden soll hier jedoch nur die Bestimmung der Varianz. Interessiert man sich für die Variabilität, die eine Zufallsvariable $X$ besitzt, so berechnet man die **Varianz** von $X$ mit

$$Var X = \sum_{i=1}^{n} (x_i - EX)^2 \cdot p_i \quad .$$

**Beispiel 12.11** *Beim einfachen Würfelwurf erhält man*

$$
\begin{aligned}
Var X &= \sum_{i=1}^{6} (i - 3.5)^2 \cdot \frac{1}{6} = \frac{1}{6} \sum_{i=1}^{6} (i - 3.5)^2 \\
&= \frac{1}{6} \left( (-2.5)^2 + (-1.5)^2 + (-0.5)^2 + (0.5)^2 + (1.5)^2 + (2.5)^2 \right) \\
&= \frac{6.25 + 2.25 + 0.25 + 0.25 + 2.25 + 6.25}{6} \\
&= \frac{17.5}{6} = 2.917 \quad .
\end{aligned}
$$

Neben Verteilungsparametern für eine einzelne (diskrete) Zufallsvariable können auch theoretische Maßzahlen für zwei- und mehrdimensionale Zufallsvariable bestimmt werden, wie etwa die **Kovarianz** Cov(X,Y) zweier Zufallsvariablen $X$ und Y oder auch ihre (theoretische) **Korrelation** Corr(X,Y). Wir wollen hier auf die explizite Berechnung solcher zwei- und mehrdimensionaler Maßzahlen jedoch nicht näher eingehen.

Als vorläufig letzten Begriff wollen wir die **Unabhängigkeit von Zufallsvariablen** einführen. Zwei oder mehr Zufallsvariablen heißen unabhängig, wenn gilt

$$
\begin{aligned}
F(x_1, \cdots x_n) &= P(X_1 \le x_1, X_2 \le x_2, \cdots, X_n \le x_n) \\
&= P(X_1 \le x_1) \cdot P(X_2 \le x_2) \cdots P(X_n \le x_n) \\
&= F(x_1) \cdot F(x_2) \cdots F(x_n) \quad .
\end{aligned}
$$

Ist der Wert der gemeinsamen Verteilungsfunktion gleich dem Produkt der einzelnen Verteilungsfunktionswerte, so sind die beteiligten Zufallsvariablen unabhängig. Für den Fall $n = 2$ muss also überprüft werden, ob die Wahrscheinlichkeit, dass $X_1$ kleiner oder gleich ist als $x_1$ und gleichzeitig $X_2$ kleiner oder gleich ist als $x_2$, gleich dem Produkt der Wahrscheinlichkeit von $X_1$ kleiner oder gleich $x_1$ und von $X_2$ kleiner oder gleich $x_2$ ist. Sind zwei Zufallsvariablen $X$ und $Y$ unabhängig, so sind sie auch stets unkorreliert. Jedoch können wir aus Unkorreliertheit, d.h., einem (theoretischen) Korrelationskoeffizient von Null, i.allg. nicht auf die Unabhängigkeit der Zufallsvariablen $X$ und $Y$ schließen.

Im Folgenden sollen nun einige spezielle diskrete Zufallsvariablen vorgestellt werden.

## 12.2    Die Gleichverteilung

Die **Gleichverteilung** ist definiert auf den Werten $j = 1, ..., k$. Sie wird auch Laplace-Verteilung genannt. Für jeden der Werte $j = 1, ..., k$ gilt

$$
P(X = j) = p_j = \frac{1}{k} \quad .
$$

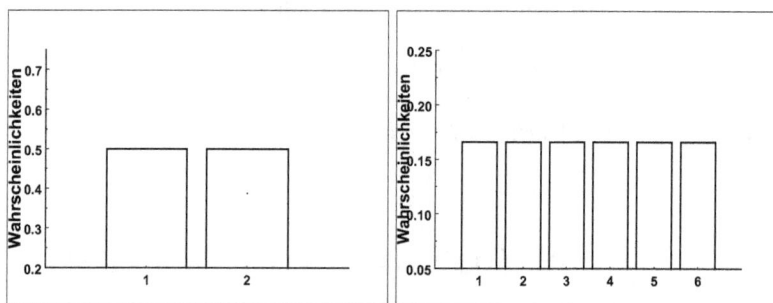

*Abbildung 12.3 Gleichverteilung für k = 2 und k = 6*

Als Werte für den Erwartungswert und die Varianz erhält man

$$EX \quad = \quad \frac{k+1}{2} \quad ,$$

$$VarX \quad = \quad \frac{k^2-1}{12} \quad .$$

In der Abbildung 12.3 sind die Wahrscheinlichkeitsverteilungen zweier Gleichverteilungen für k = 2 bzw. k = 6 in der Form von Stabdiagrammen dargestellt.

**Beispiel 12.12** *In diesem Buch ist schon oftmals die diskrete Gleichverteilung herangezogen worden, ohne dass dies explizit erwähnt wurde. So genügt der Münzwurf einer Gleichverteilung mit k = 2, einem Erwartungswert von 1.5 und einer Varianz von 0.25. Der einfache Würfelwurf genügt einer Gleichverteilung mit k = 6, einem Erwartungswert von 3.5 und einer Varianz von 35/12.*

In manchen Lehrbüchern wird die diskrete Gleichverteilung auch auf den Werten 0, 1, ..., k eingeführt. In diesen Fällen erhält man einen Erwartungswert von $k/2$ und eine Varianz von $(k^2-2k)/12$.

## 12.3    Die Poisson-Verteilung

Die Poisson-Verteilung[20] wird auch als die Verteilung der seltenen Ereignisse bezeichnet. Tritt ein Ereignis (sehr) selten ein, so wird zumeist für die Beschreibung dieses Sachverhaltes die Poisson-Verteilung herangezogen. Die Poisson-Verteilung ist auf den Werten $j$ = 0,1,2,... definiert und für jeden dieser Werte gilt

$$P(X = j) = p_j = \frac{\lambda^j}{j!} \cdot e^{-\lambda} \quad .$$

(j! (sprich: j Fakultät) bedeutet $1 \cdot 2 \cdot 3 \cdot ... \cdot j$, also z.B. $4! = 1 \cdot 2 \cdot 3 \cdot 4 = 24$ und $0! := 1$.) Der Buchstabe „$e$" steht dabei für die Exponentialfunktion. Dabei ist $\lambda$ (sprich: lambda) ein Parameter, der die Verteilung charakterisiert, denn es ist für eine Poisson-Verteilung mit Parameter $\lambda$

$$EX \quad = \quad \lambda,$$

$$VarX \quad = \quad \lambda \quad .$$

Sowohl Erwartungswert als auch die Varianz sind identisch mit dem Parameter $\lambda$. In der Tabelle 17.1 sind für einige ausgewählte Parameterwerte $\lambda$ die Werte der zugehörigen Verteilungsfunktion zu finden. In der Abbildung 12.4 ist die Wahrscheinlichkeitsverteilung einer

---

[20] Siméon Denis Poisson (* 21.06.1781, † 25.04.1840) war französischer Mathematiker und Physiker. Neben obiger Verteilung sind auch einige physikalische Größen nach ihm benannt. Innerhalb der Statistik ist auch der Poisson-Prozeß auf ihn zurückzuführen. Der Poisson-Prozeß ist ein punktueller stochastischer Prozeß mit unabhängigen Zuwächsen. Dieser findet heutzutage auch in der Unternehmensforschung, bei der Analyse von Wartesystemen sowie bei Zuverlässigkeits- und Instandhaltungsproblemen Verwendung.

Poisson-Verteilung mit dem Parameter $\lambda = 0.5$ zu sehen. Es ist dabei zu beachten, dass für alle Werte $k \geq 6$ die Wahrscheinlichkeit so nahe Null ist, dass sie nicht mehr gut dargestellt werden kann.

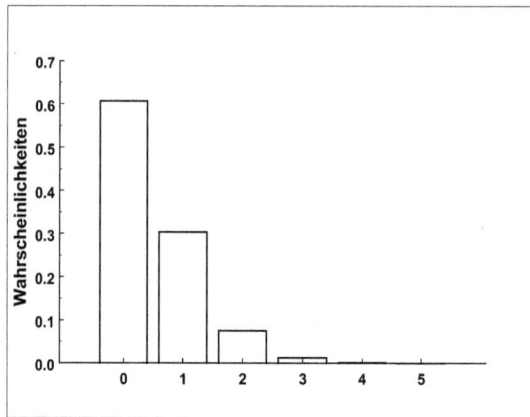

*Abbildung 12.4 Wahrscheinlichkeitsverteilung einer Poisson-Verteilung mit dem Parameter $\lambda = 0.5$*

**Beispiel 12.13** *In einem Krankenhaus mit 300 Betten wurde dokumentiert wie viele Defekte an den einzelnen Betten innerhalb des Jahres 2001 aufgetreten sind. Es ergab sich die folgende Tabelle:*

| Anzahl der Defekte | Anzahl | Prozent |
|:---:|:---:|:---:|
| 0 | 163 | 54,33 |
| 1 | 98 | 32,67 |
| 2 | 33 | 11,00 |
| 3 | 4 | 1,33 |
| 4 | 2 | 0,66 |

*Insgesamt traten $98 + 33 \cdot 2 + 4 \cdot 3 + 2 \cdot 4 = 184$ Defekte auf und damit waren bei insgesamt $184 / 300 = 0.61 = 61\%$ der Fälle zumindest ein Defekt aufgetreten. Verwenden wir als Parameter $\lambda$ einer Poisson-Verteilung $\lambda = 0.61$, so können wir die beobachteten relativen Häufigkeiten mit den theoretischen vergleichen. So ist*

$$P(X = 0) = \frac{0.61^0}{0!} \cdot e^{-0.61} = 0.544 \quad .$$

*Dabei ist zu beachten, dass $0.61^0 = 1$ gilt. Weiterhin ist z.B.*

$$P(X = 1) \quad = \quad \frac{0.61^1}{1!} \cdot e^{-0.61} = 0.331,$$

$$P(X = 2) \quad = \quad \frac{0.61^2}{2!} \cdot e^{-0.61} = 0.101.$$

*In der Tabelle 12.1 sind die beobachteten relativen Häufigkeiten und die theoretischen Wahrscheinlichkeiten aufgelistet. Man sieht, dass die theoretischen Wahrscheinlichkeiten die empirischen Häufigkeiten gut approximieren, die Verwendung einer Poisson-Verteilung also sinnvoll ist.*

| Anzahl j | $h_j$ | $p_j$ |
|----------|--------|--------|
| 0 | 0.5433 | 0.544 |
| 1 | 0.3267 | 0.331 |
| 2 | 0.1100 | 0.101 |
| 3 | 0.0133 | 0.021 |
| 4 | 0.0066 | 0.003 |

Tabelle 12.1 Vergleich von beobachteter relativer Häufigkeit $h_j$ und theoretischer Wahrscheinlichkeit $p_j$ bei einer Poisson-Verteilung

Wenn zwei oder mehrere unabhängige Poisson-verteilte Zufallsvariablen mit den Parametern $\lambda_1, \lambda_2, \ldots$ gegeben sind, so ist die Summe dieser Zufallsvariablen wiederum Poisson-verteilt. Der Parameter $\lambda$ dieser Summe ist dann gerade

$$\lambda = \lambda_1 + \lambda_2 + \lambda_3 + \cdots .$$

**Beispiel 12.14** *In einer Clique von* n = 5 *sozialgefährdeten Jugendlichen ist für jeden Jugendlichen die Wahrscheinlichkeit, dass er beim Ladendiebstahl erwischt wird, gerade Poisson-verteilt mit Parameter* $\lambda = 0.1$. *Das „Erwischt-werden" der einzelnen Jugendlichen kann dabei als unabhängig voneinander angesehen werden, da sie jeweils in verschiedenen Ladenlokalen „ihrem Geschäft nachgehen". Mit welcher Wahrscheinlichkeit wird*

- *höchstens ein Jugendlicher beim Ladendiebstahl erwischt?*
- *genau ein Jugendlicher beim Ladendiebstahl erwischt?*

*Es handelt sich hier um eine Poisson-Verteilung mit Parameter*

$$\lambda = \lambda_1 + \lambda_2 + \lambda_3 + \lambda_4 + \lambda_5 = 0.1 + 0.1 + 0.1 + 0.1 + 0.1 = 0.5.$$

*Aus Tabelle 17.1 ermittelt man* $P(X \le 1) = 0.9098$ *und*

$$P(X = 1) = P(X \le 1) - P(X \le 0) = 0.9098 - 0.6065 = 0.3035 .$$

*Mit einer Wahrscheinlichkeit von 0.3035 wird genau ein Jugendlicher und mit einer Wahrscheinlichkeit von 0.9098 höchstens ein Jugendlicher beim Ladendiebstahl erwischt.*

## 12.4 Die Binomialverteilung

Die Binomialverteilung geht auf Jakob Bernoulli zurück. Als Bernoulli-Experiment bezeichnet man ein Zufallsexperiment bei dem man sich nur für das Eintreten eines bestimmten Ereignisses *A* interessiert. Die Wahrscheinlichkeit für dieses Ereignis sei $p = P(A)$. Ein Bernoulli-Experiment besitzt also nur zwei mögliche Ausgänge, nämlich „Erfolg" mit einer Wahrscheinlichkeit von $p$ und „Nichterfolg" mit einer Wahrscheinlichkeit von $1-p$. Betrachtet man eine Anzahl von $n$ solcher unabhängigen Versuche und interessiert sich hierbei für die Summe aller

Erfolge, so lässt sich dies mit Hilfe einer Binomialverteilung beschreiben. Die Binomialverteilung ist auf den Werten $j = 0, 1, ..., n$ definiert und für jeden dieser Werte gilt

$$P(X = j) = p_j = \binom{n}{j} \cdot p^j \cdot (1 - p)^{n-j}.$$

$\binom{n}{j}$ (sprich: n über j) ist folgendermaßen definiert: $\dfrac{n!}{j!(n-j)!}$ .

Eine Binomialverteilung ist durch zwei Parameter, nämlich $n$ und $p$, charakterisiert. Für eine Binomialverteilung mit den Parametern $n$ und $p$ (abgekürzt: $B(n, p)$) gilt

$$EX = n \cdot p ,$$
$$VarX = n \cdot p \cdot (1 - p) .$$

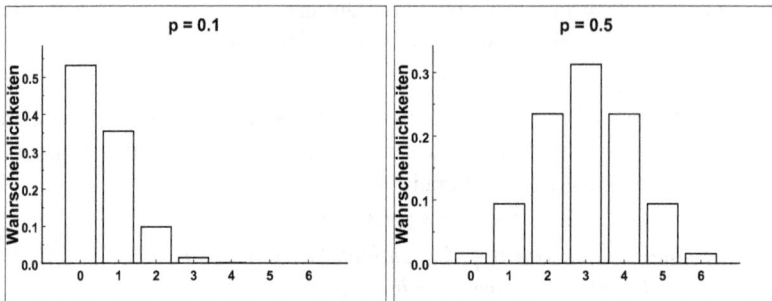

*Abbildung 12.5 Wahrscheinlichkeitsverteilung zweier Binomialverteilungen mit den Parametern n = 6 und p = 0.1 bzw. n = 6 und p = 0.5*

In der Abbildung 12.5 sind die Wahrscheinlichkeitsverteilungen zweier Binomialverteilungen als Stabdiagramme zu sehen. Diese beiden Verteilungen unterscheiden sich nur in dem Parameter $p$. Während bei einer Binomialverteilung mit $p = 0.1$ deutlich die kleinen Werte realisiert werden (hier sind die Balken bei 0 und 1 sehr hoch), heben sich bei der Binomialverteilung mit $p = 0.5$ die mittleren Werte $j = 2, 3$ und 4 hervor. Die zugehörigen Erwartungswerte besitzen die Werte 0.6 und 3. In der Tabelle 17.2 sind für einige ausgewählte Parameterkonstellationen $n$ und $p$ die Werte der zugehörigen Verteilungsfunktion zu finden. Will man dort die einzelnen Wahrscheinlichkeiten ermitteln, so sind jeweils Differenzen zu bilden.

**Beispiel 12.15** *Die Anzahl der Auftritte von „Kopf" beim sechsfachen Münzwurf ist binomialverteilt mit den Parametern n = 6 und p = 0.5, also B(6, 0.5). Für die Wahrscheinlichkeitsverteilung lassen sich die einzelnen Werte aus der Tabelle 12.2 entnehmen.*

*Es ist dabei z.B.*

$$P(X = 3) = \binom{6}{3} 0.5^3 \cdot (1 - 0.5)^{6-3} = \frac{6!}{3! \cdot 3!} \cdot 0.5^3 \cdot 0.5^3 = \frac{720}{6 \cdot 6} \cdot 0.5^6 = 0.3125.$$

*Beim sechsfachen Münzwurf beträgt die Wahrscheinlichkeit genau dreimal Kopf zu werfen 0.3125 oder 31.25%.*

*Bei der Lotterie „Aktion Mensch" gewinnt man bei sechs Ziehungen genau einmal mit einer Wahrscheinlichkeit von 0.3543 auf Endzahl.*

| Anzahl $j$ | $\binom{6}{j}$ | $p_j$ $(p = 0.1)$ | $p_j$ $(p = 0.5)$ |
|---|---|---|---|
| 0 | 1 | 0.5314 | 0.0156 |
| 1 | 6 | 0.3543 | 0.0938 |
| 2 | 15 | 0.0984 | 0.2343 |
| 3 | 20 | 0.0146 | 0.3125 |
| 4 | 15 | 0.0012 | 0.2343 |
| 5 | 6 | 0.0001 | 0.0938 |
| 6 | 1 | 0.0000 | 0.0156 |

Tabelle 12.2 Wahrscheinlichkeitsverteilung einer $B(6, 0.5)$-Verteilung für $p = 0.1$ und $p = 0.5$. Die einzelnen Werte sind auf vier Stellen gerundet.

Wenn zwei oder mehrere unabhängige binomialverteilte Zufallsvariablen mit den Parametertupeln $(n_1, p)$, $(n_2, p)$, $(n_3, p)$, ... gegeben sind, so ist die Summe dieser Zufallsvariablen wiederum binomialverteilt. Alle eingehenden Zufallsvariablen müssen den identischen Parameter $p$ besitzen. Die Parameter $n$ und $p$ der Summe sind dann gerade

$$n = n_1 + n_2 + n_3 + ... \qquad \text{und} \qquad p \, .$$

**Beispiel 12.16** *In einer Resozialisierungsmaßnahme für straffällig gewordene Familienväter sollen in einem speziellen Programm insgesamt n = 8 Familien betreut werden. Man geht auf Grund von Erfahrungswerten davon aus, dass mit einer Wahrscheinlichkeit von 10 Prozent ein beliebig ausgewählter Familienvater wieder straffällig wird. Mit welcher Wahrscheinlichkeit wird/werden von den n = 8 Familienvätern*
- *keiner straffällig?*
- *höchstens zwei straffällig?*
- *genau einer straffällig?*

*Es liegt hier eine Binomialverteilung mit den Parametern n = 8 und p=0.1 vor. Aus Tabelle 17.2 ermittelt man*

$$P(X = 0) = P(X \leq 0) = 0.4305 \quad ,$$

$$P(X \leq 2) = 0.9616 \quad ,$$

$$P(X = 1) = P(X \leq 1) - P(X \leq 0) = 0.8131 - 0.4305 = 0.3826 \quad .$$

## 12.5  Weitere diskrete Verteilungen

Neben den hier vorgestellten drei diskreten Verteilungen existieren natürlich noch zahlreiche weitere Verteilungen, auf die hier nicht näher eingegangen werden kann. Einige sollen dennoch kurz angesprochen werden.

Die Dirac-Verteilung (auch oft Einpunktverteilung genannt) kann auch als entartete Gleichverteilung bezeichnet werden. Es handelt sich nämlich dabei um eine Gleichverteilung mit nur einem Wert. Dieser Wert tritt mit einer Wahrscheinlichkeit von Eins auf, allen anderen mit einer Wahrscheinlichkeit von Null.

Die Hypergeometrische Verteilung wird im Gegensatz zur Binomialverteilung herangezogen, wenn sich bei den einzelnen Zufallsexperimenten die Wahrscheinlichkeiten für den „Erfolg" verändern. Am besten kann man dies mit Hilfe einer Urne verdeutlichen: In einer Urne mit $N$ Kugeln befinden sich $R$ rote Kugeln und $S$ schwarze, wobei $R + S = N$ gelten soll. Zieht man aus dieser Urne insgesamt $n$ Kugeln, wobei man nach jedem Zug die gezogenen Kugel wieder zurücklegt, so kann man das Ergebnis, wie viele rote Kugeln gezogen worden sind, mit Hilfe einer Binomialverteilung approximieren. Die zugehörigen Parameter sind die Anzahl der gezogenen Kugeln $n$ und $p = R / N$.

Zieht man nun $n$ Kugeln aus dieser Urne ($n < N$), diesmal jedoch ohne die gezogenen Kugeln zurückzulegen, so kann man nun das Ergebnis wie viele rote Kugeln gezogen worden sind, mit Hilfe einer hypergeometrischen Verteilung approximieren. Eine hypergeometrische Verteilung berücksichtigt dabei, dass in Abhängigkeit vom jeweiligen Zugergebnis, sich die Wahrscheinlichkeit im nächsten Zug eine rote Kugel zu ziehen verändert. Weitere Ausführungen sind z.B. in *Bortz (1977)* zu finden.

## 12.6    Übungsaufgaben

**Aufgabe 12.1** Aus einer Urne mit 36 Kugeln, die mit den Zahlen 1,...,36 durchnumeriert sind, wird eine Kugel gezogen. Welche theoretische Wahrscheinlichkeitsverteilung kann man zu Grunde legen? Mit welcher Wahrscheinlichkeit hat diese Kugel eine Zahl,

- die kleiner als 19,      • die größer als 10,      • die durch drei teilbar ist?

**Aufgabe 12.2** In der Stadt Hundem werden sehr selten Briefträger von Hunden gebissen. Man kann annehmen, dass die Anzahl der pro Woche gebissenen Briefträger Poisson-verteilt sei mit Parameter $\lambda = 3$. Mit welcher Wahrscheinlichkeit wird

- kein Briefträger gebissen?   • genau ein Briefträger    • mehr als ein Briefträger
                                  gebissen?                 gebissen?

**Aufgabe 12.3** Die Tanzfläche in einer bestimmten Diskothek am Rande der Stadt ist nie so recht voll, da der „Laden nicht so richtig läuft". Falls sich mal Personen auf der Tanzfläche bewegen, so sind es in drei von vier Fällen Frauen. Heute Abend um $20^{15}$ Uhr schaut der Geschäftsführer einmal zufällig auf die Tanzfläche und sieht dort insgesamt fünf Personen (2 Paare, 1 Eintänzer(in)). Wie groß ist die Wahrscheinlichkeit, dass

- es sich nur um Frauen,  • um vier Frauen und einen Mann,  • um drei Frauen und zwei Männer handelt?

**Aufgabe 12.4** Gegeben sei eine Binomialverteilung, von der nur bekannt ist, dass sie einen Erwartungswert von 2 und eine Varianz von 1.8 hat. Welche Werte haben die beiden Parameter $n$ und $p$?

# 13 Stetige Zufallsvariablen

Im vorangegangenen Kapitel haben wir uns mit diskreten Zufallsvariablen und ihren Verteilungen befasst. Nun werden wir uns – ähnlich wie beim Vorgehen in der deskriptiven Statistik – mit stetigen Zufallsvariablen und ihrer Charakterisierung befassen. Wir sprechen dabei von einer **stetigen Zufallsvariablen**, wenn der Wertevorrat einer Zufallsvariablen (nicht abzählbar) unendlich ist und jeder mögliche Wert aus einem Intervall reeller Zahlen von der Zufallsvariablen angenommen werden kann.

Im Unterschied zu diskreten Zufallsvariablen ist jedoch die Wahrscheinlichkeit eines einzelnen Wertes gleich Null. Bei stetigen Zufallsvariablen können nur Wahrscheinlichkeiten für ganze Intervalle – beliebig kleine oder große – betrachtet werden. Da der Wertevorrat einer stetigen Zufallsvariablen nicht mehr abzählbar ist, ergibt sich bei der Übertragung der Konzepte für diskrete Zufallsvariable auf stetige Zufallsvariable nun eine entscheidende Änderung. Alle Rechenoperationen, die bei diskreten Zufallsvariablen auf Summation beruhen, müssen nun mit Hilfe der Integralrechnung durchgeführt werden. Dies ergibt sich aus der Tatsache, dass bei stetigen Zufallsvariablen nicht mehr einzelne Werte, sondern nur ganze Intervalle betrachtet werden können. (In der deskriptiven Statistik hatten wir das Problem einer unendlichen Zahl von Merkmalsausprägungen durch Klassenbildung gelöst.)

Durch das Ersetzen von Summen (im diskreten Fall) durch Integrale (im stetigen Fall) können nun alle für diskrete Zufallsvariable bestimmten Größen auch für stetige Zufallsvariable bestimmt werden. Im folgenden Kapitel werden einige grundlegende Prinzipien der Integralrechnung verwendet. Die darauf folgenden Kapitel können auch ohne grundlegende Kenntnisse der Integralrechnung verstanden werden. Insbesondere sind derartige Kenntnisse für den Einsatz in der täglichen Praxis nicht notwendig.

## 13.1 Charakterisierung stetiger Zufallsvariablen

Bei stetigen Zufallsvariablen wird zur Beschreibung der **Wahrscheinlichkeitsverteilung** die **Dichte** $f(x)$ einer Zufallsvariablen $X$ herangezogen. Eine Dichte $f(x)$ muss die folgenden Bedingungen erfüllen:

$$(1) \quad f(x) \quad \geq \quad 0 \ \text{für alle } x \in I\!R \quad ,$$

$$(2) \quad \int_{-\infty}^{\infty} f(x)dx \ = \ 1 \quad .$$

Hierbei bezeichnet $\mathbb{R}$ die Menge der reellen Zahlen und ist der Wertebereich einer stetigen Zufallsvariablen $X$. Die Integralschreibweise

$$\int_{-\infty}^{\infty} f(x)dx$$

bedeutet, dass das Integral über eine Funktion der Variablen $X$ in den Grenzen von „$-\infty$" bis „$+\infty$" berechnet wird. Durch die Bedingung (1) wird festgelegt, dass die Werte der Dichtefunktion niemals negative Werte[21] annehmen dürfen, da die Dichte eine Wahrscheinlichkeitsverteilung ist. Für diskrete Zufallsvariablen haben wir analog gefordert, dass alle auftretenden Wahrscheinlichkeiten größer oder gleich Null sind. Bedingung (2) entspricht der Forderung bei diskreten Zufallsvariablen, dass die Summe aller Wahrscheinlichkeiten gleich Eins ist. Für stetige Zufallsvariablen bedeutet dies, dass das Integral über den gesamten Bereich des „Wertevorrats" Eins ergeben muss. Bei der Berechnung des Integrals ist es ausreichend, wenn über den Bereich der Funktion $f(x)$ integriert wird, in dem diese Funktion von Null verschieden ist. Die ursprünglichen Grenzen „$-\infty$" und „$+\infty$" werden daher bei der Berechnung durch die Grenzen dieses Bereiches ersetzt. Mit Hilfe dieser beiden obigen Bedingungen (1) und (2) kann nun für eine beliebige Funktion $f(x)$ überprüft werden, ob es sich hierbei um eine Dichtefunktion handelt.

**Beispiel 13.1** *Gegeben sei eine stetige Zufallsvariable mit der Dichte*

$$f(x) = \begin{cases} 0.5 & 0 \le x \le 1 \\ 0.25 & 1 < x \le 3 \\ 0 & sonst \end{cases}.$$

*Es gilt für alle* $x \in \mathbb{R}: f(x) \ge 0$ *und außerdem ist*

$$\begin{aligned} \int_{-\infty}^{\infty} f(x)dx &= \int_{0}^{3} f(x)dx = \int_{0}^{1} 0.5dx + \int_{1}^{3} 0.25dx \\ &= [0.5x]_0^1 + [0.25x]_1^3 = (0.5 - 0) + (0.75 - 0.25) \\ &= 0.5 + 0.5 = 1 \quad . \end{aligned}$$

*Die Funktion erfüllt die Bedingungen, die an eine Dichte gestellt werden.*

Der Wert einer Dichtefunktion muss nicht notwendigerweise durch einen Zahlenwert gegeben sein, sondern kann auch eine Funktion von $x$ sein.

**Beispiel 13.2** *Gegeben sei eine stetige Zufallsvariable mit der Dichte*

---

[21] Unter gewissen mathematischen (maßtheoretischen) Bedingungen, wäre es möglich einzelne Werte mit einem negativen Dichtefunktionswert in eine Dichtefunk-tion aufzunehmen. Diese „mathematischen Spielereien" haben aber keine praktische Relevanz, da das Integral über diese Punkte jeweils den Wert Null ergeben würde.

$$f(x)=\begin{cases} \dfrac{1}{4}\cdot x & \text{für } 0 \le x \le 2 \\[2mm] 1-\dfrac{1}{4}\cdot x & \text{für } 2 < x \le 4 \\[2mm] 0 & sonst \end{cases}.$$

*Es gilt wieder für alle $x \in \mathbb{R} : f(x) \ge 0$ und weiterhin ist*

$$\int_{-\infty}^{\infty} f(x)dx = \int_{0}^{4} f(x)dx = \int_{0}^{2} \frac{1}{4}\cdot xdx + \int_{2}^{4} 1 - \frac{1}{4}\cdot xdx$$

$$= \left[\frac{1}{8}x^2\right]_0^2 + \left[1x - \frac{1}{8}x^2\right]_2^4 = \left(\frac{4}{8}-0\right)+\left(4-\frac{16}{8}-\left(2-\frac{4}{8}\right)\right)$$

$$= \frac{4}{8}+\frac{4}{8}=1 \quad .$$

*Auch die hier betrachtete Funktion erfüllt die Bedingungen, die an eine Dichte gestellt werden.*

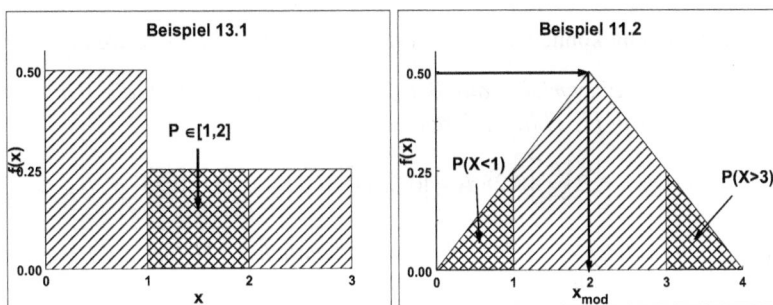

*Abbildung 13.1 Dichtefunktionen für das Beispiel 13.1
und das Beispiel 13.2*

Für eine grafische Darstellung der Dichte werden auf der x-Achse der interessierende Wertebereich – d.h., der Bereich in dem die Dichte von Null verschieden ist – und auf der y-Achse der oder die entsprechenden Funktionswerte abgetragen. Abbildung 13.1 zeigt die grafische Darstellung der Dichten aus Beispiel 13.1 (links) und aus Beispiel 13.2 (rechts). Weitere Darstellungen von Dichten finden sich nachfolgend bei der Beschreibung ausgewählter stetiger Zufallsvariablen und ihrer Verteilungen.

Zur Bestimmung der Wahrscheinlichkeit, dass eine Zufallsvariable $X$ (mit der Dichte $f(x)$) einen Wert im Intervall $[a, b]$ annimmt, so berechnet man:

$$P(X \in [a,b\,]) = P(a \le X \le b) = \int_{a}^{b} f(x)dx \quad .$$

Die Wahrscheinlichkeit, größer oder kleiner gleich einem fest vorgegebenen Wert zu sein, lässt sich analog bestimmen. Es ist

$$P(X \in [a, \infty)) = P(X \geq a) = \int_a^\infty f(x)dx \quad \text{und}$$

$$P(X \in (-\infty, b]) = P(X \leq b) = \int_{-\infty}^b f(x)dx \ .$$

Bei der Berechnung der Wahrscheinlichkeiten für derartige ein- oder zweiseitige Intervalle ist es bei stetigen Zufallsvariablen im Unterschied zu diskreten Zufallsvariablen nicht von Interesse, ob der jeweilige Grenzwert zum Intervall gehört oder nicht, da bei stetigen Zufallsvariablen die Wahrscheinlichkeit eines einzelnen Wertes immer gleich Null ist: $P(X = x) = 0$ für $X$ stetig! Damit gilt für stetige Zufallsvariable immer

$$P(X \in [a, b]) = P(X \in (a, b)) = P(X \in [a, b)) = P(X \in (a, b])$$

bzw.

$$P(X \geq a) = P(X > a) \quad \text{und} \quad P(X \leq b) = P(X < b) \ .$$

Bei der Integralberechnung können daher Intervallgrenzen stets direkt verwendet werden.

*Beispiel 13.3 Für die Zufallsvariable aus Beispiel 13.1 berechnet sich die Wahrscheinlichkeit, dass diese im Intervall [1, 2] liegt, durch:*

$$P(1 \leq X \leq 2) = \int_1^2 0.25dx = [0.25x]_1^2 = 0.5 - 0.25 = 0.25 \ .$$

*Interessiert man sich in Beispiel 13.2 für die Wahrscheinlichkeit kleiner als 1 oder aber größer als 3 zu sein, so ergibt sich*

$$P(X < 1) = P(X \leq 1) = \int_0^1 \frac{1}{4} \cdot xdx = \left[\frac{1}{8} \cdot x^2\right]_0^1 = \frac{1}{8} - 0 = \frac{1}{8} = 0.125$$

*bzw.*

$$P(X > 3) = P(X \geq 3) = \int_3^4 \left(1 - \frac{1}{4} \cdot x\right)dx = \left[1x - \frac{1}{8} \cdot x^2\right]_3^4$$

$$= 4 - \frac{16}{8} - \left(3 - \frac{9}{8}\right) = \frac{16}{8} - \frac{15}{8} = \frac{1}{8} = 0.125 \ .$$

*Eine grafische Darstellung dieser Wahrscheinlichkeiten findet sich ebenfalls in Abbildung 13.1.*

Auch bei stetigen Zufallsvariablen lässt sich die **Verteilungsfunktion** $F(x) = P(X \leq x)$ berechnen. Sie ist für einen beliebigen Wert $x$ durch

$$F(x) = P(X \leq x) = \int_{-\infty}^x f(y)dy$$

definiert, und es gilt wieder $0 \leq F(x) \leq 1$. (In der Notation des Integrals wird die Dichte jetzt mit $f(y)$ bezeichnet, da die Integrationsgrenzen von $x$ abhängen.) Interpretation und Darstellung erfolgen in der bekannten Weise. Im Unterschied zu diskreten Zufallsvariablen hat die Verteilungsfunktion einer stetigen Zufallsvariablen keine Sprungstellen und ist selbst eine stetige Funktion. Da die Verteilungsfunktion einer stetigen Zufallsvariablen Wahrscheinlichkeiten kumuliert folgt aus $x < x^*$ wie bisher $F(x) \leq F(x^*)$. Wahrscheinlichkeiten ein- oder zweiseitiger Intervalle, wie sie zuvor betrachtet wurden, lassen sich auch direkt mit Hilfe der Verteilungsfunktion bestimmen. Es ist

$$P(X \in [a,b]) = P(a \leq X \leq b) = \int_a^b f(x)dx = F(b) - F(a)$$

und

$$P(X \in [-\infty,b]) = P(X \leq b) = \int_{-\infty}^b f(x)dx = F(b)$$

bzw.

$$P(X \in [a,\infty]) = P(a \leq X) = 1 - P(X \leq a) = 1 - \int_{-\infty}^a f(x)dx = 1 - F(a) \ .$$

**Beispiel 13.4** *Für die Zufallsvariable aus Beispiel 13.1 berechnet sich die Verteilungsfunktion folgendermaßen. Sei $x \in [0,1]$, dann ist*

$$F(x) = \int_{-\infty}^x f(y)dy = \int_0^x 0.5 dy = [0.5y]_0^x = 0.5x \ .$$

*Sei $x \in [1,2]$, dann ist*

$$F(x) = \int_{-\infty}^x f(y)dy = \int_0^1 0.5 dy + \int_1^x 0.25 dy = 0.5 + [0.25y]_1^x$$
$$= 0.5 + (0.25x - 0.25) = 0.25x + 0.25 \ .$$

*Insgesamt erhält man*

$$F(x) = \begin{cases} 0 & x \leq 0 \\ 0.5x & 0 < x \leq 1 \\ 0.25x + 0.25 & 1 < x \leq 3 \\ 1 & 3 < x \end{cases},$$

*vgl. hierzu auch Abbildung 13.2.*

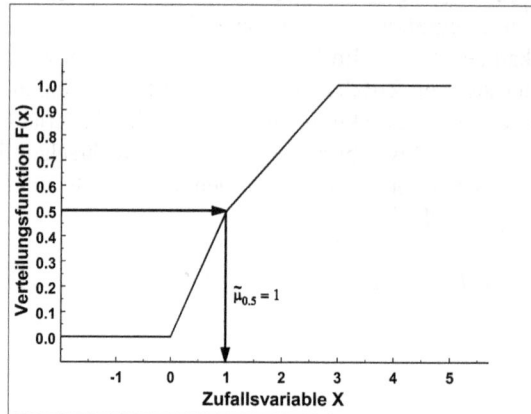

*Abbildung 13.2 Grafische Darstellung der Verteilungsfunktion
aus Beispiel 13.4*

Auch für stetige Verteilungen lassen sich Maßzahlen zur Charakterisierung von Lage und Streuung bestimmen. Der **Modalwert** $x_{mod}$ einer stetigen Zufallsvariablen $X$ ist derjenige Wert, an dem die Dichte $f$ ihren maximalen Wert annimmt:

$$f(x_{mod}) = \max_{x \in IR} f(x) \ .$$

Auch im stetigen Fall muss der Modalwert nicht immer eindeutig bestimmt sein. Ist die Dichtefunktion jedoch eingipflig (eindeutiges Maximum), so ist der Modalwert eindeutig. Eine solche Dichte bezeichnen wir als **unimodal**.

**Beispiel 13.5** *Für die Verteilung aus Beispiel 13.2 ergibt sich ein eindeutiger Modalwert von* $x_{mod} = 2$*, da*

$$f(x_{mod}) = f(2) = \frac{1}{2} > f(x) \text{ mit } x \in IR \setminus \{2\},$$

*vgl. auch Abbildung 13.1 (rechts). Wie man ebenfalls in der Abbildung 13.1 (links) erkennt, besitzt die Dichte aus Beispiel 13.1 kein eindeutiges Maximum und damit auch keinen eindeutigen Modalwert.*

Die Bestimmung des **Median** $\tilde{\mu}_{0.5}$ erfolgt auch bei stetigen Zufallsvariablen mit Hilfe der Verteilungsfunktion. Es gilt wie bisher

$$P(X \le \tilde{\mu}_{0.5}) = F(\tilde{\mu}_{0.5}) \ge 0.5 \text{ und } P(X \ge \tilde{\mu}_{0.5}) \ge 0.5 \ .$$

Ist die Verteilungsfunktion einer stetigen Zufallsvariable $X$ streng monoton wachsend, so ist der Median eindeutig mit $F(\tilde{\mu}_{0.5}) = 0.5$. Ist die Verteilungsfunktion an der Stelle, an der der Wert 0.5 angenommen wird, nicht streng monoton wachsend, sondern verläuft stückweise parallel zur x-Achse, so ist der Median wieder das gesamte Intervall auf der x-Achse für das $F(x) = 0.5$ gilt. Der Median ist in diesem Fall nicht eindeutig. Wir wollen in einem solchen Fall wieder die Mitte dieses Intervalls als Median wählen, es gibt aber z.B. auch Ansätze, den kleinsten Wert, der die Bedingungen an den Median erfüllt, auszuwählen. Wie im diskreten Fall ist auch für stetige Zufallsvariable eine grafische Veranschaulichung und Bestimmung des Medians möglich.

**Beispiel 13.6** *Für die Verteilung aus Beispiel 13.1 ist der Median eindeutig. Es ergibt sich als Median* $\tilde{\mu}_{0.5} = 1$, *da* $F(\tilde{\mu}_{0.5}) = F(1) = 0.5$ *und*

$$F(x) < 0.5 \text{ für } x < 1$$
$$F(x) > 0.5 \text{ für } x > 1$$

*gilt. Abbildung 13.2 zeigt die grafische Veranschaulichung des Medians.*

Eine Bestimmung allgemeiner Quantile im stetigen Fall ist auf analoge Weise möglich, jedoch wollen wir an dieser Stelle darauf verzichten.

Interessiert man sich für ein zu erwartendes „mittleres Ereignis", so berechnet man den **Erwartungswert** einer stetigen Zufallsvariablen $X$ mit:

$$EX = \int_{-\infty}^{\infty} x \cdot f(x) dx \ .$$

Nicht für jede stetige Zufallsvariable muss jedoch der Erwartungswert existieren. Es existieren auch Verteilungen stetiger Zufallsvariablen, für die sich der Erwartungswert nicht berechnen lässt. Die Interpretation eines Erwartungswertes im stetigen Fall ist völlig analog zu den diskreten Verteilungen. Können Modalwert, Median und Erwartungswert einer stetigen Zufallsvariablen bestimmt werden, so kann mit ihrer Hilfe wieder beurteilt werden, ob eine vorliegende Verteilung **symmetrisch, links-** oder **rechtsschief** ist.

Zur Bestimmung der Streuung einer stetigen Zufallsvariablen wollen wir uns hier analog zum diskreten Fall auf die Berechnung der Varianz beschränken. Es existieren daneben jedoch auch Streuungsmaße, die z.B. auf dem Median als Bezugspunkt aufgebaut sind. Die **Varianz** einer stetigen Zufallsvariablen $X$ ist gegeben durch

$$Var X = \int_{-\infty}^{\infty} (x - EX)^2 \cdot f(x) dx \ .$$

Besitzen zwei Zufallsvariablen bei gleichem Erwartungswert unterschiedliche Varianzen, so wird sich (in der Regel und insbesondere bei unimodalen symmetrischen Verteilungen) die Zufallsvariable mit der kleineren Varianz enger um ihren Erwartungswert gruppieren als die Zufallsvariable mit der größeren Varianz.

Die Varianz lässt sich auch folgendermaßen berechnen:

$$Var X = EX^2 - (EX)^2 \ ,$$

wobei $EX^2$ gleich

$$\int_{-\infty}^{\infty} x^2 \cdot f(x) dx$$

ist. Oftmals ist eine Berechnung der Varianz über diesen Ansatz einfacher und schneller durchzuführen.

**Beispiel 13.7** *Für die Zufallsvariable aus Beispiel 13.1 ergeben sich damit:*

$$EX = \int_{-\infty}^{\infty} x \cdot f(x)dx = \int_0^1 0.5xdx + \int_1^3 0.25xdx$$

$$= \left[0.25x^2\right]_0^1 + \left[0.125x^2\right]_1^3 = (0.25 - 0) + (1.125 - 0.125) = 1.25 = 5/4 \quad,$$

$$EX^2 = \int_{-\infty}^{\infty} x^2 \cdot f(x)dx = \int_0^1 0.5x^2 dx + \int_1^3 0.25x^2 dx = \int_0^1 \frac{x^2}{2}dx + \int_1^3 \frac{x^2}{4}dx$$

$$= \left[\frac{x^3}{6}\right]_0^1 + \left[\frac{x^3}{12}\right]_1^3 = \left(\frac{1}{6} - 0\right) + \left(\frac{27}{12} - \frac{1}{12}\right) = \frac{2}{12} + \frac{26}{12} = \frac{28}{12} = \frac{7}{3}$$

*und damit*

$$Var X = EX^2 - (EX)^2$$

$$= \frac{7}{3} - \left(\frac{5}{4}\right)^2 = \frac{112}{48} - \frac{75}{48} = \frac{37}{48} \approx 0.77 \quad.$$

Auch für stetige Zufallsvariablen können (theoretische) Maßzahlen für zwei- oder mehrdimensionale Zufallsvariablen bestimmt werden. Am bekanntesten sind etwa die **Kovarianz** *Cov(X,Y)* zweier (stetiger) Zufallsvariablen $X$ und $Y$ oder ihre (theoretische) **Korrelation** *Corr(X,Y)*. Wie im diskreten Teil wollen wir jedoch auch hier auf eine explizite Berechnung von zwei- oder mehrdimensionalen Maßzahlen verzichten.

Wir wollen als vorläufig letzten Begriff die **Unabhängigkeit von Zufallsvariablen** einführen bzw. wiederholen. Zwei oder mehr Zufallsvariablen heißen unabhängig, wenn gilt

$$\begin{aligned} F(x_1, \cdots x_n) &= P(X_1 \le x_1, X_2 \le x_2, \cdots, X_n \le x_n) \\ &= P(X_1 \le x_1) \cdot P(X_2 \le x_2) \cdots P(X_n \le x_n) \\ &= F(x_1) \cdot F(x_2) \cdots F(x_n) \quad. \end{aligned}$$

Ist also der Wert der gemeinsamen Verteilungsfunktion gleich dem Produkt der einzelnen Verteilungsfunktionswerte, so sind auch im stetigen Fall die beteiligten Zufallsvariablen unabhängig.

Auch im stetigen Fall gilt: Sind zwei Zufallsvariablen $X$ und $Y$ unabhängig, so sind sie auch stets unkorreliert. Im Allgemeinen kann auch für stetige Zufallsvariable aus Unkorreliertheit nicht die Unabhängigkeit der Zufallsvariablen gefolgert werden. Eine **Ausnahme** hierbei sind normalverteilte Zufallsvariable (vgl. Kapitel 13.3). Sind $X$ und $Y$ normalverteilte Zufallsvariable, so folgt aus der Unkorreliertheit auch Unabhängigkeit, d.h., die Begriffe Unkorreliertheit und Unabhängigkeit sind in diesem Fall synonym. Im Folgenden werden nun einige spezielle stetige Zufallsvariablen vorgestellt.

## 13.2    Die Gleichverteilung

Eine stetige **Gleichverteilung** ist auf einem Intervall der reellen Zahlen definiert. Eine Gleichverteilung auf einem Intervall $[a, b]$ besitzt die folgende Dichte $f(x)$:

$$f(x) = \begin{cases} \dfrac{1}{b-a} & \text{für } a \leq x \leq b, \quad a < b \\ 0 & \text{sonst} \end{cases} .$$

Sie wird auch oftmals **Uniform-Verteilung** genannt. Für die Gleichverteilung erhält man

$$EX = \frac{a+b}{2} ,$$

$$VarX = \frac{(b-a)^2}{12} .$$

In der Abbildung 13.3 sind die Dichten zweier stetiger Gleichverteilungen zu sehen. Während die eine auf dem Intervall [-1, 1] definiert ist und darum dort die Höhe 0.5 besitzt, ist die andere mit der Höhe 0.2 auf dem Intervall [0, 5] definiert.

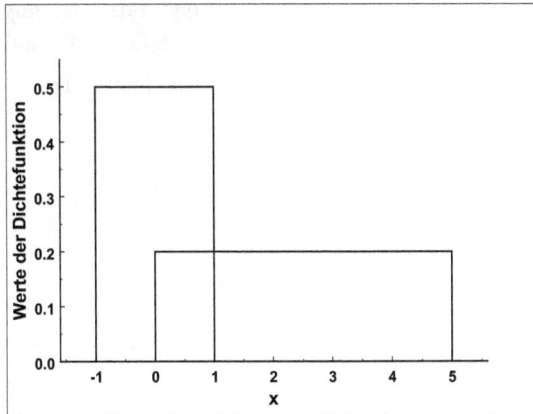

*Abbildung 13.3 Dichten zweier stetiger Gleichverteilungen*

**Beispiel 13.8** *Wenn Peter H. aus D. bei B. seine Verlobte Petra S. aus F. bei B. besuchen möchte, so benutzt er (auch aus ökologischen Gründen) die S-Bahn. Die S-Bahn fährt auf der Linie, an der auch die Orte D. und F. liegen, im 10-Minuten-Takt. Wenn Peter nun zu einem zufällig ausgewählten Zeitpunkt den Bahnsteig betritt, wie viel Minuten muss er durchschnittlich warten, bis er die nächste S-Bahn zu seiner Liebsten besteigen kann?*

*Es handelt sich hierbei um eine Gleichverteilung auf dem Intervall [0,10]. Der Erwartungswert beträgt demnach (0 + 10) / 2 = 5. Peter muss also durchschnittlich 5 Minuten bis zur Ankunft der nächsten S-Bahn warten.*

## 13.3    Die Normalverteilung

Die **Normalverteilung** ist die wichtigste aller (stetigen) Verteilungen. Sie wird auch oftmals als Gauß[22]-Verteilung bezeichnet. Sie ist deshalb so wichtig, da bei großen Stichprobenumfängen zahlreiche andere (auch diskrete) Verteilungen durch die Normalverteilung approximiert werden können. Außerdem wird sie oftmals vielen empirischen Prozessen unterstellt.

Eine Normalverteilung besitzt zwei Parameter, die die Verteilung charakterisieren, nämlich $\mu$ und $\sigma^2$. Daher spricht man auch von einer $N(\mu, \sigma^2)$-Ver-teilung und sie besitzt die Dichte

$$f(x) = \frac{1}{\sqrt{2\pi} \cdot \sigma} \cdot e^{-\frac{1}{2}\left(\frac{x-\mu}{\sigma}\right)^2} \quad,$$

und es gilt

$$EX \quad = \quad \mu \quad,$$

$$VarX \quad = \quad \sigma^2 \quad.$$

Eine Normalverteilung $N(\mu, \sigma^2)$ wird also über ihren Erwartungswert $\mu$ und ihre Varianz $\sigma^2$ charakterisiert. Die Dichte einer Normalverteilung ist unimodal und zeigt einen glockenförmigen Verlauf (vgl. hierzu auch Abbildung 13.4). Ist eine Zufallsvariable $X^*$ normalverteilt mit den Parametern $\mu_{X^*}$ und $\sigma^2_{X^*}$, so kann sie durch die lineare Transformation

$$X = \frac{X^* - \mu_{X^*}}{\sigma_{X^*}}$$

in eine (stetige) Zufallsvariable $X$ überführt werden, die normalverteilt ist mit den Parametern $\mu_X = 0$ und $\sigma^2_X = 1$. Diesen Vorgang nennt man **Standardisierung**. $X$ genügt somit einer **Standardnormalverteilung**, kurz: $N(0,1)$-Verteilung. Damit besitzt eine $N(0,1)$-Verteilung die Dichte

$$f(x) = \frac{1}{\sqrt{2\pi}} \cdot e^{-\frac{x^2}{2}} \quad,$$

---

[22] Carl Friedrich Gauß (* 30.04.1777, † 23.02.1855) gehört mit Archimedes und Newton zu den größten Mathematikern aller Epochen. Er war seit 1807 Direktor der Sternwarte in Göttingen, Professor und Mitglied der Göttinger Akademie der Wissenschaften. Er gilt als einer der Begründer der Methode der kleinsten Quadrate, die er im Rahmen seiner Studien zur Astronomie entwickelte. Rund 25 Jahre lang vermaß er das Königreich Hannover und soll dabei schon in der Norddeutschen Tiefebene versucht haben, nachzuweisen, dass dort in einem Dreieck auf Grund der Erdkrümmung die Winkelsumme nicht 180° beträgt. Er (und die Dichte einer Normalverteilung) waren auf den letzten 10-DM-Scheinen der Deutschen Bundesbank abgebildet.

und es ist $E(X) = 0$ und $Var(X) = 1$. Allgemein gilt für lineare Transformationen normalverteilter Zufallsvariablen, dass auch die resultierende Zufallsvariable wieder normalverteilt ist. Sei $X_1$ normalverteilt mit Erwartungswert $\mu$ und Varianz $\sigma^2$, also $X_1 \sim N(\mu, \sigma^2)$. Transformiert man $X_1$ zu

$$X_2 = a \cdot X + b \quad ,$$

wobei $a$, $b$ reelle Zahlen mit $a \neq 0$ sind, so gilt:

$$X_2 \sim N(a \cdot \mu + b, a^2 \cdot \sigma^2) \quad .$$

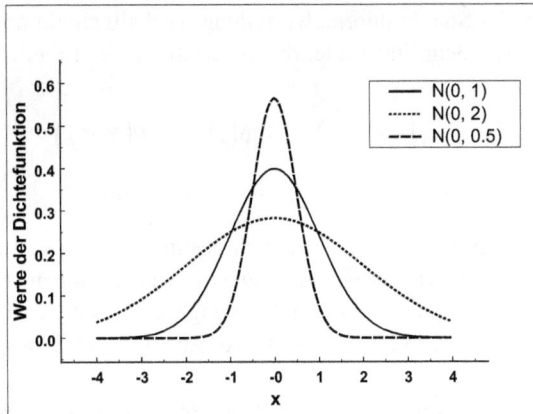

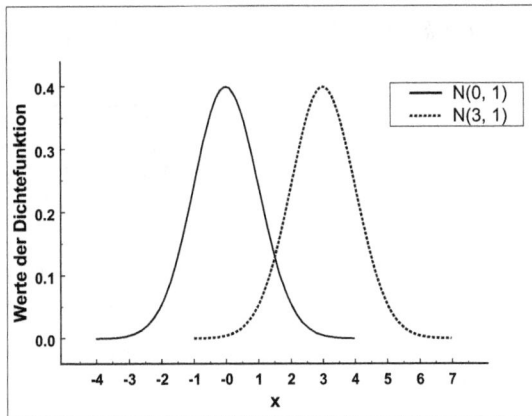

Abbildung 13.4 Dichten verschiedener Normalverteilungen
(N(0, 0.5), N(0, 1), N(0, 2), N(3,1))

In der Abbildung 13.4 (oben) sind die Dichten dreier verschiedener Normalverteilungen zu sehen. Sie besitzen alle den Erwartungswert $\mu = 0$. Sie unterscheiden sich jedoch in den Varianzen. Die Dichte, die in der Mitte am höchsten hinausragt, besitzt die Varianz 0.5, während die Dichte, die an den Rändern am höchsten ist, die Varianz 2 besitzt. Bei der dritten

Dichte handelt es sich um die Standardnormalverteilung mit der Varianz 1. Bei gleichem Erwartungswert ist die Dichte einer Normalverteilung also umso steiler, je kleiner die Varianz ist. Umgekehrt bedeuten unterschiedliche Erwartungswerte bei gleicher Varianz, dass die Dichtefunktionen bzgl. der $x$-Achse verschoben sind (vgl. hierzu Abbildung 13.4 (unten)).

Unabhängig davon, welche Werte Erwartungswert und Varianz annehmen, gilt für alle Normalverteilungen immer, dass die Dichtefunktion symmetrisch um den Erwartungswert $\mu$ ist. Aufgrund der Symmetrie fallen Erwartungswert, Median und Modalwert zusammen, d.h., die Dichtefunktion hat an der Stelle $\mu$ ihr Maximum.

Die Verteilungsfunktion der Standardnormalverteilung wird allgemein mit $\Phi(x)$ (sprich: Phi) bezeichnet und ist in (fast) jedem Statistiklehrbuch vertafelt (vgl. Tabelle 17.3). Da aufgrund der Symmetrie

$$P(X \leq -x) = \Phi(-x) = 1 - \Phi(x) = 1 - P(X \leq x)$$

gilt, sind in diesen Tabellen i.allg. nur Werte für $x \geq 0$ aufgeführt.

Mit Hilfe der Verteilungsfunktion $\Phi$ lässt sich auch bestimmen, wie viel Prozent der gesamten Wahrscheinlichkeitsmasse der Verteilung in einem symmetrischen Intervall um den Erwartungswert $\mu$ liegen. Beschreibt man die halbe Länge eines solchen Intervalls in Vielfachen der Standardabweichung $\sigma$, so erhält man die so genannte 1-2-3-$\sigma$-Regel:

Sei $X \sim N\left(\mu, \sigma^2\right)$ (sprich: $X$ ist normalverteilt mit Erwartungswert $\mu$ und Varianz $\sigma^2$), dann ist

$$P(X \in [\mu - k \cdot \sigma, \mu + k \cdot \sigma]) = F(\mu + k \cdot \sigma) - F(\mu - k \cdot \sigma)$$

$$= \Phi\left(\frac{(\mu + k \cdot \sigma) - \mu}{\sigma}\right) - \Phi\left(\frac{(\mu - k \cdot \sigma) - \mu}{\sigma}\right)$$

$$= \Phi(k) - \Phi(-k) = 2 \cdot \Phi(k) - 1 \qquad .$$

Für $k = 1,2,3$ ergibt sich damit

$$P(X \in [\mu - 1 \cdot \sigma, \mu + 1 \cdot \sigma]) = 2 \cdot \Phi(1) - 1 = 2 \cdot 0.8413 - 1 = 0.6826 \quad,$$
$$P(X \in [\mu - 2 \cdot \sigma, \mu + 2 \cdot \sigma]) = 2 \cdot \Phi(2) - 1 = 2 \cdot 0.9772 - 1 = 0.9544 \quad,$$
$$P(X \in [\mu - 3 \cdot \sigma, \mu + 3 \cdot \sigma]) = 2 \cdot \Phi(3) - 1 = 2 \cdot 0.9987 - 1 = 0.9974 \quad.$$

Dies bedeutet, dass in einem Intervall von $\mu - \sigma$ bis $\mu + \sigma$ etwa 68.26% der gesamten Wahrscheinlichkeitsmasse einer Normalverteilung liegen und in einem Intervall von $\mu - 3 \cdot \sigma$ bis $\mu + 3 \cdot \sigma$ fast die gesamte Wahrscheinlichkeitsmasse (ca. 99.74%) enthalten ist. Da dies bei einer Standardnormalverteilung einem Intervall von −3 bis +3 entspricht, enden die meisten Tabellen für die Verteilungsfunktion der Standardnormalverteilung wenig oberhalb des Wertes 3. Bei einer Normalverteilung beispielsweise mit dem Erwartungswert 2 und einer Varianz von 16 sind nach der 3-$\sigma$-Regel Realisationen, die kleiner sind als $2 - 3 \cdot 4 = -10$ oder größer als $2 + 3 \cdot 4 = 12$ sehr unwahrscheinlich. Mit Hilfe der 1-, 2-, 3-$\sigma$-Regel lassen sich auch getroffene Verteilungsannahmen überprüfen. Hat man gute Gründe anzunehmen, dass bei einem empirischen Sachverhalt eine bestimmte Normalverteilung vorliegt, beobachtet man auf der anderen Seite jedoch (mehrere) Werte unterhalb bzw. oberhalb der 3-σ-Grenzen, so ist das statistische Modell genau zu prüfen bzw. abzuändern.

Aus der Tabelle 17.3 der Verteilungsfunktionswerte der Standardnormalverteilung lassen sich außerdem die α-Quantile $(0 < α < 1)$ bestimmen. Für Quantile gilt, dass eine Verteilungsfunktion an der Stelle eines α-Quantils gerade den Wert α annimmt. Damit ist

$$\Phi(u_\alpha) = \alpha \quad .$$

Wir bezeichnen mit $u_\alpha$ das α-Quantil der Standardnormalverteilung, also den Wert einer Standardnormalverteilung, bei dem α-Prozent aller möglichen Ausprägungen der Standardnormalverteilung kleiner und (1-α)-Prozent größer als dieser Wert $u_\alpha$ sind. Einige wichtige (und auch gebräuchlichste) Quantile sind in der Tabelle 13.1 zu finden. Weitere Quantile der Standardnormalverteilung sind in Tabelle 17.3 aufgeführt.

| | |
|---|---|
| $u_{0.900} = 1.28$ | $u_{0.990} = 2.33$ |
| $u_{0.950} = 1.65$ | $u_{0.995} = 2.57$ |
| $u_{0.975} = 1.96$ | $u_{0.999} = 3.08$ |

Tabelle 13.1 Wichtige Quantile der Standardnormalverteilung

Da die Normalverteilung symmetrisch ist, gilt:

$$u_\alpha = -u_{1-\alpha} \quad .$$

Aus diesem Grund sind in Tabelle 17.3 nur Quantile für $0.5 \le α < 1$ zu finden. Die entsprechenden Quantile für $0 < α < 0.5$ lassen sich mit Hilfe der obigen Beziehung erschließen. Mit Hilfe der Standardisierung und der obigen Beziehung ist man nun in der Lage, für jede beliebige Normalverteilung Wahrscheinlichkeitsaussagen treffen zu können. Durch Standardisieren kann jede Normalverteilung in eine Standardnormalverteilung überführt und dann die entsprechende Wahrscheinlichkeiten aus der Tabelle der Standardnormalverteilung (Tabelle 17.3) abgelesen werden.

***Beispiel 13.9*** *In einem verträumten Städtchen am Rande des Siegerlandes wird in einem kleinen aber modernen kirchlichen Kindergarten untersucht, wie lange sich die Kinder beim Malen konzentrieren können. Laut Unterrichtsmaterial angehender Erzieherinnen und Erzieher soll sich die Konzentrationsdauer gut durch eine Normalverteilung mit $\mu = 500$ Sekunden und $\sigma^2 = 16$ Quadratsekunden beschreiben lassen.*

*1. Wie viel Prozent aller Kinder können sich zwischen 490 und 510 Sekunden konzentrieren?*

*2. In welchem Schwankungsbereich liegen die mittleren 90% der Konzentrationsdauer?*

***Zu 1.*** *Die Zufallsvariable Y beschreibe die Konzentrationsdauer. Es gilt $Y \sim N(500, 16)$.*

*Standardisiert man die obige N(500, 16)-Verteilung, so erhält man für die beiden Größen 490 und 510 die folgenden standardisierten Werte:*

$$\frac{490 - 500}{4} = -2.5 \quad und \quad \frac{510 - 500}{4} = 2.5 \quad .$$

*Aus der Tafel der Standardnormalverteilung (Tabelle 17.3) liest man für den Wert 2.5 ab:*

$$\Phi(2.5) = P(X \le 2.5) = 0.9938 \quad .$$

*Damit erhält man auf Grund der Symmetrie*

$$\Phi(-2.5) = P(X \le -2.5) = 1 - P(X < 2.5)$$
$$= 1 - \Phi(2.5) = 1 - 0.9938 = 0.0062$$

*und insgesamt*

$$P(-2.5 \le X \le 2.5) = 0.9938 - 0.0062 = 0.9876 \quad .$$

*98.76% aller Kinder können sich unter den theoretischen Annahmen, dass hier eine Normalverteilung mit einem Erwartungswert von 500 Sekunde vorliegt, zwischen 490 und 510 Sekunden konzentrieren.*

**Zu 2.** *Um die mittleren 90% der Verteilung zu erhalten, ist es notwendig, das 0.05- und das 0.95-Quantil der Standardnormalverteilung zu transformieren. Es werden sowohl am linken Ende der Verteilung als auch am rechten Ende jeweils 5% der Wahrscheinlichkeitsmasse vernachlässigt, so dass in dem Intervall $[u_{0.05}; u_{0.95}]$ genau 90% der Wahrscheinlichkeitsmasse liegen. Aus Tabelle 13.1 bzw. aus Tabelle 17.3 ergibt sich:*

$$u_{0.95} = 1.65$$

*und damit aus Gründen der Symmetrie*

$$u_{0.05} = -u_{0.95} = -1.65 \quad .$$

*Machen wir nun für diese Werte die Standardisierung rückgängig, so folgt aus*

$$X = \frac{X^* - \mu_{X^*}}{\sigma_{X^*}}$$

$$X^* = X \cdot \sigma_{X^*} + \mu_{X^*} \quad ,$$

*und wir erhalten*

$$1.65 \cdot 4 + 500 = 506.6 \quad ,$$
$$-1.65 \cdot 4 + 500 = 493.4 \quad .$$

*Die mittleren 90% der (theoretischen) Konzentrationsdauer haben also einen Schwankungsbereich von 493.4 bis 506.6 Sekunden. 5 Prozent aller Kinder können sich unter den getroffenen Annahmen nur kürzer als 493.4 Sekunden konzentrieren, aber 5 Prozent können sich auch länger als 506.6 Sekunden konzentrieren.*

Im vorangegangenen Beispiel haben wir Intervalle betrachtet, die einen bestimmten Anteil der gesamten Wahrscheinlichkeitsmasse einer Verteilung enthalten. Diese Betrachtungen erfolgten dabei nur aufgrund theoretischer Annahmen, ohne dass die Erhebung einer Stichprobe notwendig ist. Es mussten jedoch Erwartungswert und Varianz der betrachteten Normalverteilung bekannt sein. Möchte man die theoretischen Annahmen einer Normalverteilung dagegen nutzen, um unter Verwendung einer Stichprobe z.B. Aussagen ähnlicher Art über den als unbekannt (!) angenommenen Erwartungswert zu treffen, so ist ein verändertes Vorgehen nötig. Aussagen solcher Art lassen sich nur mit Hilfe von **Konfidenzintervallen** treffen.

Diese Intervalle sind so konstruiert, dass sie einen unbekannten interessierenden Parameter – in unserem Fall hier den Erwartungswert – mit einer vorgegebenen Wahrscheinlichkeit 1-$\alpha$, für 0 < $\alpha$ < 1, überdecken. Diese Wahrscheinlichkeit wird als **Konfidenzniveau** bezeichnet. Wir werden nur zweiseitige Konfidenzintervalle zum Niveau 1-$\alpha$ betrachten. Dies bedeutet, dass wir eine möglichst gute Näherung – einen so genannten Schätzer – für den unbekannten Parameter benötigen, um dann die mittleren (1-$\alpha$)·100% der unter der getroffenen (Normal-) Verteilungsannahme möglichen Näherungs- bzw. Schätzwerte zu erhalten. Jeweils ($\alpha$/2)·100% aller möglichen Näherungs- bzw. Schätzwerte liegen unterhalb der unteren bzw. oberhalb der oberen Intervallgrenze und damit außerhalb des Konfidenzintervalls.

Für den Erwartungswert $\mu$ ist das arithmetische Mittel $\overline{X}$ eine gute und einfach zu bestimmende Näherung. Setzen wir voraus, dass alle eingehenden Zufallsvariablen $X_i$, $i = 1, ..., n$, unabhängig identisch normalverteilt sind mit (unbekanntem) Erwartungswert $\mu$ und (bekannter) Varianz $\sigma^2$ – $X_i \overset{uiv}{\underset{\sim}{}} N\left(\mu, \sigma^2\right)$ – so ist das arithmetische Mittel ebenfalls normalverteilt

mit Erwartungswert $\mu$ und Varianz $\sigma^2/n$: $\overline{X} \sim N\left(\mu, \sigma^2/n\right)$. Dabei betrachten wir zunächst das arithmetische Mittel als Zufallsvariable, um das Konfidenzintervall allgemein bestimmen zu können. Bei der praktischen Berechnung von Konfidenzintervallen werden wir hierfür später einfach den ermittelten empirischen Wert $\overline{x}$ einsetzen.

Standardisieren wir die Verteilung von $\overline{X}$, so ist

$$\frac{\overline{X} - \mu}{\sigma/\sqrt{n}} = \frac{\overline{X} - \mu}{\sigma} \cdot \sqrt{n} \sim N(0,1)$$

standardnormalverteilt. Die mittleren (1-$\alpha$)·100% der Verteilung von $\frac{\overline{X} - \mu}{\sigma} \cdot \sqrt{n}$ liegen damit zwischen dem $\alpha$/2- und dem (1- $\alpha$/2) -Quantil der Standardnormalverteilung:

$$P\left(u_{\alpha/2} \leq \frac{\overline{X} - \mu}{\sigma} \cdot \sqrt{n} \leq u_{1-\alpha/2}\right) = 1 - \alpha \quad .$$

Mit $u_{\alpha/2} = -u_{1-\alpha/2}$ erhält man nach einigen Umformungen

$$P\left(\overline{X} - u_{1-\alpha/2} \cdot \frac{\sigma}{\sqrt{n}} \leq \mu \leq \overline{X} + u_{1-\alpha/2} \cdot \frac{\sigma}{\sqrt{n}}\right) = 1 - \alpha \quad .$$

Die Grenzen des zweiseitigen Konfidenzintervall zum Niveau 1-$\alpha$ für den unbekannten Erwartungswert $\mu$ sind damit bestimmt. Als Konfidenzintervall zum Niveau 1-$\alpha$ für $\mu$ berechnet sich bei Vorliegen einer Stichprobe vom Umfang $n$:

$$\left[\overline{x} - u_{1-\alpha/2} \cdot \frac{\sigma}{\sqrt{n}} ; \ \overline{x} + u_{1-\alpha/2} \cdot \frac{\sigma}{\sqrt{n}}\right] \quad .$$

Neben zweiseitigen Konfidenzintervallen gibt es auch einseitige Konfidenzintervalle, für die nur eine obere oder untere Grenze bestimmt werden muss. Wir wollen auf deren Herleitung hier verzichten.

**Beispiel 13.10** *Die Mitarbeiterinnen im Kindergarten (Beispiel 13.9) möchten die globalen Annahmen aus dem Lehrbuch mit der speziellen Situation in ihrem Kindergarten in Verbindung bringen. Die Erzieherin Michaela S. misst deshalb von n=25 Kindern die jeweilige Konzentrationsdauer beim Malen. Sie erhält ein arithmetisches Mittel von $\bar{x} = 510$ Sekunden. Unter den aus dem Lehrbuch entnommenen Annahmen, dass die Konzentrationsdauer normalverteilt ist mit einer Varianz von $\sigma^2 = 16$ Quadratsekunden, soll ein 90%-Konfidenzintervall für die erwartete Konzentrationsdauer berechnet werden. Dazu ist zunächst notwendig, das entsprechende (1-α)-Quantil der Standardnormalverteilung zu bestimmen (z.B. Tabelle 13.1):*

$$1 - \alpha = 0.90 \Rightarrow \alpha = 0.10 \quad .$$

*Damit ist*

$$u_{1-\alpha/2} = u_{1-0.05} = u_{0.95} = 1.65 \quad .$$

*Als 90%-Konfidenzintervall ergibt sich*

$$\left[ 510 - 1.65 \cdot \frac{4}{\sqrt{25}}; 510 + 1.65 \cdot \frac{4}{\sqrt{25}} \right]$$

$$= \left[ 510 - 1.65 \cdot 0.8; 510 + 1.65 \cdot 0.8 \right]$$

$$= \left[ 508.68; 511.32 \right] \quad .$$

*Unter Verwendung der Stichprobenwerte schwanken die mittleren 90 Prozent der erwarteten durchschnittlichen Konzentrationsdauer von 508.68 bis 511.32 Sekunden.*

Zum Schluss sei noch auf die Summe $Y$ bzw. die Differenz $Z$ zweier unabhängiger normalverteilter Zufallsvariablen $X_1$ und $X_2$ mit $X_1 \sim N(\mu_1, \sigma_1^2)$ und $X_2 \sim N(\mu_2, \sigma_2^2)$ eingegangen. Es gilt

$$EY = E(X_1 + X_2) = \mu_1 + \mu_2 \quad ,$$
$$EZ = E(X_1 - X_2) = \mu_1 - \mu_2 \quad ,$$
$$VarY = Var(X_1 + X_2) = \sigma_1^2 + \sigma_2^2 \quad .$$

Hervorzuheben ist aber, dass gilt

$$VarZ = Var(X_1 - X_2) = \sigma_1^2 + \sigma_2^2 \quad .$$

Auch bei der Differenz **addieren** sich die beiden Varianzen. Sowohl die Summe als auch die Differenz sind wieder normalverteilt:

$$Y \sim N\left(\mu_1 + \mu_2, \sigma_1^2 + \sigma_2^2\right) \quad \text{und}$$

$$Z \sim N\left(\mu_1 - \mu_2, \sigma_1^2 + \sigma_2^2\right) \quad .$$

Diese Überlegungen lassen sich auch auf mehr als zwei unabhängige Normalverteilungen ausdehnen.

# 13.4      Die t-Verteilung

Die (zentrale) t-Verteilung (oftmals auch Student-Verteilung genannt) geht auf William Sealy Gosset[23] zurück. Seien $X_0, X_1, ..., X_n$ unabhängige standardnormalverteilte Zufallsvariablen, so ist

$$T = \frac{X_0}{\sqrt{\dfrac{1}{n} \sum_{i=1}^{n} X_i^2}}$$

t-verteilt mit $n$ Freiheitsgraden. Die Anzahl der Freiheitsgrade charakterisiert eine t-Verteilung. Dabei ist die Anzahl der Freiheitsgrade einer Zufallsvariablen definiert durch die „frei" verfügbaren Beobachtungen, nämlich dem Stichprobenumfang $n$ minus der Anzahl $k$ der aus der Stichprobe geschätzten Parameter. Für weitere Ausführungen siehe auch *Sachs* (1984). Mit wachsenden Freiheitsgraden nähert sich die t-Verteilung immer mehr der N(0,1)-Verteilung, und ab ungefähr 30 Freiheitsgraden sind die beiden Verteilungen nahezu identisch. Eine t-Verteilung besitzt die Dichte

$$f(t) = \frac{\Gamma\left(\dfrac{n+1}{2}\right)}{\sqrt{n \cdot \pi} \cdot \Gamma\left(\dfrac{n}{2}\right)} \cdot \left(1 + \frac{t^2}{n}\right)^{-\left(\dfrac{n+1}{2}\right)} \qquad \text{für} -\infty < t < \infty \ .$$

Dabei bezeichnet $\pi$ (sprich: pi) die Kreiszahl ($\pi = 3.142$) und $\Gamma$ (sprich: Gamma) die Gammafunktion. Die t-Verteilung ist eine symmetrische Verteilung, bei der wie bei einer Normalverteilung Erwartungswert, Median und Modus als Symmetriezentrum zusammenfallen. Die Dichte einer t-Verteilung ist unimodal und nimmt ihr Maximum im Symmetriezentrum, d.h., bei dem Wert Null an. Bei einer $t_n$-Verteilung, d.h., bei einer t-Verteilung mit $n$ Freiheitsgraden, gilt:

$$E X \quad = \quad 0 \qquad \text{falls } n > 1 \ ,$$

$$Var X \quad = \quad \frac{n}{n-2} \qquad \text{falls } n > 2 \ .$$

---

[23] William Sealy Gosset (* 13.06.1876, † 16.10.1937) war bei der Guiness Brauerei angestellt, die ihm Veröffentlichungen unter seinem Namen untersagte. Deshalb verwandte er das Pseudonym „Student". Im Jahre 1908 entwickelte er in seiner Arbeit „The probable error of a mean" einen Kleinstichprobentest für normalverteilte Daten mit unbekannter Varianz.

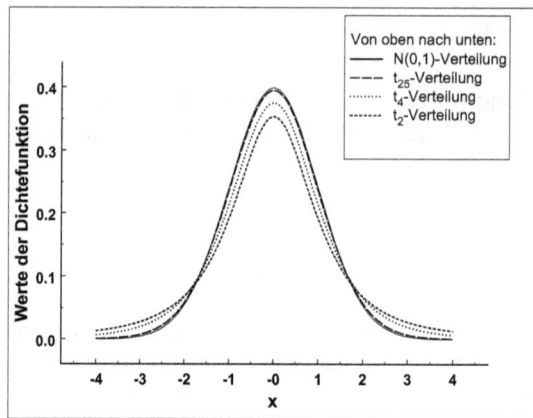

*Abbildung 13.5 Dichten dreier verschiedener t-Verteilungen mit 2, 4 und 25 Freiheitsgraden sowie die Dichte der Standardnormalverteilung.*

Aufgrund der Symmetrie einer $t$-Verteilung gilt für das $\alpha$- bzw. $(1-\alpha)$-Quantil $(0 < \alpha < 1)$:

$$t_{n;\alpha} = -t_{n;1-\alpha} \quad .$$

In Tabelle 17.5 sind für einige $n$ und $\alpha$ die Quantile vertafelt, wobei aufgrund der obigen Beziehung nur rechtsseitige Quantile aufgeführt sind. In Abbildung 13.5 sind die Dichten dreier verschiedener $t$-Verteilungen und im Vergleich die Dichte der Standardnormalverteilung zu sehen. Die drei $t$-Verteilungen haben 2, 4 und 25 Freiheitsgrade. In der grafischen Darstellung sind die Funktionsverläufe der $t$-Verteilung mit 25 Freiheitsgraden und der Standardnormalverteilung kaum zu unterscheiden. Allgemein gilt für den Vergleich von Standardnormalverteilung und t-Verteilungen, dass mit sinkender Anzahl von Freiheitsgraden der Verteilungsgipfel der t-Verteilung weniger stark und die Verteilungsenden deutlicher ausgeprägt sind als bei der Standardnormalverteilung.

„Student" entwickelte die Theorie zur $t$-Verteilung, um für kleine Stichprobenumfänge bei normalverteilten Daten und unbekannter Varianz $\sigma^2$ Aussagen über die Verteilung eines Mittelwertes treffen zu können. Wie zuvor bei einer Normalverteilung wollen wir auch für eine t-Verteilung (zweiseitige) $(1-\alpha)$-Konfidenzintervalle konstruieren. Der Unterschied zur Normalverteilung besteht darin, dass wir nun voraussetzen, dass die Stichprobe die Realisation von unabhängig identisch normalverteilten Zufallsvariablen $X_i$, $i = 1, ..., n$ ist, für die sowohl der Erwartungswert $\mu$ als auch die Varianz $\sigma^2$ unbekannt sind. Für beide Parameter benötigen wir gute Näherungen/Schätzwerte aus der Stichprobe. Für den Erwartungswert ist dies wie zuvor das arithmetische Mittel $\overline{X}$, für die Varianz verwenden wir als Schätzer die empirische Varianz $S^2$. Ersetzt man $\sigma$ durch die empirische Standardabweichung

$$S = \sqrt{\frac{1}{n-1} \cdot \sum_{i=1}^{n} \left(X_i - \overline{X}\right)^2} \quad ,$$

so ist

$$T = \frac{\overline{X} - \mu}{S} \cdot \sqrt{n} \sim t_{n-1} \quad ,$$

gerade *t*-verteilt mit *n*-1 Freiheitsgraden. Auch hierbei handelt es sich wieder um eine Standardisierung ähnlich wie bei der Normalverteilung.

Umgekehrt können wir damit auch z.B. Quantile einer $t_{n-1}$-Verteilung zurücktransformieren, indem wir sie mit $s/\sqrt{n}$ multiplizieren und µ hinzuaddieren, um wieder die der Stichprobe entsprechenden Werte zu erhalten. Wir verwenden auch hier wieder zunächst $\overline{X}$ und $S$ als Zufallsvariablen, um ein (1-$\alpha$)-Konfidenzintervall allgemein bestimmen zu können. Das Konfidenzintervall soll den unbekannten wahren Erwartungswert mit einer Wahrscheinlichkeit von 1-$\alpha$ überdecken. Es gilt also ähnlich wie zuvor

$$P\left( t_{n-1;\alpha/2} \le \frac{\overline{X} - \mu}{S} \cdot \sqrt{n} \le t_{n-1;1-\alpha/2} \right) \ge 1 - \alpha \quad ,$$

damit die mittleren (1-$\alpha$)·100% der Verteilung von $\frac{\overline{X} - \mu}{S} \cdot \sqrt{n}$ zwischen dem $\alpha/2$ und dem (1-$\alpha/2$)-Quantil der t-Verteilung mit *n*-1 Freiheitsgraden liegen. Durch Umformen erhält man

$$P\left( \overline{X} - t_{n-1;1-\alpha/2} \cdot \frac{S}{\sqrt{n}} \le \mu \le \overline{X} + t_{n-1;1-\alpha/2} \cdot \frac{S}{\sqrt{n}} \right) \ge 1 - \alpha \quad ,$$

wobei $t_{n-1;1-\alpha/2} = -t_{n-1;\alpha/2}$ ausgenutzt wird.

Die Grenzen des zweiseitigen (1-$\alpha$)-Konfidenzintervalls sind damit festgelegt. Der Unterschied zum Konfidenzintervall bei bekannter Varianz $\sigma^2$ besteht darin, dass anstelle von $\sigma$ der Schätzer $S/\sqrt{n}$ und deshalb anstelle der Quantile der Normalverteilung die Quantile der entsprechenden t-Verteilung benutzt werden. Um das Konfidenzintervall für eine vorliegende Stichprobe zu berechnen, werden für das arithmetische Mittel sowie die Standardabweichung die ermittelten Stichprobenwerte eingesetzt:

$$\left[ \overline{x} - t_{n-1;1-\alpha/2} \cdot \frac{s}{\sqrt{n}} ; \ \overline{x} + t_{n-1;1-\alpha/2} \cdot \frac{s}{\sqrt{n}} \right] \quad .$$

Einseitige Konfidenzintervalle sollen auch hier nicht hergeleitet werden.

***Beispiel 13.11*** *Nach einiger Zeit erhalten die Erzieherinnen des Kindergartens (Beispiel 13.9) die Information, dass die Konzentrationsfähigkeit von Kindern beim Malen zwar einer Normalverteilung gehorcht, jedoch sei die Varianz unbekannt. Daraufhin ermittelt die Erzieherin Michaela S. auf Grund ihrer Stichprobe (vgl. Beispiel 13.10) von n = 25 Kindern eine empirische Standardabweichung von s = 6 Sekunden. Wie groß ist nun das 90%-Konfidenzintervall für die erwartete Konzentrationsdauer?*

*Um unter Verwendung der Stichprobenergebnisse das 90%-Konfidenzintervall bestimmen zu können, benötigen wir zunächst das 0.05- und 0.95-Quantil einer t-Verteilung mit n-1 = 24 Freiheitsgraden. Aus Tabelle 17.5 entnehmen wir $t_{24;0.95} = 1.711$. Wir erhalten somit*

$$510 + \frac{1.711 \cdot 6}{\sqrt{25}} = 510 + 2.05 = 512.05 \quad ,$$

$$510 - \frac{1.711 \cdot 6}{\sqrt{25}} = 510 - 2.05 = 507.95 \quad .$$

*Das 90%-Konfidenzintervall für die durchschnittliche Konzentrationsdauer überdeckt nun einen Bereich von 507.94 bis 512.05 Sekunden.*

## 13.5    Die $\chi^2$-Verteilung

Die (zentrale) $\chi^2$-Verteilung ist eine „einseitige" Verteilung, die nur auf nicht negativen Werten realisiert ist. Seien $X_1, X_2, ..., X_n$ unabhängige standardnormalverteilte Zufallsvariablen, so ist

$$X = \sum_{i=1}^{n} X_i^2$$

$\chi^2$-verteilt mit $n$ **Freiheitsgraden:** $X \sim \chi_n^2$. Die Dichte einer $\chi^2$-Verteilung mit $n$ Freiheitsgraden ist gegeben durch

$$f(x) = \begin{cases} 0 & \text{für } x < 0 \\ \dfrac{1}{2^{n/2} \cdot \Gamma\left(\dfrac{n}{2}\right)} \cdot x^{\left(\frac{n}{2} - 1\right)} \cdot e^{-\frac{x}{2}} & \text{für } x \geq 0 \end{cases} \quad .$$

Hierbei bezeichnet $\Gamma$ wie zuvor die Gammafunktion. Bei einer $\chi_n^2$-Verteilung, d.h., bei einer $\chi^2$-Verteilung mit $n$ Freiheitsgraden gilt:

$$EX \quad = \quad n \quad ,$$
$$VarX \quad = \quad 2n \quad .$$

Die Anzahl der Freiheitsgrade charakterisiert eine $\chi^2$-Verteilung. Mit wachsenden Freiheitsgraden nähert sich die Verteilungsfunktion der $\chi_n^2$-Verteilung immer mehr einer $N(n, 2n)$-Verteilung an. Eine $\chi^2$-Verteilung ist nicht symmetrisch. Deshalb reicht es nicht wie zuvor bei der Normal- oder t-Verteilung aus, nur eine Hälfte der Quantile zu tabellieren, sondern für eine $\chi^2$-Verteilung müssen diese beidseitig tabelliert werden. In Tabelle 17.6 sind für einige $n$ und $\alpha$ die Quantile vertafelt, die wir mit $\chi_{n;\alpha}^2$, für $0 < \alpha < 1$, bezeichnen. In Abbildung 13.6 sind die Dichten von vier verschiedenen $\chi^2$-Verteilungen mit 1, 2, 10 und 20 Freiheitsgraden zu sehen.

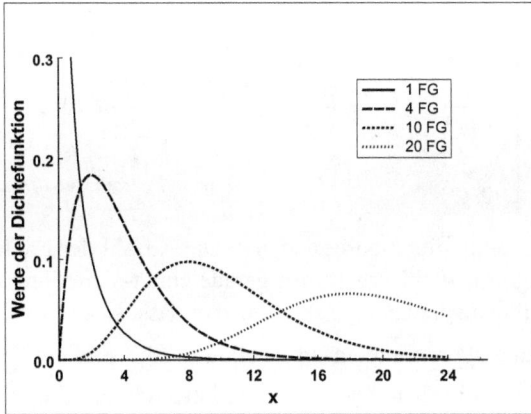

*Abbildung 13.6 Dichten von vier $\chi_n^2$-Verteilungen mit 1, 4, 10 und 20 Freiheitsgraden (FG).*

# 13.6    Die F-Verteilung

Die (zentrale) F-Verteilung[24] ist ebenso wie zuvor eine $\chi_n^2$-Verteilung nur auf nicht negativen Werten realisiert. Sei $X$ eine $\chi_n^2$-Verteilung und $Y$ eine davon unabhängige $\chi_m^2$-Verteilung, so ist

$$Z = \frac{\frac{1}{n} \cdot X}{\frac{1}{m} \cdot Y} = \frac{m \cdot X}{n \cdot Y}$$

F-verteilt mit $n$ und $m$ Freiheitsgraden: $Z \sim F_{n,m}$. Die Dichte $f(z)$ einer $F_{n,m}$-Verteilung, also einer F-Verteilung mit $n$ und $m$ Freiheitsgraden, ist sowohl von $n$ als auch von $m$ abhängig. Es ist

---

[24]  Die F-Verteilung wurde nach Sir Ronald Aylmer Fisher (* 17.02.1890, † 29.07.1962) benannt. Er war von 1933-1945 Professor für Eugenik in London und in dem Zeitraum 1943-1957 Professor für Genetik in Cambridge. 1952 wurde er geadelt. Er gilt als einer der Begründer der mathematischen Statistik und der Biometrie. In der Biometrie liegen seine Verdienste im Bereich der Versuchsplanung.

$$f(z) = \begin{cases} 0 & \text{für } z < 0 \\ \dfrac{\Gamma\left(\dfrac{m+n}{2}\right)}{\Gamma\left(\dfrac{m}{2}\right) \cdot \Gamma\left(\dfrac{n}{2}\right)} \cdot \left(\dfrac{m}{n}\right)^{\frac{m}{2}} \cdot \dfrac{z^{\left(\frac{m}{2}-1\right)}}{\left(1+\dfrac{m}{n} \cdot z\right)^{\frac{m+n}{2}}} & \text{für } z \geq 0 \end{cases}, $$

wobei $\Gamma$ wiederum die Gammafunktion bezeichnet. Die Anzahl der Freiheitsgrade charakterisiert eine $F$-Verteilung. Für $n = 1$ erhält man gerade eine t-Verteilung mit $m$ Freiheitsgraden. Mit wachsenden Freiheitsgraden im Zähler (also $m$) lässt sich die Verteilung von $n \cdot Z$ gut durch eine $\chi_n^2$-Verteilung approximieren. In Abbildung 13.7 sind die Dichten von vier verschiedenen $F$-Verteilungen zu sehen. Die vier Verteilungen haben die folgenden Kombinationen von Freiheitsgraden: (2,10), (10,2), (40,4), (40,40). Bei einer $F_{n,m}$-Verteilung, d.h., bei einer $F$-Verteilung mit $n$ und $m$ Freiheitsgraden, gilt:

$$EX = \frac{m}{m-2} \qquad \text{falls } m > 2 \quad ,$$

$$VarX = \frac{2m^2 \cdot (n+m-2)}{n \cdot (m-2)^2 \cdot (m-4)} \qquad \text{falls } m > 4 \quad .$$

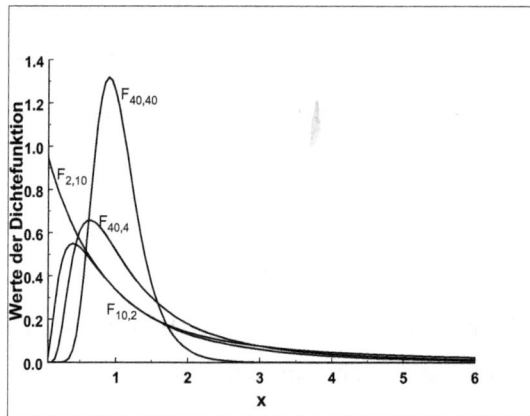

*Abbildung 13.7 Dichten von F-Verteilungen*
*mit (2,10), (10,2), (40,4) und (40,40) Freiheitsgraden.*

In Tabelle 17.7 sind für einige Kombinationen $(n, m)$ von Freiheitsgraden und $1 - \alpha = 0.95$ die Quantile vertafelt. Eine $F$-Verteilung ist nicht symmetrisch (sie ist ja auch nur auf der positiven Achse realisiert). Dennoch kann man zwischen einigen Quantilen eine Beziehung aufstellen, denn es gilt:

$$F_{n,m;1-\alpha} = \frac{1}{F_{m,n;\alpha}} \quad .$$

Mit der obigen Beziehung können somit auch $\alpha$-Quantile (0.05-Quantile) aus der Tabelle 17.7 abgelesen werden.

# 13.7     Weitere stetige Verteilungen

Die hier vorgestellten Verteilungen sind die am häufigsten benötigten stetigen Verteilungen, die insbesondere für die statistische Testtheorie eine wichtige Rolle spielen. Daneben existiert eine Vielzahl weiterer stetiger Verteilungen, auf die wir hier nicht näher eingehen wollen. Hierzu zählen z.B. Modifikationen von Normalverteilungen, wie z.B. **gestutzte** oder **logarithmierte Normalverteilungen**. Möchte man Zufallsprozesse beschreiben, die sich zwar durch eine Normalverteilung annähernd beschreiben lassen, jedoch keine Werte unter- und/oder oberhalb bestimmter Grenzwerte annehmen können, so werden hierzu **gestutzte Normalverteilungen** benutzt. Hierzu wird die ursprüngliche Normalverteilungsdichte an diesen Grenzwerten „abgeschnitten" oder gestutzt. Diese Stutzung kann ein- aber auch beidseitig erfolgen. Verwendung finden gestutzte Normalverteilungen z.B. bei der Analyse normalverteilter Lebensdauern, hier wird einseitig an der Stelle Null gestutzt.

Oftmals genügen die Ausprägungen von Zufallsvariablen nicht direkt einer Normalverteilung, da sie nicht symmetrisch verteilt sind. Bei rechtsschiefen Verteilungen, deren Realisationen nicht negativ sind, kann jedoch oft durch eine logarithmische Transformation erreicht werden, dass die logarithmierten Ausprägungen normalverteilt sind. Man spricht dann von einer **logarithmischen Normalverteilung** oder auch **log-Normalverteilung**. Anwendungen finden log-Normalverteilungen z.B. zur Beschreibung von Umsätzen, Einkommen oder Konzentrationsmessungen.

Eine weitere wichtige stetige Verteilung ist die **Exponentialverteilung**. Sie wird insbesondere zur Modellierung von Lebensdauern benutzt. Die Exponentialverteilung wird auch als gedächtnislose Verteilung bezeichnet, da bei Erreichen eines bestimmten Alters die bedingte Verteilung der weiteren Lebensdauern unabhängig vom erreichten Alter ist. Mit Hilfe von Exponentialverteilungen lassen sich „Überlebenswahrscheinlichkeiten" bestimmen. Neben der Verwendung zur Modellierung von Lebensdauern oder Ausfallwahrscheinlichkeiten wird die Exponentialverteilung auch dazu benutzt, Wartezeiten zwischen zwei Ereignissen zu beschreiben.

Neben diesen und weiteren eindimensionalen Verteilungen existieren natürlich auch zwei- und mehrdimensionale Verteilungen. Die bekanntesten unter diesen Verteilungen sind die **zweidimensionale (bivariate) Normalverteilung, n-dimensionale Normalverteilungen** sowie **zwei- oder mehrdimensionale Gleichverteilungen**.

# 13.8    Übungsaufgaben

**Aufgabe 13.1** Berechnen Sie wie viel Prozent einer Standardnormalverteilung in den Intervallen [-1, 1],[-2, 2] und [-3, 3] liegen (1-, 2-, 3-$\sigma$-Regel).

**Aufgabe 13.2** Bestimmen Sie die folgenden Quantile:

$$u_{0.100} \qquad t_{12;0.01} \qquad \chi^2_{12;0.05} \qquad F_{2,2;0.05}$$

$$u_{0.500} \qquad t_{3;0.95} \qquad \chi^2_{3;0.025} \qquad F_{20,2;0.95}$$

$$u_{0999} \qquad t_{25;0.10} \qquad \chi_{25;0.975} \qquad F_{2,20;0.95}$$

**Aufgabe 13.3** Wie groß ist das 95%- und das 97.5%-Quantil einer Normalverteilung mit

1. $\mu = 175$ und $\sigma^2 = 64$?    2. $\mu = -100$ und $\sigma^2 = 4$?

**Aufgabe 13.4** Gegeben seien 12 unabhängige standardnormalverteilte Zufallsvariablen $X_1$, ..., $X_{12}$. Sie bilden daraus

$$T = \sum_{i=1}^{12} X_i^2.$$

Bestimmen Sie Erwartungswert und Varianz von T.

**Aufgabe 13.5** Gegeben sei eine stetige Gleichverteilung, von der nur bekannt ist, dass sie einen Erwartungswert von 6 und eine Varianz von 12 hat. Auf welchem Intervall ist sie definiert?

**Aufgabe 13.6** Ermitteln Sie für die folgenden drei Werte einer Standardnormalverteilung die zugehörigen Wahrscheinlichkeiten:

1. $P(X \leq 2.22)$  2. $P(X \leq 4.22)$  3. $P(X \leq -2.22)$ .

# 14 Statistische Testverfahren

In den vorangehenden Kapiteln dieses Buches haben wir uns zum einen mit der deskriptiven Statistik beschäftigt, d.h., wir haben uns dafür interessiert, wie man Daten einer Erhebung mit Hilfe von deskriptiven Kenngrößen und Grafiken sinnvoll beschreiben und zusammenfassen kann. Zum anderen haben wir uns mit dem Wahrscheinlichkeitsbegriff sowie dem Begriff der Zufallsvariablen auseinandergesetzt und einige spezielle diskrete und stetige Zufallsvariablen vorgestellt.

Nun wollen wir uns damit beschäftigen, inwieweit und wie man auf Grund von erhobenem Datenmaterial substanzwissenschaftliche Arbeitshypothesen mit Hilfe statistischer Methoden verifizieren bzw. falsifizieren kann. Dabei werden wir uns auf **parametrische Testverfahren** beschränken.

Unter einem parametrischen Testverfahren versteht man ein statistisches Entscheidungsverfahren, mit dessen Hilfe Annahmen bzgl. unbekannter Kenngrößen von Verteilungen – so genannter Parameter – überprüft werden können. Unbekannte Parameter von Verteilungen, die man typischerweise überprüfen möchte sind z.B. Erwartungswert, Varianz oder aber auch der Parameter $p$ einer Binomialverteilung. Die empirisch gewonnenen Daten werden dabei als Realisationen von Zufallsvariablen angenommen, für die bestimmte Verteilungsannahmen – wie z.B. die einer Normalver-teilung – getroffen werden. Den empirischen Daten wird damit ein **statistisches Modell** unterlegt.

*Beispiel 14.1 Im Beispiel 13.10 haben wir für die Konzentrationsdauer von Kindergartenkindern ein Konfidenzintervall berechnet. Als empirisches Datenmaterial liegen 25 Messwerte der Konzentrationsdauern vor. Als statistisches Modell wird diesen Daten unterlegt, dass sie Realisationen normalverteilter Zufallsvariablen sind:* $X_i \overset{uiv}{\sim} N\left(\mu, \sigma^2\right)$, $i = 1, ..., n$ *wobei* $\sigma^2$ *als bekannt vorausgesetzt wird. Anhand der Stichprobe könnten nun z.B. Vermutungen bzgl. des Erwartungswertes überprüft werden.*

## 14.1 Einführung in die statistische Testtheorie

Empirisch arbeitende Personen, wie z.B. Psychologen, Soziologen, Mediziner aber auch Sozialarbeiter und Angehörige von Pflegeberufen, generieren auf Grund von Erfahrung, Intuition, Theoriebildung o.ä. Arbeitshypothesen, die sie falsifizieren bzw. verifizieren möchten. Dazu wird empirisches Datenmaterial herangezogen. Anhand dieser Daten wird dann die

Arbeitshypothese überprüft und je nachdem bestätigt oder verworfen. Diese Problematik soll an zwei Beispielen verdeutlicht werden.

*Beispiel 14.2 In einem bundesweit geförderten zweijährigen Projekt sind in 100 von 200 Familien mit straffällig gewordenen Kindern Sozialarbeiter zur Familienbetreuung eingesetzt worden. Die übrigen 100 Familien erhielten keine Betreuung. Im Verlaufe des Projektes traten bei den betreuten Familien insgesamt 48 Straftaten auf, während es bei den nichtbetreuten Familien sogar 55 Fälle waren. Ist bei den durch Sozialarbeiter betreuten Familien tatsächlich eine deutlich geringere Straffälligkeit festzustellen oder liegt dieses Ergebnis noch im Bereich von Zufallsschwankungen? Die hier gestellte Frage würde sich nicht stellen, wenn das Ergebnis deutlicher wäre, also z.B. 10:90 anstelle von 48:55. Die Frage würde sich ebenfalls nicht stellen, wenn das Ergebnis genau umgekehrt gewesen wäre, also 55:48 anstelle von 48:55.*

*Beispiel 14.3 Der Gesellschaftswissenschaftler Alois Knobel hat die Arbeitshypothese aufgestellt, dass bei weiblichen Rauchern der Anteil derjenigen, die erst in den letzten fünf Jahren mit dem Rauchen begonnen haben, größer ist als bei den männlichen Rauchern. Zur Überprüfung dieser Arbeitshypothese führt er folgende Untersuchung durch. In drei Volkshochschulkursen befragt er die Teilnehmer, ob und wenn ja, seit wann sie rauchen. Anschließend erstellt er die folgenden drei Arbeitstabellen.*

|                   | Männer    | Frauen   |
|-------------------|-----------|----------|
| Raucher(innen)    | 24        | 18       |
| länger als 5 Jahre| 16 = 66%  | 9 = 50%  |
| kürzer als 5 Jahre| 08 = 33%  | 9 = 50%  |

Volkshochschulkurs „Englisch I" (n = 42 Raucher(innen))

|                   | Männer | Frauen |
|-------------------|--------|--------|
| Raucher(innen)    | 9      | 3      |
| länger als 5 Jahre| 6=66%  | 1=33%  |
| kürzer als 5 Jahre| 3=33%  | 2=66%  |

Volkshochschulkurs „Säuglingspflege" (n = 12 Raucher(innen))

|                   | Männer   | Frauen   |
|-------------------|----------|----------|
| Raucher(innen)    | 10       | 5        |
| länger als 5 Jahre| 2 = 20%  | 4 = 80%  |
| kürzer als 5 Jahre| 8 = 80%  | 1 = 20%  |

Volkshochschulkurs „Restaurieren alter Möbel" (n = 15 Raucher(innen))

*Während die Daten der Kurse „Englisch I" und „Säuglingspflege" anscheinend seine Hypothese bestätigen, widersprechen die Daten des Kurses „Restaurieren alter Möbel" dieser Hypothese. Zudem kommen Alois Knobel Zweifel, ob der Stichprobenumfang von* n = 3 *bei den rauchenden Frauen des Kurses „Säuglingspflege" groß genug ist, um zur Überprüfung dieser Hypothese herangezogen werden zu können.*

*Deshalb überlegt er sich, ob er nicht alle Daten in einer Tabelle zusammenfassen soll. Obwohl er Bedenken hat, denn die einzelnen Kursgruppen scheinen doch recht heterogen zu sein, und er befürchtet, dass damit die Aussagekraft leidet, entschließt er sich zu diesem Schritt.*

|  | Männer | Frauen |
|---|---|---|
| Raucher(innen) | 43 | 26 |
| länger als 5 Jahre | 24 = 55% | 14 = 53% |
| kürzer als 5 Jahre | 19 = 44% | 12 = 46% |

Zusammenfassung aller drei Kurse (n = 69 Raucher(innen))

*Schaut sich Alois Knobel diese Zahlen genauer an, so sieht er seine Arbeitshypothese nicht bestätigt, da die Prozentzahlen nahezu identisch sind.*

Die Beispiele zeigen, dass sich die Überprüfung von Arbeitshypothesen anhand empirischer Daten ohne genaue Vorüberlegungen als schwierig erweisen kann. Zudem ist es nicht ohne weiteres möglich, einzuschätzen, wie gut getroffene Entscheidungen sind. Um hierüber Aussagen treffen zu können und Entscheidungen mit Hilfe von Wahrscheinlichkeitsaussagen abzusichern, werden statistische Testverfahren benötigt. Bei statistischen Testverfahren handelt es sich also um ein formalisiertes „Anschauen" empirischer Daten. Dies wird insbesondere dann benötigt, wenn Ergebnisse nicht von vornherein mit auffallender Deutlichkeit zu Tage treten.

# 14.2 Die statistische Testphilosophie

Da wir uns hier nur mit parametrischen Testverfahren beschäftigen werden, geht es hierbei um Verfahren, die Aussagen bzgl. der Verteilung einer Zufallsvariablen auf ihre Richtigkeit überprüfen sollen. Dazu ist es zunächst einmal notwendig, klar und eindeutig zu formulieren, was bzw. welcher Parameter überprüft werden soll. Aus diesem Grund müssen zunächst Hypothesen bzgl. der angenommenen Verteilung oder eines ihrer Parameter und dazu gehörende Alternativen formuliert werden.

Hierbei bezeichnet man die zu überprüfende Hypothese als **Nullhypothese** $H_0$ und die entsprechende Alternative als **Alternativhypothese** $H_1$. Null- und Alternativhypothese müssen einander dabei vollständig ergänzen, so dass keine Entscheidungsmöglichkeiten außerhalb von $H_0$ und $H_1$ möglich sind. Die korrekte Formulierung von Hypothesen ist dabei sehr wichtig, und die Umsetzung verbaler Arbeitshypothesen in statistisch verwertbare Testhypothesen kann sich als schwierig erweisen.

So entsprechen Arbeitshypothesen oftmals Aussagen der Form
- ... Männer rauchen mehr als Frauen ... ,
- ... in Siegen regnet es häufiger als in Frankfurt ...,
- ... Frauen sind eher arbeitslos als Männer ...
- ... Kinder aus Arbeiterfamilien studieren seltener ...
- ... der neue Pkw verbraucht weniger Benzin als der alte ...

und somit kann es schwierig sein, die Alternativhypothesen zu formulieren.

Stellt man eine **Nullhypothese** $H_0$ (verbunden mit einer **Alternativhypothese** $H_1$) auf und versucht diese dann an Hand empirischen Datenmaterials zu überprüfen, so können die folgenden vier Entscheidungssituationen eintreten.

|  | Entscheidung für | |
| --- | --- | --- |
|  | $H_0$ | $H_1$ |
| $H_0$ **wahr** | richtig | falsch Fehler 1.Art (α-Fehler) |
| $H_1$ **wahr** | falsch Fehler 2.Art (β-Fehler) | richtig |

Tabelle 14.1 Entscheidungssituationen statistischer Tests

Wie man sieht, kann man auf Grund des empirischen Datenmaterials zwei richtige und zwei falsche Entscheidungen treffen. Dabei besitzen die beiden falschen Entscheidungen eine unterschiedliche Bedeutung. Beim **Fehler 1.Art** (α-Fehler) entscheidet man sich für die Alternativhypothese $H_1$, obwohl $H_0$ wahr ist. Beim **Fehler 2.Art** (β-Fehler) entscheidet man sich für die Nullhypothese $H_0$, obwohl $H_1$ wahr ist (vgl. Tabelle 14.1). Dies ist nicht nur ein formaler, sondern auch ein inhaltlicher Unterschied, der an einem Beispiel verdeutlicht werden soll.

**Beispiel 14.4** *Steht ein Angeklagter vor Gericht, so lautet die Hypothese* $H_0$*: „Der Angeklagte ist unschuldig" und* $H_1$ *lautet: „Der Angeklagte ist schuldig". Hypothese und Alternative sind so zu formulieren, da das Gericht die Schuld des Angeklagten beweisen muss und nicht der Angeklagte seine Unschuld. Der Fehler 1.Art entspricht nun der Tatsache, dass ein Unschuldiger verurteilt wird. Der Fehler 2.Art entspricht der Tatsache, dass ein Schuldiger nicht verurteilt wird.*

Wie man an diesem Beispiel sieht, sind die Fehler unterschiedlich zu bewerten. Dabei spielen moralische, ethische, aber auch kostenrelevante Gründe eine Rolle.

Ein weiteres Problem besteht darin, dass der prozentuale Anteil der beiden Fehler nicht gleichzeitig gesenkt werden kann. Will man im Beispiel 14.4 keinen Unschuldigen verurteilen, muss man notwendigerweise viele Schuldige auch nicht verurteilen. Will man aber umgekehrt niemals einen Schuldigen nicht verurteilen, ist es leider notwendig, auch viele Unschuldige zu verurteilen.

Um nun dieses Problem zu lösen, geht man innerhalb der schließenden Statistik folgendermaßen vor. Es werden nur Entscheidungsverfahren benutzt, die den Fehler 1.Art kontrollieren. Zwar ist in einer konkreten Testsituation nicht bekannt, ob man eine fehlerhafte Entscheidung trifft, jedoch kann man die Wahrscheinlichkeit für einen Fehler kontrollieren. Es wird für ein Testverfahren also **vorher** festgelegt, mit welcher Wahrscheinlichkeit höchstens ein Fehler 1.Art gemacht wird. Diese Wahrscheinlichkeit wird mit α, $0 < α < 1$ bezeichnet, und man spricht hierbei auch vom Signifikanzniveau $\alpha$. Ein solcher Test heißt dann Test zum Niveau $\alpha$ oder auch Niveau-$\alpha$-Test.

Üblicherweise verwendete Werte für $\alpha$ sind 0.01, 0.05 und 0.10. Setzt man für einen Test z.B. $\alpha = 0.05$ fest, so bedeutet dies, dass man bei der Durchführung dieses Tests in höchstens 5% aller Fälle eine falsche Entscheidung der Art trifft, dass man sich für die Alternative entscheidet, obwohl die Nullhypothese zutrifft. Stehen einem 100 Grundgesamtheiten zur Verfügung, bei denen die Nullhypothese zutrifft, so würde man sich aufgrund der 100 dazugehörigen Stichproben nur bei höchstens fünf Stichproben für die Alternative entscheiden, obwohl sie falsch ist.

Eine Aussage zur Wahrscheinlichkeit des Fehlers 2.Art wird hierbei nicht getroffen. Testverfahren werden jedoch so konstruiert, dass sie auch die Wahrscheinlichkeit für den $\beta$-Fehler gering halten. Wahrscheinlichkeitsaussagen wie beim $\alpha$-Fehler sind jedoch nicht gleichzeitig möglich.

Der eigentliche Test besteht nun darin, dass empirische Schätzwerte aus vorliegenden Daten mit den unter der Nullhypothese angenommenen theoretischen Werten – z.B. den Verteilungsparametern – verglichen werden. Dies geschieht i.allg. mit Hilfe einer Teststatistik, die den vorliegenden Daten eine Zahl zuordnet. Unter den getroffenen Modellannahmen kann dann für diese Zahl entschieden werden, ob die Nullhypothese abgelehnt werden kann oder nicht.

Dies wird dadurch möglich, dass zuvor den empirisch gewonnenen Daten ein statistisches Modell unterlegt wird. Werden für die Daten unter $H_0$ – also der Annahme, dass die Nullhypothese wahr ist – spezielle Verteilungsannahmen getroffen, so ist die Teststatistik immer gerade so konstruiert, dass man auch die Verteilung der Teststatistik unter $H_0$ bestimmen kann. Mit Hilfe dieser Verteilung lässt sich dann für einen konkret berechneten Wert der Teststatistik entscheiden, wie (un-)wahrscheinlich dieser Wert ist. Die Entscheidungssituation und die dabei möglichen Fehler lassen sich anschaulich grafisch darstellen (vgl. auch Abbildung 14.1).

Unter den Annahmen der jeweiligen Nullhypothese lassen sich für die Verteilung der Teststatistik diejenigen Bereiche festlegen, in denen Werte mit größerer bzw. nur mit geringerer Wahrscheinlichkeit angenommen werden. Möchte man unter der Nullhypothese höchstens in $(100 \cdot \alpha)\%$ aller Fälle eine falsche Entscheidung treffen, so bestimmt man mit Hilfe von Quantilen der Verteilung der Teststatistik diejenigen Bereiche, in denen $(100 \cdot \alpha)\%$ der „unwahrscheinlichsten" Teststatistikwerte liegen. Je nach Art der Alternative, gegen die man sich absichern möchte, ist es also nötig, das $\alpha$-Quantil, oder das $(1-\alpha)$-Quantil bzw. das $(\alpha/2)$-Quantil und gleichzeitig das $(1-\alpha/2)$-Quantil der Teststatistikverteilung zu bestimmen. Der bzw. die Quantilwerte trennen damit die Bereiche, die zur Ablehnung oder Nicht-Ablehnung der Nullhypothese führen. Sie werden daher oft als kritische Werte bezeichnet. Bezeichnen wir solch einen kritischen Wert allgemein mit $c(\alpha)$, so gilt für eine Teststatistik $T$ unter $H_0$:

$$P_{H_0}\left(T > c(\alpha)\right) \le \alpha \quad ,$$

und damit beträgt der Fehler 1.Art maximal $(100 \cdot \alpha)\%$.

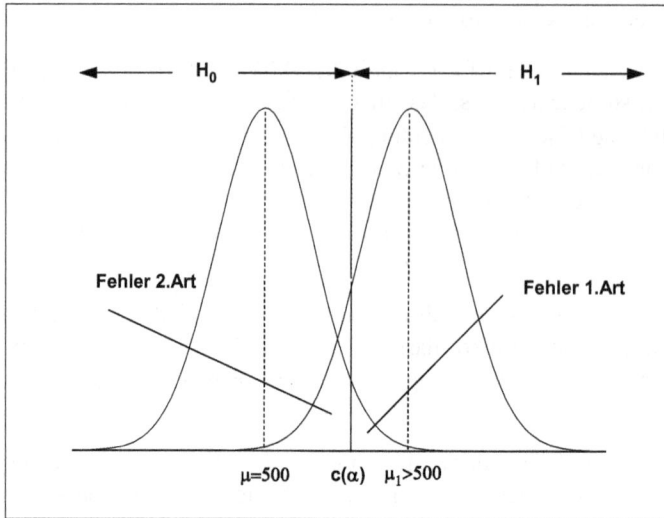

*Abbildung 14.1 Grafische Veranschaulichung der Fehler 1. und 2.Art*

**Beispiel 14.5** *Die Mitarbeiterinnen im Kindergarten (Beispiel 13.10) haben aufgrund ihrer empirischen Untersuchung die Vermutung, dass die mittlere Konzentrationsdauer $\mu$ der Kindergartenkinder größer als 500 Sekunden ist. Daher stellen sie die folgenden Hypothesen auf:*

$$H_0 : \mu \leq 500 \quad gegen \quad H_1 : \mu > 500 \; .$$

*Sie unterstellen, dass die gewonnenen Daten Realisationen normalverteilter Zufallsvariablen mit einer Varianz von 16 Quadratsekunden sind. Unter $H_0$ wird der Erwartungswert als 500 Sekunden angenommen.*

*Nehmen wir an, wir benutzen eine Teststatistik T, die auf dem Vergleich von theoretischem Erwartungswert und tatsächlicher gemessener durchschnittlicher Konzentrationsdauer beruht. Für einen vorgegebenen $\alpha$-Fehler können wir das $(1-\alpha)$-Quantil der Verteilung von T unter $H_0$ bestimmen. Wir bestimmen deshalb das $(1-\alpha)$-Quantil und nicht das $\alpha$-Quantil, weil unter $H_1$ für $\mu$ größere Werte angenommen werden als unter $H_0$. Damit gehören berechnete Werte der Teststatistik, die größer als $(1-\alpha)$-Quantil sind, zu den $(100 \cdot \alpha)\%$ unwahrscheinlichsten Werten unter $H_0$, wohingegen berechnete Werte der Teststatistik, die kleiner oder gleich diesem Quantil sind, als „plausible" Werte unter $H_0$ betrachtet werden.*

*Berechnen wir nun für die tatsächlich beobachteten Werte einen Teststatistikwert, der kleiner als der ermittelte kritische Wert – das $(1-\alpha)$-Quantil – ist, so können wir die Nullhypothese nicht ablehnen. Andernfalls kann die Nullhypothese zugunsten der Alternative verworfen werden, wobei diese Entscheidung mit einem maximalen Fehler 1.Art von $(100 \cdot \alpha)\%$ behaftet ist. Die Abbildung 14.1 verdeutlicht noch einmal die Entscheidungssituation.*

Ein **statistischer Test** $\varphi$ liefert als Ergebnis nur zwei Zahlen. Er nimmt den Wert Null an, wenn die Nullhypothese nicht abgelehnt werden kann. Er nimmt den Wert Eins an, wenn die Nullhypothese abgelehnt werden kann. Wird $H_0$ abgelehnt, so bezeichnet man die Alternativhypothese $H_1$ als **signifikant zum Niveau** $\alpha$.

Die Festlegung des Testniveaus $\alpha$ muss unbedingt vor der eigentlichen Durchführung des Tests erfolgen, um zu einer korrekten Entscheidung zu gelangen. Würde man das Testniveau erst nach der Durchführung des eigentlichen Tests bestimmen, so ließe sich dann durch eine geeignete Wahl von $\alpha$ jede gewünschte Testentscheidung erzwingen.

Eine etwas andere Vorgehensweise, die in vielen statistischen Programmpaketen gewählt wird, ist es, das Niveau zu bestimmen, bei dem der Test gerade noch zur Ablehnung der Nullhypothese führt. Dieser berechenbare kleinste $\alpha$-**Wert** wird als **p-Wert (p-value)** bezeichnet. Der p-Wert kann mit dem vorher (!) festgesetzten Niveau $\alpha$ verglichen werden. Ist der berechnete p-Wert kleiner oder gleich dem vorher festgesetzten Niveau, so wird die Nullhypothese verworfen, ist der p-Wert größer als der Wert des Testniveaus, so kann die Nullhypothese nicht abgelehnt werden.

Man unterscheidet bei statistischen Testproblemen zwischen **einseitigen** und **zweiseitigen** Tests. Dabei sind Nullhypothesen der Art

$$H_0 : \mu_A \geq \mu_B \quad ,$$
$$H_0 : \mu_A \leq \mu_B$$

**einseitige Hypothesen** und

$$H_0 : \mu_A = \mu_B$$

**zweiseitige Hypothesen**.

Betrachtet man einseitige Hypothesen, so genügt die Bestimmung eines kritischen Wertes, für zweiseitige Hypothesen müssen i.allg. jedoch zwei kritische Werte bestimmt werden, da man sich unter der Alternative gegen kleinere als auch gegen größere Werte für den zu testenden Parameter absichern muss.

*Beispiel 14.6 Will man z.B. empirisch nachprüfen, dass in einem Krankenhaus mittlerer Größe durch die Einführung eines EDV-gestützten Speisebestellsystems jeden Tag mehr als 10 Essen eingespart werden können, so lautet die Nullhypothese*

$$H_0 : \mu \leq 10$$

*und die Alternative*

$$H_1 : \mu > 10 \, .$$

*Es handelt sich um ein einseitiges Testproblem. Lehnt man die statistische Nullhypothese ab, so „beweist man statistisch" die substanzwissenschaftliche Hypothese, die in der Regel der statistischen Alternative entspricht.*

*Beispiel 14.7 Will man nachweisen, dass Männer mehr Zigaretten am Tag rauchen als Frauen, so ist*

$$H_0 : \mu_M \leq \mu_F$$

*gegen*

$$H_1 : \mu_M > \mu_F$$

*zu testen. Auch hier handelt es sich um ein einseitiges Testproblem. Denn wenn man hier die statistische Nullhypothese ablehnt, hat man bis auf einen durchschnittlichen Fehler von maximal 100·α% die Arbeitshypothese (Alternative) „bewiesen".*

**Beispiel 14.8** *Will man überprüfen, ob zu den Fußballspielen des VFL B. und der Borussia D. im Mittel unterschiedlich viele Zuschauer kommen, so überprüft man die Hypothese*

$$H_0 : \mu_{Borussia} = \mu_{VFL}$$

*gegen die Alternative*

$$H_1 : \mu_{Borussia} \neq \mu_{VFL} \ .$$

*Hier handelt es sich um ein zweiseitiges Testproblem. Wird diese statistische Nullhypothese abgelehnt, so kann man davon ausgehen, dass zu den Fußballspielen unterschiedlich viele Zuschauer kommen.*

Bevor wir uns speziellen Testverfahren zuwenden, wollen wir die Vorgehensweise bei einem statistischen Test noch einmal zusammenfassen:

1. Man formuliert die Nullhypothese $H_0$ so, dass die statistische Verteilung der Daten unter $H_0$ (genauer: unter der Bedingung, dass $H_0$ wahr ist) bekannt ist. Damit entspricht die statistische Nullhypothese zumeist der substanzwissenschaftlichen Alternative und umgekehrt.

2. Nullhypothese $H_0$ und Alternativhypothese $H_1$ müssen sich ergänzen und zusammen alle Entscheidungsmöglichkeiten abdecken.

3. Für den Anteil des Fehlers 1.Art wird eine obere Schranke α mit $0 \leq \alpha \leq 1$ festgelegt. Die bedingte Wahrscheinlichkeit sich für die Alternativhypothese zu entscheiden, obwohl die Nullhypothese wahr ist, soll kleiner oder gleich α sein

$$P(\text{Entscheidung für } H_1 \mid H_0 \text{ wahr}) \leq \alpha \ .$$

   α heißt auch **Signifikanzniveau**.

4. Der Test bzw. das Entscheidungsverfahren wird so durchgeführt, dass die Wahrscheinlichkeit des Fehlers 2.Art minimal wird.

5. Ein statistischer Test $\phi$ wird so konstruiert, dass er nur zwei Ergebnisse liefert, nämlich die Werte Null und Eins. Liefert er den Wert Null, so wird die Hypothese $H_0$ nicht verworfen. Liefert er den Wert Eins, so entscheidet man sich für die Alternative $H_1$. (Es hat sich im Sprachgebrauch herausgebildet, dass man die Nullhypothese **nicht ablehnt**. Man nimmt sie nicht an!)

An dieser Stelle soll auch kurz auf das Problem **multipler Tests** hingewiesen werden. Ein multiples Testproblem ist immer dann gegeben, wenn anhand einer Stichprobe mehrere Nullhypothesen überprüft werden sollen. Als Folge davon ist der Fehler 1.Art nicht mehr auf einfache Art zu kontrollieren. Gilt für jede einzelne Testentscheidung, dass der Fehler 1.Art (100·α)% beträgt, so kann dieser Fehler für die Gesamtaussage dennoch unüberschaubar sein. Sofern sich das Problem multipler Tests nicht durch eine geeignete Auswertung von Daten vermeiden lässt, müssen spezielle Testprozeduren angewandt werden, die es auch weiterhin ermöglichen, den Fehler 1.Art zu kontrollieren. Interessierte Leser(innen) seien hierzu z.B. auf die Bücher von *Miller (1966)* oder *Hochberg & Tamhane (1987)* verwiesen.

Im Kapitel 13 ist schon der Begriff des Konfidenzintervalls eingeführt worden. Dies ist ein Intervall, das den unbekannten Parameter einer statistischen Verteilung mit einer vorgegebenen Wahrscheinlichkeit überdeckt. Lehnt man nun bei einem durchgeführten Testverfahren die Nullhypothese ab, so würde das aus dem Stichprobenmaterial berechnete zugehörige Konfidenzintervall den Parameter der Nullhypothese nicht überdecken. Lehnt man die Nullhypothese nicht ab, so überdeckt das Konfidenzintervall den Parameter der Nullhypothese.

Im nächsten Kapitel beschäftigen wir uns nun mit speziellen Testverfahren für ausgewählte Testprobleme.

# 14.3    Übungsaufgaben

*Aufgabe 14.1 Bei welchen der folgenden Hypothesen handelt es sich um einseitige, bei welchen um zweiseitige Testprobleme? Wie lauten die formalen statistischen Hypothesen?*

1. Die politische Partei ABC überspringt bei der nächsten Wahl die 5%-Hürde.

2. Deutsches Bier schmeckt anders als belgisches Bier.

3. Deutsches Bier schmeckt besser als belgisches Bier.

4. Die hergestellten Kugeln in einer Kugelfabrik weichen im Durchmesser um mehr als 5 mm von der Sollstärke ab.

5. Die Mindestfüllmenge von 500ml pro Flasche wird bei der Biersorte „Quicktrink" nicht erreicht.

6. Männliche Verkehrsteilnehmer verursachen mehr Unfälle als weibliche Verkehrsteilnehmer.

7. In der Steuerklasse I zahlt man einen anderen Steuerbetrag als in der Steuerklasse IV.

*Aufgabe 14.2 In einer empirischen Untersuchung soll nachgewiesen werden, dass männliche Jugendliche mehr CDs besitzen als weibliche. Wie lautet die statistische Nullhypothese?*

*Aufgabe 14.3 In einer Studie soll nachgewiesen werden, dass die durchschnittliche Säuglingssterblichkeit vom sozialen Status der Eltern abhängt. Im Rahmen dieser Studie werden insgesamt vier verschiedene soziale Schichten betrachtet. Wie lautet die Nullhypothese?*

# 15 Statistische Tests zu ausgewählten Problemen

In diesem Kapitel werden für einige ausgewählte Probleme statistische Tests vorgestellt. Dabei bemühen wir uns, diese Tests formal so vorzustellen, dass diese Zusammenstellung von dem Leser (der Leserin) später auch als Katalog bzw. Nachschlagewerk verwandt werden kann. Wir beschränken uns dabei auf die Darstellung parametrischer Tests. Für die Anwendung nichtparametrischer Testverfahren sei u.a. auf *Bortz et al.* (1990) verwiesen. Bei den parametrischen Testverfahren beschäftigen wir uns zunächst mit Tests bzgl. eines oder mehrerer Erwartungswerte sowie mit Tests bzgl. der Varianz einer oder mehrerer Verteilungen, bevor wir uns dann Testverfahren von Zusammenhangsmaßen zuwenden.

## 15.1 Der Gauß –Test

Der Gauß-Test ist ein Test bzgl. des Erwartungswertes $\mu$. Die grundlegende Annahme bei einem Gauß-Test ist die, dass die Daten einer Normalverteilung mit unbekanntem Erwartungswert $\mu$ und bekannter Varianz $\sigma^2$ entstammen. Wollen wir mit Hilfe des Gauß-Tests Aussagen über eine einzelne Stichprobe treffen (Einstichproben-Gauß-Test), so gilt diese Annahme für die Werte dieser einen Stichprobe. Möchte man zwei Stichproben bzgl. ihrer Erwartungswerte miteinander vergleichen (Zweistichproben-Gauß-Test), so muss diese Annahme für beide Stichproben gelten. Beide Stichproben müssen jeweils einer Normalverteilung (nicht notwendigerweise derselben!) mit jeweils bekannter Varianz entstammen, und die Stichproben müssen voneinander unabhängig sein. Sind die Stichproben nicht als voneinander unabhängig anzusehen, so lässt sich das Testproblem auf den Einstichproben-Gauß-Test zurückzuführen. In diesem Fall ist jedoch Bedingung, dass beide Stichproben denselben Umfang besitzen und je zwei Stichprobenwerte Eins zu Eins zugeordnet werden können. Man spricht dann auch von verbundenen Stichproben.

### 15.1.1 Der Einstichproben-Gauß-Test

Gegeben sei eine Stichprobe $x_1, ..., x_n$ vom Umfang $n$. Die einzelnen Beobachtungen $x_i$, $i = 1,..., n$ entstammen einer Normalverteilung mit unbekanntem Erwartungswert $\mu_X$ und bekannter Varianz $\sigma_X^2$. Überprüft werden Hypothesen bzgl. des unbekannten Erwartungswertes $\mu_X$. Dies sind entweder einseitige Hypothesen der Form

$$H_0 : \mu_X \le \mu_0 \quad \text{bzw.} \quad H_0 : \mu_X \ge \mu_0$$

gegen

$$H_1 : \mu_X > \mu_0 \quad \text{bzw.} \quad H_1 : \mu_X < \mu_0$$

oder die zweiseitige Hypothese

$$H_0 : \mu_X = \mu_0 \quad \text{gegen} \quad H_1 : \mu_X \ne \mu_0 \ .$$

Dabei ist $\mu_0$ eine feste Zahl, mit der der unbekannte Erwartungswert $\mu_X$ verglichen werden soll. Als Schätzer für den unbekannten Parameter $\mu_X$ verwenden wir das arithmetische Mittel $\overline{X}$. Wir vergleichen den Schätzer und den unter $H_0$ vorgegebenen Parameterwert und erhalten als (standardisierte) Teststatistik

$$T = \frac{\overline{X} - \mu_0}{\sigma_X} \cdot \sqrt{n} \ ,$$

die unter $H_0$ gerade standardnormalverteilt ist. Bei der Durchführung des Tests vergleichen wir nun die Realisation dieser Teststatistik

$$t = \frac{\overline{x} - \mu_0}{\sigma_X} \cdot \sqrt{n}$$

mit Quantilen der Standardnormalverteilung. Einseitige (Null-)Hypothesen werden zum Niveau $\alpha$ abgelehnt, falls

$$|t| > u_{1-\alpha}$$

ist. Dabei ist $|t|$ der Absolutbetrag der Teststatistik $t$ und $u_{1-\alpha}$ das $(1-\alpha)$-Quantil der Standardnormalverteilung. Eine zweiseitige (Null-)Hypothese über den Parameter $\mu_X$ wird zum Niveau $\alpha$ abgelehnt, falls

$$|t| > u_{1-\alpha/2}$$

ist. Dabei ist $u_{1-\alpha/2}$ das $(1-\alpha/2)$-Quantil der Standardnormalverteilung.

**Beispiel 15.1** *In der Fortbildungsakademie HIERLERNSTEWAS werden zahlreiche Übernachtungsgäste aufgenommen. Um wirtschaftlich bestehen zu können, sollten mindestens 500 Übernachtungen pro Monat stattfinden. Der Geschäftsführer Klaus D. geht davon aus, dass die mittlere Soll-Übernachtungszahl eine Varianz von 49 besitzt. Um zu überprüfen, ob die theoretisch gegebene Sollzahl von ($\mu_0 =$) 500 Übernachtungen auch praktisch erreicht wird, schaut sich der Geschäftsführer im Oktober 1996 die Übernachtungszahlen der ersten 9 Monate im Jahre 1996 an. Er stellt dabei ein arithmetisches Mittel von monatlich 495 Übernachtungen fest. Liegt eine signifikante Unterbelegung der Fortbildungsakademie vor? Testen Sie dies (unter der Annahme, dass die Grundgesamtheit normalverteilt ist) zu $\alpha = 5\%$! (Die Frage der eventuellen Unterbelegung würde sich natürlich nicht stellen, falls man ein arithmetisches Mittel von über 500 Übernachtungen ermittelt hätte. Da man hier aber knapp unter diesem Sollwert liegt, möchte man wissen, ob man wirklich unter diesem Sollwert liegt, oder ob dies nur auf eine zufällige temporäre Erscheinung zurückzuführen ist.)*

*Es ist*

$$H_o : \mu_{1996} \geq 500 \qquad \text{und} \qquad H_1 : \mu_{1996} < 500$$

sowie

$$t = \frac{495 - 500}{7} \cdot \sqrt{9} = \frac{5}{7} \cdot 3 = 2.14 \quad .$$

*Da $u_{1-0.05} = u_{0.95} = 1.65 < 2.14 = |t|$ ist die Hypothese zu verwerfen, d.h., es kann davon ausgegangen werden, dass in den letzten Monaten signifikant zu wenig Übernachtungen stattgefunden haben. (Zum Ablesen des kritischen Wertes $u_{0.95}$ ist Tabelle 13.1 bzw. Tabelle 17.3 verwandt worden.)*

Korrespondierend zum Ein-Stichproben-Gauß-Test für den unbekannten Erwartungswert μ ergibt sich als zweiseitiges Konfidenzintervall zum Niveau 1-α:

$$\left[ \bar{x} - \frac{\sigma}{\sqrt{n}} \cdot u_{1-\alpha/2} ; \bar{x} + \frac{\sigma}{\sqrt{n}} \cdot u_{1-\alpha/2} \right] \quad .$$

**Beispiel 15.2** *Ermitteln wir für die Situation aus Beispiel 15.1 ein zweiseitiges Konfidenzintervall zum Niveau 1-α = 0.95 für den unbekannten Erwartungswert μ, so ergibt sich mit $u_{1-\alpha/2} = 1.96$*

$$\left[ 495 - \frac{7}{\sqrt{9}} \cdot 1.96 ; 495 + \frac{7}{\sqrt{9}} \cdot 1.96 \right] = [490.43 ; 499.57] \quad .$$

*Da der Hypothesenwert μ = 500 nicht im Intervall liegt, hätte ein zweiseitiger Test zum Niveau 1-α = 0.95 zur Ablehnung der Nullhypothese geführt.*

## 15.1.2 Der Zweistichproben-Gauß-Test für unverbundene Stichproben

Gegeben seien zwei Stichproben $x_1, ..., x_n$ und $y_1, ..., y_m$. Die Stichprobenwerte $x_i$, $i = 1, ..., n$ entstammen einer Normalverteilung mit unbekanntem Erwartungswert $\mu_X$ und bekannter Varianz $\sigma_X^2$. Die Stichprobenwerte $y_j$, $j = 1, ..., m$ entstammen einer Normalverteilung mit unbekanntem Erwartungswert $\mu_Y$ und bekannter Varianz $\sigma_Y^2$. Dabei können die beiden Varianzen und die beiden Stichprobenumfänge $n$ und $m$ unterschiedlich sein.

Mit Hilfe des Zweistichproben-Gauß-Tests sollen nun Hypothesen überprüft werden, die die beiden unbekannten Erwartungswerte miteinander vergleichen. Dies können einseitige Hypothesen der Form

$$H_0 : \mu_X \leq \mu_Y \quad \text{bzw.} \quad H_0 : \mu_X \geq \mu_Y$$

gegen

$$H_1 : \mu_X > \mu_Y \quad \text{bzw.} \quad H_1 : \mu_X < \mu_Y$$

oder auch die zweiseitige Hypothese

$$H_0 : \mu_X = \mu_Y \quad \text{gegen} \quad H_1 : \mu_X \neq \mu_Y$$

sein.

Die beiden unbekannten Erwartungswerte werden mit ihren Schätzern $\overline{X}$ und $\overline{Y}$ verglichen. Als (standardisierte) Teststatistik erhalten wir

$$T = \frac{\overline{X} - \overline{Y} - (\mu_X - \mu_Y)}{\sqrt{\dfrac{\sigma_X^2}{n} + \dfrac{\sigma_Y^2}{m}}} \quad ,$$

die unter $H_0$ gerade standardnormalverteilt ist. Bei der Durchführung des Tests vergleichen wir die Realisation dieser Teststatistik

$$t = \frac{\overline{x} - \overline{y} - (\mu_X - \mu_Y)}{\sqrt{\dfrac{\sigma_X^2}{n} + \dfrac{\sigma_Y^2}{m}}}$$

mit Quantilen der Standardnormalverteilung. Einseitige (Null-)Hypothesen werden zum Niveau $\alpha$ abgelehnt, falls

$$|t| > u_{1-\alpha}$$

ist. Dabei ist $|t|$ der Absolutbetrag der Teststatistik $t$ und $u_{1-\alpha}$ das $(1-\alpha)$-Quantil der Standardnormalverteilung. Die zweiseitige Hypothese wird zum Niveau $\alpha$ abgelehnt, falls

$$|t| > u_{1-\alpha/2}$$

ist. $u_{1-\alpha/2}$ das $(1-\alpha/2)$-Quantil der Standardnormalverteilung. Bei der Betrachtung einer zweiseitigen Nullhypothese

$$H_0: \quad \mu_X = \mu_Y$$

verwendet man als Teststatistik direkt die vereinfachte Form

$$T = \frac{\overline{X} - \overline{Y}}{\sqrt{\dfrac{\sigma_X^2}{n} + \dfrac{\sigma_Y^2}{m}}}$$

bzw. als Realisation

$$t = \frac{\overline{x} - \overline{y}}{\sqrt{\dfrac{\sigma_X^2}{n} + \dfrac{\sigma_Y^2}{m}}} \quad ,$$

da unter der Nullhypothese $\mu_X - \mu_Y = 0$ gilt.

**Beispiel 15.3** *Der Geschäftsführer aus Beispiel 15.1 möchte zusätzlich auch wissen, ob sich die Übernachtungszahlen des laufenden Jahres durchschnittlich von den Zahlen des letzten Jahres unterscheiden. Darum möchte er die Übernachtungszahlen des vergangenen Geschäftsjahres (12 Monate im Jahre 1995) mit den aus Beispiel 15.1 zur Verfügung stehenden neun Monaten vergleichen. Damals erhielt er ein monatliches arithmetisches Mittel von 498 Übernachtungen bei gleicher Varianzannahme $\left(\sigma_{1995}^2 = \sigma_{1996}^2 = 49\right)$. Kann man zum 5%-Niveau nachweisen, dass sich die Übernachtungszahlen in den beiden Jahren unterscheiden (unter der Annahme zugrunde liegender Normalverteilungen)?*

*Es ist*

$$H_0 : \mu_{1996} = \mu_{1995} \qquad \text{und} \qquad H_1 : \mu_{1996} \neq \mu_{1995}$$

*sowie*

$$t = \frac{495 - 498}{\sqrt{\dfrac{49}{9} + \dfrac{49}{12}}} = \frac{-3}{\sqrt{\dfrac{196 + 147}{36}}} = -\frac{3 \cdot 6}{\sqrt{343}} = -\frac{18}{18.52} = -0.97 \quad .$$

*Da $u_{1-0.025} = u_{0.975} = 1.96 > 0.97 = |t|$ ist hier die Nullhypothese nicht zu verwerfen, d.h., es kann nicht nachgewiesen werden, dass sich die Belegungszahlen in den beiden Jahren unterscheiden. (Zum Ablesen des kritischen Wertes $u_{0.975}$ ist Tabelle 13.1 bzw. Tabelle 17.3 verwandt worden.)*

Als zweiseitiges Konfidenzintervall zum Niveau 1-α ergibt sich beim Zwei-Stichproben-Gauß-Test für unverbundene Stichproben:

$$\left[ \overline{x}_1 - \overline{x}_2 - \sqrt{\frac{\sigma_1^2}{n_1} + \frac{\sigma_2^2}{n_2}} \cdot u_{1-\alpha/2} \; ; \; \overline{x} - \overline{x}_2 + \sqrt{\frac{\sigma_1^2}{n_1} + \frac{\sigma_2^2}{n_2}} \cdot u_{1-\alpha/2} \right] \quad .$$

**Beispiel 15.4** *Ermitteln wir für die Situation aus Beispiel 15.3 ein zweiseitiges Konfidenzintervall zum Niveau 1-α = 0.95 für den unbekannten Erwartungswert μ, so ergibt sich mit $u_{1-\alpha/2} = 1.96$*

$$\left[ 495 - 498 - \sqrt{\frac{343}{36}} \cdot 1.96 \; ; \; 495 - 498 + \sqrt{\frac{343}{36}} \cdot 1.96 \right] = [-9.05 \; ; \; 3.05] \quad .$$

*Da der Wert Null im Intervall liegt, hätte ein zweiseitiger Test zum Niveau 1-α = 0.95 nicht zur Ablehnung der Nullhypothese geführt.*

## 15.1.3    Der Zweistichproben-Gauß-Test für verbundene Stichproben

Häufig liegen zwar die Daten in Form zweier Stichproben vor, jedoch stehen die einzelnen Beobachtungen in einer Beziehung zueinander. In vielen dieser Fälle handelt es sich jeweils um zwei simultane Messungen an einem Objekt oder um zwei Messungen an einem Objekt, die in einer zeitlichen Reihenfolge zueinander stehen. (Vorher-Nachher-Vergleich). In derartigen Fällen spricht man von **verbundenen Stichproben**. Man bildet die Differenzen der jeweils korrespondierenden Ergebnisse und führt dann für diese Differenzen den **Einstichproben-Gauß-Test** durch. Gegeben seien also zwei Stichproben $x_1, ..., x_n$ und $y_1, ..., y_n$, die jeweils einer Normalverteilung mit unbekannten Erwartungswerten $\mu_X$ bzw. $\mu_Y$ und bekannten, nicht notwendigerweise gleichen Varianzen $\sigma_X^2$ und $\sigma_Y^2$ entstammen. Die Umfänge beider Stichproben müssen jedoch identisch sein, da ansonsten keine Differenzenbildung vorgenommen werden kann. Anstelle der ursprünglichen Stichprobenwerte benutzen wir nun die Differenzen der (verbundenen) Stichprobenwerte:

$$d_i = x_i - y_i \quad \text{für } i = 1, \cdots, n \ .$$

Bei der Differenzenbildung ist darauf zu achten, dass diese sinngemäß richtig erfolgt, wie auch das nachfolgende Beispiel zeigt. Für die Differenzen gilt aufgrund der oben getroffenen Annahmen, dass sie Realisationen normalverteilter Zufallsvariablen mit unbekanntem Erwartungswert $\mu_D$ und bekannter Varianz

$$\sigma_D^2 = \sigma_X^2 + \sigma_Y^2 - 2 \cdot Cov(X, Y)$$

sind.

Getestet werden können für die gebildeten Differenzen sowohl ein- als auch zweiseitige Hypothesen, also

$$H_0 : \mu_D \leq \mu_0 \quad \text{bzw.} \quad H_0 : \mu_D \geq \mu_0$$

gegen

$$H_1 : \mu_D > \mu_0 \quad \text{bzw.} \quad H_1 : \mu_D < \mu_0$$

oder die zweiseitige Hypothese

$$H_0 : \mu_D = \mu_0 \quad \text{gegen} \quad H_1 : \mu_D \neq \mu_0 \ .$$

Hierbei ist $\mu_D$ der angenommene Erwartungswert der gemessenen Differenz und $\mu_0$ wiederum eine feste Zahl. Als Teststatistik ergibt sich

$$T = \frac{\overline{D} - \mu_0}{\sigma_D} \cdot \sqrt{n}$$

mit $\overline{D} = \overline{X} - \overline{Y}$. $T$ ist unter $H_0$ standardnormalverteilt. Die Realisation dieser Teststatistik

$$t = \frac{\overline{d} - \mu_0}{\sigma_D} \cdot \sqrt{n}$$

– mit $\overline{d} = \dfrac{1}{n} \cdot \sum\limits_{i=1}^{n} d_i = \overline{x} - \overline{y}$ – wird wieder mit den Quantilen der Standardnormalverteilung verglichen. Für einseitige Hypothesen wird $H_0$ zum Niveau $\alpha$ abgelehnt, wenn

$$|t| > u_{1-\alpha}$$

gilt, für zweiseitige Hypothesen, wenn

$$|t| > u_{1-\alpha/2}$$

ist.

**Beispiel 15.5** *In einer neurologischen Reha-Klinik möchte der Mediziner Gustav Neuner überprüfen, ob die Patienten an den beiden Händen feinmotorische Unterschiede aufweisen. Dazu lässt er sechs Patienten folgendes Experiment durchführen. Es wird die Zeit (in Sekunden) gemessen, die man benötigt, um eine Kugel in ein Loch in der Tischplatte zu stecken. Jeder Patient führt dieses Experiment einmal mit rechts und einmal mit links aus. Um die Hypothese testen zu können, dass man mit den beiden Händen unterschiedliche Ergebnisse erzielt, bildet er die Differenzen der beiden Versuche. Er erhält die folgende Ergebnistabelle (Mitglied-Nr.4 scheint Linkshänder zu sein).*

| Patienten-Nr. | 1 | 2 | 3 | 4 | 5 | 6 |
|---|---|---|---|---|---|---|
| Linke Hand | 8 | 7 | 5 | 1 | 4 | 6 |
| Rechte Hand | 2 | 2 | 4 | 9 | 4 | 4 |
| Differenz | +6 | +5 | +1 | -8 | 0 | +2 |

*Ergebnisse des Versuches*

*Gustav Neuner möchte nun nachweisen, dass der Erwartungswert $\mu_D$ der Differenzen größer als Null ist. Denn dann hätte er nachgewiesen, dass man mit der linken Hand langsamer ist als mit der rechten Hand. Demzufolge bildet er die Hypothesen*

$$H_0 : \mu_D \leq 0 \qquad \text{sowie} \qquad H_1 : \mu_D > 0$$

*und möchte diese zum 5%-Niveau testen. Denn wenn er die hier gewählte Nullhypothese ablehnt, weist er damit statistisch nach, dass das Ergebnis der linken Hand größer ist als das Ergebnis der rechten Hand. Auf Grund langjähriger Erfahrung nimmt er an, dass für die Varianz der Differenzen $\sigma_D^2 = 16$ gilt. Für den Test berechnet er*

$$t = \frac{\overline{d} - \mu_0}{\sigma_D} \cdot \sqrt{n} = \frac{1-0}{4} \cdot \sqrt{6} = 0.25 \cdot 2.45 = 0.61 \quad .$$

*Da $|t| = 0.61 < u_{0.95} = 1.65$ kann er seine Nullhypothese nicht verwerfen. Zum Ablesen des kritischen Wertes $u_{0.95}$ ist Tabelle 17.3 verwandt worden.*

*Als er sein Ergebnis auf einem wissenschaftlichen Kongress vortrug, machte ihn sein Kollege Heinz Grampel darauf aufmerksam, dass er sein Experiment nicht ganz richtig ausgewertet hätte. Er hätte berücksichtigen müssen, dass Mitglied-Nr.4 wohl Linkshänder sei, und er deshalb die Differenz zwischen „Haupthand" und „Nebenhand" betrachten müsste. Dann erhielte er:*

| Patienten-Nr. | 1 | 2 | 3 | 4 | 5 | 6 |
|---|---|---|---|---|---|---|
| Nebenhand | 8 | 7 | 5 | 9 | 4 | 6 |
| Haupthand | 2 | 2 | 4 | 1 | 4 | 4 |
| Differenz | +6 | +5 | +1 | +8 | 0 | +2 |

*Ergebnisse des Versuches bei Betrachtung von Haupt- und Nebenhand*

*Testet er nun seine obige Hypothese, so erhält er mit $\overline{d} = 22/6 = 3.6667$*

$$t = \frac{\overline{d} - \mu_0}{\sigma_D} \cdot \sqrt{n} = \frac{3.67 - 0}{4} \cdot \sqrt{6} = 0.92 \cdot 2.45 = 2.25 \quad .$$

*Damit muss er seine Hypothese verwerfen, denn nun ist der Wert der Teststatistik größer als der zugehörige kritische Wert.*

Als zweiseitiges Konfidenzintervall zum Niveau $1-\alpha$ ergibt sich beim Zwei-Stichproben-Gauß-Test für verbundene Stichproben:

$$\left[ \overline{d} - \frac{\sigma_D}{\sqrt{n}} \cdot u_{1-\alpha/2} ; \overline{d} + \frac{\sigma_D}{\sqrt{n}} \cdot u_{1-\alpha/2} \right] \quad .$$

*Beispiel 15.6* *Ermitteln wir für die Situation aus Beispiel 15.5 ein zweiseitiges Konfidenzintervall zum Niveau 1-α = 0.95 für den unbekannten Erwartungswert μ, so ergibt sich mit $u_{1-α/2}$ = 1.96*

$$\left[ 3.66 - \frac{4}{\sqrt{6}} \cdot 1.96 \; ; 3.66 + \frac{4}{\sqrt{6}} \cdot 1.96 \right] = \left[ 0.46 \; ; 6.86 \right] \; .$$

*Da der Wert Null nicht im Intervall liegt, hätte ein zweiseitiger Test zum Niveau 1-α = 0.95 zur Ablehnung der Nullhypothese geführt.*

## 15.2    Der *t*-Test

Der t-Test ist wie der Gauß-Test ein Test bzgl. des Erwartungswertes μ. Auch hierbei werden die Daten als Realisationen normalverteilter Zufallsvariablen angenommen, jedoch gilt für den *t*-Test als grundlegende Annahme, dass die Daten einer Normalverteilung mit unbekanntem Erwartungswert μ und unbekannter Varianz $σ^2$ entstammen. Da über die Varianz einer angenommenen Normalverteilung in den meisten praxisrelevanten Fällen kein Wissen vorliegt, findet der *t*-Test bei praktischen Anwendungen eine größere Verbreitung als der Gauß-Test.

Auch beim *t*-Test können wir Aussagen bzgl. einer Stichprobe treffen, für die die oben getroffenen Annahmen gelten sollen (Einstichproben-*t*-Test). Wollen wir zwei Stichproben bzgl. ihrer Erwartungswerte miteinander vergleichen, so müssen wir zunächst wieder entscheiden, ob diese Stichproben als voneinander unabhängig anzusehen sind oder nicht. Für abhängige, verbundene Stichproben können wir das Zweistichproben-Testproblem wie zuvor beim Gauß-Test auf den Einstichproben-Test zurückführen. Liegen dagegen zwei unverbundene, unabhängige Stichproben vor (Zweistichproben-*t*-Test), so müssen wir zusätzlich zur oben beschriebenen Annahme von Normalverteilungen mit unbekannten Erwartungswerten $μ_1$ bzw. $μ_2$ und unbekannten Varianzen $σ_1^2$ bzw. $σ_2^2$ noch fordern, dass die unbekannten Varianzen gleich sind: $σ_1^2 = σ_2^2$.

Kann man bei den beiden Stichproben nicht voraussetzen, dass die beiden theoretischen Varianzen identisch sind, so lässt sich **nicht** der *t*-Test für unverbundene Stichproben durchführen. In derartigen Fällen muss man auf **approximative Testverfahren** zurückgreifen, die aber im Rahmen dieses Buches nicht behandelt werden. Ein Vergleich von Erwartungswerten bei unbekannten und ungleichen Varianzen führt zum so genannten **Behrens-Fisher-Problem**. Für die Lösung dieses nur noch näherungsweise zu lösenden Problems sei u.a. auf *Hartung et al. (1987)* verwiesen.

### 15.2.1    Der Einstichproben-*t*-Test

Gegeben sei eine Stichprobe $x_1$, ..., $x_n$ vom Umfang *n*. Die einzelnen Beobachtungen sollen einer Normalverteilung mit unbekanntem Parameter $μ_X$ und unbekannter Varianz $σ_X^2$ entstammen. Überprüft werden sollen Hypothesen bzgl. des unbekannten Erwartungswertes μ. Dies können einseitige Hypothesen der Form

$$H_0 : \mu_X \leq \mu_0 \quad \text{bzw.} \quad H_0 : \mu_X \geq \mu_0$$

gegen

$$H_1 : \mu_X > \mu_0 \quad \text{bzw.} \quad H_1 : \mu_X < \mu_0$$

als auch die zweiseitige Hypothese

$$H_0 : \mu_X = \mu_0 \quad \text{gegen} \quad H_1 : \mu_X \neq \mu_0$$

sein. Hierbei ist $\mu_0$ wie zuvor eine feste Zahl. Als Schätzer für den unbekannten Erwartungswert verwenden wir wie beim Gauß-Test das arithmetische Mittel $\overline{X}$. Da die Varianz der angenommenen Normalverteilung unbekannt ist, müssen wir diese jetzt mit Hilfe der empirischen Varianz $S$ schätzen. Als (standardisierte) Teststatistik erhalten wir

$$T = \frac{\overline{X} - \mu_0}{S} \cdot \sqrt{n} \quad ,$$

die unter $H_0$ gerade $t$-verteilt mit $n$-1 Freiheitsgraden ist. Bei der Durchführung des Tests vergleichen wir die Realisation der Teststatistik

$$t = \frac{\overline{x} - \mu_0}{s} \cdot \sqrt{n}$$

mit einem Quantil der zugehörigen Verteilung, also einer $t_{n-1}$-Verteilung. Wir lehnen einseitige Nullhypothesen zum Niveau $\alpha$ ab, falls

$$|t| > t_{n-1;1-\alpha}$$

gilt. Mit $t_{n-1;1-\alpha}$ bezeichnen wir das $(1-\alpha)$-Quantil einer $t$-Verteilung mit $n$-1 Freiheitsgraden, und $|t|$ ist der Absolutbetrag der Teststatistik $t$. Eine zweiseitige Nullhypothese wird zum Niveau $\alpha$ abgelehnt, wenn

$$|t| > t_{n-1;1-\alpha/2}$$

ist. Hier wird das $(1-\alpha/2)$-Quantil einer $t$-Verteilung mit $n$-1 Freiheitsgraden zum Vergleich herangezogen.

*Beispiel 15.7 Da der Geschäftsführer der Fortbildungskademie HIERLERNSTEWAS der Varianzangabe von 49 aus Beispiel 15.1 nicht glaubt, schätzt er die theoretische Varianz mit Hilfe der empirischen Varianz aus der schon in Beispiel 15.1 erwähnten Stichprobe und erhält sogar $s^2 = 64$. Liegt eine signifikante Unterbelegung der Fortbildungsakademie vor? Testet man dies zu $\alpha = 5\%$ mit Hilfe des t-Testes (unter der Annahme einer zugrunde liegenden Normalverteilung), so ist*

$$H_0 : \mu_{1996} \geq 500 \qquad \text{und} \qquad H_1 : \mu_{1996} < 500$$

*sowie*

$$t = \frac{495 - 500}{8} \cdot \sqrt{9} = \frac{5}{8} \cdot 3 = 1.875 \quad .$$

*Da $t_{9-1;1-0.05} = t_{8;0.95} = 1.860 < 1.875 = |t|$ ist die Hypothese zu verwerfen, d.h., es wird hiermit nachgewiesen, dass die Fortbildungsakademie in den ersten 9 Monaten des Jahres zuwenig Übernachtungsgäste hatte. Zum Ablesen des kritischen Wertes ist Tabelle 17.5 verwandt worden.*

Als zweiseitiges Konfidenzintervall zum Niveau 1-α ergibt sich für den unbekannten Erwartungswert μ:

$$\left[\bar{x} - \frac{s}{\sqrt{n}} \cdot t_{n-1;1-\alpha/2} \,;\, \bar{x} + \frac{s}{\sqrt{n}} \cdot t_{n-1;1-\alpha/2}\right] \;.$$

**Beispiel 15.8** *Ermitteln wir für die Situation aus Beispiel 15.7 ein zweiseitiges Konfidenzintervall zum Niveau 1-α = 0.95 für den unbekannten Erwartungswert μ, so ergibt sich mit $t_{9-1;1-\alpha/2} = 2.306$*

$$\left[495 - \frac{8}{\sqrt{9}} \cdot 2.306 \,;\, 495 + \frac{8}{\sqrt{9}} \cdot 2.306\right] = [488.85 \,;\, 501.15] \;.$$

*Da der Hypothesenwert μ = 500 im Intervall liegt, hätte ein zweiseitiger Test zum Niveau 1-α = 0.95 nicht zur Ablehnung der Nullhypothese geführt.*

## 15.2.2 Der *t*-Test für zwei unverbundene Stichproben

Gegeben seien zwei unabhängige Stichproben $x_1, \ldots, x_n$ und $y_1, \ldots, y_m$. Die Stichprobenwerte $x_i$, $i = 1, \ldots, n$, entstammen einer Normalverteilung mit unbekanntem Erwartungswert $\mu_X$ und unbekannter Varianz $\sigma_X^2$. Die Stichprobenwerte $y_j$, $j = 1, \ldots, m$, entstammen einer Normalverteilung mit unbekanntem Erwartungswert $\mu_Y$ und unbekannter Varianz $\sigma_Y^2$. Es liegen also zwei normalverteilte Stichproben vor, wobei für jede Stichprobe die Varianz unbekannt sei und gleichzeitig aber die beiden Varianzen als gleich angenommen werden: $\sigma_X^2 = \sigma_Y^2$. Es ist nicht notwendig, dass die beiden Stichproben den gleichen Umfang besitzen.

Mit Hilfe des Zweistichproben-*t*-Tests sollen nun die beiden Stichproben bzgl. ihrer angenommenen Erwartungswerte miteinander verglichen werden. Dies kann wie zuvor beim Gauß-Test mit Hilfe einseitiger Hypothesen

$$H_0 : \mu_X \leq \mu_Y \quad \text{bzw.} \quad H_0 : \mu_X \geq \mu_Y$$

gegen

$$H_1 : \mu_X > \mu_Y \quad \text{bzw.} \quad H_1 : \mu_X < \mu_Y$$

oder auch unter Verwendung der zweiseitigen Hypothese

$$H_0 : \mu_X = \mu_Y \quad \text{gegen} \quad H_1 : \mu_X \neq \mu_Y$$

geschehen. Als Schätzer für die unbekannten Erwartungswerte werden die arithmetischen Mittel $\bar{X}$ und $\bar{Y}$ verwendet, anstelle der unbekannten Varianzen verwenden wir die empirischen Varianzen $S_X^2$ und $S_Y^2$. Damit erhalten wir als (standardisierte) Teststatistik

$$T = \frac{\bar{X} - \bar{Y} - (\mu_X - \mu_Y)}{\sqrt{(n-1) \cdot S_X^2 + (m-1) \cdot S_Y^2}} \cdot \sqrt{\frac{n \cdot m \cdot (n + m - 2)}{n + m}} \;,$$

die unter $H_0$ gerade $t$-verteilt ist mit $n+m-2$ Freiheitsgraden. Im Fall einer zweiseitigen Hypothese gilt unter $H_0$: $\mu_X = \mu_Y$. Damit ist $\mu_X - \mu_Y = 0$, und die Teststatistik kann im Zähler entsprechend vereinfacht werden.

Die Realisation der Teststatistik

$$t = \frac{\bar{x} - \bar{y} - (\mu_X - \mu_Y)}{\sqrt{(n-1) \cdot s_x^2 + (m-1) \cdot s_y^2}} \cdot \sqrt{\frac{n \cdot m \cdot (n+m-2)}{n+m}}$$

vergleichen wir bei Durchführung des Tests mit einem Quantil der $t_{n+m-2}$-Verteilung. Wir verwerfen einseitige Nullhypothesen zum Niveau $\alpha$, falls

$$|t| > t_{n+m-2;1-\alpha}$$

sowie zweiseitige Nullhypothese, falls

$$|t| > t_{n+m-2;1-\alpha/2}$$

ist. Dabei ist $|t|$ der Absolutbetrag der Realisation der Teststatistik und $t_{n+m-2;1-\alpha}$ bzw. $t_{n+m-2;1-\alpha/2}$ sind das $(1-\alpha)$- bzw. das $(1-\alpha/2)$-Quantil einer $t$-Verteilung mit $n+m-2$ Freiheitsgraden.

*Beispiel 15.9 Der Geschäftsführer der Fortbildungsakademie hat nun auch Zweifel an seiner theoretischen Varianzangabe von $\sigma^2$ 49 für das Jahr 1995 und schätzt die angenommene Varianz mit Hilfe der empirischen Varianz. Er erhält $s^2 = 36$ im Jahre 1995. Vergleicht er nun die beiden Jahre 1995 und 1996 mit Hilfe des Zweistichproben-t-Tests zu einem Signifikanzniveau von $\alpha=5\%$, so hat er die Hypothese*

$$H_0 : \mu_{1996} = \mu_{1995}$$

*gegen die Alternative*

$$H_1 : \mu_{1996} \neq \mu_{1995}$$

*mit Hilfe von*

$$t = \frac{495 - 498}{\sqrt{(9-1) \cdot 64 + (12-1) \cdot 36}} \cdot \sqrt{\frac{9 \cdot 12 \cdot (9+12-2)}{9+12}}$$

$$= \frac{-3}{\sqrt{8 \cdot 64 + 11 \cdot 36}} \cdot \sqrt{\frac{108 \cdot 19}{21}} = -0.984$$

*zu überprüfen. Da* $t_{12+9-2;1-0.025} = t_{19;0.975} = 2.093 > 0.984 = |t|$ *gilt, ist hier die Hypothese nicht zu verwerfen. Es kann nicht nachgewiesen werden, dass in den beiden Jahren 1995 und 1996 die Fortbildungsakademie unterschiedlich belegt war. Zum Ablesen des kritischen Wertes ist wiederum Tabelle 17.5 verwandt worden*

Unter Verwendung von $s_g^2$

$$s_g^2 = \frac{(n-1) \cdot s_x^2 + (m-1) \cdot s_y^2}{n+m-2}$$

als empirischer Schätzer der unbekannten gemeinsamen Varianz, ergibt sich als Konfidenzintervall zum Niveau 1-α unter Verwendung der gemeinsamen Standardabweichung

$$\left[ \bar{x}_1 - \bar{x}_2 - s_g \cdot \sqrt{\frac{m+n}{n \cdot m}} \cdot t_{n+m-2;1-\alpha/2} \, ; \bar{x}_1 - \bar{x}_2 + s_g \cdot \sqrt{\frac{m+n}{n \cdot m}} \cdot t_{n+m-2;1-\alpha/2} \right]$$

**Beispiel 15.10** *Ermitteln wir für unser Beispiel 15.9 ein zweiseitiges Konfidenzintervall zum Niveau 1-α = 0.95, so ergibt sich mit* $t_{9+12-2;1-\alpha/2} = 2.093$

$$s_g = \sqrt{\frac{8 \cdot 64 + 11 \cdot 36}{19}} = \sqrt{\frac{908}{19}} = 6.91$$

$$\left[ 495 - 498 - 6.91 \cdot \sqrt{\frac{21}{108}} \cdot 2.306 \, ; \, 495 - 498 + 6.91 \cdot \sqrt{\frac{21}{108}} \cdot 2.306 \right]$$

$$= \left[ -10.03 \, ; \, 4.03 \right]$$

*Da der Wert Null im Intervall liegt, hätte ein zweiseitiger Test zum Niveau 1-α = 0.95 nicht zur Ablehnung der Nullhypothese geführt.*

## 15.2.3   Der *t*-Test für zwei verbundene Stichproben

Die grundlegenden Überlegungen zu **verbundenen Stichproben** beim *t*-Test sind analog zum Gauß-Test für verbundene Stichproben (vgl. Abschnitt 15.1). Es wird wiederum vorausgesetzt, dass beide Stichproben vom selben Umfang $n$ sind und jeweils einer Normalverteilung entstammen. Die theoretischen Varianzen der beiden angenommenen Verteilungen sind unbekannt und müssen nicht identisch sein.

Anstelle der ursprünglichen Stichprobenwerte $x_1, \dots , x_n$ und $y_1, \dots , y_m$. werden wieder die Differenzen der korrespondierenden Stichprobenwerte verwendet:

$$d_i = x_i - y_i \quad \text{für } i = 1, \cdots, n \; .$$

Die Differenzen sind ebenfalls normalverteilt mit unbekanntem Erwartungswert $\mu_D = \mu_X - \mu_Y$ und unbekannter Varianz

$$\sigma_D^2 = \sigma_X^2 + \sigma_Y^2 - 2 \cdot Cov(X,Y) \; .$$

Es können für die gebildeten Differenzen einseitige Hypothesen überprüft werden

$$H_0 : \mu_D \le \mu_0 \quad \text{bzw.} \quad H_0 : \mu_D \ge \mu_0$$

gegen

$$H_1 : \mu_D > \mu_0 \quad \text{bzw.} \quad H_1 : \mu_D < \mu_0$$

oder die zweiseitige Hypothese

$$H_0 : \mu_D = \mu_0 \quad \text{gegen} \quad H_1 : \mu_D \ne \mu_0 \; .$$

Hierbei ist $\mu_0$ wie zuvor eine feste Zahl.

Im Unterschied zum Gauß-Test für verbundene Stichproben ist $\sigma_D^2$ bei den jetzigen Annahmen nicht bekannt und muss daher geschätzt werden. Als Schätzer berechnen wir die empirische Varianz der Differenzen

$$S_D^2 = \frac{1}{n-1} \sum_{i=1}^{n} \left(D_i - \overline{D}\right)^2$$

mit $\overline{D} = \frac{1}{n} \cdot \sum_{i=1}^{n} D_i = \overline{X} - \overline{Y}$. Als Teststatistik erhalten wir

$$T = \frac{\left(\overline{X} - \overline{Y}\right) - \mu_0}{S_D} \cdot \sqrt{n} \quad ,$$

die gerade $t$-verteilt ist mit $n$-1 Freiheitsgraden. Wir führen für die Differenzen einen Einstichproben-$t$-Test durch. Die Realisation der Teststatistik

$$t = \frac{\left(\overline{x} - \overline{y}\right) - \mu_0}{s_D} \cdot \sqrt{n}$$

mit

$$s_D = \frac{1}{n-1} \cdot \sum_{i=1}^{n} \left(d_i - \overline{d}\right)^2$$

vergleichen wir wieder mit dem entsprechenden Quantil einer $t_{n\text{-}1}$-Vertei-lung. Wir verwerfen die einseitige Nullhypothese zum Niveau $\alpha$, falls

$$|t| > t_{n-1;1-\alpha}$$

und die zweiseitige Nullhypothese, falls

$$|t| > t_{n-1;1-\alpha/2}$$

gilt.

**Beispiel 15.11** *Der Assistent von Gustav Neuner (vgl. Beispiel 15.5) hat sich überlegt, dass die Annahme der theoretischen Varianz von $\sigma^2 = 16$ nicht gerechtfertigt sei. Außerdem denkt er, dass man erst einmal feststellen sollte, ob überhaupt ein Unterschied besteht. Darum möchte er nun die zweiseitige Hypothese*

$$H_0 : \mu_D = 0 \qquad \text{gegen} \qquad H_1 : \mu_D \neq 0$$

*zum 5%-Niveau testen. Er berechnet dazu unter Verwendung der modifizierten Tabelle*

$$\overline{d} = \frac{1}{6} \cdot (6+5+1+8+0+2) = \frac{22}{6} = 3.6667 \quad ,$$

$$s_D^2 = \frac{1}{5} \left(2.33^2 + 1.33^2 + (-2.67)^2 + 4.33^2 + (-3.67)^2 + (-1.67)^2\right)$$

$$= \frac{49.3333}{5} = 9.8667 \quad ,$$

$$s_D = 3.14$$

*und*

$$t = \frac{3.67 - 0}{3.14} \cdot \sqrt{6} = 2.86 \quad .$$

*Da $|t| = 2.86 > 2.571 = t_{5;0.975}$ ist, kann der Assistent seine Hypothese ablehnen, und behaupten, dass sich die Leistungen von „Haupthand" und „Nebenhand" signifikant unterscheiden.*

Als Konfidenzintervall zum Niveau 1-α ergibt sich

$$\left[ \bar{x} - \bar{y} - \frac{s_D}{\sqrt{n}} \cdot t_{n-1;1-\alpha/2} \, ; \, \bar{x} - \bar{y} + \frac{s_D}{\sqrt{n}} \cdot t_{n-1;1-\alpha/2} \right] \quad .$$

**Beispiel 15.12** *Ermitteln wir für Beispiel 15.11 ein zweiseitiges Konfidenz-intervall zum Niveau 1-α = 0.95 für den unbekannten Erwartungswert μ, so ergibt sich mit $t_{5;0.975} = 2.571$*

$$\left[ 3.67 - \frac{3.14}{\sqrt{6}} \cdot 2.571 \, ; \, 3.67 + \frac{3.14}{\sqrt{6}} \cdot 2.571 \right] = [0.37 \, ; \, 6.96]$$

*Da der Wert Null nicht im Intervall liegt, hätte ein zweiseitiger Test zum Niveau 1-α = 0.95 zur Ablehnung der Nullhypothese geführt.*

# 15.3    Der Varianztest

In vielen Fällen ist man nicht an einem Test bzgl. eines Lageparameters einer Verteilung interessiert, sondern an einem Test bzgl. eines Skalenparameters. Der hier beschriebene Varianztest ist ein Test bzgl. des Streuungsmaßes $\sigma^2$. Vorausgesetzt wird bei diesem Varianztest, dass die Daten einer **Normalverteilung mit unbekanntem Erwartungswert** μ **und unbekannter Varianz** $\sigma^2$ entstammen. Mit Hilfe des Varianztests ist es sowohl möglich, Aussagen bzgl. der Varianz im Einstichproben-Fall zu überprüfen (Einstichproben-Varianztest) als auch zwei Stichproben miteinander zu vergleichen (Zweistichproben-Varianztest).

Im ersten Fall gilt die Annahme einer unterliegenden Normalverteilung mit unbekanntem Erwartungswert und unbekannter Varianz nur für die einzeln betrachtete Stichprobe, im anderen Fall für beide Stichproben. Beim Zweistichproben-Vergleich müssen beide Stichproben unabhängig voneinander sein, jedoch nicht notwendigerweise gleiche Umfänge besitzen.

## 15.3.1    Der Einstichproben-Varianztest

Gegeben sei eine Stichprobe $x_1, \ldots, x_n$ vom Umfang $n$. Die einzelnen Beobachtungen entstammen einer Normalverteilung mit unbekanntem Parameter $\mu_X$ und unbekannter Varianz $\sigma_X^2$. Überprüft werden Hypothesen über den Parameter $\sigma_X^2$. Einseitige Hypothesen sind

$$H_0 : \sigma_X^2 \leq \sigma_0^2 \quad \text{bzw.} \quad H_0 : \sigma_X^2 \geq \sigma_0^2$$

gegen die Alternativen

$$H_1 : \sigma_X^2 > \sigma_0^2 \quad \text{bzw.} \quad H_1 : \sigma_X^2 < \sigma_0^2 \ .$$

Im zweiseitigen Fall wir die Hypothese

$$H_0 : \sigma_X^2 = \sigma_0^2 \quad \text{gegen} \quad H_1 : \sigma_X^2 \neq \sigma_0^2$$

betrachtet. In allen Fällen ist $\sigma_0^2$ eine feste Zahl, mit der die unbekannte Varianz $\sigma_X^2$ verglichen werden soll.

Zur Durchführung des Tests vergleichen wir nun den unter $H_0$ angenommenen Wert $\sigma_0^2$ für die Varianz mit einem empirischen Varianzschätzer. Als Schätzer für die unbekannte Varianz $\sigma_X^2$ verwenden wir $S^2$. Als Teststatistik erhalten wir

$$T = \frac{(n-1) \cdot S^2}{\sigma_0^2} \ ,$$

die unter $H_0$ gerade $\chi^2$-verteilt ist mit $n$-1 Freiheitsgraden. Bei der Durchführung des Tests vergleichen wir die Realisation der Teststatistik

$$t = \frac{(n-1) \cdot s^2}{\sigma_0^2}$$

mit Quantilen einer $\chi_{n-1}^2$-Verteilung.

Einseitige Hypothesen werden zum Niveau $\alpha$ abgelehnt, falls

$$t > \chi_{n-1;1-\alpha}^2 \quad \text{bzw.} \quad t < \chi_{n-1;\alpha}^2$$

ist. Dabei ist $t$ der Wert der Teststatistik und $\chi_{n-1;1-\alpha}^2$ das $(1-\alpha)$-Quantil der $\chi^2$-Verteilung mit $n$-1 Freiheitsgraden. $\chi_{n-1;\alpha}^2$ ist das $\alpha$-Quantil der $\chi^2$-Verteilung mit $n$-1 Freiheitsgraden.

Die zweiseitige Hypothese wird zum Niveau $\alpha$ abgelehnt, falls für die obige Teststatistik $t$ gilt:

$$t > \chi_{n-1;1-\alpha/2}^2 \quad \text{oder} \quad t < \chi_{n-1;\alpha/2}^2 \ .$$

Es kann hier notwendig sein, den Wert der Teststatistik mit beiden Quantilen zu vergleichen.

*Beispiel 15.13 Durch das Schulamt der Stadt Biegelberg wurde bei der Einschulung von n = 61 fünfjährigen Kindern unter der Leitung von Schulrat Heinz Hauer ein Eignungstest vorgenommen. Dabei kann davon ausgegangen werden, dass die erreichten Punktzahlen in diesem Test (annähernd) normalverteilt sind. Es wurde ein arithmetisches Mittel von $\bar{x} = 103$ bei einer empirischen Varianz von $s^2 = 3$ ermittelt. Heinz Hauer möchte nun überprüfen, ob seine statistische Hypothese $\sigma_0^2 = 5$ ($\sigma_0^2$ ist die theoretische Varianz) Gültigkeit besitzt. Er testet dazu die Hypothese:*

$$H_0 : \quad \sigma^2 = 5 \quad \text{gegen} \quad H_1 : \quad \sigma^2 \neq 5$$

*zu einem Niveau von 5% mit*

$$t = \frac{(61-1)\cdot 3}{5} = \frac{180}{5} = 36 \quad .$$

*Da* $\chi^2_{60;0.025} = 40.48$, $\chi^2_{60;0.975} = 83.30$ *und* $36 < 40.48$ *ist, hat er seine Hypothese bei einem Signifikanzniveau von 5% zu verwerfen. Er kann also aufgrund seiner Stichproben-werte nicht annehmen, dass seine Hypothese* $\sigma^2_0 = 5$ *weiterhin Gültigkeit besitzt. (Die bei-den Quantilwerte sind Tabelle 17.6 entnommen worden.)*

Korrespondierend zum Ein-Stichproben-Varianz-Test für die unbekannte Varianz $\sigma^2$ ergibt sich als Konfidenzintervall zum Niveau 1-$\alpha$.

$$\left[ \frac{(n-1)\cdot s^2}{\sqrt{\chi^2_{n-1;1-\alpha/2}}} \quad ; \quad \frac{(n-1)\cdot s^2}{\sqrt{\chi^2_{n-1;\alpha/2}}} \right]$$

**Beispiel 15.14** *Für Beispiel 15.13 ergibt sich als zweiseitiges Konfidenzintervall zum Niveau 1-$\alpha$ = 0.95 für die unbekannte Varianz* $\sigma^2$

$$\left[ \frac{(61-1)\cdot 3}{\sqrt{83.30}} \; ; \; \frac{(61-1)\cdot 3}{\sqrt{40.48}} \right] = [2.16 \, ; 4.45] \quad .$$

*Da der Hypothesenwert* $\sigma^2 = 5$ *nicht im Intervall liegt, hätte ein zweiseitiger Test zum Ni-veau 1-$\alpha$ = 0.95 zur Ablehnung der Nullhypothese geführt.*

## 15.3.2  Der Zweistichproben-Varianztest

Gegeben seien zwei unabhängige Stichproben $x_1$, ..., $x_n$ und $y_1$, ..., $y_m$. Die Stichprobenwerte $x_i$, $i = 1$, ..., $n$, entstammen einer Normalverteilung mit unbekanntem Erwartungswert $\mu_X$ und unbekannter Varianz $\sigma^2_X$. Die Stichprobenwerte $y_j$, $j = 1$, ..., $m$, entstammen einer Normal-verteilung mit unbekanntem Erwartungswert $\mu_Y$ und unbekannter Varianz $\sigma^2_Y$. Die Stichpro-benumfänge $n$ und $m$ müssen dabei nicht notwendigerweise identisch sein.

Sollen nun die beiden unabhängigen Stichproben (Populationen) bzgl. ihrer Variabilität mit-einander verglichen werden, kann dies wie zuvor beim Einstichproben-Varianztest mit Hilfe einseitiger Hypothesen

$$H_0 : \sigma^2_X \leq \sigma^2_Y \quad \text{bzw.} \quad H_0 : \sigma^2_X \geq \sigma^2_Y$$

gegen die Alternativen

$$H_1 : \sigma^2_X > \sigma^2_Y \quad \text{bzw.} \quad H_1 : \sigma^2_X < \sigma^2_Y$$

oder auch einer zweiseitigen Hypothese der Form

$$H_0 : \sigma_X^2 = \sigma_Y^2 \quad \text{gegen} \quad H_1 : \sigma_X^2 \neq \sigma_Y^2$$

geschehen. Häufig stellt man die obigen Hypothesen um und verwendet stattdessen die analogen Hypothesen

$$H_0 : \quad \frac{\sigma_X^2}{\sigma_Y^2} \leq 1 \quad \text{bzw.} \quad H_0 : \quad \frac{\sigma_X^2}{\sigma_Y^2} \geq 1$$

gegen die Alternativen

$$H_1 : \quad \frac{\sigma_X^2}{\sigma_Y^2} > 1 \quad \text{bzw.} \quad H_1 : \quad \frac{\sigma_X^2}{\sigma_Y^2} < 1$$

im einseitigen Fall und die Hypothese

$$H_0 : \quad \frac{\sigma_X^2}{\sigma_Y^2} = 1 \quad \text{gegen die Alternative} \quad H_1 : \quad \frac{\sigma_X^2}{\sigma_Y^2} \neq 1$$

im zweiseitigen Fall.

Als Schätzer für die unbekannten Varianzen verwenden wir die empirischen Varianzen der beiden Stichproben. Als Teststatistik für den Quotienten $\sigma_X^2 / \sigma_Y^2$ verwenden wir

$$T = \frac{S_X^2}{S_Y^2} \quad ,$$

also den Quotienten der geschätzten Varianzen, der unter $H_0$ gerade $F$-verteilt ist mit $n$-1 und $m$-1 Freiheitsgraden. Wir vergleichen bei der Durchführung des Tests die Realisation der Teststatistik

$$t = \frac{s_X^2}{s_Y^2}$$

mit einem Quantil der $F_{n-1,m-1}$-Verteilung. Die einseitigen Hypothesen werden zum Niveau $\alpha$ abgelehnt, falls

$$t > F_{n-1,m-1;1-\alpha} \quad \text{bzw.} \quad t < F_{n-1,m-1;\alpha}$$

ist. Dabei ist $F_{n-1,m-1;1-\alpha}$ das $(1-\alpha)$-Quantil der $F$-Verteilung mit $n$-1 und $m$-1 Freiheitsgraden. $F_{n-1,m-1;\alpha}$ ist das $\alpha$-Quantil der $F$-Verteilung mit $n$-1 und $m$-1 Freiheitsgraden. Die zweiseitige Hypothese wird zum Niveau $\alpha$ abgelehnt, falls für die obige Teststatistik gilt:

$$t > F_{n-1,m-1;1-\alpha/2} \quad \text{oder} \quad t < F_{n-1,m-1;\alpha/2} \quad .$$

Es kann hier notwendig sein, den Wert der Teststatistik mit beiden Quantilen zu vergleichen. Es sei nochmals erinnert, dass

$$F_{n,m;1-\alpha} = \frac{1}{F_{m,n;\alpha}}$$

gilt. Die $\alpha$-Quantile können in Tabelle 17.7 abgelesen werden.

***Beispiel 15.15*** *Schulrat Heinz Hauer (vgl. Beispiel 15.13) hat auch noch an einer anderen Schule diesen Eignungstest durchgeführt. Dort testete er m=41 Kinder. Hier ermittelte er ebenfalls ein arithmetisches Mittel von $\bar{x} = 103$, allerdings bei einer empirischen Varianz von $s_2^2 = 4.5$. Er möchte nun überprüfen, ob bei beiden Schulen eine gleiche Variabilität vorliegt. Er testet dazu die Hypothese:*

$$H_0 : \quad \frac{\sigma_X^2}{\sigma_Y^2} = 1 \quad gegen \quad H_1 : \quad \frac{\sigma_X^2}{\sigma_Y^2} \neq 1$$

*zu einem Niveau von 10% mit*

$$t = \frac{s_X^2}{s_Y^2} = \frac{3}{4.5} = 0.6667 \quad .$$

*Da $F_{60,40;0.95} = 1.59$ ist und gemäß der obigen Formel,*

$$F_{60,40;0.05} = \frac{1}{F_{40,60;0.95}} = \frac{1}{1.64} = 0.6089$$

*gilt, kann er seine Hypothese nicht verwerfen, denn es ist $0.6089 < 0.6667 < 1.59$. Er kann also nicht annehmen, dass in den Daten der beiden Schulen eine unterschiedliche Variabilität aufgetreten ist. (Die Quantilwerte sind Tabelle 17.7 entnommen worden.)*

Bei der Angabe eines Konfidenzintervalls beschränken wir uns hier auf den Fall zweier verbundener Stichproben. Für die unbekannte Varianz der Differenzen ergibt sich als Konfidenzintervall zum Niveau 1-α.

$$\left[ \frac{(n-1) \cdot s_D^2}{\sqrt{\chi_{n-1;1-\alpha/2}^2}} \quad ; \quad \frac{(n-1) \cdot s_D^2}{\sqrt{\chi_{n-1;\alpha/2}^2}} \right] \quad .$$

# 15.4     Korrelationstests

In Kapitel 10 haben wir uns damit beschäftigt, den Grad einer Abhängigkeit zwischen zwei Merkmalen zu messen. Dafür haben wir im Fall metrisch- oder ordinalskalierter Merkmale Korrelationskoeffizienten als Maße eines (linearen oder monotonen) Zusammenhanges betrachtet.

Nachfolgend werden wir uns nun mit Tests von Hypothesen bzgl. solcher Zusammenhänge befassen. Dabei steht insbesondere die Frage im Vordergrund, ob ein empirisch ermittelter Zusammenhang im statistischen Sinn signifikant von Null verschieden ist (**Unabhängigkeitstests**).

## 15.4.1    Korrelationstests für metrische Daten

In Kapitel 10.1 wurde als Maß für den (linearen) Zusammenhang zweier metrischskalierter Merkmale der Korrelationskoeffizient nach Bravais-Pearson eingeführt. Dieser Koeffizient nimmt immer einen Wert zwischen -1 und +1 ein. Für reale Datensätze wird i.allg. kein vollständig positiver oder negativer linearer Zusammenhang beobachtet. Man ist daher insbesondere daran interessiert, mit Hilfe eines Tests zu überprüfen, ob die betrachteten Merkmale unkorreliert sind oder ob tatsächlich ein (linearer) Zusammenhang besteht.

Als grundlegende Annahme für den nachfolgend beschriebenen Test wird vorausgesetzt, dass eine zweidimensionale Stichprobe $(x_1,y_1)$, ..., $(x_n,y_n)$ vorliegt und die beobachteten Werte $x_i$ und $y_i$, $i = 1,...,n$, jeweils einer **Normalverteilung** entstammen. Erwartungswerte und Varianzen der Normalverteilungen müssen dabei nicht bekannt sein. Getestet werden Hypothesen bzgl. der unbekannten theoretischen Korrelation $\rho_{XY}$ (sprich: rho). Getestet werden können einseitige Hypothesen der Form

$$H_0 : \rho_{XY} \leq \rho_0 \quad \text{bzw.} \quad H_0 : \rho_{XY} \geq \rho_0$$

gegen die Alternativen

$$H_1 : \rho_{XY} > \rho_0 \quad \text{bzw.} \quad H_1 : \rho_{XY} < \rho_0$$

oder die zweiseitige Hypothese

$$H_0 : \rho_{XY} = \rho_0 \quad \text{gegen die Alternative} \quad H_0 : \rho_{XY} \neq \rho_0 \quad .$$

Dabei ist $\rho_0$ ein fester Wert, mit dem die unbekannte theoretische Korrelation verglichen wird. Wir werden hier nur den Fall $\boldsymbol{\rho_0 = 0}$ ausführlich betrachten und setzen daher im weiteren $\rho_0=0$ voraus. Da wir für die Zufallsvariablen $X$ und $Y$ Normalverteilungen unterstellen, bedeutet dies, dass im Fall $\rho_{XY}=0$ die Zufallsvariablen nicht nur unkorreliert, sondern auch unabhängig sind (vgl. Kapitel 13). Aus diesem Grund wird der Test bzgl. der zweiseitigen Nullhypothese auch als **Unabhängigkeitstest** bezeichnet.

Für die Durchführung eines Tests bzgl. $\rho_{XY}$ benötigen wir für die theoretische Korrelation einen empirischen Schätzer. Als Schätzer für die unbekannte Korrelation verwenden wir den empirischen Korrelationskoeffizienten nach Bravais-Pearson $R_{XY}$. Wir erhalten mit

$$R_{XY} = \frac{S_{XY}}{S_X \cdot S_Y} = \frac{\sum_{i=1}^{n} (X_i - \bar{X})(Y_i - \bar{Y})}{\sqrt{\sum_{i=1}^{n} (X_i - \bar{X})^2 \cdot \sum_{i=1}^{n} (Y_i - \bar{Y})^2}}$$

die Teststatistik

$$T = \frac{R_{XY} \cdot \sqrt{n-2}}{\sqrt{1 - R_{XY}^2}} \quad ,$$

die unter $H_0$ (mit $\rho_0=0$!) gerade t-verteilt ist mit $n-2$ Freiheitsgraden. Bei der Durchführung des Tests vergleichen wir die Realisationen der Teststatistik

$$t = \frac{r_{xy} \cdot \sqrt{n-2}}{\sqrt{1 - r_{xy}^2}}$$

deshalb mit den Quantilen einer $t_{n-2}$-Verteilung.

Die einseitigen Hypothesen werden zum Niveau $\alpha$ verworfen, falls

$$t > t_{n-2;1-\alpha} \quad \text{bzw.} \quad t < t_{n-2;\alpha}$$

gilt. Dabei ist $t_{n-2;1-\alpha}$ das $(1-\alpha)$-Quantil und $t_{n-2;\alpha}$ das $\alpha$-Quantil einer $t_{n-2}$-Verteilung. Die zweiseitige Hypothese wird zum Niveau $\alpha$ verworfen, falls

$$|t| > t_{n-2;1-\alpha/2}$$

ist. Hierbei ist $|t|$ der Absolutbetrag der Realisation der Teststatistik und $t_{n-2;1-\alpha/2}$ das $(1-\alpha/2)$-Quantil einer $t_{n-2}$-Verteilung.

Ob bei einer zweidimensionalen Stichprobe eine gemessene Korrelation als von Null verschieden angesehen werden kann, hängt auch wesentlich vom Umfang der Stichprobe ab. Je kleiner der Stichprobenumfang ist, desto deutlicher muss der empirische Korrelationskoeffizient von Null verschieden sein, um die Hypothese der Unabhängigkeit abzulehnen. Dies kann dazu führen, dass für zwei (zweidimensionale) Stichproben, für die dieselbe empirische Korrelation berechnet wird, ein Signifikanztest zu unterschiedlichen Ergebnissen (Ablehnung oder Nicht-Ablehnung der Nullhypothese) gelangt, da die Stichprobenumfänge unterschiedlich sind.

***Beispiel 15.16*** *Die Kosten für ambulante familienunterstützende Dienste und die dafür verwendete Zeit korrelierten bei einem sozialen Träger mit einem Korrelationskoeffizient von $r_{xy}$ = 0.2. Insgesamt betreute der Träger n = 30 Familien. Bei einem anderen sozialen Träger ermittelte man exakt die gleiche Korrelation, jedoch betreute er 40 Familien. Führt man für beide Träger den oben beschriebenen Test zu einem Niveau von 10% durch, so ermittelt man*

$$t = \frac{0.3 \cdot \sqrt{30-2}}{\sqrt{1 - 0.3^2}} = \frac{0.3 \cdot \sqrt{28}}{\sqrt{1 - 0.09}} = \frac{1.59}{0.95} = 1.66$$

*für den ersten Träger (n=30) und*

$$t = \frac{0.3 \cdot \sqrt{40-2}}{\sqrt{1 - 0.3^2}} = \frac{0.3 \cdot \sqrt{38}}{\sqrt{1 - 0.09}} = \frac{1.85}{0.95} = 1.94$$

*für den zweiten Träger (n=40). Da $t_{28;0.95} = 1.701$ und $t_{38;0.95} < 1.697 = t_{30;0.95}$ gilt, ist die zweiseitige Nullhypothese bei dem Träger, der 30 Fami-lien betreut, nicht zu verwerfen, während sie bei dem Träger, der 40 Familien betreut, zu verwerfen ist. Die kritischen Werte (Quantile) sind Tabelle 17.5 entnommen worden. Bei dem zweiten Träger liegt eine positive Korrelation zwischen den Kosten für die ambulante Hilfe und der damit verbundenen aufgebrachten Zeit vor. Je höher die Kosten, umso mehr Zeit wurde für diesen ambulanten Dienst benötigt.*

Der hier betrachtete Test für die obigen Hypothesen entspricht dem Einstichproben-Fall der voranstehend betrachteten Tests. Daneben existieren natürlich auch Testverfahren, die zwei (oder auch mehrere) Korrelationen miteinander vergleichen. Testverfahren für den „Zweistichproben-Fall" werden wir hier jedoch nicht behandeln.

Möchte man nicht explizit auf den Wert Null testen – gilt also für die theoretische Korrelation $\rho_0 \neq 0$ –, so ist die obige Teststatistik nicht mehr $t$-verteilt. Für die Durchführung des Tests ist ein exakter Test zu verwenden, für den die Verteilung der dann zu verwendeten Teststatistik vertafelt ist. Wir verzichten hier auf die Darstellung dieses Tests. Zudem wird in der Praxis zumeist nur die hier vorgestellte Hypothese überprüft.

An Stelle des hier verwendeten $t$-Tests kann unter Zuhilfenahme der **Fisherschen z-Transformation** auch ein approximativer Test unter Benutzung der Normalverteilung durchgeführt werden. Diese Transformation wird auch verwendet, um Hypothesen über den Unterschied zweier Korrelationen bei zwei Stichproben zu überprüfen. Aus Platzmangel muss aber hier auf die Vorstellung dieser Verfahrensweise verzichtet werden. Nähere Information findet man u.a. bei *Hartung et al. (1987).*

## 15.4.2  Korrelationstests für ordinale Daten

Wird der Grad des Zusammenhanges zwischen zwei (ordinalen) Merkmalen mit Hilfe des Rangkorrelationskoeffizienten nach Spearman (vgl. Kapitel 10.2) gemessen, so können auch Hypothesen mit Hilfe dieses Zusammenhangmaßes getestet werden. Wir sind wie zuvor beim Korrelationskoeffizienten nach Bravais-Pearson insbesondere daran interessiert zu überprüfen, ob tatsächlich ein (monotoner) Zusammenhang besteht. Die Überprüfung, ob die wahre aber unbekannte Rangkorrelation von Null abweicht, ist dabei etwas schwieriger als im Fall des Korrelationskoeffizienten nach Bravais-Pearson, da der zu verwendende Test in Abhängigkeit vom Stichprobenumfang ausgewählt wird.

Als grundlegende Annahme für alle nachfolgend beschriebenen Testverfahren wird vorausgesetzt, dass eine zweidimensionale Stichprobe $(x_1, y_1)$, ..., $(x_n, y_n)$ vorliegt, wobei die beobachteten Werte $x_i$ und $y_i$, $i = 1, ..., n$, **ordinales** Skalenniveau haben. Bei Stichproben, die auf einem ordinalen und einem metrischen Merkmal basieren, setzen wir voraus, dass für die metrischskalierten Beobachtungen bereits zu Rangdaten übergegangen wurde. Wir setzen weiterhin voraus, dass **keine Rangbindungen (Ties)** in den Messreihen $x_i$ und $y_i$, $i = 1, ...,$ $n$, auftreten. Treten innerhalb einer oder auch beider Messreihen Bindungen auf, so müssen modifizierte Testverfahren verwendet werden. Hierzu sei etwa auf *Bortz et al. (1990, Kap. 8.2)* verwiesen.

Getestet werden Hypothesen bzgl. der unbekannten theoretischen Rangkorrelation $\rho_S$. Dies können einseitige Hypothesen der Form
$$H_0 : \rho_S \leq \rho_0 \quad \text{bzw.} \quad H_0 : \rho_S \geq \rho_0$$
gegen die Alternativen
$$H_1 : \rho_S > \rho_0 \quad \text{bzw.} \quad H_1 : \rho_S < \rho_0 \; .$$
oder die zweiseitige Hypothese
$$H_0 : \rho_S = \rho_0 \quad \text{gegen die Alternative} \quad H_0 : \rho_S \neq \rho_0 \; .$$
sein. Dabei ist $\rho_0$ ein fester Wert, mit dem die unbekannte Rangkorrelation verglichen werden soll.

Wir setzen im weiteren immer $\rho_0=0$ voraus. Da allgemein nicht von Unkorreliertheit auf Unabhängigkeit geschlossen werden kann, liegt für die zweiseitige Hypothese kein Unabhängigkeitstest vor, sondern ein Test bzgl. eines (fehlenden) monotonen Zusammenhangs. Für die Durchführung der Tests verwenden wir den empirischen Rangkorrelationskoeffizienten $R_S$ als Schätzer für die unbekannte wahre Rangkorrelation $\rho_S$ mit

$$R_S = 1 - \frac{6 \cdot \sum_{i=1}^{n} D_i^2}{n^3 - n} \quad \text{und} \quad D_i = R(X_i) - R(Y_i), i = 1, \cdots, n \quad .$$

Für **große Stichprobenumfänge** (*n*>35) verwenden wir die Teststatistik

$$T = R_S \cdot \sqrt{n-1} \quad ,$$

die unter $H_0$ gerade approximativ standardnormalverteilt ist. Zur Durchführung des Tests vergleichen wir die Realisation der Teststatistik

$$t = r_s \cdot \sqrt{n-1}$$

deshalb mit Quantilen der Standardnormalverteilung (Tabelle 17.3). Einseitige Hypothesen werden zum Niveau $\alpha$ verworfen, falls

$$|t| > u_{1-\alpha}$$

gilt. Die zweiseitige Hypothese wird zum Niveau $\alpha$ verworfen, falls

$$|t| > u_{1-\alpha/2}$$

gilt. Dabei ist $|t|$ der Absolutbetrag der Realisation der Teststatistik und $u_{1-\alpha}$ sowie $u_{1-\alpha/2}$ sind das $(1-\alpha)$- bzw. das $(1-\alpha/2)$-Quantil der $N(0,1)$-Verteilung.

Für **moderate Stichprobenumfänge** ($20 \le n \le 35$) verwenden wir die Teststatistik

$$T = \frac{R_S \cdot \sqrt{n-2}}{\sqrt{1 - R_S^2}} \quad ,$$

die unter $H_0$ gerade *t*-verteilt ist mit $n-2$ Freiheitsgraden. Zur Durchführung des Tests vergleichen wir die Realisation der Teststatistik

$$t = \frac{r_s \cdot \sqrt{n-2}}{\sqrt{1 - r_s^2}}$$

deshalb mit Quantilen einer $t_{n-2}$-Verteilung (Tabelle 17.5). Einseitige Hypothesen werden zum Niveau $\alpha$ verworfen, falls

$$|t| > t_{n-2;1-\alpha}$$

gilt. Die zweiseitige Hypothese wird zum Niveau $\alpha$ verworfen, falls

$$|t| > t_{n-2;1-\alpha/2}$$

gilt. Dabei bezeichnet $|t|$ den Absolutbetrag der Realisation der Teststatistik und $t_{n-2;1-\alpha}$ bzw. $t_{n-2;1-\alpha/2}$ das $(1-\alpha)$- bzw. das $(1-\alpha/2)$-Quantil einer $t_{n-2}$-Verteilung.

Für **kleine Stichprobenumfänge** (*n* < 20) ist ein exakter Test zu verwenden. Die verwendete Teststatistik lautet

$$T = \frac{n \cdot \left(n^2 - 1\right)}{6} \cdot \left(1 - R_S\right) = \sum_{i=1}^{n} D_i^2 \quad .$$

Die Werte $D_i^2$ sind dabei die quadrierten Differenzen zwischen den beiden korrespondierenden Rangzahlen (vgl. hierzu auch Kapitel 10.2). Die Verteilung der Teststatistik unter $H_0$ ist z.B. in *Kendall & Gibbons (1990, S.206ff)* vertafelt. Zur Durchführung des Tests lesen wir für die Realisation der Teststatistik

$$t = \frac{n \cdot \left(n^2 - 1\right)}{6} \cdot \left(1 - r_s\right) = \sum_{i=1}^{n} d_i^2$$

die exakt berechneten $p$-Werte aus einer solchen Tafel ab.

Für die Einteilung von Stichprobenumfängen in kleine, moderate und große Umfänge liegen in der statistischen Literatur unterschiedliche Empfehlungen vor. Die hier verwendete Einteilung orientiert sich an der Empfehlung von *Kendall & Gibbons (1990)*. Das Testverfahren im Fall moderater Stichprobenumfänge kann nach Einschätzung dieser Autoren auch bereits für Stichprobenumfänge $n > 10$ verwendet werden. Für *Bortz et al. (1990)* kann der Test unter Verwendung der Normalverteilung schon für $n > 20$ verwandt werden.

*Beispiel 15.17 Im Jugendheim Klingeltown sind im Laufe eines Monats, in dem viele Mitarbeiter(innen) Urlaub hatten, 25 wichtige Arbeiten liegen geblieben. Dies ist sowohl dem Heimleiter Heinz-Georg A. als auch dem Beiratsmitglied Franz K. ein Dorn im Auge. Unabhängig voneinander stellen sie eine Prioritätenliste der zu erledigenden Arbeiten auf. Anschließend ermitteln sie gemeinsam als Maß ihrer Übereinstimmung den Rangkorrelationskoeffizienten nach Spearman und erhalten einen Wert von $r_s = 0.3$. Um zu überprüfen, ob bei ihren beiden Prioritätenlisten eine gewisse Über-einstimmung vorliegt, testen sie zu einem Niveau von $\alpha = 0.1 = 10\%$ die Hypothese, dass keine Übereinstimmung vorliegt: $H_0: \rho_S = 0$ vs. $H_1: \rho_S \neq 0$. Sie verwenden dazu den Test für moderate Stichprobenumfänge und erhalten als Realisation der Teststatistik*

$$t = \frac{0.3 \cdot \sqrt{25 - 2}}{\sqrt{1 - 0.3^2}} = \frac{0.3 \cdot 4.758}{\sqrt{0.91}} = \frac{1.4387}{0.9539} = 1.5082 \quad .$$

*Da $|t| = 1.5082 < 1.714 = t_{23;0.95}$ ist, kann die Nullhypothese nicht abgelehnt werden. Es kann also davon ausgegangen werden, dass zwischen den beiden Prioritätenlisten keine Übereinstimmung vorliegt. Die Ausarbeitung einer gemeinsamen Reihenfolge gestaltet sich also als recht schwierig.*

# 15.5    Tests in Kontingenztafeln

In den Kapiteln 10.3 – 10.5 haben wir uns damit befasst, für zwei nominale und/oder ordinale aber auch diskretisierte stetige, also in Klassen zusammengefasste (stetige) Merkmale, Zusammenhänge zu analysieren. Nun werden wir Testverfahren vorstellen, die es erlauben, diese Zusammenhänge zu überprüfen.

Dabei richtet sich das Hauptaugenmerk auf so genannte **Unabhängigkeitstests**. Mit Hilfe solcher Tests stellen wir uns der Frage, inwieweit zwei Merkmale bzw. Zufallsvariablen als abhängig oder unabhängig angesehen werden können. Zusätzlich werden wir aber auch so genannte **Homogenitätstests** betrachten, mit deren Hilfe überprüft werden kann, ob zwei Merkmale bzw. Zufallsvariablen gleiche Wahrscheinlichkeitsverteilungen besitzen. Für den speziellen Fall von 2x2-Kontingenztafeln stellen wir zusätzlich noch ein weiteres Testverfahren vor.

## 15.5.1    Der $\chi^2$-Unabhängigkeitstest

Beobachten wir bei einer Stichprobe vom Umfang $n$ zwei diskrete Merkmale, so interessiert uns oftmals, inwieweit diese beiden Merkmale abhängig oder unabhängig voneinander sind. Bei diesen diskreten Merkmalen kann es sich sowohl um nominale, ordinale aber auch um diskretisierte stetige, also in Klassen zusammengefasste, Merkmale handeln.

In Kapitel 10.3 haben wir als Maßzahl für den Zusammenhang zweier solcher Merkmale den Kontingenzkoeffizient nach Pearson kennen gelernt. Dieser Koeffizient beruht im Wesentlichen auf der dort ebenfalls eingeführten $\chi^2$-Größe. Mit Hilfe dieser Größe werden wir überprüfen, ob zwei Merkmale bzw. Zufallsvariablen als unabhängig betrachtet werden können.

Für den nachfolgend beschriebenen (approximativen) Test setzen wir voraus, dass eine zweidimensionale Stichprobe $(x_1,y_1)$, ..., $(x_n,y_n)$ vorliegt, wobei die beobachteten Werte $x_i$ und $y_i$, $i = 1, ..., n$, als Realisationen diskreter Zufallsvariablen angesehen werden. Die Stichprobe wird in Form einer $k \times m$-Kontingenztafel zusammengefasst (vgl. Kapitel 8.1).

Bei beiden beobachteten Zufallsvariablen sind die jeweiligen Randverteilungen als zufällig anzusehen. Getestet wird die Hypothese, dass die beiden Zufallsvariablen als unabhängig anzusehen sind,

$H_0$: Die Zufallsvariablen $X$ und $Y$ sind unabhängig

gegen die Alternative

$H_1$: Die Zufallsvariablen $X$ und $Y$ sind nicht unabhängig.

Die Nullhypothese lässt sich auch in der folgenden Form formulieren:

$$H_0 : p_{jl} = p_{j.} \cdot p_{.l} \text{ für } j = 1, ..., k \text{ und } l = 1, ..., m \ .$$

Die Alternativhypothese lautet dann

$$H_1 : \text{ Es gibt mindestens eine Kombination } (j, l) \text{ mit } p_{jl} \neq p_{j.} \cdot p_{.l}.$$

(vgl. auch Tabelle 8.1). Dabei bezeichnet $p_{jl}$ die (unbekannte wahre) Wahrscheinlichkeit, dass $X = x_j$ und $Y = y_l$ für $j = 1, ..., k$ und $l = 1, ..., m$ ist, also die Wahrscheinlichkeit für die Kombination der Ausprägungen $x_j$ und $y_l$ der beiden Merkmale $X$ und $Y$. Weiterhin ist $p_{j.}$ die (unbekannte wahre) Randwahrscheinlichkeit der Variablen $X$ für $X = x_j$ und $p_{.l}$ die (unbekannte wahre) Randwahrscheinlichkeit der Variablen $Y$ für $Y = y_l$. (Vgl. hierzu auch die Überprüfung empirischer Unabhängigkeit in Kapitel 8.1.)

Als Teststatistik für den Unabhängigkeitstest verwenden wir

$$T = \sum_{j=1}^{k} \sum_{l=1}^{m} \frac{\left(O_{jl} - E_{jl}\right)^2}{E_{jl}} \ ,$$

die unter $H_0$ gerade $\chi^2$-verteilt ist mit $(k-1)\cdot(m-1)$ Freiheitsgraden. Die Teststatistik $T$ entspricht der in Kapitel 10.3 eingeführten $\chi^2$-Größe, wobei $O_{jl}$ die Zufallsvariable ist, deren Realisation die beobachtete Häufigkeit $o_{jl}$ ist. Zur Testdurchführung vergleichen wir die Realisation der Teststatistik

$$t = \sum_{j=1}^{k} \sum_{l=1}^{m} \frac{\left(o_{jl} - e_{jl}\right)^2}{e_{jl}}$$

deshalb mit Quantilen einer $\chi^2_{(k-1)(m-1)}$-Verteilung. Wir verwerfen die Hypothese der Unabhängigkeit zum Niveau $\alpha$, falls

$$t > \chi^2_{(k-1)(m-1);1-\alpha}$$

gilt. Dabei ist $\chi^2_{(k-1)(m-1);1-\alpha}$ das $(1-\alpha)$-Quantil einer $\chi^2_{(k-1)(m-1)}$-Verteilung.

Die $\chi^2$-Verteilung ist eine stetige (theoretische) Verteilung; für die Durchführung des Tests liegt jedoch nur diskretes Datenmaterial vor. Damit eine Approximation an die $\chi^2$-Verteilung gut ist, sollten nach *Cochran (1954)* mindestens 80% aller erwarteten Häufigkeiten $e_{jl}$ die Faustformel

$$e_{ij} \geq 5$$

erfüllen. Ist dies nicht der Fall, so müssen benachbarte Zeilen oder Spalten so lange nach sachlogischen Gesichtspunkten zusammengefasst werden, bis obige Faustformel erfüllt ist. Andernfalls müssen spezielle Testverfahren für schwach besetzte Kontingenztafeln gewählt werden (vgl. hierzu *Bortz et al. (1990)*).

Für den Spezialfall, dass die zu testenden Daten in Form einer 2x2-Kontingenztafel (Vierfeldertafel) vorliegen, sei noch auf einige Besonderheiten hingewiesen. Da der $\chi^2$-Unabhängigkeitstest ein approximativer Test ist, sollte dieser Test nicht für kleine Stichprobenumfänge ($n < 20$) verwendet werden. In diesen Fällen ist der **exakte Test nach Fisher** zu verwenden, den wir hier jedoch nicht vorstellen. Für moderate Stichprobenumfänge ($20 \leq n < 60$) berücksichtigt man häufig eine Stetigkeitskorrektur, die auf *Yates*[25] *(1934)* zurückgeht. Anstelle der zuvor formulierten Teststatistik verwendet man dann die korrigierte Teststatistik

$$T = n \cdot \frac{\left(\left|O_{11} \cdot O_{22} - O_{12} \cdot O_{21}\right| - \frac{n}{2}\right)^2}{n_{1\cdot} \cdot n_{2\cdot} \cdot n_{\cdot 1} \cdot n_{\cdot 2}}$$

bzw. ihre Realisation

---

[25] Frank Yates (* 12.05.1902, † 17.06.1994) war Nachfolger von R.A. Fisher am Rothamsted Experimental Station. Später war er am Imperial College in London tätig. Seine Arbeitsschwerpunkte waren Versuchsplanung und Stichprobenverfahren.

$$t = n \cdot \frac{\left( |o_{11} \cdot o_{22} - o_{12} \cdot o_{21}| - \frac{n}{2} \right)^2}{n_{1.} \cdot n_{2.} \cdot n_{.1} \cdot n_{.2}} \quad .$$

Die Durchführung des Tests mit Hilfe der korrigierten Teststatistik verläuft vollständig analog zum oben beschriebenen Vorgehen.

**Beispiel 15.18** *Bei den Daten aus Beispiel 8.1 erhielt man die folgende zweidimensionale Häufigkeitstabelle:*

| Sänger | Rauchverhalten | | |
|--------|---|---|---|
| | R | N | |
| Prince | 5 | 6 | 11 |
| Joe Cocker | 8 | 6 | 14 |
| | 13 | 12 | 25 |

*Anhand dieser empirischen Stichprobe von n = 25 Beobachtungen soll nun die Hypothese überprüft werden, dass „Rauchverhalten" und „Musikgeschmack" unabhängig sind. Dies soll zu $\alpha$ = 5% unter Verwendung des $\chi^2$-Unabhängigkeitstests geschehen. Dazu muss zunächst zu jeder beobachteten Häufigkeit die zugehörige, unter Unabhängigkeit zu erwartende Häufigkeit berechnet werden. Für die erwarteten Häufigkeiten $e_{jl}$ ergibt sich:*

| Sänger | Rauchverhalten | | |
|--------|---|---|---|
| | R | N | |
| Prince | 5.72 | 5.28 | 11 |
| Joe Cocker | 7.28 | 6.72 | 14 |
| | 13 | 12 | 25 |

*Alle erwarteten Häufigkeiten erfüllen die Faustformel $e_{jl} \geq 5$. Es liegt jedoch der Spezialfall einer Vierfeldertafel mit moderatem Stichprobenumfang vor. Zur Durchführung des Tests wird deshalb die nach Yates korrigierte Teststatistik verwendet:*

$$t = 25 \cdot \frac{\left( |5 \cdot 6 - 6 \cdot 8| - \frac{25}{2} \right)^2}{13 \cdot 12 \cdot 11 \cdot 14} = 25 \cdot \frac{(18 - 12.5)^2}{24024} = \frac{756.25}{24024} = 0.032 \quad .$$

*Zu einem Niveau von $\alpha$ =5% liest man aus Tabelle 17.6 ab:*

$$\chi^2_{(2-1)(2-1);1-0.05} = \chi^2_{1;0.95} = 3.841 \quad .$$

*Es gilt t = 0.032 < 3.841 = $\chi^2_{1;0.95}$. Die Nullhypothese kann daher zu einem Signifikanzniveau von 5% nicht verworfen werden. Die Merkmale „Rauchverhalten" und „Musikgeschmack" sind unabhängig voneinander.*

## 15.5.2 Der $\chi^2$-Homogenitätstest

Bei vielen Studien ist im Gegensatz zum $\chi^2$-Unabhängigkeitstest die Randverteilung einer Variablen schon vorgegeben. Dies kann z.B. dadurch gegeben sein, dass bei einer Studie bereits im Vorfeld festgelegt wurde, wie viele Personen bestimmter Gruppen befragt werden. Die vorgegebenen Randsummen müssen dabei nicht identisch sein. Die durch die Vorgabe der Randverteilung eines Merkmals festgelegten Teilstichproben werden nun bezüglich ihrer Verteilung auf die Ausprägungen eines zweiten Merkmals untersucht. Man interessiert sich also dafür, ob alle Teilstichproben eine gleichartige Verteilung aufweisen, also homogen bzgl. eines zweiten untersuchten Merkmals sind. Man spricht daher auch von einer **Homogenitätshypothese**.

Es ist oftmals schwierig, zwischen einer Homogenitätshypothese und einer Unabhängigkeitshypothese zu unterscheiden. Aus diesem Grund ist es vorteilhaft, dass die statistische Überprüfung der Homogenitätshypothese analog zur Überprüfung der Unabhängigkeitshypothese durchgeführt wird. Auch bei einem Homogenitätstest wird die Hypothese mit Hilfe der $\chi^2$-Größe überprüft.

Für den nachfolgend beschriebenen (approximativen) Test setzen wir voraus, dass $k$ zweidimensionale (Teil-)Stichproben $(x_{11}, y_{11}), \cdots, (x_{1n_1}, y_{1n_1}), (x_{21}, y_{21}), \cdots, (x_{2n_2}, y_{2n_2}), \cdots, (x_{k1}, y_{k1}),$

$\cdots, (x_{kn_k}, y_{kn_k})$ mit festen Stichprobenumfängen $n_1, ..., n_k$ und $n_1 + n_2 + ... + n_k = n$ vorliegen,

die als Realisationen diskreter Zufallsvariablen, wie vorangehend beschrieben, angesehen werden. Die Stichprobe wird als *kxm*-Kontingenztafel zusammengefasst (vgl. Kapitel 8.1). Hierbei ist nur noch die Randverteilung bzgl. des zweiten Merkmals als zufällig anzusehen, die Randverteilung bzgl. des ersten Merkmals ist fest vorgegeben.

Getestet wird die Hypothese, dass in den zuvor festgelegten Teilstichproben die Verteilung bzgl. des zweiten Merkmals als gleich anzusehen ist, gegen die Alternative, dass dies nicht für alle Teilstichproben gilt. Die Nullhypothese lässt sich damit auch in der folgenden Form formulieren:

$$H_0 : p_{jl} = p_{.l} \text{ für } j = 1, ..., k \text{ und } l = 1, ..., m.$$

gegen

$$H_1 : \text{ Es gibt mindestens eine Kombination } (j, l) \text{ mit } p_{jl} \neq p_{.l}. \quad .$$

Hierbei bezeichnet $p_{jl}$ wie zuvor beim $\chi^2$-Unabhängigkeitstest die (unbekannte wahre) Wahrscheinlichkeit, dass die Kombination der Ausprägungen $x_j$ und $y_l$ angenommen wird. Weiterhin ist $p_{.l}$ die (unbekannte wahre) Randwahrscheinlichkeit bzgl. des zweiten Merkmals, also der Zufallsvariablen $Y$.

Für die Durchführung verwenden wir die Teststatistik

$$T = \sum_{j=1}^{k} \sum_{l=1}^{m} \frac{\left(O_{jl} - e_{jl}\right)^2}{e_{jl}},$$

die unter $H_0$ gerade $\chi^2$-verteilt ist mit $(k-1)\cdot(m-1)$ Freiheitsgraden. $O_{jl}$ ist dabei eine Zufallsvariable, deren Realisation die beobachtete Häufigkeit $o_{jl}$ ist. Zur Testdurchführung vergleichen wir die Realisation der Teststatistik

$$t = \sum_{j=1}^{k} \sum_{l=1}^{m} \frac{\left(o_{jl} - e_{jl}\right)^2}{e_{jl}}$$

deshalb mit Quantilen einer $\chi^2_{(k-1)(m-1)}$-Verteilung. Die Nullhypothese wird zum Niveau $\alpha$ verworfen, falls

$$t > \chi^2_{(k-1)(m-1);1-\alpha}$$

ist. Dabei ist $\chi^2_{(k-1)(m-1);1-\alpha}$ das $(1-\alpha)$-Quantil einer $\chi^2_{(k-1)(m-1)}$-Verteilung.

Wie zuvor beim $\chi^2$-Unabhängigkeitstest gilt auch hier die Faustformel, dass eine gute Approximation an die $\chi^2$-Verteilung nur gegeben ist, wenn mindestens 80% aller erwarteten Häufigkeiten $e_{jl}$ die Bedingung $e_{jl} \geq 5$ erfüllen (vgl. *Cochran (1954)*). Andernfalls ist es auch hier nötig, Spalten oder Zeilen sinnvoll zusammenzufassen, um die Faustformel zu erfüllen.

Auch für den Homogenitätstest sei auf den Spezialfall einer 2x2-Kontingenztafel (Vierfedertafel) hingewiesen. Wie zuvor der $\chi^2$-Unabhängig-keitstest ist auch der $\chi^2$-Homogenitätstest ein approximativer Test. Für kleine Stichprobenumfänge ($n < 20$) ist deshalb hier ebenfalls der **exakte Test nach Fisher** zu verwenden. Für moderate Stichprobenumfänge ($20 \leq n$ $<60$) berücksichtigt man die **Yates'sche Stetigkeitskorrektur**. Für die dann zu verwendende Teststatistik sei auf den vorangehenden Abschnitt verwiesen. Die Durchführung des Tests unter Verwendung der korrigierten Teststatistik verläuft auch hier analog zum oben beschriebenen Vorgehen.

***Beispiel 15.19*** *Bei einer Schuluntersuchung an einem Jungen-Gymnasium wurden aus den Klassen 10 – 13 jeweils 20 Schüler befragt, ob sie mit dem Schulbeginn um 07.45 Uhr zufrieden seien. Man erhielt die folgende Antworttabelle:*

|  | zufrieden | unentschieden | nicht zufrieden | Gesamt |
|---|---|---|---|---|
| Klasse 10 | 10 | 7 | 3 | 20 |
| Klasse 11 | 6 | 7 | 7 | 20 |
| Klasse 12 | 5 | 6 | 9 | 20 |
| Klasse 13 | 5 | 4 | 11 | 20 |
|  | 26 | 24 | 30 | 80 |

Umfrageergebnis an einem Jungen-Gymnasium

*Auf den ersten Blick gewinnt man den Eindruck, dass in den höheren Klassen der Anteil der Schüler, die unzufrieden sind zunimmt. Will man dies nun zum 10%-Niveau überprüfen, d.h., will man überprüfen, ob die verschiedenen Klassen ein analoges Antwortverhalten zeigen, führt man den $\chi^2$-Homogenitätstest durch. Es ergeben sich als erwartete Häufigkeiten*

|            | zufrieden | unentschieden | nicht zufrieden | Gesamt |
|------------|-----------|---------------|-----------------|--------|
| Klasse 10  | 6.5       | 6             | 7.5             | 20     |
| Klasse 11  | 6.5       | 6             | 7.5             | 20     |
| Klasse 12  | 6.5       | 6             | 7.5             | 20     |
| Klasse 13  | 6.5       | 6             | 7.5             | 20     |
|            | 26        | 24            | 30              | 80     |

Erwartete Häufigkeiten für den $\chi^2$-Homogenitätstest

*Damit ist*

$$t = \frac{3.5^2 + 0.5^2 + 1.5^2 + 1.5^2}{6.5} + \frac{1^2 + 1^2 + 0^2 + 2^2}{6}$$
$$+ \frac{4.5^2 + 0.5^2 + 1.5^2 + 3.5^2}{7.5}$$
$$= \frac{17}{6.5} + \frac{6}{6} + \frac{35}{7.5} = 8.28 \quad .$$

*Da*

$$\chi^2_{(4-1)(3-1);0.90} = \chi^2_{6;0.90} = 10.64$$

*und damit t = 8.28 < 10.64 gilt, ist die Homogenitätshypothese nicht zu verwerfen. Es kann also kein Unterschied bzgl. der Zufriedenheit mit dem Schulbeginn zwischen den einzelnen Klassen festgestellt werden.*

*Auf den ersten Blick verwundert dieses Ergebnis, jedoch sieht man bei genauerer Betrachtung, worauf diese Entscheidung zurückzuführen ist. Zwischen benachbarten Klassen sind nur geringe Unterschiede festzustellen, so dass damit die Klasse 10 annähernd gleich der Klasse 11 ist, und diese annähernd gleich der Klasse 12 und diese wiederum annähernd gleich der Klasse 13. Damit ist auch kein Unterschied zwischen den Klassen 10 und 13 festzustellen. Würde man dagegen nur diese beiden Klassen untersuchen*

|            | zufrieden | unentschieden | nicht zufrieden | Gesamt |
|------------|-----------|---------------|-----------------|--------|
| Klasse 10  | 10        | 7             | 3               | 20     |
| Klasse 13  | 5         | 4             | 11              | 20     |
|            | 15        | 11            | 14              | 40     |

*so erhält man für die erwarteten Häufigkeiten:*

|            | zufrieden | unentschieden | nicht zufrieden | Gesamt |
|------------|-----------|---------------|-----------------|--------|
| Klasse 10  | 7.5       | 5.5           | 7               | 20     |
| Klasse 13  | 7.5       | 5.5           | 7               | 20     |
|            | 15        | 11            | 14              | 40     |

Erwartete Häufigkeiten für den $\chi^2$-Homogenitätstest

*Damit ist*

$$t = \frac{2 \cdot 2.5^2}{7.5} + \frac{2 \cdot 1.5^2}{5.5} + \frac{2 \cdot 4^2}{7} = \frac{12.5}{7.5} + \frac{4.5}{5.5} + \frac{32}{7} = 7.06 \quad .$$

*Da*

$$\chi^2_{(2-1)(3-1);0.90} = \chi^2_{2;0.90} = 4.605$$

*und damit t = 7.06 > 4.605 ist die Homogenitätshypothese – eingeschränkt auf die beiden Klassen 10 und 13 – zu verwerfen. Es kann also ein Unterschied bzgl. der Zufriedenheit mit dem Schulbeginn um 07.45 Uhr zwischen den Klassen 10 und 13 festgestellt werden.*

## 15.5.3  Tests für 2x2-Kontingenztafeln

In Kapitel 10.4 haben wir als einfach zu berechnende Maßzahl für den Zusammenhang zweier nominalskalierter, dichotomer[26] Merkmale den Assoziationskoeffizient nach Yule kennen gelernt. Anstelle zweier nominalskalierter Merkmale können auch ordinale oder metrische Merkmale betrachtet werden, wenn sich die möglichen Ausprägungen jeweils sinnvoll in zwei Klassen zusammenfassen lassen. Wir stellen nachfolgend sowohl einen Test auf Unabhängigkeit in einer Vierfeldertafel unter Verwendung des Yuleschen Assoziationskoeffizienten vor (Einstichproben-Test) als auch einen Test zum Vergleich zweier Vierfeldertafeln (Zweistichproben-Test).

**Der Einstichproben-Test**

Für die Analyse einer 2x2-Kontingenztafel wurde neben dem Pearsonschen Kontingenzkoeffizient auch der Yulesche Assoziationskoeffizient $Q$ eingeführt. Mit den Bezeichnungen aus Kapitel 10.4 gilt für

$$Q = \frac{o_{11} \cdot o_{22} - o_{12} \cdot o_{21}}{o_{11} \cdot o_{22} + o_{12} \cdot o_{21}} \quad ,$$

dass diese Maßzahl den Wert Null bei Unabhängigkeit zweier Merkmale annimmt und sich mit zunehmender Abhängigkeit betragsmäßig dem Wert Eins annähert. Die Maßzahl $Q$ kann nun dazu herangezogen werden, eine vermutete Abhängigkeit zweier Merkmale statistisch zu überprüfen (vgl. auch *Goodman (1965)*). Gegeben sei eine zweidimensionale Stichprobe $(x_1, y_1)$, ..., $(x_n, y_n)$ zweier Zufallsvariablen $X$ und $Y$, deren Realisationen $x_i$ und $y_i$, i = 1, ... ,$n$, in Form einer *2x2-Kontingenztafel* zusammengefasst werden können. Getestet wird die Hypothese $X$ und $Y$ sind unabhängig gegen die Alternative, dass eine Abhängigkeit besteht, also

$$H_0 : Q_0 = 0 \quad \text{vs.} \quad H_1 : Q_0 \neq 0 \quad .$$

Dabei bezeichnet $Q_0$ die unbekannte wahre Assoziation zwischen $X$ und $Y$. Für den Test benutzen wir die Teststatistik

---

[26] Dichtomome Merkmale sind Merkmale, die nur zwei Ausprägungen besitzen.

$$T = \frac{Q_{XY}}{\hat{\sigma}_{Q_{XY}}} \quad .$$

Hierbei ist

$$Q_{XY} = \frac{O_{11} \cdot O_{22} - O_{12} \cdot O_{21}}{O_{11} \cdot O_{22} + O_{12} \cdot O_{21}}$$

mit $O_{jl}$, $j,l = 1,2$, ist eine Zufallsvariable, deren Realisationen die beobachteten Häufigkeiten $o_{jl}$ sind. Weiterhin ist

$$\hat{\sigma}^2_{Q_{XY}} = \frac{1}{4} \cdot \left(1 - Q_{XY}^2\right)^2 \cdot \left( \frac{1}{O_{11}} + \frac{1}{O_{12}} + \frac{1}{O_{21}} + \frac{1}{O_{22}} \right)$$

die geschätzte Varianz der Zufallsvariablen $Q_{XY}$. (Dabei steht das Zeichen ^ auf dem Symbol $\sigma^2_{Q_{XY}}$ dafür, dass hier die unbekannte wahre Varianz $\sigma^2_{Q_{XY}}$ geschätzt wird.) Für einen nicht zu kleinen Stichprobenumfang $n$ ist die Teststatistik $T$ (approximativ) standardnormalverteilt. Zur Durchführung des Tests vergleichen wir die Realisation der Teststatistik

$$t = \frac{Q}{\hat{\sigma}_Q}$$

deshalb mit Quantilen der Standardnormalverteilung. Wir verwerfen die Hypothese der Unabhängigkeit zum Niveau $\alpha$, falls

$$|t| > u_{1-\alpha/2}$$

gilt. Dabei ist $u_{1-\alpha/2}$ das $(1-\alpha/2)$-Quantil der Standardnormalverteilung und $|t|$ der Absolutbetrag der Realisation der Teststatistik.

Weitere Ausführungen und auch Beispiele finden sich z.B. in *Perry & Jacobson* (1976). Es lassen sich natürlich auch (analog) einseitige Hypothesen überprüfen, jedoch ist dabei große Vorsicht geboten, da der Yulesche Assoziationskoeffizient sehr sensibel auf die Vertauschung von Zeilen und/oder Spalten reagiert.

***Beispiel 15.20*** *In einem Fanprojekt eines Fußball-Bundesliga-Vereins sind n = 600 Fans sowohl nach ihrem Geschlecht befragt worden als auch nach der Tatsache, ob sie schon einmal rechtskräftig verurteilt worden sind. Es ergab sich die folgende Tabelle:*

|        | verurteilt | | |
|--------|-----|------|-------|
|        | ja  | nein | Summe |
| Männer | 89  | 400  | 489   |
| Frauen | 11  | 100  | 111   |
| Summe  | 100 | 500  | 600   |

*Hierfür berechnet sich ein Assoziationskoeffizient von Q = 0.34. Zur Überprüfung der Frage, ob zwischen „Verurteilung ja/nein" und „Geschlecht" ein Zusammenhang besteht, wird die Hypothese $H_0 : Q_0 = 0$ gegen die Alternative $H_1 : Q_0 \neq 0$ zu einem Niveau von 5% geprüft. Es ergibt sich:*

$$\hat{\sigma}_Q^2 = \frac{1}{4} \cdot \left(1 - 0.34^2\right)^2 \cdot \left(\frac{1}{89} + \frac{1}{400} + \frac{1}{11} + \frac{1}{100}\right)$$
$$= 0.25 \cdot 0.7841 \cdot 0.11 = 0.023$$

$$\hat{\sigma}_Q = 0.15$$

$$t = \frac{0.34}{0.15} = 2.256 \quad .$$

*Weiterhin ist $u_{1-\alpha/2} = u_{0.975} = 1.96$ und damit $|t| = 2.256 > 1.96$. Die Nullhypothese kann daher verworfen werden. Es liegt hier also ein Zusammenhang zwischen den beiden Variablen vor. Die befragten Männer sind häufiger rechtskräftig verurteilt worden als die befragten Frauen.*

### Der Zweistichproben-Test

Neben der Überprüfung, ob zwei dichotome Merkmale bzw. Zufallsvariablen als unabhängig angesehen werden können, ist man oft daran interessiert, ob für zwei unabhängige Stichproben gleichartige Zusammenhänge beider Zufallsvariablen angenommen werden können. Nach *Goodman (1965)* kann dies unter Verwendung des Assoziationsmaßes $Q$ mit Hilfe eines Zweistichproben-Tests geschehen.

Gegeben seien zwei **unabhängige** zweidimensionale (dichotome) Stichproben $(x_{11}, y_{11}), \cdots, (x_{1n_1}, y_{1n_1})$ und $(x_{21}, y_{21}), \cdots, (x_{2n_2}, y_{2n_2})$ mit den Umfängen $n_1$ und $n_2$. Die Realisationen der Zufallsvariablen $X$ und $Y$ seien für jede Stichprobe in Form einer 2x2-Kontingenztafel zusammengefasst. Die Stichprobenumfänge $n_1$ und $n_2$ können dabei unterschiedlich sein.

Getestet wird die Hypothese, dass die unbekannte wahre Assoziation zwischen $X$ und $Y$ für beide Stichproben gleich ist, also

$$H_0 : Q_{01} = Q_{02} \quad \text{vs.} \quad H_1 : Q_{01} \neq Q_{02} \quad .$$

Hierbei bezeichnet $Q_{01}$ bzw. $Q_{02}$ die unbekannte wahre Assoziation zwischen $X$ und $Y$, die der ersten bzw. zweiten Stichprobe unterliegt. Wir verwenden als Teststatistik

$$T = \frac{Q_{1XY} - Q_{2XY}}{\sqrt{\hat{\sigma}_{1XY}^2 + \hat{\sigma}_{2XY}^2}} \quad .$$

Hierbei sind $Q_{1XY}$ und $Q_{2XY}$ Zufallsvariable, deren Realisationen die beobachteten Häufigkeiten der ersten bzw. zweiten Vierfeldertafel sind. Mit $\hat{\sigma}_{Q_{1XY}}^2$ und $\hat{\sigma}_{Q_{2XY}}^2$ bezeichnen wir analog zum Einstichproben-Test die geschätzten Varianzen der Zufallsvariablen $Q_{1XY}$ und $Q_{2XY}$.

Für nicht zu kleine Stichprobenumfänge $n_1$ *und* $n_2$ ist die Teststatistik $T$ (approximativ) standardnormalverteilt. Für die Durchführung des Tests vergleichen wir die Realisation der Teststatistik

$$t = \frac{Q_1 - Q_2}{\sqrt{\hat{\sigma}^2_{Q_1} + \hat{\sigma}^2_{Q_2}}}$$

deshalb mit Quantilen der Standardnormalverteilung. Wir verwerfen die Hypothese gleicher Assoziation für beide Stichproben zum Niveau $\alpha$, falls

$$|t| > u_{1-\alpha/2}$$

gilt. Dabei ist $u_{1-\alpha/2}$ das $(1-\alpha/2)$-Quantil der Standardnormalverteilung und $|t|$ der Absolutbetrag der Realisation der Teststatistik.

Es sei darauf hingewiesen, dass für den hier beschriebenen Test die Unabhängigkeit der beiden Stichproben unumgänglich ist, da sonst die Varianz im Nenner der Teststatistik in der vorliegenden Weise nicht geschätzt werden kann. Prinzipiell lassen sich auch hier (analoge) einseitige Hypothesen überprüfen. Jedoch sei noch einmal darauf hingewiesen, dass der Yulesche Assoziationskoeffizient sehr sensibel auf die Vertauschung von Zeilen und/oder Spalten reagiert. Weitere Ausführungen und auch Beispiele finden sich z.B. in *Perry & Jacobson* (1976).

*Beispiel 15.21 Neben dem Verein aus Beispiel 15.20 hat auch noch ein zweiter Verein ein ähnliches Fanprojekt. Dort wurden n = 500 Fans befragt und es ergab sich dort:*

|        | verurteilt | | |
|--------|------|------|-------|
|        | ja   | nein | Summe |
| Männer | 139  | 300  | 439   |
| Frauen | 11   | 50   | 61    |
| Summe  | 150  | 350  | 500   |

*Es berechnet sich ein Assoziationskoeffizient von $Q_2 = 0.36$. Bei der Überprüfung auf Assoziationsgleichheit zu einem Niveau von 5% ergibt sich:*

$$\hat{\sigma}^2_{Q_2} = \frac{1}{4} \cdot \left(1 - 0.36^2\right)^2 \cdot \left(\frac{1}{139} + \frac{1}{300} + \frac{1}{11} + \frac{1}{50}\right) = 0.023 \quad .$$

*Mit $Q_1 = 0.34$ und $\hat{\sigma}^2_{Q_1} = 0.023$ aus Beispiel 15.20 ist*

$$|t| = \left|\frac{0.34 - 0.02}{\sqrt{0.023 + 0.023}}\right| = \frac{0.018}{0.214} = 0.083 \quad .$$

*Weiterhin ist $u_{1-\alpha/2} = u_{0.975} = 1.96$. Damit gilt $|t| = 0.083 < 1.96$, d.h., die Nullhypothese gleicher Assoziation kann nicht verworfen werden. Es kann davon ausgegangen werden, dass bei beiden Fangruppen die gleiche Assoziation vorliegt. Für beide Fangruppen ist der Zusammenhang zwischen Geschlecht und der Tatsache der rechtskräftigen Verurteilung in gleichem Maße vorhanden.*

# 15.6    Übungsaufgaben

**Aufgabe 15.1** Testen Sie für die Situation aus Beispiel 15.11 zu einem Niveau von $\alpha = 0.05$ = 5% die Hypothese

$$H_0 : \sigma_D^2 = 16$$

gegen die Alternative

$$H_1 : \sigma_D^2 \neq 16 \ .$$

**Aufgabe 15.2** Sechs Schüler einer Hauptschule wurden nach ihren Handy-Kosten im Jahr 2004 befragt. Die gleiche Frage erhielten fünf Schüler einer Realschule. In der nachstehenden Tabelle sind die Ergebnisse dieser Befragung zu finden.

| Schulform | Schüler | | | | | |
|---|---|---|---|---|---|---|
|  | 1 | 2 | 3 | 4 | 5 | 6 |
| Hauptschule | 167 | 995 | 678 | 491 | 911 | 801 |
| Realschule | 533 | 375 | 222 | 989 | 728 | --- |

Testen Sie zum 5%-Niveau, ob sich bei den beiden Schulformen die Handykosten im Mittel signifikant unterscheiden. Welchen Test verwenden Sie dazu?

**Aufgabe 15.3** In einer Schulklasse soll untersucht werden, ob 16-jährige Jungen eher rauchen als die gleichaltrigen Mädchen. Der Lehrer Hubert Kunz beobachtet deshalb seine 25 Schüler(innen) während der Pause auf dem Schulhof und zählt die Raucher. Er kommt zu folgendem Ergebnis:

|  | Mädchen | Jungen | Summe |
|---|---|---|---|
| Raucher | 2 | 10 | 12 |
| Nichtraucher | 7 | 6 | 13 |
| Summe | 9 | 16 | 25 |

Lässt sich für die beiden Teilgruppen ein unterschiedliches Rauchverhalten nachweisen? Testen Sie dies mit Hilfe des $\chi^2$-Homogenitätstests zum 10%-Niveau!

**Aufgabe 15.4** Bei einer Stichprobe vom Umfang $n = 9$ ermittelte man ein arithmetisches Mittel von $\bar{x} = 2$. Da die theoretische Varianz von $\sigma^2 = 4$ bekannt war, berechnete man keine empirische Varianz. Testen Sie die zweiseitige Hypothese $H_0$: $\mu_0 = 4$ vs. $H_1$: $\mu_0 \neq 4$ zu $\alpha$ = 5% = 0.05! Welchen Test verwenden Sie?

**Aufgabe 15.5** Insgesamt 80 Torleute der Fußball-Bundesliga wurden nach ihrer Handschuhmarke gefragt. Dabei stellte man fest, dass insgesamt nur zwei verschiedene Produzenten vertreten waren. Außerdem wurden diese Spieler gefragt, ob sie Probleme mit Schwielen an den Händen hätten. Es ergab sich die folgende Tabelle:

| | Schwielen | | |
|---|---|---|---|
| | nein | ja | Summe |
| Handschuhmarke 1 | 18 | 12 | 30 |
| Handschuhmarke 2 | 38 | 12 | 50 |
| Summe | 56 | 24 | 80 |

Besteht zwischen Handschuhmarke und Schwielenbeschwerden ein Zusammenhang? Verwenden Sie dazu den $\chi^2$-Unabhängigkeitstest und ein Niveau von $\alpha = 5\% = 0.05$!

**Aufgabe 15.6** Das Sozialamt der Stadt Biebelberg möchte untersuchen, ob die gezahlten Sozialhilfebeiträge einer bestimmten Bevölkerungsgruppe bei Männern und Frauen gleich hoch sind. Dabei kann die Höhe der gezahlten Beiträge als normalverteilt angesehen werden. Es wurden die folgenden Größen ermittelt:

$$\bar{x}_M = 800, \quad s_M^2 = 5, \quad n_M = 21,$$

$$\bar{x}_F = 700, \quad s_F^2 = 4, \quad n_F = 31.$$

Überprüfen Sie zum 5%-Niveau:

$$H_0 : \mu_M = \mu_F \quad \text{vs.} \quad H_1 : \mu_M \neq \mu_F \quad .$$

**Aufgabe 15.7** Führen Sie für die Daten aus Aufgabe 10.6 mit Hilfe des Yuleschen Assoziationskoeffizienten $Q$ einen Test auf Unabhängigkeit zum 5%-Niveau durch!

**Aufgabe 15.8** Überprüfen Sie für die Situation aus Beispiel 10.1 zu einem Niveau von $\alpha = 0.05 = 5\%$, ob ein positiver Zusammenhang zwischen der Anzahl beschäftigter Sozialarbeiter(innen) und dem zur Verfügung stehenden Budget vorliegt.

**Aufgabe 15.9** Aufgrund ihrer Erfahrungen aus Beispiel 15.17 führen sowohl der Heimleiter Hans-Georg A. als auch das Beiratsmitglied Franz K. über ein ganzes Jahr eine Prioritätenliste der wichtigsten Tätigkeiten im Jugendheim Klingeltown. Diesmal erzielen sie bei einem Stichprobenumfang von n=300 einen empirischen Zusammenhang von $r_s = 0.59$ ihrer Prioritätenlisten. Überprüfen Sie zu $\alpha = 1\% = 0.01$, ob ein positiver Zusammenhang vorliegt. Welchen Test verwenden Sie?

# 16 Einführung in die Regressionsrechnung

Im Kapitel 10 wurden Maße eingeführt, die die Stärke des Zusammenhanges zwischen zwei Merkmalen messen. Oftmals interessiert man sich aber nicht nur für die Stärke, sondern auch für die Form des zugrunde liegenden Zusammenhanges. Diese Fragestellung, die gänzlich anderer Natur ist, soll an einem Beispiel demonstriert werden, das von *Anscombe (1973)* stammt.

***Beispiel 16.1*** *Gegeben seien vier Stichproben mit je* n = 11 *Werten. Eine Auflistung dieser Daten ist in Tabelle 16.1 zu sehen. Das Besondere an diesen Datensätzen ist, dass für alle Stichproben das arithmetische Mittel der x-Werte 9.0 und das arithmetische Mittel der y-Werte 7.5 beträgt. Weiterhin beträgt für alle vier Stichproben der empirische Korrelations-koeffizient 0.82.*

| Stichprobe I | | Stichprobe II | | Stichprobe III | | Stichprobe IV | |
|---|---|---|---|---|---|---|---|
| $x_1$ | $y_1$ | $x_2$ | $y_2$ | $x_3$ | $y_3$ | $x_4$ | $y_4$ |
| 10.0 | 8.04 | 10.0 | 9.14 | 10.0 | 7.46 | 8.0 | 6.58 |
| 8.0 | 6.95 | 8.0 | 8.14 | 8.0 | 6.77 | 8.0 | 5.76 |
| 13.0 | 7.58 | 13.0 | 8.74 | 13.0 | 12.74 | 8.0 | 7.71 |
| 9.0 | 8.81 | 9.0 | 8.77 | 9.0 | 7.11 | 8.0 | 8.84 |
| 11.0 | 8.33 | 11.0 | 9.26 | 11.0 | 7.81 | 8.0 | 8.47 |
| 14.0 | 9.96 | 14.0 | 8.10 | 14.0 | 8.84 | 8.0 | 7.04 |
| 6.0 | 7.24 | 6.0 | 6.13 | 6.0 | 6.08 | 8.0 | 5.25 |
| 4.0 | 4.26 | 4.0 | 3.10 | 4.0 | 5.39 | 8.0 | 5.56 |
| 12.0 | 10.84 | 12.0 | 9.13 | 12.0 | 8.15 | 19.0 | 12.50 |
| 7.0 | 4.82 | 7.0 | 7.26 | 7.0 | 6.42 | 8.0 | 7.91 |
| 5.0 | 5.68 | 5.0 | 4.74 | 5.0 | 5.73 | 8.0 | 6.89 |

Tabelle 16.1 Das Anscombe-Quartett

*Scheinbar zeigen somit alle vier Stichproben einen ähnlichen Sachverhalt. Erstellt man je-doch für alle vier Stichproben ein Streudiagramm, wie dies in Abbildung 16.1 geschehen ist, so gewinnt man einen anderen Eindruck. Bei Stichprobe I liegt offensichtlich ein linearer Zusammenhang vor, und deshalb erscheint die Auswahl des Korrelationskoeffizienten nach Bravais-Pearson als korrekt. Bei Stichprobe II gewinnt man den Eindruck eines quadrati-*

*schen Zusammenhanges, und deshalb ist der Korrelationskoeffizient als Maß des Zusammenhanges nicht sinnvoll zu verwenden. Stichprobe III weist bis auf einen abweichenden Wert einen annähernd linearen Zusammenhang auf, jedoch sollte der ausreißerverdächtige Wert näher untersucht werden. Bei Stichprobe IV schließlich sind die x-Werte bis auf eine Ausnahme identisch, und deshalb ist auch hier die Anwendung des Pearsonschen Korrelationskoeffizienten nicht sinnvoll.*

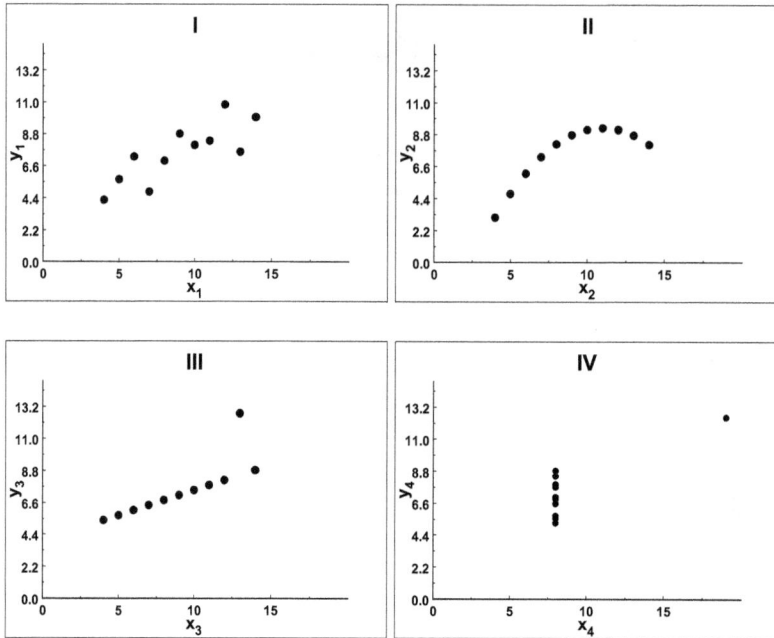

*Abbildung 16.1 Das Anscombe-Quartett*

*Wollte man die Form dieser unterschiedlichen Zusammenhänge beschreiben, so würde man sich bei Stichprobe I für einen linearen Ansatz (Gerade) entscheiden, bei Stichprobe II für einen quadratischen Ansatz (Kurve). Bei Stichprobe III käme nach eventueller Elimination des ausreißerverdächtigen Punktes auch ein linearer Ansatz zum Zuge, während man sich bei Stichprobe IV (nach der Elimination des ausreißerverdächtigen Punktes) mit der Angabe z.B. eines Mittelwertes für die y-Werte zufrieden geben könnte, da die x-Werte keine weitere Information besitzen.*

*Ziel einer* Regressionsanalyse *ist es nun, einen funktionalen Zusammenhang, der Daten unterliegt, spezifizieren zu können. Der Begriff Regression geht auf Francis Galton[27] und*

---

[27] Sir Francis Galton ((* 16.02.1822, † 17.01.1911) war ein Vetter von Charles Darwin und schrieb ebenso wie dieser Reiseberichte. In seinen Untersuchungen zur Vererbungslehre stellte er die Regel auf, dass bestimmte erbliche Eigenschaften stets um einen Mittelwert schwanken. Stark abwei-

*seine Untersuchungen zur Vererbungslehre zurück. Im Unterschied zur Korrelationsanalyse (vgl. Kapitel 10) werden bei der Regressionsanalyse zwei (oder auch mehrere) Merkmale nicht als gleichgewichtig betrachtet, sondern es wird ein Merkmal in Abhängigkeit des anderen Merkmals (oder auch der anderen Merkmale) betrachtet. Da ein solcher Zusammenhang anhand realer Daten untersucht wird, die Zufallsschwankungen unterliegen – die Daten werden als Realisationen von Zufallsvariablen betrachtet – kann ein vermuteter Zusammenhang aus diesen Daten nur geschätzt werden. Im Allgemeinen erfüllen dabei nicht alle beobachteten Datenwerte exakt den vermuteten mathematischen Zusammenhang.*

Nachfolgend werden wir uns damit befassen, wie aus vorliegenden Daten ein vermuteter funktionaler Zusammenhang berechnet und die zugehörigen Parameter geschätzt werden können. Wir werden grafische und numerische Hilfsmittel kennen lernen, die es ermöglichen, zu beurteilen, wie gut der vermutete Zusammenhang die Datenstrukturen tatsächlich repräsentiert. Abschließend werden wir uns Testverfahren bzgl. der Regressionsparameter zuwenden. Im Rahmen dieses Kapitels werden wir uns ausschließlich mit linearen Regressionsansätzen für stetige, metrischskalierte Merkmale beschäftigen. Für weitergehende Regressionsansätze sei auf die entsprechende Fachliteratur verwiesen.

# 16.1 Die Kleinst-Quadrate-Methode

Führt man eine Regressionsrechnung durch, so möchte man von dem Wert einer Variablen $X$ bzw. von den Werten mehrerer Variablen $X_1, ..., X_k$ auf den Wert einer Variablen $Y$ schließen. Die Zufallsvariable $Y$ wird dabei in Abhängigkeit von den Realisationen einer Zufallsvariablen $X$ bzw. mehrerer Zufallsvariablen $X_1, ..., X_k$ betrachtet. Damit ist $Y$ die **abhängige Variable** und $x$ bzw. $x_1, ..., x_k$ sind Realisationen unabhängiger Zufallsvariablen $X$ bzw. $X_1, ..., X_k$. Die abhängige Zufallsvariable $Y$ wird als **Regressand** bezeichnet, die unabhängigen Zufallsvariablen als **Regressoren**. Die funktionale Beziehung

$$Y = f(x) \quad \text{bzw.} \quad Y = f(x_1, \cdots, x_k)$$

wird **Regression von x bzw. $x_1$, ..., $x_k$ auf Y** genannt. Hierbei werden die Realisationen von $X$ bzw. $X_1, ..., X_k$ als fest vorgegeben angesehen und jeweils Realisierungen der Zufallsvariablen $Y$ zu diesen Werten bestimmt. Die fest vorgegebenen Werte $x$ bzw. $x_1, ..., x_k$ können dabei auch zeitliche Verläufe repräsentieren. Allgemein unterstellen wir das folgende **Regressionsmodell:**

$$Y = f(x) + E \quad \text{bzw.} \quad Y = f(x_1, \cdots, x_k) + E \quad .$$

Die Zufallsvariable $E$[28] bezeichnet dabei einen Störterm oder **zufälligen Fehler**, wobei wir voraussetzen, dass der Erwartungswert dieser Fehlervariable Null und die Varianz $\sigma_e^2$ be-

chende Eigenschaften weisen dabei eine rückläufige Entwicklung (Tendenz zum Mittelwert, Regression) auf.

[28] Es wird hier der Buchstabe E verwendet, da man so eine sprachliche Assoziation zum englischen Wort Error herstellen möchte.

trägt. Häufig wird für die Fehlervariable $E$ die Annahme einer Normalverteilung mit Erwartungswert Null und Varianz $\sigma_e^2$ $\left(E \sim N\!\left(0, \sigma_e^2\right)\right)$ getroffen, um nachfolgend Tests bzgl. der Regressionsparameter durchführen zu können.

Im Folgenden werden nur lineare funktionale Zusammenhänge zwischen $Y$ und $x$ (bzw. $x_1$, ..., $x_k$) betrachtet. Zur Schätzung dieses linearen Zusammenhanges verwenden wir die Kleinst-Quadrate-Methode. Liegt eine zweidimensionale Stichprobe von Werten $(x_1, y_1)$, ..., $(x_n, y_n)$ vor, so soll nach dem Prinzip der kleinsten Quadrate eine Gerade so an diese Stichprobe angepasst werden, dass die Summe der quadratischen vertikalen Abstände (quadratische Abstände in $y$-Richtung) aller Beobachtungen zu dieser Geraden minimal sind. Im Falle einer mehrdimensionalen Stichprobe $\left(x_{11}, \cdots, x_{k1}, y_1\right), \cdots, \left(x_{1n}, \cdots, x_{kn}, y_n\right)$ gilt dies entsprechend für eine an die Beobachtungen anzupassende (Hyper-)Ebene. Das Prinzip dieses Minimierungsansatzes geht auf Carl Friederich Gauß zurück.

Zunächst werden wir uns nun mit dem Fall einer Einflussgröße beschäftigen und uns erst danach dem Fall mehrerer Einflussgrößen zuwenden.

## 16.1.1    Der Fall einer Einflussgröße X: Einfache lineare Regression

Gegeben sei eine zweidimensionale Stichprobe von $n$ unabhängigen Beob-achtungspaaren $(x_1, y_1)$, ..., $(x_n, y_n)$, die Realisationen der Zufallsvariablen $Y$ und $X$ sind. Sowohl für die (fest vorgegebenen) $x_1$, ..., $x_n$ als auch für $y_1$, ..., $y_n$ wird ein metrisches Skalenniveau vorausgesetzt. Als funktionalen Zusammenhang von $Y$ und $X$ betrachten wir

$$Y = f(x) + E = \beta_0 + \beta_1 \cdot x + E \quad .$$

Der zufällige Fehler $E$ ist eine Zufallsvariable mit $E(E) = 0$ und $Var(E) = \sigma_e^2$. Damit gilt:

$$E(Y) = f(x) = \beta_0 + \beta_1 \cdot x \quad \text{und} \quad Var(Y) = \sigma_e^2 \quad .$$

Für die beobachteten Wertepaare $(x_1, y_1)$, ..., $(x_n, y_n)$ setzen wir damit den linearen Zusammenhang

$$y_i = \beta_0 + \beta_1 \cdot x_i + e_i \quad , i = 1, \cdots, n$$

voraus. Hierbei bezeichnet $\beta_0$ das **Absolutglied** (Achsenabschnitt der Regressionsgeraden) und $\beta_1$ den **Steigungsparameter** der unterstellten Geradengleichung. Weiterhin bezeichnen $e_1$, ..., $e_n$ Realisationen der unabhängigen Zufallsvariablen $E_i$, $i = 1$, ..., $n$. Die realisierten zufälligen Fehler $e_1$, ..., $e_n$ sind jedoch nicht direkt beobachtbar.

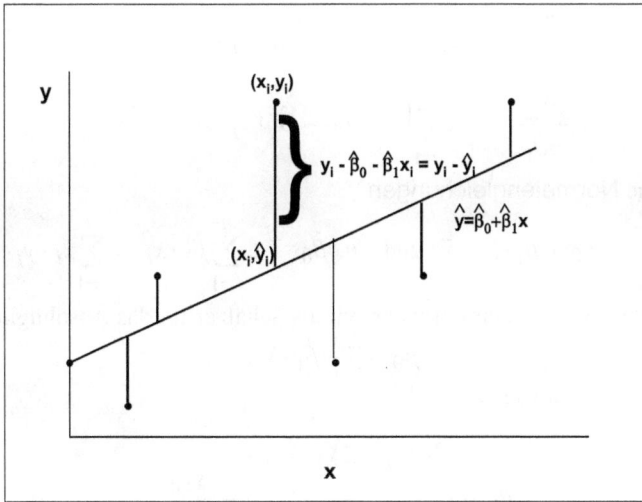

*Abbildung 16.2 Grafische Darstellung der einfachen linearen Regression (Kleinst-Quadrate-Methode)*

Aus der vorliegenden Stichprobe $(x_1, y_1)$, ..., $(x_n, y_n)$ sollen nun Schätzer für das Absolutglied und den Steigungsparameter so bestimmt werden, dass die Summe der quadrierten vertikalen Abstände aller Beobachtungspaare minimal wird. Wir betrachten deshalb die Summe aller quadrierten Abstände

$$SQ = \sum_{i=1}^{n} \left( y_i - \hat{\beta}_0 - \hat{\beta}_1 \cdot x_i \right)^2 \quad,$$

wobei $\hat{\beta}_0$ einen Schätzer für das Absolutglied $\beta_0$ und $\hat{\beta}_1$ einen Schätzer für den Steigungsparameter $\beta_1$ bezeichnet. Es werden deshalb quadratische Abstände betrachtet, damit Abweichungen von der vermuteten Geraden nach „oben" und „unten" sich nicht gegenseitig aufheben (vgl. Abbildung 16.2). Prinzipiell ließe sich eine derartige Idee auch verwirklichen, wenn man anstelle der quadratischen Abstände z.B. die Absolutbeträge der Abstände verwenden würde, jedoch besitzen die Schätzer bei Verwendung der quadratischen Abstände wünschenswerte mathematische Eigenschaften, auf die hier aber nicht näher eingegangen werden soll.

Für die Ermittlung einer Regressionsgeraden

$$\hat{y} = \hat{\beta}_0 + \hat{\beta}_1 \cdot x \quad,$$

die dem zuvor aufgestellten Minimierungskriterium gerecht wird, müssen die partiellen Ableitungen gebildet und gleich Null gesetzt werden[29]:

---

[29] Um eine Funktion bzgl. eines unbekannten Parameters zu minimieren, muss die erste Ableitung der Funktion nach diesem Parameter gebildet und gleich Null gesetzt werden. Das Auflösen der Gleichung nach dem gesuchten Parameter liefert dann den Wert, für den die Funktion einen minimalen

$$\frac{\partial SQ}{\partial \hat{\beta}_0} = -2\sum_{i=1}^{n}\left(y_i - \hat{\beta}_0 - \hat{\beta}_1 \cdot x_i\right) = 0$$

$$\frac{\partial SQ}{\partial \hat{\beta}_1} = -2\sum_{i=1}^{n}\left(y_i - \hat{\beta}_0 - \hat{\beta}_1 \cdot x_i\right) = 0 \quad .$$

Es ergeben sich die **Normalengleichungen**

$$\hat{\beta}_0 + \hat{\beta}_1 \cdot \bar{x} = \bar{y} \quad \text{und} \quad n \cdot \hat{\beta}_0 \cdot \bar{x} + \sum_{i=1}^{n}\hat{\beta}_1 \cdot x_i^2 = \sum_{i=1}^{n} x_i \cdot y_i \quad .$$

Als Lösung des Gleichungssystems erhalten wir als Schätzer für das Absolutglied

$$\hat{\beta}_0 = \bar{y} - \hat{\beta}_1 \cdot \bar{x}$$

und für den Steigungsparameter

$$\hat{\beta}_1 = \frac{\sum_{i=1}^{n}(x_i - \bar{x})(y_i - \bar{y})}{\sum_{i=1}^{n}(x_i - \bar{x})^2} = \frac{s_{xy}}{s_x^2}$$

(mit den beiden arithmetischen Mitteln $\bar{x}$ und $\bar{y}$ sowie der empirischen Kovarianz $s_{xy}$ und

der empirischen Varianz $s_x^2$). Zu jedem beobachteten Stichprobenwert $(x_i, y_i)$ lässt sich nun ein (geschätzter) Wert auf der Regressionsgeraden bestimmen als $(x_i, \hat{y}_i)$ mit

$$\hat{y}_i = \hat{\beta}_0 + \hat{\beta}_1 \cdot x_i \quad i = 1, \cdots, n \quad .$$

Die Differenz $\hat{e}_i$ von beobachtetem Wert $y_i$ und geschätztem Wert $\hat{y}_i$, i = 1,..., n wird als Schätzer für den zufälligen Fehler $e_i$ betrachtet und als **Residuum** bezeichnet:

$$\hat{e}_i = y_i - \hat{y}_i = y_i - \hat{\beta}_0 - \hat{\beta}_1 \cdot x_i \quad .$$

Die zugehörigen theoretischen Residuen ergeben sich als

$$e_i = y_i - \beta_0 - \beta_1 \cdot x_i \quad .$$

Sie sind nicht direkt zu bestimmen, da $\beta_0$ und $\beta_1$ unbekannt sind und können daher nur geschätzt werden.

Aufgrund des gewählten Ansatzes zur Schätzung des Absolutgliedes sowie des Steigungsparameters gilt für die geschätzten Residuen:

$$\sum_{i=1}^{n}(y_i - \hat{y}_i) = \sum_{i=1}^{n}\hat{e}_i = 0 \quad ,$$

d.h., die Summe aller Abweichungen von tatsächlich beobachteten Werten $y_i$ zu den geschätzten Werten $\hat{y}_i$ beträgt gerade Null. Damit gilt auch, dass „im Mittel" die Abweichun-

---

Wert annimmt, vorausgesetzt die zweite Ableitung der Funktion bzgl. des unbekannten Parameters ist an der Stelle des ermittelten Wertes größer als Null.

gen nach oben und unten Null ergeben, denn das arithmetische Mittel der Residuen berechnet sich ebenfalls zu Null.

Je besser die geschätzte Regressionsgerade den zugrunde liegenden Daten angepasst ist, desto näher liegen die tatsächlich beobachteten Werte $(x_i, y_i)$, $i= 1, ..., n$, an der geschätzten Regressionsgerade. Jede geschätzte Regressionsgerade geht dabei durch den Punkt $(\bar{x}, \bar{y})$ der beiden Mittelwerte. Hilfsmittel zur Überprüfung der Validität einer ermittelten Regressionsgeraden an das vorliegende Datenmaterial werden wir in nachfolgenden Abschnitten kennen lernen.

*Beispiel 16.2 Für die bereits in Beispiel 10.1 betrachteten n=11 Verbände von Reha-Kliniken soll nun der Zusammenhang zwischen der Anzahl von (Erst)Klientenkontakten pro Jahr in Abhängigkeit von der Anzahl beschäftigter Sozialarbeiter(innen) untersucht werden. Hierzu wurden die folgenden Daten erhoben.*

| $y_i$: Anz. Klientenkontakte | 193 | 152 | 279 | 173 | 221 | 278 | 124 | 94 | 254 | 174 | 148 |
|---|---|---|---|---|---|---|---|---|---|---|---|
| $x_i$: Anz. Mitarbeiter | 10 | 8 | 13 | 9 | 11 | 14 | 6 | 4 | 12 | 7 | 5 |

*Aufgrund eines ersten grafischen Eindrucks (vgl. Abbildung 16.3) wird ein linearer Zusammenhang der Form*

$$y_i = \beta_0 + \beta_1 \cdot x_i + e_i \qquad i = 1, \cdots, n$$

*vermutet.*

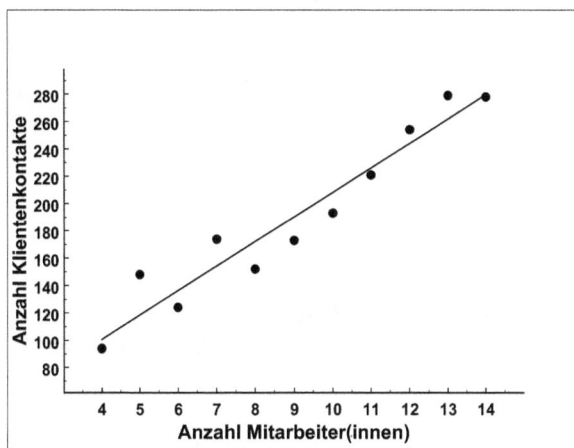

*Abbildung 16.3 Einfache lineare Regression für die Merkmale Anzahl Klientenkontakte und Anzahl Mitarbeiter*

*Um die Schätzer für das Absolutglied sowie den Steigungsparameter zu ermitteln, müssen zunächst die folgenden empirischen Größen berechnet werden: die arithmetischen Mittel $\bar{x}$ und $\bar{y}$, die empirische Varianz $s_x^2$ sowie die empirische Kovarianz $s_{xy}$. Aus Beispiel 10.1 ist bereits*

$$\bar{x} = 9 \quad \text{und} \quad s_x^2 = 11$$

*bekannt. Weiterhin ist*

$$\bar{y} = \frac{1}{n} \cdot \sum_{i=1}^{n} y_i = \frac{1}{11} \cdot 2090 = 190$$

*und*

$$s_{xy} = \frac{1}{n-1} \cdot \sum_{i=1}^{n} (x_i - \bar{x}) \cdot (y_i - \bar{y})$$

$$= \frac{1}{10} \cdot (1 \cdot 3 + (-1) \cdot (-38) + 4 \cdot 89 + 0 \cdot (-17) + 2 \cdot 31 + 5 \cdot 88 + (-3) \cdot (-66)$$

$$+ (-5) \cdot (-96) + 3 \cdot 64 + (-2) \cdot (-16) + (-4) \cdot (-42))$$

$$= \frac{1}{10} \cdot (3 + 38 + 356 + 0 + 62 + 440 + 198 + 480 + 192 + 32 + 168)$$

$$= \frac{1969}{10} = 196.9 \qquad .$$

*Damit erhält man als Schätzer*

$$\hat{\beta}_1 = \frac{s_{xy}}{s_x^2} = \frac{196.9}{11} = 17.9$$

*und*

$$\hat{\beta}_0 = \bar{y} - \hat{\beta}_1 \cdot \bar{x} = 190 - 17.9 \cdot 9 = 28.9 \qquad .$$

*Die ermittelte Regressionsgerade lautet*

$$\hat{y}_i = 28.9 + 17.9 \cdot x_i \qquad i = 1, \cdots, n \qquad .$$

*In Abbildung 16.3 sind die Stichprobenwerte sowie die Regressionsgerade zu sehen. Tabelle 16.2 fasst die tatsächlich beobachteten sowie die geschätzten Anzahlen der Klientenkontakte und die daraus resultierenden geschätzten Residuen $\hat{e}_i = y_i - \hat{y}_i$, $i = 1, ..., n$, zusammen.*

*Die (geschätzte) Anzahl Klientenkontakte setzt sich also aus einem festen Anteil von 28.9 Kontakten plus einem Anteil, der sich als das 17.9fache der Mitarbeiter(innen)anzahl bestimmt, zusammen.*

| $y_i$ | 193 | 152 | 279 | 173 | 221 | 278 | 124 | 94 | 254 | 174 | 148 |
|---|---|---|---|---|---|---|---|---|---|---|---|
| $\hat{y}_i$ | 207.9 | 172.1 | 261.6 | 190.0 | 225.8 | 279.5 | 136.3 | 100.5 | 243.7 | 154.2 | 118.4 |
| $\hat{e}_i$ | -14.9 | -20.1 | 17.4 | -17.0 | -4.8 | -1.5 | -12.3 | -6.5 | 10.3 | 19.8 | 29.6 |

Tabelle 16.2 Beobachtete und geschätzte Werte des Regressanden und Residuen der Daten aus Beispiel 16.2

**Beispiel 16.3** *Berechnet man für die vier Datensätze des Anscombe-Quartetts jeweils eine Regressionsgerade, auch wenn dies nach der Erörterung der Einführung nicht für alle Stichproben sinnvoll ist, und zeichnet die zugehörigen Regressionsgeraden in die Grafiken ein, so erhält man die Abbildung 16.4. Für jeden der vier Datensätze setzen wir den folgenden linearen Zusammenhang*

$$y_i = \beta_0 + \beta_1 \cdot x_i + e_i, \qquad i = 1, \cdots, n$$

*voraus. Um die jeweiligen Schätzer für das Absolutglied $\beta_0$ und den Steigungsparameter $\beta_1$ zu erhalten, berechnen wir für jeden Datensatz $\bar{x}, \bar{y}, s_{xy}$ und $s_x^2$. Aus Beispiel 16.1 ist bereits bekannt, dass*

$$\bar{x} = 9.0 \quad \text{und} \quad \bar{y} = 7.5$$

*für alle vier Datensätze gilt. Für die jeweiligen empirischen Kovarianzen sowie die empirischen Varianzen der vier Stichproben erhalten wir*

Stichprobe I: $\quad s_x^2 = \dfrac{1}{10} \cdot 110 = 11 \quad$ *und* $\quad s_{xy} = \dfrac{1}{10} \cdot 55.01 = 5.501$

Stichprobe II: $\quad s_x^2 = \dfrac{1}{10} \cdot 110 = 11 \quad$ *und* $\quad s_{xy} = \dfrac{1}{10} \cdot 55.00 = 5.500$

Stichprobe III: $\quad s_x^2 = \dfrac{1}{10} \cdot 110 = 11 \quad$ *und* $\quad s_{xy} = \dfrac{1}{10} \cdot 54.97 = 5.497$

Stichprobe IV: $\quad s_x^2 = \dfrac{1}{10} \cdot 110 = 11 \quad$ *und* $\quad s_{xy} = \dfrac{1}{10} \cdot 54.99 = 5.499 \quad .$

*Da alle empirischen Varianzen identisch sind und alle empirischen Kovarianzen nahezu gleich sind, werden für alle vier Datensätze nahezu identische Regressionsgeraden geschätzt.*

| Stichprobe | $\hat{\beta}_1$ | $\hat{\beta}_0$ |
|:---:|:---:|:---:|
| I | $5.501/11 = 0.5001$ | $7.5 - 0.5001 \cdot 9 = 2.9991$ |
| II | $5.500/11 = 0.5000$ | $7.5 - 0.5000 \cdot 9 = 3.0000$ |
| III | $5.497/11 = 0.4997$ | $7.5 - 0.4997 \cdot 9 = 3.0027$ |
| IV | $5.499/11 = 0.4999$ | $7.5 - 0.4999 \cdot 9 = 3.0009$ |

| Stichprobe | $\hat{y}_i = \hat{\beta}_0 + \hat{\beta}_1 \cdot x_i$ |
|:---:|:---:|
| I | $\hat{y}_i = 2.9991 + 0.5001 \cdot x_i$ |
| II | $\hat{y}_i = 3.0000 + 0.5000 \cdot x_i$ |
| III | $\hat{y}_i = 3.0027 + 0.4997 \cdot x_i$ |
| IV | $\hat{y}_i = 3.0009 + 0.4999 \cdot x_i$ |

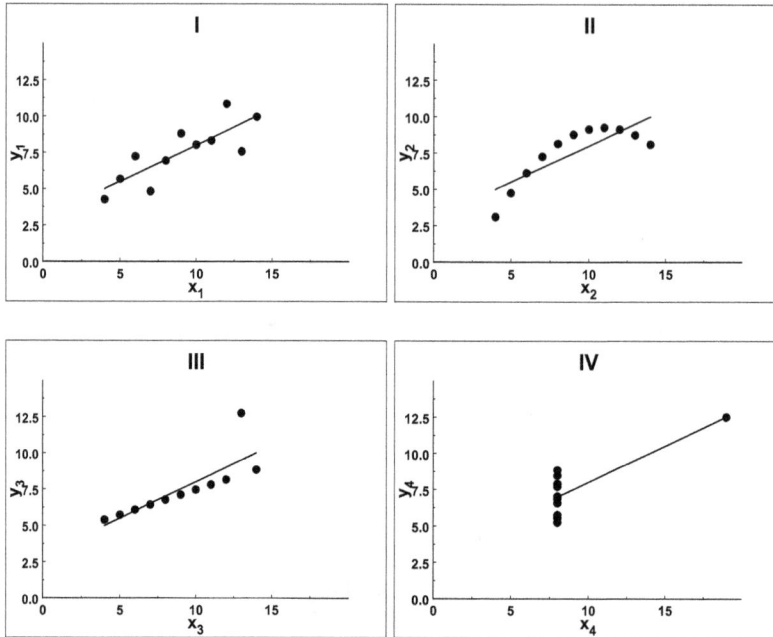

*Abbildung 16.4 Regressionsgeraden für das Anscombe-Quartett*

*Während bei Stichprobe I die Regressionsgerade entsprechend den Vorstellungen durch die Punktwolke verläuft, passt sich die Regressionsgerade bei Stichprobe II nicht deren Verlauf an. Bei Stichprobe III ist deutlich der Einfluss der ausreißerverdächtigen Beobachtung zu sehen. Im linken Teil verläuft die Gerade unterhalb der Punktwolke, im rechten Teil oberhalb. Rein rechnerisch lässt sich zwar bei Stichprobe IV eine Regressionsrechnung durchführen, jedoch erkennt man in der Grafik leicht, dass es nicht sinnvoll ist, sie durchzuführen.*

## 16.1.2    Der Fall mehrerer Einflussgrößen $X_1, \ldots, X_n$: Multiple lineare Regression

Gegeben sei eine mehrdimensionale Stichprobe von $n$ Beobachtungstupeln $(x_{11}, x_{12}, \cdots, x_{1k}, y_1), \cdots, (x_{n1}, x_{n2}, \cdots, x_{nk}, y_n)$, die Realisationen der Zufallsvariablen $Y$ sowie $X_1, \ldots, X_k$ sind. Sowohl für die (fest vorgegebenen) $x_{ij}$ als auch für die $y_i$, $i = 1, \ldots, n$, $j = 1, \ldots, k$ mit $1 < k < n$ wird ein metrisches Skalenniveau vorausgesetzt. Als funktionalen Zusammenhang von $Y$ und Realisationen der Zufallsvariablen $X_1, \ldots, X_k$, die wir wie zuvor als fest vorgegeben ansehen werden, betrachten wir jetzt

$$Y = f(x_1, \cdots x_k) + E = \beta_0 + \beta_1 \cdot x_1 + \beta_2 \cdot x_2 + \cdots \beta_k \cdot x_k + E \; .$$

Für die beobachteten Werte $(x_{i1}, x_{i2}, \ldots, x_{ik}, y_i)$, $i = 1, \ldots, n$ setzen wir dabei den linearen Zusammenhang

$$y_i = \beta_0 + \beta_1 \cdot x_{i1} + \beta_2 \cdot x_{i2} + \cdots + \beta_k \cdot x_{ik} + e_i$$

voraus. Hierbei bezeichnet $\beta_0$ wie zuvor bei der einfachen linearen Regression das Absolut-glied, und $\beta_1$ bis $\beta_k$ sind die Parameter, die die Steigung der Regression(hyper)ebene in Richtung $j$, $j = 1, ..., k$, festlegen (vgl. Abbildung 16.5).

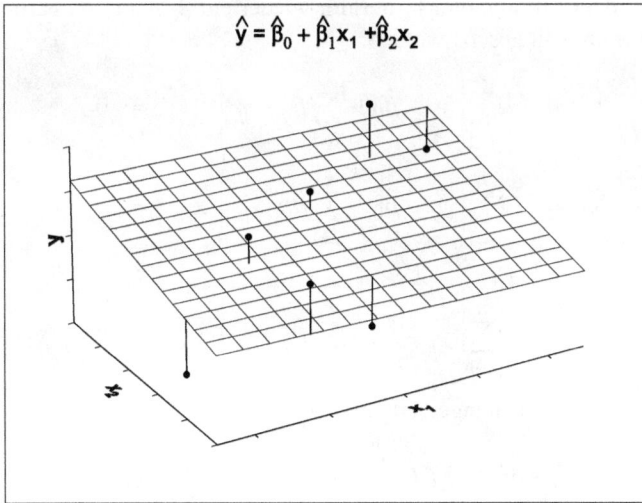

$$\hat{y} = \hat{\beta}_0 + \hat{\beta}_1 x_1 + \hat{\beta}_2 x_2$$

*Abbildung 16.5 Grafische Darstellung der multiplen linearen Regression (k = 2)*
*(Kleinst-Quadrate-Methode)*

Die Anzahl der in ein Regressionsmodell aufgenommenen Regressionsparameter darf dabei die Anzahl von Beobachtungen (Stichprobenumfang) nicht überschreiten, da sonst die Regressionsparameter nicht mehr eindeutig geschätzt werden können. Wir setzen deshalb voraus, dass

$$k + 1 < n$$

gilt. Mit $e_1, ..., e_n$ sind wieder Realisationen der unabhängigen Zufallsvariablen $E$, mit $E(E) = 0$ und $Var(E) = \sigma_e^2$ bezeichnet, die nicht direkt beobachtbar sind.

Werden die Fehler als Realisationen unterschiedlich verteilter Zufallsvariablen mit unterschiedlichen Varianzen angenommen, so spricht man von **Heteroskedastizität**. Wir betrachten hier nur den Fall, dass dieselbe Varianz für alle Fehler angenommen wird. Dieser Fall wird als **Homoskedastizität** bezeichnet.

Die Bestimmung der zu schätzenden Regressionsparameter $\beta_0, \beta_1, ..., \beta_k$ erfolgt wieder, indem die Summe der quadrierten senkrechten Abstände aller Beobachtungstupel zur geschätzten Regressions(hyper)ebene minimiert wird.

Als Summe aller dieser quadratischen Abstände erhalten wir

$$SQ = \sum_{i=1}^{n} \left( y_i - \hat{\beta}_0 - \hat{\beta}_1 \cdot x_{i1} - \hat{\beta}_{i2} \cdot x_{i2} - \cdots - \hat{\beta}_k \cdot x_{ik} \right)^2$$

wobei „∧" einen Schätzer für den jeweiligen Parameter bezeichnet. Zur Ermittlung der Regressions(hyper)ebene

$$\hat{y} = \hat{\beta}_0 + \hat{\beta}_1 \cdot x_1 + \hat{\beta}_2 \cdot x_2 + \cdots + \hat{\beta}_k \cdot x_k$$

muss entsprechend dem Minimierungskriterium wieder ein System von partiellen Ableitungen gebildet und gleich Null gesetzt werden:

$$\frac{\partial SQ}{\partial \hat{\beta}_0} = -2\sum_{i=1}^{n} \left( y_i - \hat{\beta}_0 - \sum_{j=1}^{k} \hat{\beta}_j \cdot x_{ij} \right) = 0$$

$$\frac{\partial SQ}{\partial \hat{\beta}_1} = -2\sum_{i=1}^{n} \left( y_i - \hat{\beta}_0 - \sum_{j=1}^{k} \hat{\beta}_j \cdot x_{ij} \right) \cdot x_{i1} = 0$$

$$\vdots \qquad\qquad\qquad\qquad\qquad\qquad\qquad \vdots$$

$$\frac{\partial SQ}{\partial \hat{\beta}_k} = -2\sum_{i=1}^{n} \left( y_i - \hat{\beta}_0 - \sum_{j=1}^{k} \hat{\beta}_j \cdot x_{ij} \right) \cdot x_{ik} = 0 \quad .$$

Als System von Normalengleichungen erhalten wir

$$n \cdot \hat{\beta}_0 + \hat{\beta}_1 \cdot \sum_{i=1}^{n} x_{i1} + \cdots + \hat{\beta}_k \cdot \sum_{i=1}^{n} x_{ik} = \sum_{i=1}^{n} y_i$$

$$\hat{\beta}_0 \cdot \sum_{i=1}^{n} x_{i1} + \hat{\beta}_1 \cdot \sum_{i=1}^{n} x_{i1}^2 + \cdots + \hat{\beta}_k \cdot \sum_{i=1}^{n} x_{i1} \cdot x_{ik} = \sum_{i=1}^{n} x_{i1} \cdot y_i$$

$$\vdots \qquad\qquad\qquad\qquad\qquad\qquad\qquad \vdots$$

$$\hat{\beta}_0 \cdot \sum_{i=1}^{n} x_{ik} + \hat{\beta}_1 \cdot \sum_{i=1}^{n} x_{i1} \cdot x_{ik} + \cdots + \hat{\beta}_k \cdot \sum_{i=1}^{n} x_{ik}^2 = \sum_{i=1}^{n} x_{ik} \cdot y_i \quad .$$

Aus diesem Gleichungssystem können dann die Schätzer für die Regres-sionsparameter ermittelt werden. Für das Absolutglied $\beta_0$ ergibt sich als Schätzer

$$\hat{\beta}_0 = \bar{y} - \hat{\beta}_1 \cdot \bar{x}_1 - \hat{\beta}_2 \cdot \bar{x}_2 - \cdots - \hat{\beta}_k \cdot \bar{x}_k$$

mit $\bar{x}_j = \dfrac{1}{n} \cdot \sum_{i=1}^{n} x_{ij}$ für $j = 1, \cdots, k$.

Aus einem betragsmäßig größeren geschätzten Wert eines Parameters $\hat{\beta}_j$, $j = 1, ..., k$, lässt sich i.allg. nicht auf einen größeren Einfluss dieses Parameters schließen. Durch die Verwendung einer anderen Skaleneinheit (z.B. Euro → Euro (in Millionen)) kann z.B. die numerische Größe einer Parameterschätzung auf einfache Weise verändert werden. Zur Überprüfung, ob ein geschätzter Parameter tatsächlich einen bedeutenden Einfluss hat, sind deshalb statistische Tests zu verwenden, die in Kapitel 16.4 vorgestellt werden.

Zu jedem beobachteten Stichprobentupel $(x_{i1}, ..., x_{ik}, y_i)$ lässt sich ein geschätzter Wert auf der Regressionshyperebene als $\left( x_{i1}, \cdots, x_{ik}, \hat{y}_i \right)$ mit

$$\hat{y}_i = \hat{\beta}_0 + \hat{\beta}_1 \cdot x_{i1} + \cdots + \hat{\beta}_k \cdot x_{ik} \quad , i = 1, \cdots, n,$$

bestimmen. Wie zuvor bei der einfachen linearen Regression werden auch bei der multiplen linearen Regression die Differenzen $\hat{e}_i$ von beobachteten und geschätzten $y$-Werten als Residuen bezeichnet und als Schätzer für die zufälligen Fehler $e_i$ betrachtet

$$\hat{e}_i = y_i - \hat{y}_i = y_i - \hat{\beta}_0 - \hat{\beta}_1 \cdot x_{i1} - \cdots - \hat{\beta}_k \cdot x_{ik} \quad i = 1, \cdots, n \quad .$$

Die dort getroffenen Aussagen bzgl. der Residuen gelten auch im multiplen Fall.

**Beispiel 16.4** *Für den in Beispiel 16.2 untersuchten Zusammenhang von Anzahl Klientenkontakten und Anzahl Mitarbeiter(innen) in n=11 Verbänden von Reha-Kliniken soll nun auch das zur Verfügung stehende jährliche Budget (in Tausend Euro) in die Analyse mit einbezogen werden (vgl. Beispiel 10.1). Hierbei soll die Anzahl der Klientenkontakte in Abhängigkeit von der Anzahl der Mitarbeiter und des jährlichen Budgets untersucht werden. Es stehen die Daten aus Beispiel 16.4 und Beispiel 10.1 zur Verfügung, die nachfolgend noch einmal zusammengefasst werden.*

| $y_i$: Anz. Klientenkontakte | 193 | 152 | 279 | 173 | 221 | 278 | 124 | 94 | 254 | 174 | 148 |
|---|---|---|---|---|---|---|---|---|---|---|---|
| $x_{i1}$: Anz. Mitarbeiter | 10 | 8 | 13 | 9 | 11 | 14 | 6 | 4 | 12 | 7 | 5 |
| $x_{i2}$: jährliches Budget (in Tsd. €) | 80.4 | 69.5 | 75.8 | 88.1 | 83.3 | 99.6 | 72.4 | 42.6 | 108.3 | 48.2 | 56.8 |

*Untersucht wird ein linearer Zusammenhang der Form*

$$y_i = \beta_0 + \beta_1 \cdot x_{i1} + \beta_2 \cdot x_{i2} + e_i \quad i = 1, \cdots, n \quad .$$

*Zur Ermittlung der Schätzer $\hat{\beta}_0$, $\hat{\beta}_1$ und $\hat{\beta}_2$ werden die folgenden Normalengleichungen benötigt:*

$$(1) \quad n \cdot \hat{\beta}_0 + \hat{\beta}_1 \cdot \sum_{i=1}^{n} x_{i1} + \hat{\beta}_2 \cdot \sum_{i=1}^{n} x_{i2} = \sum_{i=1}^{n} y_i$$

$$(2) \quad \hat{\beta}_0 \cdot \sum_{i=1}^{n} x_{i1} + \hat{\beta}_1 \cdot \sum_{i=1}^{n} x_{i1}^2 + \hat{\beta}_2 \cdot \sum_{i=1}^{n} x_{i1} \cdot x_{i2} = \sum_{i=1}^{n} x_{i1} \cdot y_i$$

$$(3) \quad \hat{\beta}_0 \cdot \sum_{i=1}^{n} x_{i2} + \hat{\beta}_1 \cdot \sum_{i=1}^{n} x_{i1} \cdot x_{i2} + \hat{\beta}_2 \cdot \sum_{i=1}^{n} x_{i2}^2 = \sum_{i=1}^{n} x_{i2} \cdot y_i$$

*Hierbei ist (siehe Beispiel 10.1 und Beispiel 16.4)*

$$\sum_{i=1}^{n} x_{i1} = n \cdot \bar{x}_1 = 11 \cdot 9 = 99 \, ,$$

$$\sum_{i=1}^{n} x_{i2} = n \cdot \bar{x}_2 = 11 \cdot 75 = 825 \, ,$$

$$\sum_{i=1}^{n} y_i = n \cdot \bar{y} = 11 \cdot 190 = 2090 \, .$$

*Weiterhin ist*

$$\sum_{i=1}^{n} x_{i1}^2 = 10^2 + 8^2 + 13^2 + 9^2 + 11^2 + 14^2 + 6^2 + 4^2 + 12^2 + 7^2 + 5^2$$

$$= 1001 \quad,$$

$$\sum_{i=1}^{n} x_{i2}^2 = 80.4^2 + 69.5^2 + 75.8^2 + 88.1^2 + 83.3^2 + 99.6^2$$

$$+ 72.4^2 + 42.6^2 + 108.3^2 + 48.2^2 + 56.8^2$$

$$= 65995.6 \quad,$$

$$\sum_{i=1}^{n} x_{i1} \cdot x_{i2} = 10 \cdot 80.4 + 8 \cdot 69.5 + 13 \cdot 75.8 + 9 \cdot 88.1 + 11 \cdot 83.3 + 14 \cdot 99.6$$

$$+ 6 \cdot 72.4 + 4 \cdot 42.6 + 12 \cdot 108.3 + 7 \cdot 48.2 + 5 \cdot 56.8$$

$$= 7974.8 \quad,$$

$$\sum_{i=1}^{n} x_{i1} \cdot y_i = 10 \cdot 193 + 8 \cdot 152 + 13 \cdot 279 + 9 \cdot 173 + 11 \cdot 221$$

$$+ 14 \cdot 278 + 6 \cdot 124 + 4 \cdot 94 + 12 \cdot 254 + 7 \cdot 174 + 5 \cdot 148$$

$$= 20779 \quad,$$

$$\sum_{i=1}^{n} x_{i2} \cdot y_i = 80.4 \cdot 193 + 69.5 \cdot 152 + 75.8 \cdot 279 + 88.1 \cdot 173 + 83.3 \cdot 221$$

$$+ 99.6 \cdot 278 + 72.4 \cdot 124 + 42.6 \cdot 94$$

$$+ 108.3 \cdot 254 + 48.2 \cdot 174 + 56.8 \cdot 148$$

$$= 165852.2 \quad.$$

*Damit ergibt sich*

$$(1): \quad 11 \cdot \hat{\beta}_0 + \hat{\beta}_1 \cdot 99 + \hat{\beta}_2 \cdot 825 = 2090 \quad,$$

$$(2): \quad \hat{\beta}_0 \cdot 99 + \hat{\beta}_1 \cdot 1001 + \hat{\beta}_2 \cdot 7974.8 = 20779 \quad,$$

$$(3): \quad \hat{\beta}_0 \cdot 825 + \hat{\beta}_1 \cdot 7974.8 + \hat{\beta}_2 \cdot 65995.6 = 165852.2 \quad.$$

*Lösen wir (1) nach $\hat{\beta}_0$ auf, setzen $\hat{\beta}_0$ dann in (2) ein und lösen nun nach $\hat{\beta}_1$ auf, so erhalten wir*

$$\hat{\beta}_0 = 190 - 9 \cdot \hat{\beta}_1 - 75 \cdot \hat{\beta}_2$$

$$\hat{\beta}_1 = 17.9 - 5 \cdot \hat{\beta}_2$$

*und durch Einsetzen in (3)*

$$\hat{\beta}_2 = -0.5386$$

*und damit*

$$\hat{\beta}_1 = 20.59 \qquad und \qquad \hat{\beta}_0 = 45.07 \quad .$$

*Die korrekte Gleichung für die ermittelte Regressionsebene lautet damit*

$$\hat{y}_i = 45.07 + 20.59 \cdot x_{i1} - 0.5386 \cdot x_{i2} \qquad , i = 1, \cdots, n \quad .$$

*Aus pragmatischen Gründen ist es jedoch ratsam, die Gleichung mit*

$$\hat{y}_i = 45.1 + 20.6 \cdot x_{i1} - 0.54 \cdot x_{i2} \qquad , i = 1, \cdots, n$$

*anzugeben. Eine ausführliche Darstellung wie viele Dezimalstellen sinnvoll angegeben werden sollen, findet man bei z.B. Wainer (1997).*

*Auch hier stellen wir noch einmal die beobachtete und die geschätzte Anzahl der Klientenkontakte sowie die geschätzten Residuen in einer Tabelle zusammen. Dabei sind sowohl die geschätzten y-Werte als auch die Residuen auf eine Nachkommastelle gerundet worden, da die Angabe weiterer Dezimalstellen weder zu einer besseren Interpretation noch zu einer besseren Übersichtlichkeit beitragen würde.*

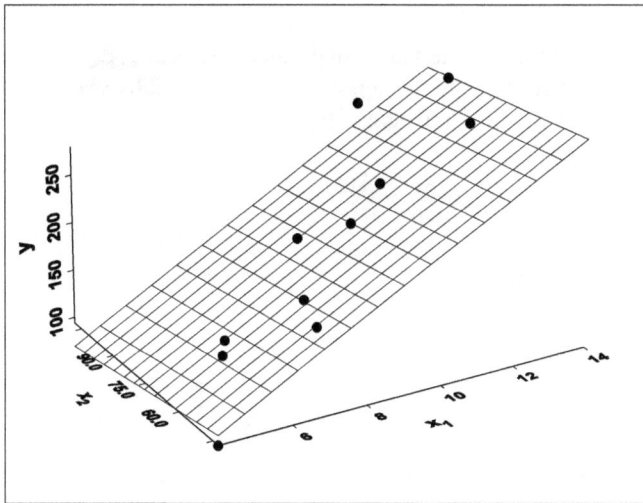

*Abbildung 16.6 Regressionsebene für die Daten aus Beispiel 16.4*

| $y_i$ | 193 | 152 | 279 | 173 | 221 | 278 | 124 | 94 | 254 | 174 | 148 |
|---|---|---|---|---|---|---|---|---|---|---|---|
| $\hat{y}_i$ | 207.7 | 172.4 | 271.9 | 182.9 | 226.7 | 279.7 | 129.6 | 104.5 | 233.8 | 163.2 | 117.4 |
| $\hat{e}_i$ | -14.7 | -20.4 | 7.1 | -9.9 | -5.7 | -1.7 | -5.6 | -10.5 | 20.2 | 10.8 | 30.6 |

*Unter dem erweiterten Regressionsmodell setzt sich die Anzahl der Klientenkontakte zusammen aus einem festen Anteil von ca. 45 Kontakten plus einem Anteil, der sich als das ungefähre 20.6fache der Mitarbeiteranzahl bestimmt, minus einem Anteil, der ungefähr 54 Prozent des Budgets entspricht. Aus den geschätzten Regressionsparametern $\hat{\beta}_1$ und $\hat{\beta}_2$ lässt* *sich nicht schlussfolgern, dass die Mitarbeiteranzahl einen deutlich größeren Einfluss auf die Anzahl der Klientenkontakte besitzt als das jährlich zur Verfügung stehende Budget.*

Sehr viel übersichtlicher lassen sich multiple Regressionsmodelle und die benötigten Modellgleichungen in Matrizenform darstellen. Da diese Darstellungsform üblich ist, wollen wir sie nachfolgend kurz einführen. Ein Abstecher in Regeln der **Matrizenrechnung** ist dabei unvermeidbar. Für eine Matrizendarstellung des Regressionsmodells werden die Stichprobenwerte $y_1, ..., y_n$, die Regressionsparameter $\beta_0, \beta_1, ..., \beta_k$ sowie die Residuen $e_1, ..., e_n$ spaltenweise zu **Vektoren** der Länge $n$, $k+1$ und $n$ zusammengefasst:

$$\mathbf{y} = \left.\begin{bmatrix} y_1 \\ y_2 \\ \vdots \\ \vdots \\ y_n \end{bmatrix}\right\} n, \qquad \beta = \left.\begin{bmatrix} \beta_0 \\ \beta_1 \\ \vdots \\ \beta_k \end{bmatrix}\right\} k+1 \quad \text{und} \quad \mathbf{e} = \left.\begin{bmatrix} e_1 \\ e_2 \\ \vdots \\ \vdots \\ e_n \end{bmatrix}\right\} n \ .$$

In dem Parametervektor $\beta$ werden die $k$ Steigungsparameter $\beta_1, ..., \beta_k$ und das Absolutglied $\beta_0$ zusammengefasst. Die realisierten Stichprobenwerte der Zufallsvariablen $X_1, ..., X_k$ werden in einer $n \times (k+1)$-*Matrix* zusammengefasst:

$$\mathbf{X} = \left.\begin{bmatrix} 1 & x_{11} & x_{12} & \cdots & x_{1k} \\ 1 & x_{21} & x_{22} & \cdots & x_{2k} \\ \vdots & \vdots & \vdots & & \vdots \\ 1 & x_{n1} & x_{n2} & \cdots & x_{nk} \end{bmatrix}\right\} n \ .$$
$$\underbrace{\phantom{1 \quad x_{11} \quad x_{12} \quad \cdots \quad x_{1k}}}_{k+1}$$

Die Bezeichnung $n \times (k+1)$ gibt dabei an, dass es sich bei der Matrix um ein Feld mit $n$ Zeilen und $(k+1)$ Spalten handelt. Die erste Spalte dieses Feldes enthält dabei nur $n$-mal den Wert 1, um so später in die Modellgleichung das Absolutglied aufnehmen zu können. In die nachfolgenden $k$ Spalten werden jeweils die $n$ Realisationen der Zufallsvariablen $X_1, ..., X_k$ eingetragen, die fest vorgegeben sind. Die Matrix $X$ wird auch als **Designmatrix** bezeichnet, da durch sie das Regressionsmodell festgelegt wird.

Unter Verwendung der Matrixschreibweise lässt sich das multiple lineare Regressionsmodell nun folgendermaßen darstellen:

$$\mathbf{y} = \mathbf{X}\beta + \mathbf{e} \qquad \text{bzw.} \qquad \mathbf{Y} = \mathbf{X}\beta + \mathbf{E} \ ,$$

wenn wir $Y$ und $E$ als Zufallsvariablen betrachten. Die multiple Regres-sionsgleichung

$$\mathbf{y} = \mathbf{X}\beta + \mathbf{e}$$

ist dabei ausführlich als

$$
\begin{bmatrix} y_1 \\ y_2 \\ \vdots \\ \vdots \\ y_n \end{bmatrix} = \begin{bmatrix} 1 & x_{11} & \cdots & x_{1k} \\ 1 & x_{21} & \cdots & x_{2k} \\ \vdots & \vdots & \ddots & \vdots \\ \vdots & \vdots & \cdots & \vdots \\ 1 & x_{n1} & \cdots & x_{nk} \end{bmatrix} \begin{bmatrix} \beta_0 \\ \beta_1 \\ \vdots \\ \beta_k \end{bmatrix} + \begin{bmatrix} e_1 \\ e_2 \\ \vdots \\ \vdots \\ e_n \end{bmatrix}
$$

zu lesen. Die Multiplikation einer Matrix mit einem (Spalten)vektor in der obigen Form setzt dabei voraus, dass die Länge des Vektors $(k+1)$ identisch ist mit der Spaltenanzahl der Matrix. Die Multiplikation wird von rechts durchgeführt. Es werden für jede Zeile der Matrix $X$ die dort stehenden Werte elementweise mit den Werten des Vektors multipliziert und aufsummiert:

$$
\begin{bmatrix} 1 & x_{11} & \cdots & x_{1k} \\ 1 & x_{21} & \cdots & x_{2k} \\ \vdots & \vdots & \ddots & \vdots \\ \vdots & \vdots & \cdots & \vdots \\ 1 & x_{n1} & \cdots & x_{nk} \end{bmatrix} \begin{bmatrix} \beta_0 \\ \beta_1 \\ \vdots \\ \beta_k \end{bmatrix} = \begin{bmatrix} \beta_0 \cdot 1 + \beta_1 \cdot x_{11} \cdots + \beta_k \cdot x_{1k} \\ \beta_0 \cdot 1 + \beta_1 \cdot x_{21} + \cdots + \beta_k \cdot x_{2k} \\ \vdots \\ \vdots \\ \beta_0 \cdot 1 + \beta_1 \cdot x_{n1} + \cdots + \beta_k \cdot x_{nk} \end{bmatrix} .
$$

Als Ergebnis erhalten wir einen Spaltenvektor der Länge $n$. Die Addition von Spaltenvektoren gleicher Länge erfolgt ebenfalls elementweise. Die vereinfachende Matrixschreibweise

$$
y = X\beta + e
$$

ist damit identisch mit

$$
y_1 = \beta_0 \cdot 1 + \beta_1 \cdot x_{11} + \beta_2 \cdot x_{12} + \cdots + \beta_k \cdot x_{1k} + e_1
$$

$$
y_2 = \beta_0 \cdot 1 + \beta_1 \cdot x_{21} + \beta_2 \cdot x_{22} + \cdots + \beta_k \cdot x_{2k} + e_2
$$

$$
\vdots
$$

$$
y_n = \beta_0 \cdot 1 + \beta_1 \cdot x_{n1} + \beta_2 \cdot x_{n2} + \cdots + \beta_k \cdot x_{nk} + e_n \quad .
$$

Das System der Normalengleichungen lautet in Matrixschreibweise

$$
X^T X \hat{\beta} = X^T y \quad ,
$$

wobei $\hat{\beta}$ der Vektor der geschätzten Parameter ist : $\hat{\beta} = \begin{bmatrix} \hat{\beta}_0 \\ \hat{\beta}_1 \\ \vdots \\ \hat{\beta}_k \end{bmatrix}$ .

Der hochgestellte Buchstabe $T$ bezeichnet eine **transponierte Matrix**, d.h., eine Matrix, bei der Zeilen und Spalten vertauscht wurden:

$$\mathbf{X}^T = \left.\begin{bmatrix} 1 & 1 & 1 & \cdots & 1 \\ x_{11} & x_{21} & x_{31} & \cdots & x_{n1} \\ \vdots & \vdots & \vdots & & \vdots \\ x_{1k} & x_{2k} & x_{3k} & \cdots & x_{nk} \end{bmatrix}\right\} k+1 \quad .$$

$$\underbrace{\phantom{xxxxxxxxxxxxxxxxxxxxxxxx}}_{n}$$

Ist $X$ eine $n \times (k+1)$-Matrix, so ist $\mathbf{X}^T$ eine $(k+1) \times n$-Matrix. Transponiert man Vektoren, so wird aus einem Spaltenvektor ein Zeilenvektor und umgekehrt. Das Produkt der Matrizen $\mathbf{X}^T$ und $X$ ist eine symmetrische $(k+1) \times (k+1)$-Matrix. Es wird wieder von rechts multipliziert und zwar wird jede Spalte der Matrix $X$ elementweise mit jeder Zeile der Matrix $\mathbf{X}^T$ multipliziert und aufsummiert.

$$\begin{bmatrix} 1 & \cdots & 1 \\ x_{11} & \cdots & x_{n1} \\ \vdots & \ddots & \vdots \\ x_{1k} & \cdots & x_{nk} \end{bmatrix} \begin{bmatrix} 1 & x_{11} & \cdots & x_{1k} \\ \vdots & \vdots & \ddots & \vdots \\ 1 & x_{n1} & \cdots & x_{nk} \end{bmatrix}$$

$$= \left.\begin{bmatrix} n & \sum\limits_{i=1}^{n} x_{i1} & \cdots & \sum\limits_{i=1}^{n} x_{ik} \\ \sum\limits_{i=1}^{n} x_{i1} & \sum\limits_{i=1}^{n} x_{i1}^2 & \cdots & \sum\limits_{i=1}^{n} x_{i1} \cdot x_{ik} \\ \vdots & \vdots & \ddots & \vdots \\ \sum\limits_{i=1}^{n} x_{ik} & \sum\limits_{i=1}^{n} x_{i1} \cdot x_{ik} & \cdots & \sum\limits_{i=1}^{n} x_{ik}^2 \end{bmatrix}\right\} k+1$$

$$\underbrace{\phantom{xxxxxxxxxxxxxxxxxxxxxxxx}}_{k+1}$$

Multiplizieren wir die Matrix $(\mathbf{X}^T\mathbf{X})$ nun mit dem Vektor $\hat{\beta}$, erhalten wir einen Spaltenvektor der Länge $(k+1)$:

$$\left(\mathbf{X}^T\mathbf{X}\right)\hat{\beta} = \begin{bmatrix} n \cdot \hat{\beta}_0 + \hat{\beta}_1 \cdot \sum_{i=1}^{n} x_{i1} + \cdots + \hat{\beta}_k \cdot \sum_{i=1}^{n} x_{ik} \\ \hat{\beta}_0 \cdot \sum_{i=1}^{n} x_{i1} + \hat{\beta}_1 \cdot \sum_{i=1}^{n} x_{i1}^2 + \cdots + \hat{\beta}_k \cdot \sum_{i=1}^{n} x_{i1} \cdot x_{ik} \\ \vdots \\ \hat{\beta}_0 \cdot \sum_{i=1}^{n} x_{ik} + \hat{\beta}_1 \cdot \sum_{i=1}^{n} x_{i1} \cdot x_{ik} + \cdots \hat{\beta}_k \cdot \sum_{i=1}^{n} x_{ik}^2 \end{bmatrix} .$$

Multiplizieren wir nun noch $\mathbf{X}^T$ mit $y$ und setzen die beiden Ergebnisse gleich $\left(\mathbf{X}^T\mathbf{X}\right)\hat{\beta} = \mathbf{X}^T\mathbf{y}$, so erhalten wir das bereits bekannte System ausführlicher Normalengleichungen:

$$n \cdot \hat{\beta}_0 + \hat{\beta}_1 \cdot \sum_{i=1}^{n} x_{i1} + \cdots + \hat{\beta}_k \cdot \sum_{i=1}^{n} x_{ik} = \sum_{i=1}^{n} y_i$$

$$\hat{\beta}_0 \cdot \sum_{i=1}^{n} x_{i1} + \hat{\beta}_1 \cdot \sum_{i=1}^{n} x_{i1}^2 + \cdots + \hat{\beta}_k \cdot \sum_{i=1}^{n} x_{i1} \cdot x_{ik} = \sum_{i=1}^{n} x_{i1} \cdot y_i$$

$$\vdots$$

$$\hat{\beta}_0 \cdot \sum_{i=1}^{n} x_{ik} + \hat{\beta}_1 \cdot \sum_{i=1}^{n} x_{i1} \cdot x_{ik} + \cdots \hat{\beta}_k \cdot \sum_{i=1}^{n} x_{ik}^2 = \sum_{i=1}^{n} x_{ik} \cdot y_i \quad .$$

Als Lösungen der Normalengleichungen erhält man in Matrixschreibweise

$$\hat{\beta} = \left(\mathbf{X}^T\mathbf{X}\right)^{-1} \mathbf{X}^T\mathbf{y} \quad .$$

Hierbei wird vorausgesetzt, dass die berechnete Matrix $(\mathbf{X}^T\mathbf{X})$ invertierbar ist. Die **Inverse einer Matrix** wird durch $(\cdot)^{-1}$ bezeichnet. Die inverse Matrix zu $(\mathbf{X}^T\mathbf{X})$ ist damit $(\mathbf{X}^T\mathbf{X})^{-1}$. Sie lässt sich nur berechnen, wenn $(\mathbf{X}^T\mathbf{X})$ vollen Rang $(k+1)$ hat, d.h., keine Spalte als Kombination von anderen Spalten dargestellt werden kann. Für die Berechnung einer inversen Matrix sollte auf ein entsprechendes Softwareprodukt zurückgegriffen werden. Eine Berechnung „zu Fuß" ist oft sehr umfangreich. Für die interessierte Leserin bzw. den interessierten Leser sei hierfür auf die entsprechende Fachliteratur, wie z.B. *Fischer (1975)* oder *Graybill (1983)*, hingewiesen. Der Vektor $\hat{\beta}$ der geschätzten Parameter, den wir als Lösung der Normalengleichungen erhalten, ist dann ein eindeutig bestimmter Schätzer für $\beta$. Der Vektor der geschätzten $y$-Werte ist gerade

$$\hat{\mathbf{y}} = \mathbf{X}\hat{\beta}$$

und der Vektor der geschätzten Residuen ist

$$\hat{\mathbf{e}} = \mathbf{y} - \hat{\mathbf{y}} = \mathbf{y} - \mathbf{X}\hat{\beta} \quad .$$

Beide Vektoren haben die Länge $n$.

**Beispiel 16.5** *Wollen wir das Regressionsproblem aus Beispiel 16.5 in Matrizenform darstellen, so ist*

$$\mathbf{y} = \mathbf{X}\beta + \mathbf{e}$$

*mit*

$$y = \begin{bmatrix} 193 \\ 152 \\ 279 \\ 173 \\ 221 \\ 278 \\ 124 \\ 94 \\ 254 \\ 174 \\ 148 \end{bmatrix} \Big\} 11 \quad \text{und} \quad \beta = \begin{bmatrix} \beta_0 \\ \beta_1 \\ \beta_2 \end{bmatrix} \Big\} 3 \quad .$$

*Als Designmatrix **X** erhalten wir*

$$\mathbf{X} = \begin{bmatrix} 1 & 10 & 80.4 \\ 1 & 8 & 69.5 \\ 1 & 13 & 75.8 \\ 1 & 9 & 88.1 \\ 1 & 11 & 83.3 \\ 1 & 14 & 99.6 \\ 1 & 6 & 72.4 \\ 1 & 4 & 42.6 \\ 1 & 12 & 108.3 \\ 1 & 7 & 48.2 \\ 1 & 5 & 56.8 \end{bmatrix} \Big\} 11 \quad .$$

$$\underbrace{\qquad\qquad}_{3}$$

*Damit ist*

$$\mathbf{X}^T \mathbf{X} = \begin{bmatrix} 1 & 1 & \cdots & 1 & 1 \\ 10 & 8 & \cdots & 7 & 5 \\ 80.4 & 69.5 & \cdots & 48.2 & 56.8 \end{bmatrix} \begin{bmatrix} 1 & 10 & 80.4 \\ 1 & 8 & 69.5 \\ 1 & 13 & 75.8 \\ 1 & 9 & 88.1 \\ 1 & 11 & 83.3 \\ 1 & 14 & 99.6 \\ 1 & 6 & 72.4 \\ 1 & 4 & 42.6 \\ 1 & 12 & 108.3 \\ 1 & 7 & 48.2 \\ 1 & 5 & 56.8 \end{bmatrix}$$

$$= \begin{bmatrix} 11 & 99 & 825 \\ 99 & 1001 & 7974.8 \\ 825 & 7974.8 & 65995.6 \end{bmatrix}$$

*und*

$$\mathbf{X}^T \mathbf{y} = \begin{bmatrix} 1 & 1 & \cdots & 1 & 1 \\ 10 & 8 & \cdots & 7 & 5 \\ 80.4 & 69.5 & \cdots & 48.2 & 56.8 \end{bmatrix} \begin{bmatrix} 193 \\ 152 \\ 279 \\ 173 \\ 221 \\ 278 \\ 124 \\ 94 \\ 254 \\ 174 \\ 148 \end{bmatrix}$$

$$= \begin{bmatrix} 2090 \\ 20779 \\ 165852.2 \end{bmatrix} .$$

*Die inverse Matrix zu $\mathbf{X}^T\mathbf{X}$ ist*

$$\left(\mathbf{X}^T \mathbf{X}\right)^{-1} = \begin{bmatrix} 1.4836774 & 0.0274834 & -0.0218683 \\ 0.0274835 & 0.0272913 & -0.0036414 \\ -0.0218683 & -0.0036414 & 0.0007285 \end{bmatrix}$$

*und damit erhalten wir*

$$\hat{\beta} = \left(\mathbf{X}^T \mathbf{X}\right)^{-1} \mathbf{X}^T \mathbf{y}$$

$$= \begin{bmatrix} 1.4836774 & 0.0274834 & -0.0218683 \\ 0.0274835 & 0.0272913 & -0.0036414 \\ -0.0218683 & -0.0036414 & 0.0007285 \end{bmatrix} \begin{bmatrix} 2090.0 \\ 20779.0 \\ 165852.2 \end{bmatrix} .$$

$$= \begin{bmatrix} 45.0654 \\ 20.5918 \\ -0.5386 \end{bmatrix}$$

*Bei den numerischen Werten innerhalb der Matrizen ist zum Teil die Angabe derartig vieler Nachkommastellen notwendig, da man ansonsten durch Rundungsfehler nicht mehr die korrekten Ergebnisse erhalten würde. Die grafische Darstellung und Interpretation der Ergebnisse ist völlig analog zu Beispiel 16.5.*

Da wir in Kapitel 16.4 auch Tests bzgl. der Regressionsparameter durchführen wollen, benötigen wir noch weitere Informationen bzgl. des Kleinst-Quadrate-Schätzers $\hat{\beta}$. Zunächst einmal gilt, dass $\hat{\beta}$ ein erwartungstreuer Schätzer für den wahren Parametervektor $\beta$ ist:

$$E\left(\hat{\beta}\right) = \beta \quad .$$

Für die Varianz des geschätzten Parametervektors gilt:

$$Var\left(\hat{\beta}\right) = \Sigma_{\hat{\beta}} = \left(\mathbf{X}^T\mathbf{X}\right)^{-1} \cdot \sigma_e^2 \quad .$$

Hierbei ist $\Sigma_{\hat{\beta}}$ eine symmetrische $(k+1)$ x $(k+1)$-Matrix, da $(\mathbf{X}^T\mathbf{X})^{-1}$ eine symmetrische $(k+1)$ x $(k+1)$-Matrix ist (vgl. die Herleitung der Normalengleichungen auf Seite 233). Die Konstante $\sigma_e^2$ bezeichnet die Varianz der Fehlervariablen $E$.

Die Matrix $\Sigma_{\hat{\beta}}$ heißt (wahre) **Kovarianzmatrix** des Schätzers $\hat{\beta}$. In dieser Matrix sind die Varianzen der Parameterschätzer $\hat{\beta}_j$ sowie die Kovarianzen der Schätzer $\hat{\beta}_j$ und $\hat{\beta}_l$ mit $j,l = 1, \ldots, k$ und $j \neq l$ zusammengefasst. Bezeichnen wir die inverse Matrix $(\mathbf{X}^T\mathbf{X})^{-1}$ mit $\mathbf{C}$

$$\mathbf{C} = \left(\mathbf{X}^T\mathbf{X}\right)^{-1} = \begin{bmatrix} c_{00} & c_{01} & \cdots & c_{0k} \\ c_{10} & c_{11} & \cdots & c_{1k} \\ \vdots & \vdots & \ddots & \vdots \\ c_{k0} & c_{k1} & \cdots & c_{kk} \end{bmatrix}$$

können wir die Varianz jedes einzelnen Parameterschätzers $\hat{\beta}_j$ auch als

$$\sigma_{\hat{\beta}_j}^2 = \sigma_e^2 \cdot c_{jj} \quad \text{für } j = 0, 1, \cdots, k$$

und die Kovarianz von $\hat{\beta}_j$ und $\hat{\beta}_l$ auch als

$$\sigma_{\hat{\beta}_j\hat{\beta}_l} = \sigma_e^2 \cdot c_{jl} \quad \text{für } j, l = 0, 1, \cdots, k \text{ und } j \neq l$$

schreiben. Aufgrund der Symmetrie von $\mathbf{C} = (\mathbf{X}^T\mathbf{X})^{-1}$ ist dabei

$$\sigma_{\hat{\beta}_j\hat{\beta}_l} = \sigma_{\hat{\beta}_l\hat{\beta}_j} \quad \text{bzw.} \quad c_{jl} = c_{lj} \quad .$$

Da die wahre Varianz $\sigma_e^2$ der Fehlervariablen i.allg. für reale Datensätze unbekannt ist, müssen wir diese Varianz aus den Daten schätzen. Wir schätzen die Varianz der Fehlervariablen mit

$$\hat{\sigma}_e^2 := \frac{1}{n-(k+1)} \cdot \hat{\mathbf{e}}^T\hat{\mathbf{e}} = \frac{1}{n-(k+1)} \cdot \sum_{i=1}^{n} \hat{e}_i^2 = \frac{1}{n-(k+1)} \cdot \sum_{i=1}^{n} (y_i - \hat{y}_i)^2 \quad .$$

Verwenden wir die Schätzung $\hat{\sigma}_e^2$, um die Kovarianz des Vektors $\hat{\beta}$ der geschätzten Regressionsparameter zu berechnen, so erhalten wir die **geschätzte Kovarianzmatrix** $\hat{\Sigma}_{\hat{\beta}}$:

$$\hat{\Sigma}_{\hat{\beta}} = \left(\mathbf{X}^T \cdot \mathbf{X}\right)^{-1}\hat{\sigma}_e^2 \quad .$$

Mit $\mathbf{C} = (\mathbf{X}^T\mathbf{X})^{-1}$ wie zuvor, erhalten wir als Schätzer (!) für die Varianz jedes einzelnen Parameterschätzers $\hat{\beta}_j$

$$\hat{\sigma}^2_{\hat{\beta}_j} = \hat{\sigma}^2_e \cdot c_{jj} \quad \text{für } j = 0, 1, \cdots, k$$

und als Schätzer (!) für die Kovarianz von $\hat{\beta}_j$ und $\hat{\beta}_l$

$$\hat{\sigma}_{\hat{\beta}_j\hat{\beta}_l} = \hat{\sigma}^2_e \cdot c_{jl} \quad \text{für } j, l = 0, 1, \cdots, k \text{ und } j \neq l \quad .$$

Mit Hilfe der wahren Kovarianzmatrix $\Sigma_{\hat{\beta}}$ oder aber der geschätzten Kovarianzmatrix $\hat{\Sigma}_{\hat{\beta}}$

können wir nun Aussagen über die Variabilität unserer Parameterschätzungen $\hat{\beta}_j$ treffen. Kenntnis über diese Variabilität benötigen wir insbesondere dann, wenn wir Aussagen über die Regressionsparameter unter Verwendung statistischer Tests überprüfen wollen. Eines dieser Testverfahren werden wir nachfolgend in Kapitel 16.4 kennen lernen.

***Beispiel 16.6*** *Für die Daten aus Beispiel 16.4 soll die geschätzte Kovarianzmatrix $\hat{\Sigma}_{\hat{\beta}}$ ermittelt werden. Es ist $\hat{\Sigma}_{\hat{\beta}} = (\mathbf{X}^T\mathbf{X})^{-1}\hat{\sigma}^2_e$. Aus Beispiel 16.5 ist $\mathbf{C} = (\mathbf{X}^T\mathbf{X})^{-1}$ bereits bekannt*

$$\mathbf{C} = \begin{bmatrix} 1.4836774 & 0.0274834 & -0.0218683 \\ 0.0274835 & 0.0272913 & -0.0036414 \\ -0.0218683 & -0.0036414 & 0.0007285 \end{bmatrix} .$$

*Weiterhin ist*

$$\begin{aligned} \hat{\sigma}^2_e &= \frac{1}{n-(k+1)} \cdot \sum_{i=1}^{n} \hat{e}^2_i \\ &= \frac{1}{11-(2+1)} \cdot \Big\{ (-14.68)^2 + (-20.37)^2 + (7.06)^2 \\ &\qquad + (-9.95)^2 + (-5.71)^2 + (-1.71)^2 + (-5.63)^2 + \\ &\qquad (-10.49)^2 + (20.16)^2 + (10.75)^2 + (30.57)^2 \Big\} \\ &= \frac{1}{8} \cdot 2413.064 \\ &= 301.633 \quad . \end{aligned}$$

*Damit ergibt sich als geschätzte Kovarianzmatrix des Schätzers $\hat{\beta}$*

$$\hat{\Sigma}_{\hat{\beta}} = \begin{bmatrix} 447.5261 & 8.2899 & -6.5962 \\ 8.2899 & 8.2320 & -1.0984 \\ -6.5962 & -1.0984 & 0.2197 \end{bmatrix} .$$

*Als geschätzte Varianzen können aus der Hauptdiagonalen dieser Matrix direkt abgelesen werden*

$$\hat{\sigma}^2_{\hat{\beta}_0} = 447.5261$$

$$\hat{\sigma}^2_{\hat{\beta}_1} = 8.2320$$

$$\hat{\sigma}^2_{\hat{\beta}_2} = 0.2197 \quad .$$

# 16.2    Die Residualanalyse

In Kapitel 16.1 haben wir die geschätzten Residuen

$$\hat{e}_i = y_i - \hat{y}_i \quad , i = 1, \cdots, n, ,$$

kennen gelernt. Mit Hilfe der Residuen lässt sich auf einfache Weise (z.B. grafisch) überprüfen, ob ein gewählter Regressionsansatz dem zugrunde liegenden Datensatz gut angepasst ist. Eine Möglichkeit dieser Überprüfung liegt darin, einen Residuenplot zu erstellen. Bei dieser Art einer grafischen Darstellung werden bei einer einfachen linearen Regression – ähnlich wie bei einem Streudiagramm – auf der horizontalen Achse die Werte der unabhängigen Variablen (*X*-Variable) oder aber auch die geschätzten Beobachtungswerte $\hat{y}_i$ aufgetragen und auf der vertikalen Achse die Werte der geschätzten Residuen. Bei einer multiplen linearen Regression kann z.B. für jede unabhängige Variable ein solches Diagramm erstellt werden. Mit Hilfe eines Residuenplots lassen sich sehr leicht systematische Verzerrungen visuell entdecken.

Bei einem „gutartigen" Residuenplot liegen die geschätzten Residuen ohne erkennbare Struktur um den Wert Null (vgl. *Abbildung 16.7*a). Weist die Verteilung der geschätzten Residuen dagegen eine erkennbare Systematik auf, so ist von einem nicht adäquaten Modellansatz auszugehen. Werden in einem Residuenplot die geschätzten Residuen gegen die geschätzten Beobachtungswerte abgetragen, so lässt sich auch gut erkennen, ob die Annahme gleicher (konstanter) Fehlervarianzen gerechtfertigt ist.

Weist ein derartiger Residuenplot z.B. einen fächerförmigen Verlauf auf, d.h., mit zunehmender Größe der geschätzten Beobachtungswerte weichen die geschätzten Residuen immer stärker (oder schwächer) nach oben und unten vom Wert Null ab, so muss ein Regressionsmodell mit ungleichen Fehlervarianzen in Betracht gezogen werden. Ein derartiges Modell wird im Rahmen dieser Ausführungen nicht vorgestellt. Einen Überblick über einige typische Strukturen von Residuenplots und daraus zu ziehende Schlussfolgerungen zeigen *Abbildung 16.7* und *Abbildung 16.8*. Die dort gezeigten idealtypischen Situationen von Residuenplots treten für reale Datensätze i.allg. nicht genau in der dort beschriebenen Art und Weise auf. Zudem können Effekte auch miteinander verknüpft sein.

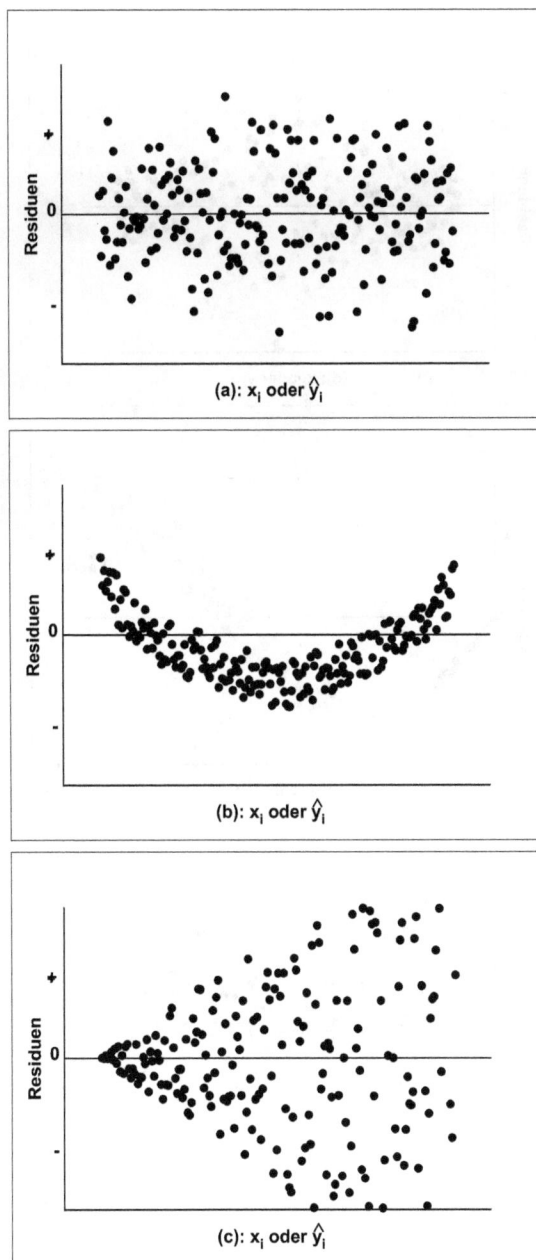

*Abbildung 16.7 Typische Strukturen von Residuenplots*

(a)„gutartiger Verlauf"

(b)Hinweis auf Heteroskedastizität

(c)Hinweis auf nichtlinearen Zusammenhang und Heteroskedastizität

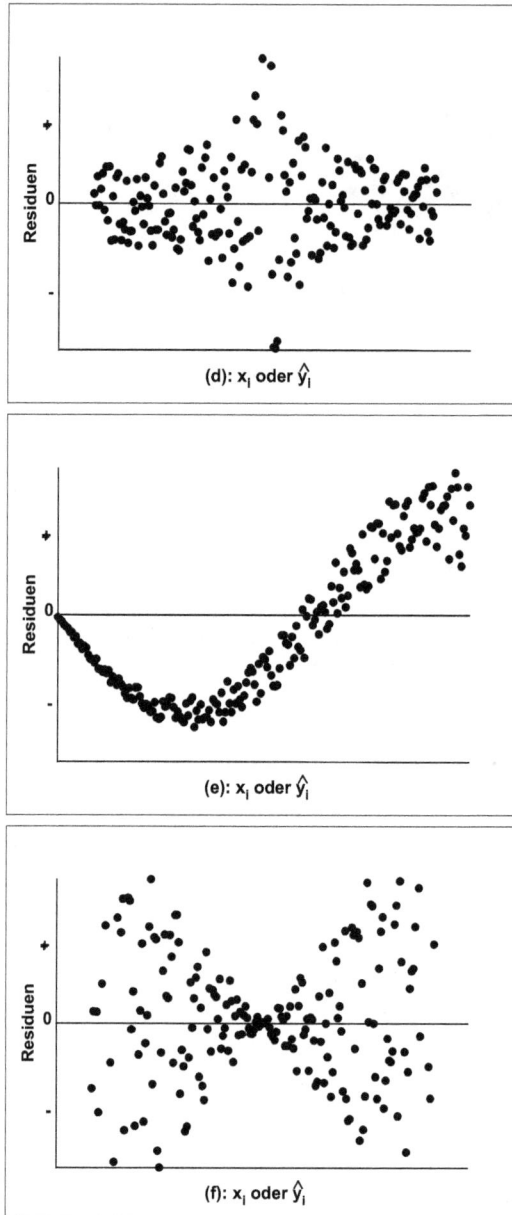

*Abbildung 16.8 Typische Strukturen von Residuenplots*

(d) Hinweis auf Heteroskedastizität

(e) Hinweis auf nichtlinearen Zusammenhang und Heteroskedastizität

(f) Hinweis auf Heteroskedastizität

**Beispiel 16.7** *Ermittelt man beim Anscombe-Quartett die Residuen und stellt sie in einem Re-siduenplot dar, so erhält man Abbildung 16.9. Während bei Stichprobe I die Residuen annä-hernd die geforderte „gutartige" Gestalt annehmen, ist beim Residuenplot der Stichprobe II deutlich die Verletzung der Linearitätsannahme zu erkennen. Die Residuen weisen eine deut-liche Systematik auf. Bei Stichprobe III besitzt die ausreißerverdächtige Beobachtung auch das größte Residuum. Hier ist zu überlegen, ob diese Beobachtung nicht aus dem Datenma-terial entfernt und gesondert betrachtet werden sollte. Zumal diese Beobachtung die ge-schätzten Regressionsparameter und damit auch die Größe der geschätzten Residuen selbst stark beeinflusst. Bei Stichprobe IV weist zwar die extreme Beobachtung ein Residuum von Null auf, jedoch erkennt man auch anhand des Residuenplots, dass hier ein linearer Regres-sionsansatz nicht sinnvoll ist.*

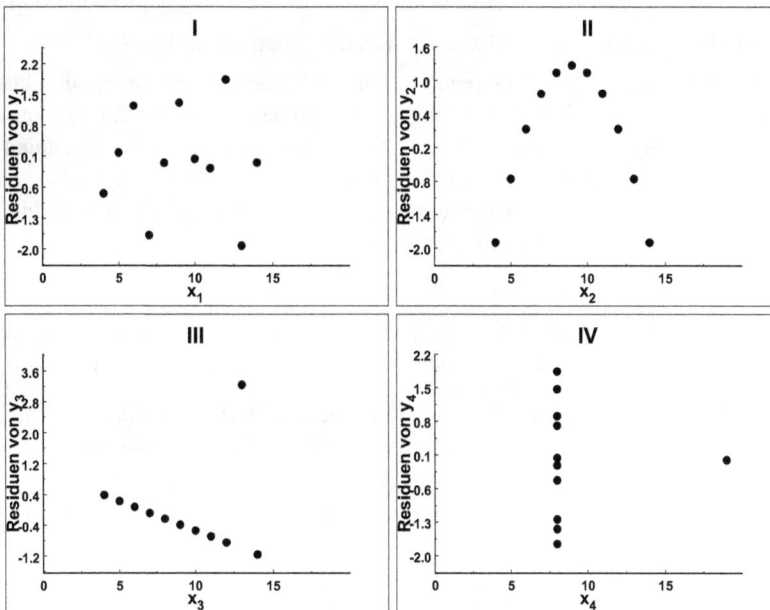

*Abbildung 16.9 Residuenplots für das Anscombe-Quartett*

In vielen Situationen ist es nicht sinnvoll, einen Residuenplot in der oben beschriebenen Form zu erstellen. So hat z.B. ein Residuum mit dem Wert 10 eine andere Bedeutung wenn die zugehörige Beobachtung selbst auch den Wert 10 besitzt oder aber den Wert 1000. Im ersten Fall haben Be-obachtungswert und Residuum die gleiche numerische Größenordnung, im zweiten Fall beträgt der Wert des Residuums nur 1 Prozent des Beobachtungswertes. Während man im zweiten Fall von einer guten Modellanpassung sprechen kann, erscheint im ersten Fall die Modellanpassung als fragwürdig. Daher ist es oftmals sinnvoll, zu **normierten Residuen**

$$\hat{e}_{i,norm} = \frac{\hat{e}_i}{y_i} = \frac{y_i - \hat{y}_i}{y_i} \quad , i = 1, \cdots, n \quad ,$$

überzugehen. Hierbei wird das Verhältnis der Größenordnungen von geschätzten Residuen und zugehörigen Beobachtungswerten direkt in die Berechnung eines geschätzten (normierten) Residuums einbezogen. Anstelle der geschätzten Residuen kann dann ein Residuenplot unter Verwendung normierter Residuen erstellt werden.

Häufig verwendet man anstelle der oben erwähnten normierten Residuen auch **standardisierte Residuen**:

$$\hat{e}_{i,std} = \frac{\hat{e}_i}{s_y} = \frac{y_i - \hat{y}_i}{s_y} \quad , i = 1, \cdots, n \quad .$$

Hierbei bezeichnet $s_y$ die empirische Standardabweichung der Beobachtungen $y_1, \ldots, y_n$ und ist ein Schätzer für die tatsächliche (theoretische) Standardabweichung $\sigma_e$ der $y_i$. Wird für die Fehlervariable $E$ die Annahme einer Normalverteilung $\left(E \sim N\left(0, \sigma_e^2\right)\right)$ getroffen (vgl. Kapitel 16.1), so sind die standardisierten Residuen Realisationen einer approximativen $N(0,1)$-verteilten Zufallsvariablen. Unter Verwendung von grafischen Analysemethoden lassen sich mit Hilfe der normierten Residuen Verteilungsannahmen des gewählten Regressionsansatzes – wie etwa eine Normalverteilungsannahme – überprüfen. Standardisierte Residuen können zudem Hinweise auf stark abweichende Beobachtungswerte $y_i$ liefern.

Unter der Annahme normalverteilter Residuen (und damit approximativ standardnormalverteilter standardisierter Residuen) liefern Werte von

$$\left|\hat{e}_{i,std}\right| > 3 \quad , i = 1, \cdots, n,$$

Hinweise auf abweichende Beobachtungen (Ausreißer). Auch unter Verwendung standardisierter Residuen kann ein Residuenplot erstellt werden.

**Beispiel 16.8** *Für die in Beispiel 16.2 untersuchte Regression der Anzahl Mitarbeiter(innen) auf die Anzahl von (Erst)-Klientenkontakten pro Jahr für n=11 Verbände von Reha-Kliniken sollen die geschätzten Residuen analysiert werden. In der nachfolgenden Tabelle sind die Originaldaten, die geschätzten Werte $\hat{y}_i$ sowie die geschätzten Residuen (auch standardisierte bzw. normierte geschätzte Residuen) zusammengefasst.*

| $x_i$ | 10 | 8 | 13 | 9 | 11 | 14 | 6 | 4 | 12 | 7 | 5 |
|---|---|---|---|---|---|---|---|---|---|---|---|
| $y_i$ | 193 | 152 | 279 | 173 | 221 | 278 | 124 | 94 | 254 | 174 | 148 |
| $\hat{y}_i$ | 207.9 | 172.1 | 261.6 | 190.0 | 225.8 | 279.5 | 136.3 | 100.5 | 243.7 | 154.2 | 118.4 |
| $\hat{e}_i$ | -14.9 | -20.1 | 17.4 | -17.0 | -4.8 | -1.5 | -12.3 | -6.5 | 10.3 | 19.8 | 29.6 |
| $\hat{e}_{i,norm}$ | -0.08 | -0.13 | 0.06 | -0.10 | -0.02 | -0.01 | -0.09 | -0.07 | 0.04 | 0.11 | 0.20 |
| $\hat{e}_{i,std}$ | -0.24 | -0.32 | 0.28 | -0.28 | -0.08 | -0.02 | -0.20 | -0.11 | 0.17 | 0.32 | 0.48 |

Hinweis: Es ist $s_y = 61.6896$.

*Abbildung 16.10 zeigt oben einen Residuenplot der geschätzten Residuen $\hat{e}_i$ gegen die Anzahl der Mitarbeiter(innen). Unten ist ein Residuenplot der geschätzten Residuen $\hat{e}_i$ gegen die geschätzte Anzahl Klientenkontakte $(\hat{y}_i)$ zu sehen.*

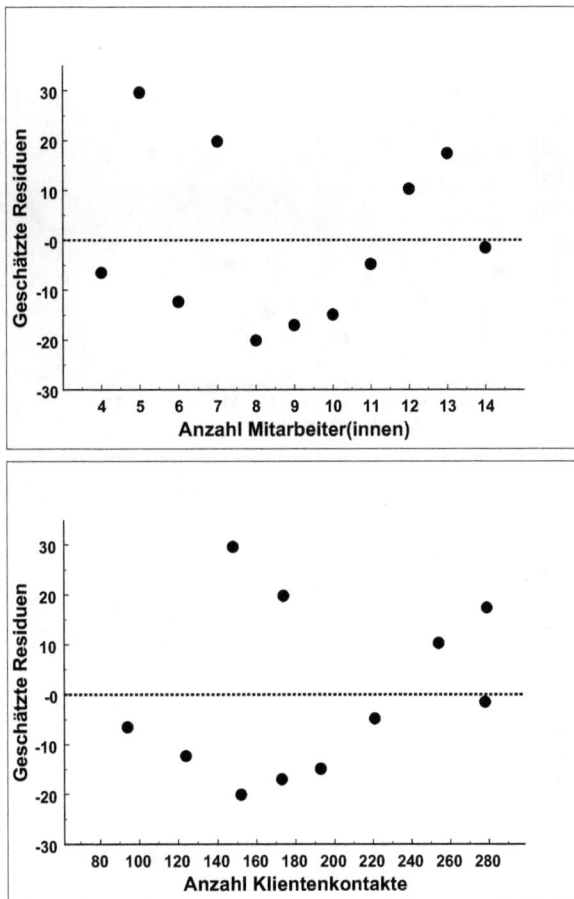

*Abbildung 16.10 Residuenplot für die Daten aus Beispiel 16.2*

*In beiden Darstellungen lässt sich keine Systematik in den Verläufen der geschätzten Residuen erkennen. Der gewählte lineare Regressionsansatz erscheint damit adäquat. Würde man den Residuenplot unter Verwendung der standardisierten geschätzten Residuen erstellen, ergibt sich eine analoge Aussage (vgl. Abbildung 16.11).*

*Unterstellt man den zufälligen Fehlern eine Normalverteilung, so lässt sich aus den standardisierten geschätzten Residuen $\hat{e}_{i,std}$ auch kein Hinweis auf ausreißerverdächtige Beobachtungen gewinnen, da für kein $\hat{e}_{i,std}$, i = 1, ..., n gilt $\left|\hat{e}_{i,std}\right| > 3$.*

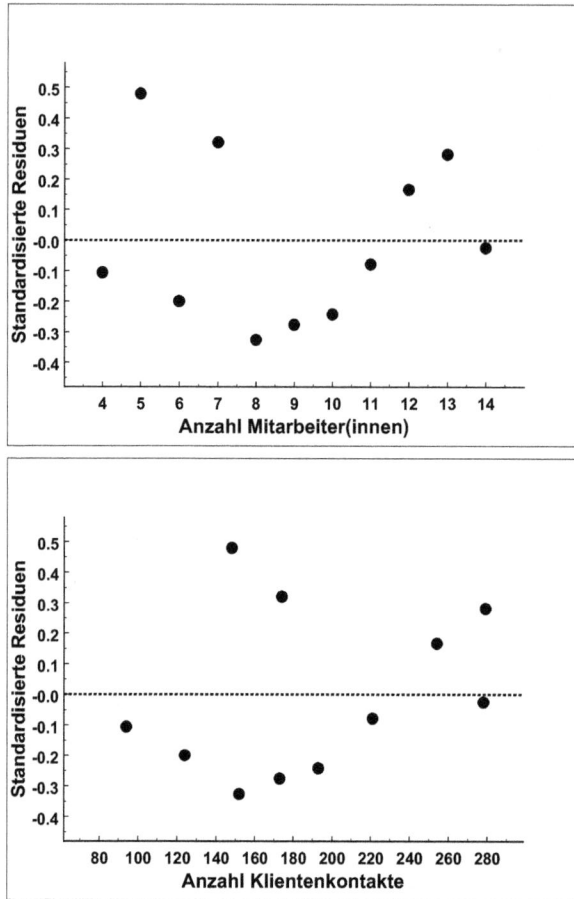

*Abbildung 16.11 Plot der standardisierten Residuen für die Daten aus Beispiel 16.2*

## 16.3   Das Bestimmtheitsmaß

Die Güte der Anpassung der Regressionsgeraden an das gegebene Datenmaterial kann man nicht nur mit Hilfe eines Residuenplots überprüfen, sondern auch unter Verwendung einer numerischen Maßzahl. Hierzu wird die empirische Varianz der beobachteten $y$-Werte $s_y^2$ mit der empirischen Varianz der geschätzten $y$-Werte $s_{\hat{y}}^2$ verglichen. Wird die beobachtete empirische Streuung der $y_i$, $i = 1, ..., n$, durch den gewählten Regressionsansatz gut erklärt, so ist die Varianz der $\hat{y}_i$ (annähernd) gleich der be-obachteten empirischen Varianz der $y_i$. Bei einem schlecht gewählten Re-gressionsansatz ist dagegen die Varianz der geschätzten Beobachtungen $\hat{y}_i$ im Vergleich zur beobachteten empirischen Varianz der $y_i$ gering.

Als Maßzahl für die Güte eines Regressionsansatzes ist es daher nahe liegend einen Quotienten aus den berechneten empirischen Varianzen zu bilden. Dieser Quotient heißt **Bestimmtheitsmaß** und wird mit $R^2$ bezeichnet. Es ist definiert durch

$$R^2 := \frac{s_{\hat{y}}^2}{s_y^2} = \frac{\sum\limits_{i=1}^{n}(\hat{y}_i - \bar{y})^2}{\sum\limits_{i=1}^{n}(y_i - \bar{y})^2} = 1 - \frac{\sum\limits_{i=1}^{n}\hat{e}_i^2}{\sum\limits_{i=1}^{n}(y_i - \bar{y})^2} \quad .$$

(Hinweis: Es ist $\bar{\hat{y}} = \frac{1}{n} \cdot \sum\limits_{i=1}^{n}\hat{y}_i = \frac{1}{n} \cdot \sum\limits_{i=1}^{n}y_i = \bar{y}$ .)

Der Term

$$\frac{\sum\limits_{i=1}^{n}\hat{e}_i^2}{\sum\limits_{i=1}^{n}(y_i - \bar{y})^2}$$

wird auch als **Unbestimmtheitsmaß** einer Regression bezeichnet. Für das Bestimmtheitsmaß gilt:

$$0 \le R^2 \le 1 \quad .$$

Nimmt das Bestimmtheitsmaß einen Wert von Null oder nahe Null an, so ist die Modellanpassung schlecht. Besitzt es einen Wert von Eins oder nahe Eins, so liegt eine gute Modellwahl vor. Im Falle der einfachen linearen Regression, wenn also nur eine unabhängige Variable $X$ vorliegt, gilt:

$$R^2 = r_{xy}^2 \quad .$$

In diesem Fall ist das Bestimmtheitsmaß gleich dem Quadrat des Pearsonschen Korrelationskoeffizienten. Zusätzlich zur Überprüfung eines gewählten Regressionsansatzes mit Hilfe des Bestimmtheitsmaßes sollten jedoch auch immer Grafiken zur Beurteilung des gewählten Ansatzes hinzugezogen werden, da für unterschiedliche Zusammenhänge gleiche empirische Werte des Bestimmtheitsmaßes berechnet werden können.

*Beispiel 16.9 Da beim Anscombe-Quartett bei allen vier Stichproben ein Korrelationskoeffizient von r = 0.82 auftrat, liegt hier jeweils ein Bestimmtheitsmaß von $R^2 = 0.82^2 = 0.67$ vor. Anhand dieses Beispiels erkennt man, wie wichtig es ist, dass der jeweilige Regressionsansatz zusätzlich visuell anhand von Grafiken überprüft wird.*

*Beispiel 16.10 Für die Daten aus Beispiel 16.4 soll der gewählte Regressionsansatz auch unter Verwendung des Bestimmtheitsmaßes überprüft werden. Aus Beispiel 16.4 ist bekannt, dass die empirische Standardabweichung der beobachteten Klientenkontakte $s_y = 61.6896$ beträgt. Damit ist*

$$s_y^2 = \frac{1}{n-1} \cdot \sum_{i=1}^{n} (y_i - \bar{y})^2 = (61.6896)^2 = 3805.6068$$

*und*

$$\sum_{i=1}^{n} (y_i - \bar{y})^2 = 38056.068 \quad .$$

*Weiterhin ist (vgl. Beispiel 16.2)*

$$\sum_{i=1}^{n} \hat{e}_i^2 = 2413.064 \quad .$$

*Damit gilt*

$$R^2 = 1 - \frac{\sum_{i=1}^{n} \hat{e}_i^2}{\sum_{i=1}^{n} (y_i - \bar{y})^2} = 1 - \frac{2413.064}{38056.068} = 1 - 0.0634 = 0.9366 \quad .$$

*In Übereinstimmung mit allen vorgehenden (grafischen) Analysen weist auch das Bestimmtheitsmaß auf eine gute Modellanpassung hin. Der Anteil der Varianz der geschätzten Beobachtungen $\hat{y}_i$ an der Varianz der be-obachteten Werte $y_i$ beträgt mehr als 93 Prozent.*

## 16.4 Der *t*-Test für Regressionsparameter

Gegeben sei eine mehrdimensionale Stichprobe von $n$ Beobachtungstupeln $(x_{11}, x_{12}, \cdots, x_{1k}, y_1), \cdots, (x_{n1}, x_{n2}, \cdots, x_{nk}, y_n)$, die Realisationen der Zufallsvariablen $Y$ bzw. $X_1$, ..., $X_k$ sind. Sowohl für die $x_{ij}$ als auch für die $y_i$, $i = 1$, ..., $n$, $j = 1$, ..., $k$ mit $1 < k < n$, wird metrisches Skalenniveau vorausgesetzt. Die Realisationen der Zufallsvariablen $X_1$, ..., $X_k$ werden als fest vorgegeben vorausgesetzt. Wir betrachten den linearen Zusammenhang

$$\mathbf{Y} = \mathbf{X}\beta + \mathbf{E}$$

und nehmen für die Fehlervariable eine **Normalverteilung** mit Erwartungswert Null und Varianz $\sigma_e^2$ an

$$E \sim N\left(0, \sigma_e^2\right) \quad .$$

Damit gilt für die Zufallsvariable $Y$, dass diese ebenfalls einer Normalverteilung genügt mit Erwartungswert $\mathbf{X}\beta$ und Varianz $\sigma_e^2$

$$\mathbf{Y} \sim N\left(\mathbf{X}\beta, \sigma_e^2\right) \quad .$$

Für die beobachteten Werte $(x_{i1}, x_{i2}, ..., x_{ik}, y_i)$, $i = 1$, ..., $n$, setzen wir den linearen Zusammenhang

$$y_i = \beta_0 + \beta_1 \cdot x_{i1} + \cdots + \beta_k \cdot x_{ik} + e_i$$

voraus und schätzen die Regressionsparameter $\beta_j$, $j = 0, ..., k$ nach der Kleinst-Quadrate-Methode.

Überprüft werden Hypothesen bzgl. der unbekannten wahren Regressionsparameter $\beta_j$. Dies sind entweder einseitige Hypothesen der Form

$$H_0 : \beta_j \leq \beta_j^0 \quad \text{bzw. } H_0 : \beta_j \geq \beta_j^0$$

gegen

$$H_1 : \beta_j > \beta_j^0 \quad \text{bzw. } H_1 : \beta_j < \beta_j^0$$

oder die zweiseitige Hypothese

$$H_0 : \beta_j = \beta_j^0 \quad \text{gegen} \quad H_1 : \beta_j \neq \beta_j^0 \ .$$

Dabei ist $\beta_j^0, j = 0, ..., k$, eine feste Zahl, mit der der unbekannte wahre Regressionsparameter $\beta_j$ verglichen werden soll. Insbesondere für den zweiseitigen Test ist dabei $\beta_j^0 = 0$ von Interesse, da hiermit überprüft wird, ob ein Regressionsparameter als von Null verschieden angesehen werden kann, d.h., ob dieser Parameter bzw. die zugehörige Variable $X_j$ für das betrachtete Regressionsmodell von Bedeutung ist.

Als Schätzer für den unbekannten Parameter $\beta_j$ verwenden wir den Kleinst-Quadrate-Schätzer $\hat{\beta}_j$. Wir vergleichen den Schätzer und den unter $H_0$ vorgegebenen Parameterwert und erhalten als Teststatistik

$$T = \frac{\hat{\beta}_j - \beta_j^0}{\hat{\sigma}_{\hat{\beta}_j}} \ ,$$

die unter $H_0$ gerade $t$-verteilt ist mit $n$-$k$-1 Freiheitsgraden. (Hierbei sind $\hat{\beta}_j$ und $\hat{\sigma}_{\hat{\beta}_j}$ Zufallsvariablen.) Bei der Durchführung des Testes vergleichen wir nun die Realisation dieser Teststatistik

$$t = \frac{\hat{\beta}_j - \beta_j^0}{\hat{\sigma}_{\hat{\beta}_j}}$$

mit

$$\hat{\sigma}_{\hat{\beta}_j} = \sqrt{\hat{\sigma}_e^2 \cdot c_{jj}} = \sqrt{\frac{c_{jj}}{n-k-1} \cdot \sum_{i=1}^{n} \hat{e}_i^2} \ ,$$

– wie in Kapitel 16.1 beschrieben – mit Quantilen einer $t_{n-k-1}$-Verteilung.

Wir beschränken uns auf den Fall, dass die Varianz der Fehlervariablen $\sigma_e^2$ unbekannt ist und daher aus den Daten geschätzt werden muss. Die Annahme einer bekannten Fehlervarianz ist für reale Datensätze als nicht realistisch anzusehen.

Einseitige (Null-)Hypothesen werden zum Niveau $\alpha$ abgelehnt, falls

$$|t| > t_{n-k-1;1-\alpha}$$

ist. Dabei ist $|t|$ der Absolutbetrag der Teststatistik $t$ und $t_{n-k-1;1-\alpha}$ das $(1-\alpha)$-Quantil einer $t$-Verteilung mit $n$-$k$-1 Freiheitsgraden. Eine zweiseitige (Null-)Hypothese wird zum Niveau $\alpha$ abgelehnt, falls

$$|t| > t_{n-k-1;1-\alpha/2}$$

ist. Dabei ist $t_{n-k-1;1-\alpha/2}$ das $(1-\alpha/2)$-Quantil einer $t$-Verteilung mit $n$-$k$-1 Freiheitsgraden.

Die entsprechenden Quantile können in Tabelle 17.5 abgelesen werden. Für die prinzipielle Durchführung der beschriebenen Tests und insbesondere die Festlegung des Signifikanzniveaus $\alpha$ gelten die in Kapitel 14 getroffenen Aussagen.

***Beispiel 16.11*** *Für den in Beispiel 16.4 untersuchten Zusammenhang von Klientenkontakten, Anzahl Mitarbeiter(innen) und zur Verfügung stehendem jährlichen Budget soll überprüft werden, ob der Regressionsparameter $\beta_2$ tatsächlich von Null verschieden ist. Wir testen dazu die Hypothese*

$$H_0 : \beta_2 = \beta_2^0 = 0 \qquad \text{gegen} \qquad H_1 : \beta_2 \neq \beta_2^0 = 0 \ .$$

*Als Niveau setzen wir $\alpha = 5\%$ voraus. Die zu verwendende Teststatistik ist*

$$t = \frac{\hat{\beta}_2 - \beta_2^0}{\hat{\sigma}_{\hat{\beta}_2}} \ .$$

*Wir berechnen zunächst die geschätzte Varianz des Schätzers $\hat{\beta}_2$ (vgl. auch Beispiel 16.6)*

$$\hat{\sigma}_{\hat{\beta}_j}^2 = \frac{c_{22}}{n-k-1} \cdot \sum_{i=1}^{n} \hat{e}_i^2 = \frac{0.0007285}{11-2-1} \cdot 2413.064 = 0.2197 \ .$$

*Die Matrix $C = (X^T X)^{-1}$ und damit auch $c_{22}$ sowie die Summe der geschätzten Residuenquadrate hatten wir bereits in Beispiel 16.6 berechnet. Damit ist*

$$t = \frac{-0.5386 - 0}{\sqrt{0.2197}} = \frac{-0.5386}{\sqrt{0.2197}} = -1.1491 \ .$$

*Da $|t| = 1.1491 < 2.3060\ t_{8;0.975}$ ist, kann die Nullhypothese bei einem Signifikanzniveau von 5% nicht verworfen werden. Mit Hilfe des Tests kann also nicht nachgewiesen werden, dass das zur Verfügung stehende jährliche Budget einen Einfluss auf die Zahl der Klientenkontakte hat.*

Neben Tests bzgl. eines einzelnen Regressionsparameters interessieren oft auch Hypothesen über Linearkombinationen von Regressionsparametern. Dies ist z.B. der Fall, wenn überprüft werden soll, ob zwei oder mehr Regressionsparameter gleich groß sind oder in der Summe immer eine feste Größe liefern. Auch solche Hypothesen lassen sich mit Hilfe von $t$-Tests überprüfen, jedoch wollen wir an dieser Stelle darauf verzichten. Interessierte Leser(innen) seien u.a. auf *Jobson (1991)* verwiesen.

# 16.5 Übungsaufgaben

**Aufgabe 16.1** Berechnen Sie für die Daten aus Beispiel 16.4 die geschätzten Residuen $\hat{e}_i$, die normierten geschätzten Residuen $\hat{e}_{i,norm}$ und die standardisierten geschätzten Residuen $\hat{e}_{i,std}$. Erstellen Sie für diese drei Residuenarten jeweils ein Streudiagramm, wobei Sie als zweite Variable die geschätzten Beobachtungswerte verwenden. Interpretieren Sie die Ergebnisse.

**Aufgabe 16.2** Berechnen Sie für die Daten aus Beispiel 16.2 (einfache lineare Regression) das Bestimmtheitsmaß, und vergleichen Sie es mit dem Ergebnis aus Beispiel 16.10.

**Aufgabe 16.3** Testen Sie für die Daten aus Beispiel 16.4 zu $\alpha = 1\%$ die Hypothese $H_0 : \beta_1 \leq 20$ gegen $H_1 : \beta_1 > 20$.

**Aufgabe 16.4** Die Mitarbeiter(innen) eines Sozialdienstes sollen zusammen mit Klienten und evtl. weiteren Personen einen Fragebogen zur Qualitätssicherung ausfüllen. Die Bearbeitungszeit (in Minuten) dieses Fragebogens hängt wesentlich von der für einen Klienten zu beantwortenden Zahl von Fragen sowie der Anzahl am Gespräch beteiligter Personen ab. Einen Ausschnitt von 10 Fragebögen zeigt der folgende Datensatz

| Frage-bogen $i$ | Bearbeitungs-zeit $y_i$ | Anzahl Einzel-fragen $x_{i1}$ | Anzahl beteiligter Personen $x_{i2}$ |
|---|---|---|---|
| 1 | 38 | 20 | 4 |
| 2 | 31 | 18 | 2 |
| 3 | 28 | 15 | 2 |
| 4 | 36 | 20 | 3 |
| 5 | 40 | 20 | 5 |
| 6 | 28 | 12 | 2 |
| 7 | 31 | 15 | 3 |
| 8 | 34 | 10 | 6 |
| 9 | 32 | 14 | 4 |
| 10 | 36 | 16 | 5 |

Bestimmen Sie für die Regressionsgleichung

$$y_i = \beta_0 + \beta_1 \cdot x_{i1} + \beta_2 \cdot x_{i2} + e_i \quad i = 1, \cdots, 10$$

die Parameterschätzer $\hat{\beta}_0, \hat{\beta}_1, \hat{\beta}_2$, die geschätzten Residuen $\hat{e}_i$ sowie die geschätzten Bearbeitungszeiten $\hat{y}_i$. Skizzieren Sie Streudiagramme für $(y_i, x_{i1})$ und $(y_i, x_{i2})$ sowie einen Residuenplot für $(\hat{e}_i, \hat{y}_i)$. Interpretieren Sie die Ergebnisse.

**Aufgabe 16.5** Berechnen Sie für die Daten aus Aufgabe 16.4 das Bestimmtheitsmaß und interpretieren Sie es.

**Aufgabe 16.6** Testen Sie für die Daten aus Aufgabe 16.4 zu einem Signifikanzniveau von $\alpha$ = 5%, ob der Koeffizient $\beta_1$ von Null verschieden ist. Hinweis: Es ist

$$
C = \begin{bmatrix}
3.457680 & -0.156278 & -0.238119 \\
-0.156278 & 0.009205 & 0.002501 \\
-0.238119 & 0.002501 & 0.055028
\end{bmatrix} .
$$

# 17 Tabellen

Auf den folgenden Seiten sind die kritischen Werte (Quantile) verschiedener Verteilungen und Werte von Verteilungsfunktionen in tabellierter Form zu finden. Diese Werte sind für die Tabelle 17.1 *Kreyszig* (1973), für die Tabelle 17.2 *Bortz et al.* (1990), für die Tabelle 17.3 bis Tabelle 17.6 *Hartung et al.* (1987) und für die Tabelle 17.7 *Rasch* (1976) entnommen worden.

| Tabelle | Inhalt |
|---------|--------|
| 17.1 | Verteilungsfunktion der Poisson-Verteilung |
| 17.2 | Verteilungsfunktion der Binomialverteilung |
| 17.3 | Verteilungsfunktion der Standardnormalverteilung |
| 17.4 | Quantile der Standardnormalverteilung |
| 17.5 | Quantile der $t$-Verteilung |
| 17.6 | Quantile der $\chi^2$-Verteilung |
| 17.7 | Quantile der $F$-Verteilung |

**Bemerkung:** Liegt bei den Tabellen 17.5, 17.6 und 17.7 die benötigte Angabe für die exakten Freiheitsgrade nicht vor, so verwendet man in der Regel die Angabe der nächstgrößeren Freiheitsgrade.

| | Parameter $\lambda$ | | | | | |
|---|---|---|---|---|---|---|
| x | 0.01 | 0.02 | 0.03 | 0.05 | 0.1 | 0.12 |
| 0 | 0.9900 | 0.9802 | 0.9704 | 0.9512 | 0.9048 | 0.8869 |
| 1 | 1.0000 | 0.9998 | 0.9996 | 0.9988 | 0.9953 | 0.9934 |
| 2 | | 1.0000 | 1.0000 | 1.0000 | 0.9998 | 0.9997 |
| 3 | | | | | 1.0000 | 1.000 |
| x | 0.15 | 0.2 | 0.25 | 0.3 | 0.35 | 0.4 |
| 0 | 0.8607 | 0.8187 | 0.7788 | 0.7408 | 0.7047 | 0.6703 |
| 1 | 0.9898 | 0.9825 | 0.9735 | 0.9631 | 0.9513 | 0.9384 |
| 2 | 0.9995 | 0.9989 | 0.9978 | 0.9964 | 0.9945 | 0.9921 |
| 3 | 1.0000 | 0.9999 | 0.9999 | 0.9997 | 0.9995 | 0.9992 |
| 4 | | 1.0000 | 1.0000 | 1.0000 | 1.0000 | 0.9999 |
| 5 | | | | | | 1.0000 |
| x | 0.45 | 0.5 | 0.6 | 0.7 | 0.8 | 0.9 |
| 0 | 0.6376 | 0.6065 | 0.5488 | 0.4966 | 0.4493 | 0.4066 |
| 1 | 0.9246 | 0.9098 | 0.8781 | 0.8442 | 0.8088 | 0.7725 |
| 2 | 0.9891 | 0.9856 | 0.9769 | 0.9659 | 0.9526 | 0.9371 |
| 3 | 0.9988 | 0.9982 | 0.9966 | 0.9942 | 0.9909 | 0.9865 |
| 4 | 0.9999 | 0.9998 | 0.9996 | 0.9992 | 0.9986 | 0.9977 |
| 5 | 1.0000 | 1.0000 | 1.0000 | 0.9999 | 0.9998 | 0.9997 |
| 6 | | | | 1.0000 | 1.0000 | 1.0000 |
| x | 1 | 1.5 | 2 | 2.5 | 3 | 4 |
| 0 | 0.3679 | 0.2231 | 0.1353 | 0.0821 | 0.0498 | 0.0183 |
| 1 | 0.7358 | 0.5578 | 0.4060 | 0.2873 | 0.1991 | 0.0916 |
| 2 | 0.9197 | 0.8088 | 0.6767 | 0.5438 | 0.4232 | 0.2381 |
| 3 | 0.9810 | 0.9344 | 0.8571 | 0.7676 | 0.6472 | 0.4335 |
| 4 | 0.9963 | 0.9814 | 0.9473 | 0.8912 | 0.8153 | 0.6288 |
| 5 | 0.9994 | 0.9955 | 0.9834 | 0.9580 | 0.9161 | 0.7851 |
| 6 | 0.9999 | 0.9991 | 0.9955 | 0.9858 | 0.9665 | 0.8893 |
| 7 | 1.0000 | 0.9998 | 0.9989 | 0.9958 | 0.9881 | 0.9489 |
| 8 | | 1.0000 | 0.9998 | 0.9989 | 0.9962 | 0.9786 |
| 9 | | | 1.0000 | 0.9997 | 0.9989 | 0.9919 |
| 10 | | | | 0.9999 | 0.9997 | 0.9972 |
| 11 | | | | 1.0000 | 0.9999 | 0.9991 |
| 12 | | | | | 1.0000 | 0.9997 |
| 13 | | | | | | 0.9999 |
| 14 | | | | | | 1.0000 |

| x | Parameter λ | | | | | |
|---|---|---|---|---|---|---|
|   | 5 | 6 | 7 | 8 | 9 | 10 |
| 0 | 0.0067 | 0.0025 | 0.0009 | 0.0003 | 0.0001 | 0.0000 |
| 1 | 0.0404 | 0.0174 | 0.0073 | 0.0030 | 0.0012 | 0.0005 |
| 2 | 0.1247 | 0.0620 | 0.0296 | 0.0138 | 0.0062 | 0.0028 |
| 3 | 0.2650 | 0.1512 | 0.0818 | 0.0424 | 0.0212 | 0.0103 |
| 4 | 0.4405 | 0.2851 | 0.1730 | 0.0996 | 0.0550 | 0.0293 |
| 5 | 0.6160 | 0.4457 | 0.3007 | 0.1912 | 0.1157 | 0.0671 |
| 6 | 0.7622 | 0.6063 | 0.4497 | 0.3134 | 0.2068 | 0.1301 |
| 7 | 0.8666 | 0.7440 | 0.5987 | 0.4530 | 0.3239 | 0.2202 |
| 8 | 0.9319 | 0.8472 | 0.7291 | 0.5925 | 0.4557 | 0.3328 |
| 9 | 0.9682 | 0.9161 | 0.8305 | 0.7166 | 0.5874 | 0.4579 |
| 10 | 0.9863 | 0.9574 | 0.9015 | 0.8159 | 0.7060 | 0.5830 |
| 11 | 0.9945 | 0.9799 | 0.9467 | 0.8881 | 0.8030 | 0.6968 |
| 12 | 0.9980 | 0.9912 | 0.9730 | 0.9362 | 0.8758 | 0.7916 |
| 13 | 0.9993 | 0.9964 | 0.9872 | 0.9658 | 0.9261 | 0.8645 |
| 14 | 0.9998 | 0.9986 | 0.9943 | 0.9827 | 0.9585 | 0.9165 |
| 15 | 0.9999 | 0.9995 | 0.9976 | 0.9918 | 0.9780 | 0.9513 |
| 16 | 1.0000 | 0.9998 | 0.9990 | 0.9963 | 0.9889 | 0.9730 |
| 17 |  | 0.9999 | 0.9996 | 0.9984 | 0.9947 | 0.9857 |
| 18 |  | 1.0000 | 0.9999 | 0.9993 | 0.9976 | 0.9928 |
| 19 |  |  | 1.0000 | 0.9997 | 0.9989 | 0.9965 |
| 20 |  |  |  | 0.9999 | 0.9996 | 0.9984 |
| 21 |  |  |  | 1.0000 | 0.9998 | 0.9993 |
| 22 |  |  |  |  | 0.9999 | 0.9997 |
| 23 |  |  |  |  | 1.0000 | 0.9999 |
| 24 |  |  |  |  |  | 1.0000 |

Tabelle 17.1 Verteilungsfunktion der **Poisson-Verteilung**
für verschiedene Parameter λ

| n | x | Parameter p | | | | |
|---|---|---|---|---|---|---|
| | | 0.1 | 0.2 | 0.3 | 0.4 | 0.5 |
| 1 | 0 | 0.9000 | 0.8000 | 0.7000 | 0.6000 | 0.5000 |
| 1 | 1 | 1.0000 | 1.0000 | 1.0000 | 1.0000 | 1.0000 |
| 2 | 0 | 0.8100 | 0.6400 | 0.4900 | 0.3600 | 0.2500 |
| 2 | 1 | 0.9900 | 0.9600 | 0.9100 | 0.8400 | 0.7500 |
| 2 | 2 | 1.0000 | 1.0000 | 1.0000 | 1.0000 | 1.0000 |
| 3 | 0 | 0.7290 | 0.5120 | 0.3430 | 0.2160 | 0.1250 |
| 3 | 1 | 0.9720 | 0.8960 | 0.7840 | 0.6480 | 0.5000 |
| 3 | 2 | 0.9990 | 0.9920 | 0.9730 | 0.9360 | 0.8750 |
| 3 | 3 | 1.0000 | 1.0000 | 1.0000 | 1.0000 | 1.0000 |
| 4 | 0 | 0.6561 | 0.4096 | 0.2401 | 0.1296 | 0.0625 |
| 4 | 1 | 0.9477 | 0.8192 | 0.6517 | 0.4752 | 0.3125 |
| 4 | 2 | 0.9963 | 0.9728 | 0.9163 | 0.8208 | 0.6875 |
| 4 | 3 | 0.9999 | 0.9984 | 0.9919 | 0.9744 | 0.9375 |
| 4 | 4 | 1.0000 | 1.0000 | 1.0000 | 1.0000 | 1.0000 |
| 5 | 0 | 0.5905 | 0.3277 | 0.1681 | 0.0778 | 0.0313 |
| 5 | 1 | 0.9185 | 0.7373 | 0.5282 | 0.3370 | 0.1875 |
| 5 | 2 | 0.9914 | 0.9421 | 0.8369 | 0.6826 | 0.5000 |
| 5 | 3 | 0.9995 | 0.9933 | 0.9692 | 0.9130 | 0.8125 |
| 5 | 4 | 1.0000 | 0.9997 | 0.9976 | 0.9898 | 0.9688 |
| 5 | 5 | 1.0000 | 1.0000 | 1.0000 | 1.0000 | 1.0000 |
| 6 | 0 | 0.5314 | 0.2621 | 0.1176 | 0.0467 | 0.0156 |
| 6 | 1 | 0.8857 | 0.6554 | 0.4202 | 0.2333 | 0.1094 |
| 6 | 2 | 0.9841 | 0.9011 | 0.7443 | 0.5443 | 0.3438 |
| 6 | 3 | 0.9987 | 0.9830 | 0.9295 | 0.8208 | 0.6563 |
| 6 | 4 | 0.9999 | 0.9984 | 0.9891 | 0.9590 | 0.8906 |
| 6 | 5 | 1.0000 | 0.9999 | 0.9993 | 0.9959 | 0.9844 |
| 6 | 6 | 1.0000 | 1.0000 | 1.0000 | 1.0000 | 1.0000 |
| 7 | 0 | 0.4783 | 0.2097 | 0.0824 | 0.0280 | 0.0078 |
| 7 | 1 | 0.8503 | 0.5667 | 0.3294 | 0.1586 | 0.0625 |
| 7 | 2 | 0.9743 | 0.8520 | 0.6471 | 0.4199 | 0.2266 |
| 7 | 3 | 0.9973 | 0.9667 | 0.8740 | 0.7102 | 0.5000 |
| 7 | 4 | 0.9998 | 0.9953 | 0.9712 | 0.9037 | 0.7734 |
| 7 | 5 | 1.0000 | 0.9996 | 0.9962 | 0.9812 | 0.9375 |
| 7 | 6 | 1.0000 | 1.0000 | 0.9998 | 0.9984 | 0.9922 |
| 7 | 7 | 1.0000 | 1.0000 | 1.0000 | 1.0000 | 1.0000 |

| n | x | Parameter p | | | | |
|---|---|---|---|---|---|---|
| | | 0.1 | 0.2 | 0.3 | 0.4 | 0.5 |
| 8 | 0 | 0.4305 | 0.1678 | 0.0576 | 0.0168 | 0.0039 |
| 8 | 1 | 0.8131 | 0.5033 | 0.2553 | 0.1064 | 0.0352 |
| 8 | 2 | 0.9619 | 0.7969 | 0.5518 | 0.3154 | 0.1445 |
| 8 | 3 | 0.9950 | 0.9437 | 0.8059 | 0.5941 | 0.3633 |
| 8 | 4 | 0.9996 | 0.9896 | 0.9420 | 0.8263 | 0.6367 |
| 8 | 5 | 1.0000 | 0.9988 | 0.9887 | 0.9502 | 0.8555 |
| 8 | 6 | 1.0000 | 0.9999 | 0.9987 | 0.9915 | 0.9648 |
| 8 | 7 | 1.0000 | 1.0000 | 0.9999 | 0.9993 | 0.9961 |
| 8 | 8 | 1.0000 | 1.0000 | 1.0000 | 1.0000 | 1.0000 |
| 9 | 0 | 0.3874 | 0.1342 | 0.0404 | 0.0101 | 0.0020 |
| 9 | 1 | 0.7748 | 0.4362 | 0.1960 | 0.0706 | 0.0196 |
| 9 | 2 | 0.9470 | 0.7382 | 0.4628 | 0.2318 | 0.0899 |
| 9 | 3 | 0.9916 | 0.9144 | 0.7296 | 0.4826 | 0.2540 |
| 9 | 4 | 0.9990 | 0.9803 | 0.9011 | 0.7334 | 0.5001 |
| 9 | 5 | 0.9998 | 0.9968 | 0.9746 | 0.9006 | 0.7462 |
| 9 | 6 | 0.9999 | 0.9996 | 0.9956 | 0.9749 | 0.9103 |
| 9 | 7 | 1.0000 | 0.9999 | 0.9995 | 0.9961 | 0.9806 |
| 9 | 8 | 1.0000 | 1.0000 | 0.9999 | 0.9996 | 0.9982 |
| 9 | 9 | 1.0000 | 1.0000 | 1.0000 | 1.0000 | 1.0000 |
| 10 | 0 | 0.3487 | 0.1074 | 0.0282 | 0.0060 | 0.0010 |
| 10 | 1 | 0.7361 | 0.3758 | 0.1493 | 0.0463 | 0.0108 |
| 10 | 2 | 0.9298 | 0.6778 | 0.3828 | 0.1672 | 0.0547 |
| 10 | 3 | 0.9872 | 0.8791 | 0.6496 | 0.3822 | 0.1719 |
| 10 | 4 | 0.9984 | 0.9672 | 0.8497 | 0.6330 | 0.3770 |
| 10 | 5 | 0.9999 | 0.9936 | 0.9526 | 0.8337 | 0.6231 |
| 10 | 6 | 1.0000 | 0.9991 | 0.9894 | 0.9452 | 0.8282 |
| 10 | 7 | 1.0000 | 0.9999 | 0.9984 | 0.9877 | 0.9454 |
| 10 | 8 | 1.0000 | 1.0000 | 0.9998 | 0.9983 | 0.9883 |
| 10 | 9 | 1.0000 | 1.0000 | 0.9999 | 0.9999 | 0.9981 |
| 10 | 10 | 1.0000 | 1.0000 | 1.0000 | 1.0000 | 1.0000 |

Tabelle 17.2 Verteilungsfunktion der **Binomialverteilung**
für verschiedene Parameter $n$ und $p$

| x | 0.00 | 0.01 | 0.02 | 0.03 | 0.04 | 0.05 | 0.06 | 0.07 | 0.08 | 0.09 |
|---|------|------|------|------|------|------|------|------|------|------|
| 0.0 | 0.5000 | 0.5040 | 0.5080 | 0.5120 | 0.5160 | 0.5199 | 0.5239 | 0.5279 | 0.5319 | 0.5359 |
| 0.1 | 0.5398 | 0.5438 | 0.5478 | 0.5517 | 0.5557 | 0.5596 | 0.5636 | 0.5675 | 0.5714 | 0.5753 |
| 0.2 | 0.5793 | 0.5832 | 0.5871 | 0.5910 | 0.5948 | 0.5987 | 0.6026 | 0.6064 | 0.6103 | 0.6141 |
| 0.3 | 0.6179 | 0.6217 | 0.6255 | 0.6293 | 0.6331 | 0.6368 | 0.6406 | 0.6443 | 0.6480 | 0.6517 |
| 0.4 | 0.6554 | 0.6591 | 0.6628 | 0.6664 | 0.6700 | 0.6736 | 0.6772 | 0.6808 | 0.6844 | 0.6879 |
| 0.5 | 0.6915 | 0.6950 | 0.6985 | 0.7019 | 0.7054 | 0.7088 | 0.7123 | 0.7157 | 0.7190 | 0.7224 |
| 0.6 | 0.7257 | 0.7291 | 0.7324 | 0.7357 | 0.7389 | 0.7422 | 0.7454 | 0.7486 | 0.7517 | 0.7549 |
| 0.7 | 0.7580 | 0.7611 | 0.7642 | 0.7673 | 0.7704 | 0.7734 | 0.7764 | 0.7794 | 0.7823 | 0.7852 |
| 0.8 | 0.7881 | 0.7910 | 0.7939 | 0.7967 | 0.7995 | 0.8023 | 0.8051 | 0.8078 | 0.8106 | 0.8133 |
| 0.9 | 0.8159 | 0.8186 | 0.8212 | 0.8238 | 0.8264 | 0.8289 | 0.8315 | 0.8340 | 0.8365 | 0.8389 |
| 1.0 | 0.8413 | 0.8438 | 0.8461 | 0.8485 | 0.8508 | 0.8531 | 0.8554 | 0.8577 | 0.8599 | 0.8621 |
| 1.1 | 0.8643 | 0.8665 | 0.8686 | 0.8708 | 0.8729 | 0.8749 | 0.8770 | 0.8790 | 0.8810 | 0.8830 |
| 1.2 | 0.8849 | 0.8869 | 0.8888 | 0.8907 | 0.8925 | 0.8944 | 0.8962 | 0.8980 | 0.8997 | 0.9015 |
| 1.3 | 0.9032 | 0.9049 | 0.9066 | 0.9082 | 0.9099 | 0.9115 | 0.9131 | 0.9147 | 0.9162 | 0.9177 |
| 1.4 | 0.9192 | 0.9207 | 0.9222 | 0.9236 | 0.9251 | 0.9265 | 0.9279 | 0.9292 | 0.9306 | 0.9319 |
| 1.5 | 0.9332 | 0.9345 | 0.9357 | 0.9370 | 0.9382 | 0.9394 | 0.9406 | 0.9418 | 0.9429 | 0.9441 |
| 1.6 | 0.9452 | 0.9463 | 0.9474 | 0.9484 | 0.9495 | 0.9505 | 0.9515 | 0.9525 | 0.9535 | 0.9545 |
| 1.7 | 0.9554 | 0.9564 | 0.9573 | 0.9582 | 0.9591 | 0.9599 | 0.9608 | 0.9616 | 0.9625 | 0.9633 |
| 1.8 | 0.9641 | 0.9649 | 0.9656 | 0.9664 | 0.9671 | 0.9678 | 0.9686 | 0.9693 | 0.9699 | 0.9706 |
| 1.9 | 0.9713 | 0.9719 | 0.9726 | 0.9732 | 0.9738 | 0.9744 | 0.9750 | 0.9756 | 0.9761 | 0.9767 |
| 2.0 | 0.9772 | 0.9778 | 0.9783 | 0.9788 | 0.9793 | 0.9798 | 0.9803 | 0.9808 | 0.9812 | 0.9817 |
| 2.1 | 0.9821 | 0.9826 | 0.9830 | 0.9834 | 0.9838 | 0.9842 | 0.9846 | 0.9850 | 0.9854 | 0.9857 |
| 2.2 | 0.9861 | 0.9864 | 0.9868 | 0.9871 | 0.9875 | 0.9878 | 0.9881 | 0.9884 | 0.9887 | 0.9890 |
| 2.3 | 0.9893 | 0.9896 | 0.9898 | 0.9901 | 0.9904 | 0.9906 | 0.9909 | 0.9911 | 0.9913 | 0.9916 |
| 2.4 | 0.9918 | 0.9920 | 0.9922 | 0.9925 | 0.9927 | 0.9929 | 0.9931 | 0.9932 | 0.9934 | 0.9936 |
| 2.5 | 0.9938 | 0.9940 | 0.9941 | 0.9943 | 0.9945 | 0.9946 | 0.9948 | 0.9949 | 0.9951 | 0.9952 |
| 2.6 | 0.9953 | 0.9955 | 0.9956 | 0.9957 | 0.9959 | 0.9960 | 0.9961 | 0.9962 | 0.9963 | 0.9964 |
| 2.7 | 0.9965 | 0.9966 | 0.9967 | 0.9968 | 0.9969 | 0.9970 | 0.9971 | 0.9972 | 0.9973 | 0.9974 |
| 2.8 | 0.9974 | 0.9975 | 0.9976 | 0.9977 | 0.9977 | 0.9978 | 0.9979 | 0.9979 | 0.9980 | 0.9981 |
| 2.9 | 0.9981 | 0.9982 | 0.9982 | 0.9983 | 0.9984 | 0.9984 | 0.9985 | 0.9985 | 0.9986 | 0.9986 |
| 3.0 | 0.9987 | 0.9987 | 0.9987 | 0.9988 | 0.9988 | 0.9989 | 0.9989 | 0.9989 | 0.9990 | 0.9990 |

Tabelle 17.3 Verteilungsfunktion der **Standardnormalverteilung** $\Phi(x)$

Ablesebeispiel: $\Phi(1.96) = 0.975$

Es gilt: $\Phi(-x) = 1 - \Phi(x)$.

| $\alpha$ | $\alpha$-Quantil |
|-------|--------|
| 0.500 | 0.0000 |
| 0.600 | 0.2533 |
| 0.700 | 0.5244 |
| 0.800 | 0.8416 |
| 0.900 | 1.2816 |
| 0.910 | 1.3408 |
| 0.920 | 1.4051 |
| 0.930 | 1.4758 |
| 0.940 | 1.5548 |
| 0.950 | 1.6449 |
| 0.960 | 1.7507 |
| 0.970 | 1.8808 |
| 0.975 | 1.9600 |
| 0.980 | 2.0537 |
| 0.990 | 2.3263 |
| 0.995 | 2.5750 |
| 0.999 | 3.0902 |

Tabelle 17.4 Ausgewählte Quantile $u_\alpha$ der **Standardnormalverteilung**

Ablesebeispiel: $u_{0.95} = 1.6449$

Es gilt: $u_{1-\alpha} = -u_\alpha$ (für $0 < \alpha < 1$).

| $n$ | $\alpha$-Quantil | | | | $n$ | $\alpha$-Quantil | | | |
| --- | 0.900 | 0.950 | 0.975 | 0.990 | --- | 0.900 | 0.950 | 0.975 | 0.990 |
| 1 | 3.078 | 6.314 | 12.70 | 31.82 | 40 | 1.303 | 1.684 | 2.021 | 2.423 |
| 2 | 1.886 | 2.920 | 4.303 | 6.965 | 50 | 1.299 | 1.676 | 2.009 | 2.403 |
| 3 | 1.638 | 2.353 | 3.182 | 4.541 | 60 | 1.296 | 1.671 | 2.000 | 2.390 |
| 4 | 1.533 | 2.132 | 2.776 | 3.747 | 70 | 1.294 | 1.667 | 1.994 | 2.381 |
| 5 | 1.476 | 2.015 | 2.571 | 3.365 | 80 | 1.292 | 1.664 | 1.990 | 2.374 |
| 6 | 1.440 | 1.943 | 2.447 | 3.143 | 90 | 1.291 | 1.662 | 1.987 | 2.369 |
| 7 | 1.415 | 1.895 | 2.365 | 2.998 | 100 | 1.290 | 1.660 | 1.984 | 2.364 |
| 8 | 1.397 | 1.860 | 2.306 | 2.896 | 200 | 1.286 | 1.653 | 1.972 | 2.345 |
| 9 | 1.383 | 1.833 | 2.262 | 2.821 | 400 | 1.284 | 1.649 | 1.966 | 2.336 |
| 10 | 1.372 | 1.812 | 2.228 | 2.764 | 1000 | 1.282 | 1.646 | 1.962 | 2.330 |
| 11 | 1.363 | 1.796 | 2.201 | 2.718 | $\infty$ | 1.282 | 1.645 | 1.960 | 2.326 |
| 12 | 1.356 | 1.782 | 2.179 | 2.681 | | | | | |
| 13 | 1.350 | 1.771 | 2.160 | 2.650 | | | | | |
| 14 | 1.345 | 1.761 | 2.145 | 2.624 | | | | | |
| 15 | 1.341 | 1.753 | 2.131 | 2.602 | | | | | |
| 16 | 1.337 | 1.746 | 2.120 | 2.583 | | | | | |
| 17 | 1.333 | 1.740 | 2.110 | 2.567 | | | | | |
| 18 | 1.330 | 1.734 | 2.101 | 2.552 | | | | | |
| 19 | 1.328 | 1.729 | 2.093 | 2.539 | | | | | |
| 20 | 1.325 | 1.725 | 2.086 | 2.528 | | | | | |
| 21 | 1.323 | 1.721 | 2.080 | 2.518 | | | | | |
| 22 | 1.321 | 1.717 | 2.074 | 2.508 | | | | | |
| 23 | 1.319 | 1.714 | 2.069 | 2.500 | | | | | |
| 24 | 1.318 | 1.711 | 2.064 | 2.492 | | | | | |
| 25 | 1.316 | 1.708 | 2.060 | 2.485 | | | | | |
| 26 | 1.315 | 1.706 | 2.056 | 2.479 | | | | | |
| 27 | 1.314 | 1.703 | 2.052 | 2.473 | | | | | |
| 28 | 1.313 | 1.701 | 2.048 | 2.467 | | | | | |
| 29 | 1.311 | 1.699 | 2.045 | 2.462 | | | | | |
| 30 | 1.310 | 1.697 | 2.042 | 2.457 | | | | | |

Tabelle 17.5 Ausgewählte Quantile $t_{n,\alpha}$ der *t*-**Verteilung** für verschiedene Freiheitsgrade $n$

Ablesebeispiel: $t_{17;0.95} = 1.740$

Es gilt: $t_{n;1-\alpha} = -t_{n;\alpha}$ (für $0 < \alpha < 1$) und $t_{\infty;\alpha} = u_\alpha$ .

| n | α-Quantil | | | | | | | |
|---|---|---|---|---|---|---|---|---|
| | 0.010 | 0.025 | 0.050 | 0.100 | 0.900 | 0.950 | 0.975 | 0.990 |
| 1 | < 0.01 | < 0.01 | < 0.01 | < 0.01 | 2.706 | 3.841 | 5.024 | 6.635 |
| 2 | < 0.01 | < 0.01 | 0.103 | 0.211 | 4.605 | 5.991 | 7.378 | 9.210 |
| 3 | 0.115 | 0.216 | 0.352 | 0.584 | 6.251 | 7.815 | 9.348 | 11.34 |
| 4 | 0.297 | 0.484 | 0.711 | 1.064 | 7.779 | 9.488 | 11.14 | 13.28 |
| 5 | 0.554 | 0.831 | 1.145 | 1.610 | 9.236 | 11.07 | 12.83 | 15.09 |
| 6 | 0.872 | 1.237 | 1.635 | 2.204 | 10.64 | 12.59 | 14.45 | 16.81 |
| 7 | 1.239 | 1.690 | 2.167 | 2.833 | 12.02 | 14.07 | 16.01 | 18.48 |
| 8 | 1.647 | 2.180 | 2.733 | 3.490 | 13.36 | 15.51 | 17.53 | 20.09 |
| 9 | 2.088 | 2.700 | 3.325 | 4.168 | 14.68 | 16.92 | 19.02 | 21.67 |
| 10 | 2.558 | 3.247 | 3.940 | 4.865 | 15.99 | 18.31 | 20.48 | 23.21 |
| 11 | 3.053 | 3.816 | 4.575 | 5.578 | 17.28 | 19.68 | 21.92 | 24.73 |
| 12 | 3.571 | 4.404 | 5.226 | 6.304 | 18.55 | 21.03 | 23.34 | 26.22 |
| 13 | 4.107 | 5.009 | 5.892 | 7.042 | 19.81 | 22.36 | 24.74 | 27.69 |
| 14 | 4.660 | 5.629 | 6.571 | 7.790 | 21.06 | 23.68 | 26.12 | 29.14 |
| 15 | 5.229 | 6.262 | 7.261 | 8.547 | 22.31 | 25.00 | 27.49 | 30.58 |
| 16 | 5.812 | 6.908 | 7.962 | 9.312 | 23.54 | 26.30 | 28.85 | 32.00 |
| 17 | 6.408 | 7.564 | 8.672 | 10.09 | 24.77 | 27.59 | 30.19 | 33.41 |
| 18 | 7.015 | 8.231 | 9.390 | 10.86 | 25.99 | 28.87 | 31.53 | 34.81 |
| 19 | 7.633 | 8.907 | 10.12 | 11.65 | 27.20 | 30.14 | 32.85 | 36.19 |
| 20 | 8.260 | 9.591 | 10.85 | 12.44 | 28.41 | 31.41 | 34.17 | 37.57 |
| 21 | 8.897 | 10.28 | 11.59 | 13.24 | 29.62 | 32.67 | 35.48 | 38.93 |
| 22 | 9.542 | 10.98 | 12.34 | 14.04 | 30.81 | 33.92 | 36.78 | 40.29 |
| 23 | 10.20 | 11.69 | 13.09 | 14.85 | 32.01 | 35.17 | 38.08 | 41.64 |
| 24 | 10.86 | 12.40 | 13.85 | 15.66 | 33.20 | 36.42 | 39.36 | 42.98 |
| 25 | 11.52 | 13.12 | 14.61 | 16.47 | 34.38 | 37.65 | 40.65 | 44.31 |
| 30 | 14.95 | 16.79 | 18.49 | 20.60 | 40.26 | 43.77 | 46.98 | 50.89 |
| 40 | 22.16 | 24.43 | 26.51 | 29.05 | 51.81 | 55.76 | 59.34 | 63.69 |
| 50 | 29.71 | 32.36 | 34.76 | 37.69 | 63.17 | 67.50 | 71.42 | 76.15 |
| 60 | 37.48 | 40.48 | 43.19 | 46.46 | 74.40 | 79.08 | 83.30 | 88.38 |
| 80 | 53.54 | 57.15 | 60.39 | 64.28 | 96.58 | 101.9 | 106.6 | 112.3 |
| 100 | 70.06 | 74.22 | 77.93 | 82.36 | 118.5 | 124.3 | 129.6 | 135.8 |
| 200 | 156.4 | 162.7 | 168.3 | 174.8 | 226.0 | 234.0 | 241.1 | 249.4 |
| 400 | 337.2 | 346.5 | 354.6 | 364.2 | 436.6 | 447.6 | 457.3 | 468.7 |
| 600 | 522.4 | 534.0 | 544.2 | 556.1 | 644.8 | 658.1 | 669.8 | 683.5 |
| 800 | 709.9 | 723.5 | 735.4 | 749.2 | 851.7 | 866.9 | 880.3 | 896.0 |
| 1000 | 898.9 | 914.3 | 927.6 | 943.1 | 1058. | 1075. | 1090. | 1107. |

Tabelle 17.6 Ausgewählte Quantile $\chi^2_{n;\alpha}$ der $\chi^2$-**Verteilung** für verschiedene Freiheitsgrade $n$

Ablesebeispiel: $\chi^2_{5;0.100} = 1.610$ .

|   | | | | m | | | | |
| n | 1 | 2 | 3 | 4 | 5 | 6 | 7 | 8 | 9 |
|---|---|---|---|---|---|---|---|---|---|
| 1 | 161.4 | 199.5 | 215.7 | 224.6 | 230.2 | 234.0 | 236.8 | 238.9 | 240.5 |
| 2 | 18.51 | 19.00 | 19.16 | 19.25 | 19.30 | 19.33 | 19.35 | 19.37 | 19.38 |
| 3 | 10.13 | 9.55 | 9.28 | 9.12 | 9.01 | 8.94 | 8.89 | 8.85 | 8.81 |
| 4 | 7.71 | 6.94 | 6.59 | 6.39 | 6.26 | 6.16 | 6.09 | 6.04 | 6.00 |
| 5 | 6.61 | 5.79 | 5.41 | 5.19 | 5.05 | 4.95 | 4.88 | 4.82 | 4.77 |
| 6 | 5.99 | 5.14 | 4.76 | 4.53 | 4.39 | 4.28 | 4.21 | 4.15 | 4.10 |
| 7 | 5.59 | 4.74 | 4.35 | 4.12 | 3.97 | 3.87 | 3.79 | 3.73 | 3.68 |
| 8 | 5.32 | 4.46 | 4.07 | 3.84 | 3.69 | 3.58 | 3.50 | 3.44 | 3.39 |
| 9 | 5.12 | 4.26 | 3.86 | 3.63 | 3.48 | 3.37 | 3.29 | 3.23 | 3.18 |
| 10 | 4.96 | 4.10 | 3.71 | 3.48 | 3.33 | 3.22 | 3.14 | 3.07 | 3.02 |
| 12 | 4.75 | 3.89 | 3.49 | 3.26 | 3.11 | 3.00 | 2.91 | 2.85 | 2.80 |
| 15 | 4.54 | 3.68 | 3.29 | 3.06 | 2.90 | 2.79 | 2.71 | 2.64 | 2.59 |
| 20 | 4.35 | 3.49 | 3.10 | 2.87 | 2.71 | 2.60 | 2.51 | 2.45 | 2.39 |
| 30 | 4.17 | 3.32 | 2.92 | 2.69 | 2.53 | 2.42 | 2.33 | 2.27 | 2.21 |
| 40 | 4.08 | 3.23 | 2.84 | 2.61 | 2.45 | 2.34 | 2.25 | 2.18 | 2.12 |
| 60 | 4.00 | 3.15 | 2.76 | 2.53 | 2.37 | 2.25 | 2.17 | 2.10 | 2.04 |
| $\infty$ | 3.84 | 3.00 | 2.60 | 2.37 | 2.21 | 2.10 | 2.01 | 1.94 | 1.88 |

|   | | | | m | | | | |
| n | 10 | 12 | 15 | 20 | 30 | 40 | 60 | 120 | $\infty$ |
|---|---|---|---|---|---|---|---|---|---|
| 1 | 241.9 | 243.9 | 245.9 | 248.0 | 250.1 | 251.1 | 252.2 | 253.3 | 254.3 |
| 2 | 19.40 | 19.43 | 19.43 | 19.45 | 19.46 | 19.47 | 19.48 | 19.49 | 19.50 |
| 3 | 8.79 | 8.74 | 8.70 | 8.66 | 8.62 | 8.59 | 8.57 | 8.55 | 8.53 |
| 4 | 5.96 | 5.91 | 5.91 | 5.80 | 5.75 | 5.72 | 5.69 | 5.66 | 5.63 |
| 5 | 4.74 | 4.68 | 4.62 | 4.56 | 4.50 | 4.46 | 4.43 | 4.40 | 4.36 |
| 6 | 4.06 | 4.00 | 3.94 | 3.87 | 3.81 | 3.77 | 3.74 | 3.70 | 3.67 |
| 7 | 3.64 | 3.57 | 3.51 | 3.44 | 3.38 | 3.34 | 3.30 | 3.27 | 3.23 |
| 8 | 3.35 | 3.28 | 3.22 | 3.15 | 3.08 | 3.04 | 3.01 | 2.97 | 2.93 |
| 9 | 3.14 | 3.07 | 3.01 | 2.94 | 2.86 | 2.83 | 2.79 | 2.75 | 2.71 |
| 10 | 2.98 | 2.91 | 2.85 | 2.77 | 2.70 | 2.66 | 2.62 | 2.58 | 2.54 |
| 15 | 2.54 | 2.48 | 2.40 | 2.33 | 2.25 | 2.20 | 2.16 | 2.11 | 2.07 |
| 20 | 2.35 | 2.28 | 2.20 | 2.12 | 2.04 | 1.99 | 1.95 | 1.90 | 1.84 |
| 30 | 2.16 | 2.09 | 2.01 | 1.93 | 1.84 | 1.79 | 1.74 | 1.68 | 1.62 |
| 40 | 2.08 | 2.00 | 1.92 | 1.84 | 1.74 | 1.69 | 1.64 | 1.58 | 1.51 |
| 60 | 1.99 | 1.92 | 1.84 | 1.75 | 1.65 | 1.59 | 1.53 | 1.47 | 1.39 |
| 120 | 1.91 | 1.83 | 1.75 | 1.66 | 1.55 | 1.50 | 1.43 | 1.35 | 1.25 |
| $\infty$ | 1.83 | 1.75 | 1.67 | 1.57 | 1.46 | 1.39 | 1.32 | 1.22 | 1.00 |

Tabelle 17.7 Quantile $F_{n,m;1-\alpha}$ der **F-Verteilung** für verschiedene Freiheitsgrade $n$ und $m$ und $1-\alpha = 0.95$

Ablesebeispiel: $F_{9,2;0.95} = 4.10$. Es gilt: $F_{n,m;1-\alpha} = \dfrac{1}{F_{m,n;\alpha}}$ (für $0 < \alpha < 1$).

# 18    Lösungen zu den Aufgaben

Im Folgenden sind zu den in jedem Kapitel gestellten Aufgaben kurze und knappe Lösungshinweise gegeben. Aus Platzproblemen können nicht zu jeder Aufgabe alle Lösungsschritte im Detail aufgelistet werden. Des Weiteren hoffen die Verfasser, dass keine Rechenfehler unterlaufen sind. Sollte dies doch der Fall sein, so wären die Verfasser für Hinweise dankbar. Die Nummerierung der Lösungen entspricht der Nummerierung der Aufgaben.

## 18.1    Lösungen zu Kapitel 3

**Lösung zu Aufgabe 3.1**

Untersuchungseinheit — Pflegeeinsatz (-Nummer)

| Merkmal | Ausprägungen |
|---|---|
| Länge des Anfahrtweges | 0.8km, 1500m, 1.3km, 10km |
| Anzahl beteiligter Personen | 1, 2, 3, …. |
| Alter | 79 Jahre, 3 Jahre, 82 Jahre |
| Geschlecht | weiblich, männlich |
| Art des Pflegeeinsatzes | häusliche Pflege, Krankenpflege, „Essen auf Rädern" |
| Dauer der Hilfeleistung | 0.5h, 45min, 20min, 0.25h |
| Kosten | ca.300,00 €, 38,00 €, 75,00 € |

**Lösung zu Aufgabe 3.2**

- Definiert man als Untersuchungseinheiten die Mitarbeiter(innen), so ist z.B. ein Merkmal „Obstsäfte" mit den Ausprägungen „ja" und „nein". Dabei handelt es sich um ein nominal-qualitatives Merkmal. Analoges gilt für alle Merkmale (= Arten der Getränke).

- Definiert man als Untersuchungseinheit die Art des Getränkes, so ist das Merkmal „Anteil der Mitarbeiter(innen)" und somit sind die Ausprägungen die jeweiligen Angaben in Prozent. Dabei handelt es sich um ein quantitatives, stetiges, metrischskaliertes Merkmal.

**Lösung zu Aufgabe 3.3**

| Merkmal | Skalentyp |
|---|---|
| Länge des Anfahrtweges | metrisch |
| Anzahl beteiligter Personen | metrisch |
| Alter | metrisch |
| Geschlecht | nominal |
| Art des Pflegeeinsatzes | nominal |
| Dauer der Hilfeleistung | metrisch |
| Kosten | metrisch |

**Lösung zu Aufgabe 3.4**

| Merkmal | Skalentyp |
|---|---|
| Geschlecht | nominal, qualitativ |
| Körpergewicht | metrisch, quantitativ, stetig |
| Religion | nominal, qualitativ |
| Pflegestufe | ordinal |
| Arbeitslohn | metrisch, quantitativ, (approximativ) stetig |
| Lebensalter | metrisch, quantitativ, (approximativ) stetig |
| Steuerklasse | nominal, qualitativ |
| Bettenzahl im Pflegeheim | metrisch, quantitativ, stetig |
| Barthel-Index | ordinal |
| Geschwisterzahl | metrisch, quantitativ, diskret |

**Lösung zu Aufgabe 3.5**

Hier handelt es sich nicht um eine zufällige Stichprobe, sondern um eine systematische. Herangezogen wurde ein zweistufiges Auswahlverfahren. Auf Grund der Systematik kann die Repräsentativität nicht gewährleistet werden. Aussagen über die Größenordnung der Verzerrung können nicht gemacht werden.

# 18.2    Lösungen zu Kapitel 4

**Lösung zu Aufgabe 4.1**

Tabelle für die empirische Verteilungsfunktion

| $K_j$ | $H(K_j)$ | $h(K_j)$ | $F_0(K_j)$ | $F_n(x),\ x \in K_j$ |
|---|---|---|---|---|
| $[0,10]$ | 6 | 0.150 | 0.150 | $0 + \dfrac{0.150}{10} \cdot (x - 0)$ |
| $(10,30]$ | 15 | 0.375 | 0.525 | $0.150 + \dfrac{0.375}{20} \cdot (x - 10)$ |
| $(30,50]$ | 12 | 0.300 | 0.825 | $0.525 + \dfrac{0.300}{20} \cdot (x - 30)$ |
| $(50,100]$ | 3 | 0.075 | 0.900 | $0.825 + \dfrac{0.075}{50} \cdot (x - 50)$ |
| $(100,200]$ | 4 | 0.100 | 1.000 | $0.900 + \dfrac{0.100}{100} \cdot (x - 100)$ |

Tabelle für die Lorenzkurve

| $K_i$ | $m_i$ | $F_n(K_i)$ | $m_i H_i$ | $g_i$ | $G_i$ |
|---|---|---|---|---|---|
| $[0,10]$ | 5 | 0.150 | 30 | 0.0184 | 0.0184 |
| $(10,30]$ | 20 | 0.525 | 300 | 0.1835 | 0.2019 |
| $(30,50]$ | 40 | 0.825 | 480 | 0.2935 | 0.4954 |
| $(50,100]$ | 75 | 0.900 | 225 | 0.1376 | 0.6330 |
| $(100,200]$ | 150 | 1.000 | 600 | 0.3670 | 1.0000 |

$$
\begin{aligned}
LKM \quad &= \quad 0.15 \cdot 0.0184 + 0.675 \cdot 0.1835 + 1.35 \cdot 0.2935 \\
&\quad + 1.725 \cdot 0.1376 + 1.9 \cdot 0.3670 - 1 \\
&= \quad 1.4575 - 1 = 0.4575 \\
LKM_{norm} \quad &= \quad \frac{40}{39} \cdot 0.4575 = 0.4692
\end{aligned}
$$

**Lösung zu Aufgabe 4.2**
1. 40%   2. 40%   3. 0%   4. 10%   5. 30%   6. 20%   7. 40%

**Lösung zu Aufgabe 4.3**
1. $1 \le x \le 5$      2. $x > 5$ bzw. $x \ge 6$      3. $x \le 1$ bzw. $x < 2$

**Lösung zu Aufgabe 4.4**
1. 19%   2. 53%   3. 17%   4. 15%   5. 6%
6. 42%   7. 204   8. 42   9. 147   10. 114

# 18.3    Lösungen zu Kapitel 5

**Lösung zu Aufgabe 5.1**

1.    $K_2=[10,30]$

2.    $\tilde{x}_{0.5} = 10 + (0.5 - 0.15)/(0.525 - 0.15) \cdot 20 = 28.67 \in K_2$

3.    $\tilde{x}_{0.1} = 0 + \dfrac{0.10 - 0}{0.15 - 0} \cdot 10 = 6.67$  und  $\tilde{x}_{0.9} = 50 + \dfrac{0.9 - 0.825}{0.9 - 0.825} \cdot 50 = 100$

4.    $\bar{x} = \dfrac{1}{40} \cdot (5 \cdot 6 + 20 \cdot 15 + 40 \cdot 12 + 75 \cdot 3 + 150 \cdot 4) = \dfrac{1635}{40} = 40.875$

**Lösung zu Aufgabe 5.2**

| Merkmal | Lageparameter | Merkmal | Lageparameter |
|---|---|---|---|
| Geschlecht | $x_{mod}$ | Lebensalter | $\bar{x}, \bar{x}_{\alpha t}, \bar{x}_{\alpha w}$ |
| Körpergewicht | $\bar{x}, \bar{x}_{\alpha t}, \bar{x}_{\alpha w}$ | Steuerklasse | $x_{mod}$ |
| Religion | $x_{mod}$ | Bettenzahl | $\bar{x}, \bar{x}_{\alpha t}, \bar{x}_{\alpha w}$ |
| Pflegestufe | $\tilde{x}_{0.5}$ | Barthel-Index | $\tilde{x}_{0.5}$ |
| Arbeitslohn | $\bar{x}, \bar{x}_{\alpha t}, \bar{x}_{\alpha w}$ | Geschwisterzahl | $\bar{x}, \bar{x}_{\alpha t}, \bar{x}_{\alpha w}$ |

**Lösung zu Aufgabe 5.3**

1.    $x_{mod} = 52$
2.    $\tilde{x}_{0.5} \in [48,52] \rightarrow 50$

3.    $\bar{x}_{0.2t} = \dfrac{1}{10 - 4} \cdot (25 + 39 + 48 + 52 + 52 + 78) = \dfrac{294}{6} = 49$

4.    $\bar{x}_{0.2w} = \dfrac{25 + 25 + 25 + 39 + 48 + 52 + 52 + 78 + 78 + 78}{10} = \dfrac{500}{10} = 50$

**Lösung zu Aufgabe 5.4**

1.    $\bar{x} = 1$    2.    $\tilde{x}_{0.5} = 0$    3.    $\tilde{x}_{0.25} = -2, \tilde{x}_{0.75} = 4$    4.    $x_{mod} = -2$

**Lösung zu Aufgabe 5.5**

1.    $\bar{x} = \dfrac{230}{30} = 7.66$      2.    $\tilde{x} = \dfrac{6+8}{2} = 7$

3.   $x_{\text{mod}} = 6$            4.      $R = 20 - 2 = 18$

5.   $IQR = 10 - 6 = 4$      6.   $MAD = \dfrac{1+3}{2} = 2$

7.   $\bar{x}_{0.1t} = \dfrac{174}{24} = 7.25$

**Lösung zu Aufgabe 5.6**
1. $x_3 = 2$   2. $x_4 = 3$   3. $x_3 = 4$   4. $x_4 = 3$

# 18.4      Lösungen zu Kapitel 6

**Lösung zu Aufgabe 6.1**

1.   $\bar{x} = \sum H(K_i) \cdot \bar{x}_i = \dfrac{200 \cdot 60 + 300 \cdot 180 + 300 \cdot 240 + 200 \cdot 320}{1000} = 202$

2.   $\bar{x} \approx \sum H(K_i) \cdot m_i = \dfrac{200 \cdot 50 + 300 \cdot 150 + 300 \cdot 250 + 200 \cdot 350}{1000} = 200$

3.   $s^2 = \dfrac{1}{n-1} \sum H(K_i) \cdot (\bar{x}_i - \bar{x})^2$

       $= \dfrac{1}{999} \left( 200 \cdot 142^2 + 300 \cdot 22^2 + 300 \cdot 38^2 + 200 \cdot 118^2 \right)$

       $= \dfrac{7396000}{999} = 7403.40 \Rightarrow s = \sqrt{7403.40} = 86.04$

4.   $s^2 = \dfrac{1}{n-1} \sum H(K_i) \cdot (m_i - \bar{x})^2$

       $= \dfrac{1}{999} \left( 200 \cdot 150^2 + 300 \cdot 50^2 + 300 \cdot 50^2 + 200 \cdot 150^2 \right)$

       $= \dfrac{10500000}{999} = 10510.51 \Rightarrow s = \sqrt{10510.51} = 102.52$

5.   Sheppardsche Korrektur mit b = 100:

       $s_{korr}^2 = s^2 - \dfrac{b^2}{12} = s^2 - 833.33 = 9677.18 \Rightarrow s = 98.37$

**Lösung zu Aufgabe 6.2**
1.    $R = 400 - 0 = 400$

**2.**   $\tilde{x}_{0.25} = 100 + \dfrac{0.25 - 0.2}{0.5 - 0.2} \cdot (200 - 100) = 116.67$

   $\tilde{x}_{0.75} = 200 + \dfrac{0.75 - 0.5}{0.8 - 0.5} \cdot (300 - 200) = 283.33$

   $IQR = 283.33 - 116.67 = 166.66$

### Lösung zu Aufgabe 6.3
**1.**   $R = 4 - 0 = 4$

**2.**   $\tilde{x}_{0.75} = 3, \quad \tilde{x}_{0.25} = 1 \Rightarrow IQR = 3 - 1 = 2$

**3.**   $\tilde{x}_{0.5} = \dfrac{1+2}{2} = 1.5$

Abstände der Beobachtungen zum Median

| $x_i$ | 0 | 0 | 1 | 1 | 1 | 1 | 2 | 2 | 3 | 3 | 3 | 4 |
|---|---|---|---|---|---|---|---|---|---|---|---|---|
| $y_i = \lvert x_i - \tilde{x}_{0.5} \rvert$ | 1.5 | 1.5 | 0.5 | 0.5 | 0.5 | 0.5 | 0.5 | 0.5 | 1.5 | 1.5 | 1.5 | 2.5 |

Median $(y_1, \dots, y_{12}) = (0.5 + 1.5) / 2 = 1$
**4.**   $\bar{x} = 1.75 \quad s_{0.5} = (2 \cdot 1.75 + 4 \cdot 0.75 + 2 \cdot 0.25 + 3 \cdot 1.25 + 1 \cdot 2.25) / 12 = 1.08$

### Lösung zu Aufgabe 6.4
**1.**   1. $\tilde{x}_{0.5} = 0 \Rightarrow MAD = 2$

**2.**   $\bar{x} = 1 \Rightarrow s_m = \dfrac{14}{5} = 2.8$

**3.**   $s = \sqrt{11} = 3.32$

**4.**   $\bar{x}_{0.2t} = 0.67 \Rightarrow s_{0.2t}^2 = \dfrac{2.67^2 + 0.67^2 + 3.33^2}{5 - 2} = 6.66 \Rightarrow s_{0.2t} = 2.49$

   $\bar{x}_{0.2w} = 0.8 \Rightarrow s_{0.2w}^2 = \dfrac{2.8^2 + 2.8^2 + 0.8^2 + 3.2^2 + 3.2^2}{4} = 9.2$

   $\Rightarrow s_{0.2w} = 3.03$

### Lösung zu Aufgabe 6.5
1. Nein   2. Ja   3. Nein   4. Ja   5. Ja   6. Nein

### Lösung zu Aufgabe 6.6
1. $x_1 = 1$   2. $x_1 = 1$ oder $x_1 = 3$

**Lösung zu Aufgabe 6.7**

$$\phi_D = 2 \cdot (1 - 0.3) = 1.4$$

$$\phi_G = \left| \frac{3}{20} - \frac{1}{7} \right| + \left| \frac{2}{20} - \frac{1}{7} \right| \cdot 3 + \left| \frac{4}{20} - \frac{1}{7} \right| + \left| \frac{6}{20} - \frac{1}{7} \right| + \left| \frac{1}{20} - \frac{1}{7} \right| = 0.44$$

$$\Rightarrow \phi(X) = \frac{\phi_D}{\phi_D + \phi_G} = \frac{1.4}{1.4 + 0.44} = 0.76$$

**Lösung zu Aufgabe 6.8**

$$d_X = \sum_{j=1}^{3} \left| F(a_j) - 0.5 \right| = \left| \frac{1}{9} - 0.5 \right| + \left| \frac{3}{9} - 0.5 \right| + \left| \frac{6}{9} - 0.5 \right| = 0.72$$

$$d_{X,norm} = \frac{2 \cdot 0.72}{4 - 1} = 0.48$$

$$\Rightarrow \phi_0(X) = 1 - 0.48 = 0.52$$

# 18.5     Lösungen zu Kapitel 7

**Lösung zu Aufgabe 7.1**

$$\sqrt{\beta_1} = \frac{0.1846 \cdot 10^7}{0.9189 \cdot 10^6} = 2.009$$

$$\beta_2 = \frac{0.5284 \cdot 10^9}{0.8934 \cdot 10^8} = 5.915$$

$$\text{bzw.} \quad \beta_2' = 5.915 - 3 = 2.915$$

**Lösung zu Aufgabe 7.2**

1. rechtssteil bzw. linksschief

2. linkssteil bzw. rechtsschief

3. rechtssteil bzw. linksschief

# 18.6    Lösungen zu Kapitel 8

**Lösung zu Aufgabe 8.1**

Tafel der beobachteten Häufigkeiten $o_{jl}$, $j,l = 1,\cdots,4$:

| LESEN Note | RECHNEN 1 | 2 | 3 | 4 | Summe |
|---|---|---|---|---|---|
| 1 | 1 | 1 | 1 | 0 | 3 |
| 2 | 0 | 6 | 4 | 2 | 12 |
| 3 | 0 | 1 | 3 | 2 | 6 |
| 4 | 1 | 1 | 0 | 1 | 3 |
| Summe | 2 | 9 | 8 | 5 | 24 |

**Lösung zu Aufgabe 8.2**

|  | ambulant | Betreutes Wohnen | Wohn-heim | Summe |
|---|---|---|---|---|
| weiblich | 40 | 3 | 5 | 48 |
| männlich | – | 17 | 15 | 32 |
| Summe | 40 | 20 | 8 | 80 |

# 18.7    Lösungen zu Kapitel 9

**Lösung zu Aufgabe 9.1**

   0 000112223333445789
   1 01111223445678899
   2 00235

**Lösung zu Aufgabe 9.2**

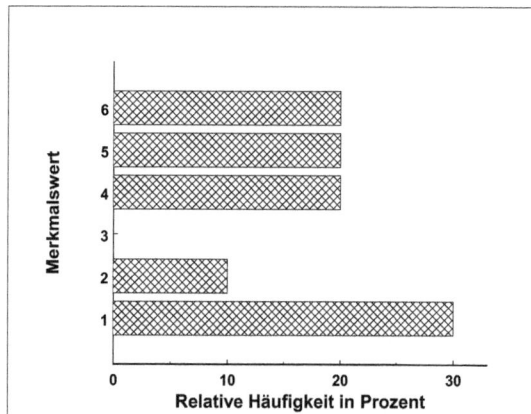

Stabdiagramm der Daten aus Aufgabe 4.2

**Lösung zu Aufgabe 9.3**

**1.**

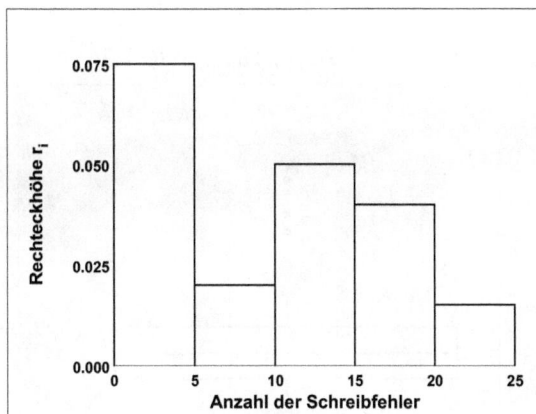

Histogramm der Daten aus Aufgabe 9.1

**2.**

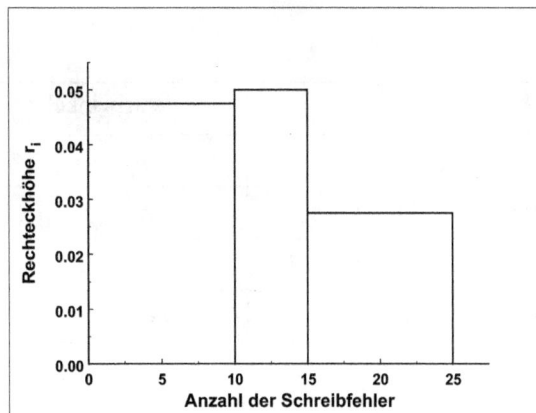

Histogramm der Daten aus Aufgabe 9.1

**Lösung zu Aufgabe 9.4**

**1.** modale Klasse: $K_2 = [10, 20)$, $x_{\text{mod}} = 20$

**2.** Median Klasse: $K_2 = [10, 20)$, $\tilde{x}_{0.5} = x(27) = 15$

**3.** $\tilde{x}_{0.25} = x(14) = 9$     $\tilde{x}_{0.75} = x(40) = 21$     $\Rightarrow$     $IQ = 21 - 9 = 12$

**Lösung zu Aufgabe 9.5**

$$\tilde{x}_{0.25} = 9, \quad \tilde{x}_{0.5} = 15, \quad \tilde{x}_{0.75} = 21,$$

$$IQ = 12, \quad 1.5 \cdot IQ = 18, \quad 3 \cdot IQ = 36$$

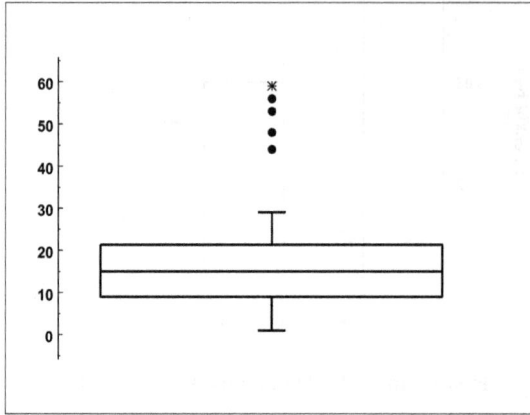

**Lösung zu Aufgabe 9.6**

| Klasse $K_j$ | $H(K_j)$ | $h(K_j)$ | Zentriwinkel $\alpha_j$ |
|---|---|---|---|
| [0, 100] | 200 | 0.2 | $360° \cdot 0.2 = 72°$ |
| (100, 200] | 300 | 0.3 | $360° \cdot 0.3 = 108°$ |
| (200, 300] | 300 | 0.3 | $360° \cdot 0.3 = 108°$ |
| (300, 400] | 200 | 0.2 | $360° \cdot 0.2 = 72°$ |

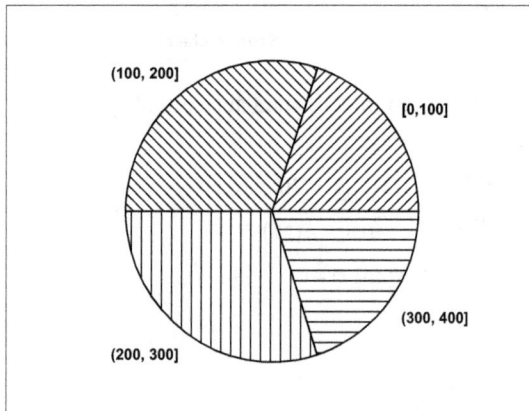

**Lösung zu Aufgabe 9.7**

| Ausgangshistogramm | | | 1. Verschiebung | | | 2. Verschiebung | | |
|---|---|---|---|---|---|---|---|---|
| $K_j$ | $H(K_j)$ | $r_j$ | $K_j$ | $H(K_j)$ | $r_j$ | $K_j$ | $H(K_j)$ | $r_j$ |
| [0, 5] | 15 | 3.0 | (1, 6] | 10 | 2.0 | (2, 7] | 8 | 1.6 |
| (5, 10] | 4 | 0.8 | (6, 11] | 8 | 1.6 | (7, 12] | 9 | 1.8 |
| (10, 15] | 10 | 2.0 | (11, 16] | 7 | 1.4 | (12, 17] | 6 | 1.2 |
| (15, 20] | 8 | 1.6 | (16, 21] | 7 | 1.4 | (17, 22] | 7 | 1.4 |
| (20, 25] | 3 | 0.6 | -- | -- | -- | -- | -- | -- |
| 3. Verschiebung | | | 4. Verschiebung | | | | | |
| $K_j$ | $H(K_j)$ | $r_j$ | $K_j$ | $H(K_j)$ | $r_j$ | | | |
| (3, 8] | 5 | 1.0 | (4, 9] | 4 | 0.8 | | | |
| (8, 13] | 9 | 1.8 | (9, 14] | 10 | 2.0 | | | |
| (13, 18] | 7 | 1.4 | (14, 19] | 7 | 1.4 | | | |
| (18, 23] | 6 | 1.2 | (19, 24] | 4 | 0.8 | | | |
| -- | -- | -- | -- | -- | -- | | | |

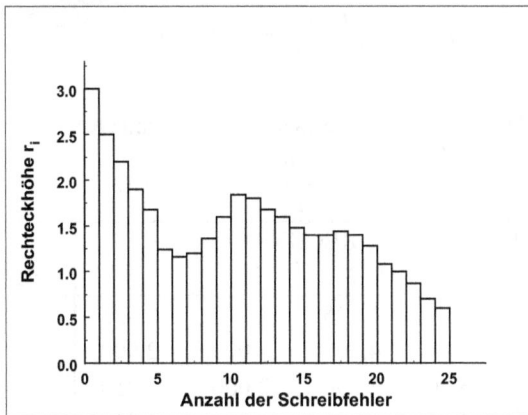

# 18.8     Lösungen zu Kapitel 10

**Lösung zu Aufgabe 10.1**

Es ist $r_{xy} = \dfrac{s_{xy}}{s_x \cdot s_y}$ und damit

$$s_{xy} = r_{xy} \cdot s_x \cdot s_y = -0.8 \cdot \sqrt{0.16} \cdot \sqrt{0.25} = -0.8 \cdot 0.4 \cdot 0.5 = -0.16 .$$

**Lösung zu Aufgabe 10.2**

Der richtige Koeffizient ist der Rangkorrelationskoeffizient nach Spearman, da die Lohnstufe ein ordinales Merkmal ist.

| Stufe | I | II | III | IV | V | VI | VII | VIII | IX | X |
|---|---|---|---|---|---|---|---|---|---|---|
| Anzahl | 12 | 45 | 182 | 250 | 23 | 205 | 64 | 97 | 68 | 54 |
| Rang(Stufe) | 1 | 2 | 3 | 4 | 5 | 6 | 7 | 8 | 9 | 10 |
| Rang(Anzahl) | 1 | 3 | 8 | 10 | 2 | 9 | 5 | 7 | 6 | 4 |
| $d_i$ | 0 | -1 | -5 | -6 | 3 | -3 | 2 | 1 | 3 | 6 |
| $d_i^2$ | 0 | 1 | 25 | 36 | 9 | 9 | 4 | 1 | 9 | 36 |

$$r_s = 1 - \frac{6 \cdot \sum\limits_{i=1}^{n} d_i^2}{n\left(n^2 - 1\right)} = 1 - \frac{6 \cdot 130}{990} = 1 - \frac{780}{990} = 0.212$$

**Lösung zu Aufgabe 10.3**

$$Q = \frac{24 \cdot 156 - 2 \cdot 74}{24 \cdot 156 + 2 \cdot 74} = \frac{3744 - 148}{3744 + 148} = \frac{3596}{3892} = 0.924$$

**Lösung zu Aufgabe 10.4**

Es treten keine Bindungen auf. Damit ist $d_1 = -2$, $d_2 = 0$, $d_3 = 2$, $d_4 = 0$ und

$$r_s = 1 - \frac{6 \cdot 8}{4(16 - 1)} = 1 - 0.8 = 0.2 \quad .$$

**Lösung zu Aufgabe 10.5**

Tafel der beobachteten Häufigkeiten: siehe Lösung zu Aufgabe 8.1.

Tafel der erwarteten Häufigkeiten $e_{jl} = \dfrac{n_{j.} \cdot n_{.l}}{n}$, $j, l = 1, \cdots, 4$:

| LESEN | RECHNEN | | | | |
|---|---|---|---|---|---|
| Note | 1 | 2 | 3 | 4 | Summe |
| 1 | 0.250 | 1.125 | 1.000 | 0.625 | 3 |
| 2 | 1.000 | 4.500 | 4.000 | 2.500 | 12 |
| 3 | 0.500 | 2.250 | 2.000 | 1.250 | 6 |
| 4 | 0.250 | 1.125 | 1.000 | 0.625 | 3 |
| Summe | 2 | 9 | 8 | 5 | 24 |

**Lösung zu Aufgabe 10.6**

| Alter der Mutter | Kinder | | Summe |
|---|---|---|---|
| | ehelich | unehelich | |
| ≤ 22 Jahre | 5 | 3 | 8 |
| > 22 Jahre | 25 | 7 | 32 |
| Summe | 30 | 10 | 40 |

$$Q = \frac{5 \cdot 7 - 25 \cdot 3}{5 \cdot 7 + 25 \cdot 3} = \frac{35 - 75}{35 + 75} = -\frac{40}{110} \approx -0.36$$

**Lösung zu Aufgabe 10.7**

Tafel der beobachteten Häufigkeiten $o_{jl}$, $j,l = 1,2,3$:

| Geschlecht | Ehebruch ja | nein | ? | Summe |
|---|---|---|---|---|
| männlich | 100 | 312 | 12 | 424 |
| weiblich | 60 | 268 | 2 | 330 |
| ? | 170 | 18 | 58 | 246 |
| Summe | 330 | 598 | 72 | 1000 |

Tafel der erwarteten Häufigkeiten $e_{jl} = \dfrac{n_{j.} \cdot n_{.l}}{n}$, $j,l = 1,2,3$:

| Geschlecht | Ehebruch ja | nein | ? | Summe |
|---|---|---|---|---|
| männlich | 139.920 | 253.552 | 30.528 | 424 |
| weiblich | 108.900 | 197.340 | 23.760 | 330 |
| ? | 81.180 | 147.108 | 17.712 | 246 |
| Summe | 330 | 598 | 72 | 1000 |

$$\chi^2 = \sum_{j=1}^{3} \sum_{l=1}^{3} \frac{\left(o_{jl} - e_{jl}\right)^2}{e_{jl}}$$

$$= \frac{(-39.920)^2}{139.920} + \frac{58.448^2}{253.552} + \frac{(-18.528)^2}{30.528} + \frac{(-48.900)^2}{108.900} + \frac{70.660^2}{197.340}$$

$$+ \frac{(-21.760)^2}{23.760} + \frac{88.820^2}{81.180} + \frac{(-129.108)^2}{147.108} + \frac{40.288^2}{17.712}$$

$$= 11.389 + 13.473 + 11.245 + 21.958 + 25.301$$
$$+ 19.928 + 97.179 + 113.311 + 91.640$$
$$= 405.424$$

$$C = \sqrt{\frac{\chi^2}{\chi^2 + n}} = \sqrt{\frac{405.424}{405.424 + 1000}} = \sqrt{0.2885} = 0.537$$

$$C_{corr} = \sqrt{\frac{3}{2}} \cdot C = 1.225 \cdot 0.537 = 0.658$$

**Lösung zu Aufgabe 10.8**

$$\bar{y} = 42.40, \quad n = 10, \quad s_y^2 = 3.51$$

$$\bar{y}_S = 41.8\overline{3}, \quad n_S = 6$$

$$\bar{y}_F = 42.75, \quad n_F = 4$$

$$\eta^2 = \frac{\frac{1}{10-1}\cdot\left(6\cdot\left(41.8\overline{3}-42.20\right)^2 + 4\cdot\left(42.75-42.20\right)^2\right)}{3.51}$$

$$= \frac{0.808+1.210}{9\cdot3.51} = \frac{2.018}{31.590} = 0.064$$

$$\eta = 0.253$$

# 18.9    Lösungen zu Kapitel 11

**Lösung zu Aufgabe 11.1**

$\Omega = \{(1,1), (1,2), \dots (1,6), (2,1), \dots (6,6)\}$, $\#(\Omega) = 36$

**1.** $P(1.) = 1 / 36$    **2.** $P(2.) = 10 / 36$    **3.** $P(3.) = 11 / 36$
**4.** $P(4.) = 1 - P(3.) = 1 - 11 / 36 = 25 / 36$

**Lösung zu Aufgabe 11.2**
Der Grundraum $\Omega$ sind alle Tupel der Zahlen 1,...,6 ohne Pasch (also zwei gleiche Zahlen). Damit besitzt der Grundraum 30 Tupel. Jan gewinnt, wenn die 1.Zahl größer ist als die zweite. Dies ist bei 15 Tupeln der Fall. Damit ist P(Jan gewinnt) = P(Alfred gewinnt) = 15 / 30. Keiner von beiden besitzt die höhere Gewinnchance.

**Lösung zu Aufgabe 11.3**
**1.** $P(1.) = 1/2^4 = 1/16$    **2.** $P(2.) = 1/16$    **3.** $P(3.) = 4/16$    **4.** $P(4.) = 6/16$

**Lösung zu Aufgabe 11.4**
**1.** Nein, da P(B) negativ    **2.** Nein, da P(A) + P(B) + P(C) < 1    **3.** Ja

**4.** Ja    **5.** Nein, da $P(A \cup B) + P(C) < 1$

**Lösung zu Aufgabe 11.5**
Es ist
$$P(A) = 1/6 \quad,$$
$$P(B) = P\{(6,4), (6,5), (6,6), (5,5), (5,6), (4,6)\} = 6/36 = 1/6 \quad,$$
$$P(C) = P\{(1,1), (1,2), (2,1)\} = 3/36 = 1/12$$

und somit
$$P(A \cap B) = 3/36 \neq 1/36 = P(A)\cdot P(B) \quad,$$
$$P(A \cap C) = P(\varnothing) = 0 \neq 1/72 = P(A)\cdot P(C) \quad,$$
$$P(B \cap C) = P(\varnothing) = 0 \neq 1/72 = P(B)\cdot P(C) \quad.$$

Alle drei Ereignisse sind paarweise abhängig.

**Lösung zu Aufgabe 11.6**

Es ist $P(I) = P(II) = P(III) = 1/3$ und $P(rot \mid I) = 1/2$, $P(rot \mid II) = 1/4$ und $P(rot \mid III) = 1/6$.
Damit ist

$$P(rot) = P(rot|I) \cdot P(I) + P(rot|II) \cdot P(II) + P(rot|III) \cdot P(III)$$
$$= \frac{1}{3}\left(\frac{1}{2} + \frac{1}{4} + \frac{1}{6}\right) = \frac{1}{3}\left(\frac{6+3+2}{12}\right) = \frac{11}{36} \quad .$$

**Lösung zu Aufgabe 11.7**

$$P(II|rot) = \frac{P(rot|II) \cdot P(II)}{P(rot)} = \frac{1/4 \cdot 1/3}{11/36} = \frac{1/12}{11/36} = \frac{3}{11}$$

$$P(II|blau) = \frac{P(blau|II) \cdot P(II)}{P(blau|I) \cdot P(I) + P(blau|II) \cdot P(II) + P(blau|III) \cdot P(III)}$$

$$= \frac{3/4 \cdot 1/3}{1/2 \cdot 1/3 + 3/4 \cdot 1/3 + 5/6 \cdot 1/3} = \frac{\frac{1/4}{6+9+10}}{12} = \frac{9}{25}$$

**Lösung zu Aufgabe 11.8**

$$P(rot) = P(rot|Karl) \cdot P(Karl) + P(rot|Anton) \cdot P(Anton)$$
$$= \frac{1}{2} \cdot \frac{2}{3} + \frac{2}{3} \cdot \frac{1}{3} = \frac{2}{6} + \frac{2}{9} = \frac{6+4}{18} = \frac{5}{9}$$

**Lösung zu Aufgabe 11.9**

1.  $P(A \cap B) = P(A \mid B) \cdot P(B) = 0.6 \cdot 0.4 = 0.24$

2.  $P(A \cup B) = P(A) + P(B) - P(A \cap B) = 0.5 + 0.4 - 0.24 = 0.66$

3.  $P(B \mid A) = P(A \cap B) / P(A) = 0.24 / 0.5 = 0.48$

# 18.10   Lösungen zu Kapitel 12

**Lösung zu Aufgabe 12.1**

Es handelt sich um eine Gleichverteilung:

1.  $P(X < 19) = 18 / 36 = 1 / 2 = 0.50$

2.  $P(X > 10) = 26 / 36 = 13 / 18 = 0.72$

3.  $P(X \bmod 3 = 0) = 12 / 36 = 1 / 3 = 0.33$

**Lösung zu Aufgabe 12.2**

$\lambda = 3$

1.  $P(X = 0) = \frac{\lambda^0}{0!} \cdot \exp^{-\lambda} = \exp^{-3} = 0.0497$

**2.** $P(X=1) = \dfrac{\lambda^1}{1!} \cdot \exp^{-\lambda} = 3 \cdot \exp^{-3} = 0.1494$

**3.** $P(X \geq 2) = 1 - P(X < 2) = 1 - P(X=0) - P(X=1)$

$\qquad = 1 - 0.0497 - 0.1494 = 0.8009$

**Lösung zu Aufgabe 12.3**

Binomialverteilung B(n,p) = B(5,0.75)

**1.** $P(X=5) = \dbinom{5}{5} \cdot 0.75^5 \cdot (1-0.75)^0 = 0.75^5 = 0.2373$

**2.** $P(X=4) = \dbinom{5}{4} \cdot 0.75^4 \cdot (1-0.75)^1 = 5 \cdot 0.75^4 \cdot 0.25 = 0.3955$

**3.** $P(X=3) = \dbinom{5}{3} \cdot 0.75^3 \cdot (1-0.75)^2 = 10 \cdot 0.75^3 \cdot 0.25^2 = 0.2637$

**Lösung zu Aufgabe 12.4**

$$
\begin{aligned}
EX \quad &= \quad n \cdot p = 2 \\
VarX \quad &= \quad n \cdot p \cdot (1-p) = 1.8 \\
&\Rightarrow \quad 2 \cdot (1-p) = 1.8 \Rightarrow p = 0.1 \\
&\Rightarrow \quad n = 20
\end{aligned}
$$

# 18.11    Lösungen zu Kapitel 13

**Lösung zu Aufgabe 13.1**

Da die 1-, 2-, 3-σ-Regel für jede beliebige Normalverteilung gilt, können die Werte direkt auf Seite 158 abgelesen werden. Bei einer direkten Berechnung gilt für die Verteilungsfunktion $F$ der N(0,1)-Verteilung $F(1) = 0.8413$ und damit $F(-1) = 1 - F(1) = 0.1587$. Somit ist

$$P(-1 \leq X \leq 1) = F(1) - F(-1) = 0.8413 - 0.1587 = 0.6826$$

und entsprechend

$$P(-2 \leq X \leq 2) = F(2) - F(-2) = 0.9772 - 0.0228 = 0.9544$$
$$P(-3 \leq X \leq 3) = F(3) - F(-3) = 0.9987 - 0.0013 = 0.9974 \ .$$

## Lösung zu Aufgabe 13.2

$u_{0.100} = -1.28$  $t_{12;0.01} = -2.681$  $\chi^2_{12;0.05} = 5.226$  $F_{2,2;0.05} = 1/19 = 0.0526$

$u_{0.500} = 0$  $t_{3;0.95} = 2.353$  $\chi^2_{3;0.025} = 0.216$  $F_{20,2;0.95} = 3.49$

$u_{0.999} = 3.08$  $t_{25;0.10} = -1.316$  $\chi^2_{25;0.975} = 40.65$  $F_{2,20;0.95} = 19.45$

## Lösung zu Aufgabe 13.3

Es ist hier die Standardisierung wieder rückgängig zu machen. Aus Tabelle 17.3 ermittelt man $u_{0.95} = 1.65$ und $u_{0.975} = 1.96$. Damit ergibt sich
1. $1.65 \cdot 8 + 175 = 13.2 + 175 = 188.2$ und $1.96 \cdot 8 + 175 = 190.68$
2. $1.65 \cdot 2 - 100 = 3.3 - 100 = -96.7$ und $1.96 \cdot 2 - 100 = 3.92 - 100 = -96.04$ .

## Lösung zu Aufgabe 13.4

$T$ ist $\chi^2$-verteilt mit $n = 12$ Freiheitsgraden.
Daher ist E T $= 12$ und Var T $= 2 \cdot 12 = 24$.

## Lösung zu Aufgabe 13.5

$$E X = \frac{a+b}{2} = 6$$

$$Var X = \frac{(b-a)^2}{12} = 12$$

$$\Rightarrow a+b = 12 \quad und \quad (b-a)^2 = 144$$

$$\Rightarrow a = 0 \quad und \quad b = 12$$

## Lösung zu Aufgabe 13.6

1. $P(X \leq 2.22) = \Phi(2.22) = 0.9868$  2. $P(X \leq 4.22) = \Phi(4.22) \cong 1 \ (0.999)$

3. $P(X \leq -2.22) = P(X > 2.22) = 1 - P(X \leq 2.22) = 1 - 0.9868 = 0.0132$

# 18.12   Lösungen zu Kapitel 14

## Lösung zu Aufgabe 14.1

Es handelt sich bei den Nummern 1, 3, 4, 5 und 6 um einseitige Testprobleme, ansonsten um zweiseitige. Die Hypothesen lauten:
1. $H_0 : \mu \leq 0.05$   vs.   $H_1 : \mu > 0.05$
2. $H_0 : \mu_D = \mu_B$   vs.   $H_1 : \mu_D \neq \mu_B$
3. $H_0 : \mu_D \leq \mu_B$   vs.   $H_1 : \mu_D > \mu_B$
4. $H_0 : \mu \leq \mu_0 + 5$   vs.   $H_1 : \mu > \mu_0 + 5$
5. $H_0 : \mu \geq 500$   vs.   $H_1 : \mu < 500$

**6.**   $H_0 : \mu_M \leq \mu_F$   vs.   $H_1 : \mu_M > \mu_F$

**7.**   $H_0 : \mu_I = \mu_{IV}$   vs.   $H_1 : \mu_I \neq \mu_{IV}$

**Lösung zu Aufgabe 14.2**

$H_0 : \mu_M \leq \mu_W$  ist die richtige statistische Nullhypothese.

**Lösung zu Aufgabe 14.3**

$$H_0 : \mu_1 = \mu_2 = \mu_3 = \mu_4 \quad vs. \quad H_1 : \mu_i \neq \mu_j$$

für mindestens ein Paar (i, j) mit i, j = 1,2,3,4 und $i \neq j$.

# 18.13    Lösungen zu Kapitel 15

**Lösung zu Aufgabe 15.1**

Zu verwenden ist ein zweiseitiger Einstichproben-Varianztest. Es ist nach Beispiel 15.11 $s_D^2 = 9.8667$, n=6 und damit

$$t = \frac{(6-1) \cdot 9.8667}{16} = 3.0833 \quad .$$

Da $\chi_{5;0.025}^2 = 0.831 < 3.0833 < 12.83 = \chi_{5;0.975}^2$ gilt, kann die Nullhypothese nicht verworfen werden.

**Lösung zu Aufgabe 15.2**

Zu testen ist $H_0 : \mu_1 = \mu_2$   vs.   $H_1 : \mu_1 \neq \mu_2$ mit Hilfe eines Zweistichproben-$t$-Tests für unverbundene                         Stichproben.                         Es                         ist $\bar{x} = 673.83$, $\bar{y} = 569.40$, $s_x^2 = 93178.57$, $s_y^2 = 90225.30$ und damit

$$t = \frac{673.83 - 569.40}{\sqrt{5 \cdot 93178.57 + 4 \cdot 90225.30}} \cdot \sqrt{\frac{270}{11}} = 0.5690 \quad .$$

Da t = 0.5690 < 2.262 = $t_{9;0.975}$ gilt, kann $H_0$ nicht abgelehnt werden.

**Lösung zu Aufgabe 15.3**

Die erwarteten Häufigkeiten sind

|              | Mädchen | Jungen | Summe |
|--------------|---------|--------|-------|
| Raucher      | 4.32    | 7.68   | 12    |
| Nichtraucher | 4.68    | 8.32   | 13    |
| Summe        | 9       | 16     | 25    |

und damit ist

$$\chi^2 = \frac{(-2.32)^2}{4.32} + \frac{2.32^2}{7.68} + \frac{2.32^2}{4.68} + \frac{(-2.32)^2}{8.32} = 3.74 > 2.706 = \chi_{1;0.90}^2 \quad .$$

Damit kann die Hypothese abgelehnt werden. Da hier die Faustformel nur geringfügig verletzt wurde, ist auf eine Zusammenfassung der Spalten verzichtet worden.

**Lösung zu Aufgabe 15.4**
Es liegt ein zweiseitiges Testproblem vor und es wird der Gauß-Test verwandt, da die theoretische Varianz bekannt ist.

$$t = \frac{2-4}{2} \cdot \sqrt{9} = -3$$

Da $u_{1-\alpha/2} = u_{0.975} = 1.96 < 3 = |t|$ gilt, wird $H_0$ abgelehnt.

**Lösung zu Aufgabe 15.5**
Die erwarteten Häufigkeiten sind

|  | Schwielen | | |
| --- | --- | --- | --- |
|  | nein | ja | Summe |
| Handschuhmarke 1 | 21 | 9 | 30 |
| Handschuhmarke 2 | 35 | 15 | 50 |
| Summe | 56 | 24 | 80 |

und damit ist

$$\chi^2 = \frac{(-3)^2}{21} + \frac{3^2}{9} + \frac{3^2}{35} + \frac{(-3)^2}{15} = \frac{9}{21} + \frac{9}{9} + \frac{9}{35} + \frac{9}{15}$$

$$= \frac{15 + 35 + 9 + 21}{35} = \frac{80}{35} = 2.286 < 3.841 = \chi^2_{1;0.95} \quad .$$

Somit kann die Nullhypothese nicht abgelehnt werden.

**Lösung zu Aufgabe 15.6**

$$t = \frac{800 - 700}{\sqrt{\dfrac{21+31}{21 \cdot 31} \cdot \dfrac{20 \cdot 5 + 30 \cdot 4}{21 + 31 - 2}}} = \frac{100}{\sqrt{\dfrac{52}{651} \cdot \dfrac{220}{50}}} = \frac{100}{0.5928} = 168.18$$

$$t_{50;0.975} = 1.96$$

Die Nullhypothese muss abgelehnt werden.

**Lösung zu Aufgabe 15.7**
Zu testen ist $H_0 : Q_0 = 0$   vs.   $H_1 : Q_0 \neq 0$ mit

$$Q = \frac{5 \cdot 7 - 25 \cdot 3}{5 \cdot 7 + 25 \cdot 3} = -0.3636$$

$$\hat{\sigma}_Q^2 = \frac{1}{4} \cdot \left(1 - (-0.3636)^2\right)^2 \cdot \left(\frac{1}{5} + \frac{1}{25} + \frac{1}{3} + \frac{1}{7}\right) = 0.1348$$

$$\hat{\sigma}_Q = 0.3672$$

$$t = \frac{-0.3636}{0.3672} = -0.9902 \quad .$$

Damit ist $|t| = 0.9902 < 1.96 = u_{0.975}$, und die Nullhypothese kann nicht verworfen werden.

### Lösung zu Aufgabe 15.8

Zu verwenden ist ein zweiseitiger Test für den Korrelationskoeffizienten nach Bravais-Pearson. Zu testen ist $H_0 : \rho_{xy} \leq 0$ vs. $H_1 : \rho_{xy} > 0$ mit $r_{xy} = 0.8166$ (vgl. Beispiel 10.1) und

$$t = \frac{0.8166 \cdot \sqrt{11-2}}{\sqrt{1-(0.8166)^2}} = 4.2443 \quad .$$

Da $|t| = 4.2443 > 1.833 = t_{9;0.95}$ gilt, wird die Nullhypothese verworfen.

### Lösung zu Aufgabe 15.9

Zu verwenden ist ein Test für große Stichprobenumfänge zur Überprüfung eines positiven monotonen Zusammenhanges. Zu testen ist $H_0 : \rho_S \leq 0$ vs. $H_1 : \rho_S > 0$ mit $r_s = 0.59$, n = 300 und

$$t = 0.59 \cdot \sqrt{300-1} = 10.2021 .$$

Da $|t| = 10.2021 > 2.3262 = u_{0.99}$ gilt, wird die Nullhypothese verworfen.

## 18.14     Lösungen zu Kapitel 16

### Lösung zu Aufgabe 16.1

In der nachfolgenden Tabelle sind die beobachtete und die geschätzte Anzahl Klientenkontakte sowie die Residuen zusammengefasst (vgl. auch Beispiel 16.4).

| $y_i$ | 193 | 152 | 279 | 173 | 221 | 278 |
|---|---|---|---|---|---|---|
| $\hat{y}_i$ | 207.7 | 172.4 | 271.9 | 182.9 | 226.7 | 279.7 |
| $\hat{e}_i$ | -14.7 | -20.4 | 7.1 | -9.9 | -5.7 | -1.7 |
| $\hat{e}_{i,norm}$ | -0.076 | -0.134 | 0.025 | -0.058 | -0.026 | -0.006 |
| $\hat{e}_{i,std}$ | -0.238 | -0.330 | 0.115 | -0.161 | -0.093 | -0.028 |

| $y_i$ | 124 | 94 | 254 | 174 | 148 | |
|---|---|---|---|---|---|---|
| $\hat{y}_i$ | 129.6 | 104.5 | 233.8 | 163.2 | 117.4 | |
| $\hat{e}_i$ | -5.6 | -10.5 | 20.2 | 10.8 | 30.6 | |
| $\hat{e}_{i,norm}$ | -0.045 | -0.112 | 0.079 | 0.062 | 0.207 | |
| $\hat{e}_{i,std}$ | -0.091 | -0.170 | 0.327 | 0.174 | 0.496 | |

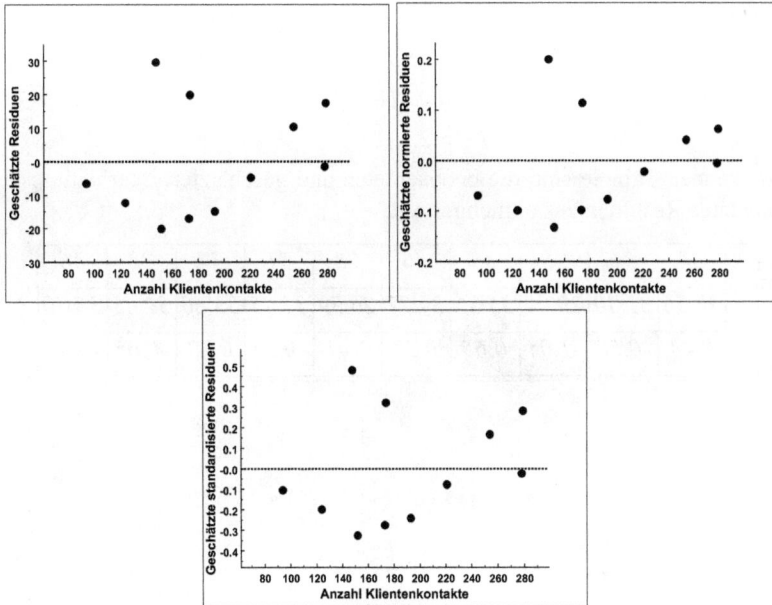

## Lösung zu Aufgabe 16.2

Es ist mit $\hat{\bar{y}} = \bar{y} = 190$

$$s_{\hat{y}}^2 = \frac{1}{11-1} \cdot \sum_{i=1}^{n} (\hat{y}_i - 190)^2 = \frac{35245.1}{10} = 3524.51$$

$$s_y^2 = \frac{1}{11-1} \cdot \sum_{i=1}^{n} (y_i - 190)^2 = \frac{38056}{10} = 3805.60 \quad .$$

Damit ist

$$R^2 = \frac{3524.51}{3805.60} = 0.9261 \quad .$$

## Lösung zu Aufgabe 16.3

Zu testen ist $H_0 : \beta_1 \le 20$ vs. $H_1 : \beta_1 > 20$ mit

$$t = \frac{20.59 - 20}{\sqrt{8.2320}} = 0.2056$$

(vgl. auch Beispiel 16.4 und Beispiel 16.6). Da $|t| = 0.2056 < 2.896 = t_{8;0.99}$ gilt, kann $H_0$ nicht verworfen werden.

## Lösung zu Aufgabe 16.4

Die Normalengleichungen lauten

$$10\hat{\beta}_0 + 160\hat{\beta}_1 + 36\hat{\beta}_2 = 334 ,$$
$$160\hat{\beta}_0 + 2670\hat{\beta}_1 + 571\hat{\beta}_2 = 5423 ,$$
$$36\hat{\beta}_0 + 571\hat{\beta}_1 + 148\hat{\beta}_2 = 1239 ,$$

und daraus folgt

$$\hat{\beta}_0 = 12.3388 \quad,$$
$$\hat{\beta}_1 = 0.8187 \quad,$$
$$\hat{\beta}_2 = 2.2116 \quad.$$

In der nachstehenden Tabelle sind die beobachteten und geschätzten Bearbeitungszeiten sowie die geschätzten Residuen zusammengestellt:

| $y_i$ | 38 | 31 | 28 | 36 | 40 | 28 | 31 | 34 | 32 | 36 |
|---|---|---|---|---|---|---|---|---|---|---|
| $\hat{y}_i$ | 37.56 | 31.50 | 29.04 | 35.35 | 39.77 | 26.59 | 31.25 | 33.80 | 32.65 | 36.50 |
| $\hat{e}_i$ | 0.44 | -0.50 | -1.04 | 0.65 | 0.23 | 1.41 | -0.25 | 0.20 | -0.65 | -0.50 |

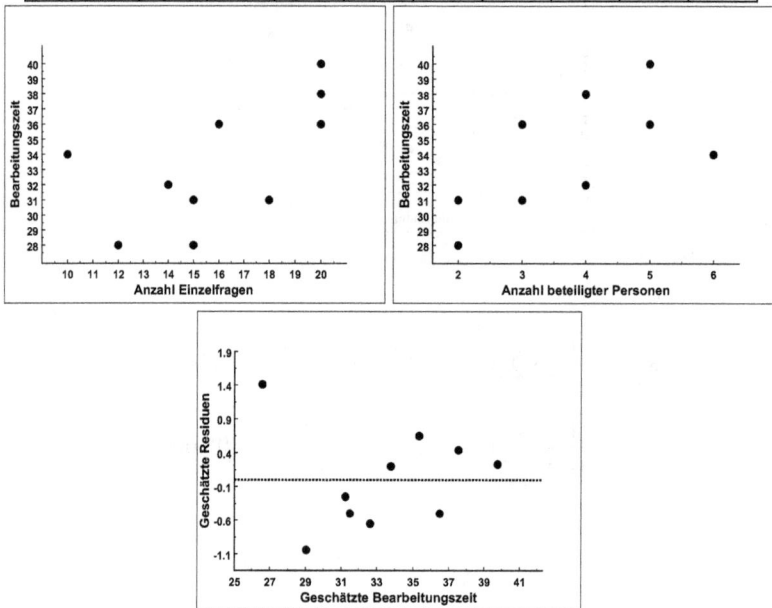

**Lösung zu Aufgabe 16.5**

Es ist mit $\bar{\hat{y}} = \bar{y} = 33.4$

$$s_{\hat{y}}^2 = \frac{1}{10-1} \cdot \sum_{i=1}^{n} (\hat{y}_i - 33.4)^2 = \frac{145.6357}{9} = 16.1817$$

$$s_y^2 = \frac{1}{10-1} \cdot \sum_{i=1}^{n} (y_i - 33.4)^2 = \frac{150.4}{9} = 16.7111 \quad.$$

Damit ist $R^2 = 16.1817/16.7111 = 0.9683$.

**Lösung zu Aufgabe 16.6**

Zu testen ist $H_0 : \beta_1 = 0$   vs.   $H_1 : \beta_1 \neq 0$   mit

$$\hat{\sigma}_e^2 = \frac{1}{10 - (2+1)} \cdot \sum_{i=1}^{10} \hat{e}_i^2 = \frac{4.7772}{7} = 0.6825 \quad , \quad \hat{\sigma}_{\hat{\beta}_1} = \sqrt{0.009205 \cdot 0.6825} = 0.0793 \quad \text{und}$$

$$t = \frac{0.8187 - 0}{0.0793} = 10.3241 \quad .$$

Da $|t| = 10.3241 > 2.365 = t_{7;0.975}$ gilt, ist $H_0$ zu verwerfen.

# 19    Probeklausuren

## 19.1    Probeklausur A

**Aufgabe 1**

Gegeben sei eine Stichprobe mit den Werten: 0, 4, -2, -2, 5. Bestimmen Sie
1. den Range,
2. den Interquartilsabstand,
3. die mittlere absolute Abweichung vom Median.

**Aufgabe 2**

Für welche der folgenden Merkmalskombinationen muss welcher Korrelations- bzw. Assoziationskoeffizient berechnet werden? Kennzeichnen Sie die Kombinationen mit $r_{xy}$, $r_s$, $C$ bzw. $\eta$ je nachdem, ob Sie sich für den Korrelationskoeffizienten nach Pearson, den Rangkorrelationskoeffizienten nach Spearman, für den Pearsonschen Kontingenzkoeffizienten oder für den Eta-Koeffizienten entscheiden.

| Postleitzahl, Rauchverhalten | Anzahl der Türen bei einem Auto, Preis des Autos |
|---|---|
| Güteklasse von Eiern, Dicke der Eier | Medaille bei den Olympischen Spielen, Nationalität |
| Beruf, Alter | Bauchumfang, Operation: ja/nein |

**Aufgabe 3**

Gegeben sei die folgende Verteilungsfunktion $F(x)$ der Zufallsvariablen $X$:

$$F(x) = \begin{cases} 0.00 & x < -1 \\ 0.50 & -1 \le x < 1 \\ 0.75 & 1 \le x < 2 \\ 1.00 & 2 \le x \end{cases}.$$

Bestimmen Sie die folgenden Wahrscheinlichkeiten:
1. $P(X \le 0)$,    2. $P(X \le 1)$,    3. $P(X \ge 1.5)$.

**Aufgabe 4**

Gegeben seien die folgenden beiden Beobachtungsreihen mit $n = 5$ Beobachtungen. Berechnen Sie den Korrelationskoeffizienten nach Pearson!

| $x_i$ | -2 | -1 | 0 | 1 | 2 |
|---|---|---|---|---|---|
| $y_i$ | 4 | 5 | 3 | 1 | 2 |

**Aufgabe 5**

Bei einer Stichprobe vom Umfang $n = 9$ ermittelte man ein arithmetisches Mittel von $\bar{x} = 2$.

Da die theoretische Varianz von $\sigma^2 = 4$ bekannt war, berechnete man keine empirische Standardabweichung. Testen Sie die einseitige Hypothese $H_0 : \mu \le 4$ vs. $H_1 : \mu > 4$ zu $\alpha = 5\% = 0.05$! Welchen Test verwenden Sie?

**Aufgabe 6**

Heinrich D. betreut im Sommer fünf Jugendfreizeiten mit Mädchen und Jungen. Aufgrund des aktuellen Sozialplanes ist das Verhältnis von Mädchen zu Jungen immer 5:4. Es ist ihm aufgefallen, dass Mädchen mit einer Wahrscheinlichkeit von 0.5 rauchen, während die Jungen dies mit einer Wahrscheinlichkeit von 0.25 tun. Mit welcher Wahrscheinlichkeit ist ein beliebig ausgewähltes Kind ein Mädchen, wenn man weiß, dass es raucht?

# 19.2    Probeklausur B

**Aufgabe 1**

Gegeben sei ein Grundraum $\Omega$ mit den drei Ereignissen $A$, $B$ und $C$. Es gelte: $A \cup B \cup C = \Omega$. Welche der folgenden Kombinationen sind möglich, welche nicht? Markieren Sie die jeweiligen Aussagen mit einem R bzw. mit einem F:

1. $P(A) = 0.1$, $P(B) = 0.1$, $P(C) = 1.2$ ,
2. $P(A) = -0.1$, $P(B) = -0.1$, $P(C) = 1.2$ ,
3. $P(A) = 0.1$, $P(B) = 0.1$, $P(C) = 0.2$ ,
4. $P(A) = 0.9$, $P(B) = 0.1$, $P(C) = 0.2$ ,
5. $P(A) = 1.0$, $P(B) = 0.1$, $P(C) = 0.2$ ,
6. $P(A) = 1.0$, $P(B) = 1.0$, $P(C) = 0.2$ .

**Aufgabe 2**

Welche der folgenden sechs Merkmale besitzen welches Skalenniveau (nominales, ordinales oder metrisches)? Markieren Sie diese Variablen mit einem N, O oder M!

1. Postleitzahl
2. Anzahl der Türen bei einem Auto
3. Güteklasse von Eiern
4. Medaille bei den Olympischen Spielen
5. Beruf
6. Bauchumfang

**Aufgabe 3**

Gegeben sei folgende Häufigkeitsverteilung mit den vier Klassen $K_1$ - $K_4$: $H(K_1) = 40$, $H(K_2) = 30$, $H(K_3) = 10$, $H(K_4) = 10$. Bestimmen Sie:

1. die modale Klasse,
2. die Klasse, die den Median beinhaltet,
3. die Klassen, die das obere bzw. untere Quartil beinhalten.

**Aufgabe 4**

Gegeben seien die folgenden beiden Rangreihen mit $n = 5$ Beobachtungen. Berechnen Sie den Spearmanschen Rangkorrelationskoeffizienten! (Achtung: Hier sind schon die Ränge vergeben.)

| Ränge der $x_i$ | 1 | 2 | 3 | 4 | 5 |
|---|---|---|---|---|---|
| Ränge der $y_i$ | 3 | 2 | 1 | 4 | 5 |

**Aufgabe 5**

Berechnen Sie die Wahrscheinlichkeiten für die folgenden Ereignisse beim vierfachen Münzwurf:

1. im ersten Wurf „Zahl".
2. mindestens einmal „Zahl".
3. viermal „Zahl" unter der Bedingung, dass in den ersten beiden Würfen schon jeweils „Zahl" aufgetreten ist.

Setzen Sie dabei eine faire Münze voraus!

**Aufgabe 6**

Insgesamt 80 Spieler(innen) der Tischtennis-Bundesliga wurden nach ihrer Schuhmarke gefragt. Dabei stellte man fest, dass insgesamt nur zwei verschiedene Produzenten vertreten waren, denn nur diese beiden Produzenten traten als Sponsoren auf. Außerdem wurden diese Spieler(innen) gefragt, ob sie Probleme mit Blasen an den Füßen hätten. Es ergab sich die folgende Tabelle:

|  | Blasen | | | |
|---|---|---|---|---|
|  | nein | teils/teils | ja | Summe |
| Schuhmarke 1 | 8 | 10 | 12 | 30 |
| Schuhmarke 2 | 12 | 10 | 28 | 50 |
| Summe | 20 | 20 | 40 | 80 |

Besteht zwischen Schuhmarke und Blasenbeschwerden ein Zusammenhang? Verwenden Sie dazu den $\chi^2$-Unabhängigkeitstest und ein Niveau von $\alpha = 5\% = 0.05$!

# 19.3 Probeklausur C

**Aufgabe 1**

Im Altenheim Abendfrieden sind insgesamt 100 Senior(inn)en aufgenommen. Während einer Nachtwache hat Altenpfleger Christoph G. das folgende Histogramm der Alterverteilung erstellt.

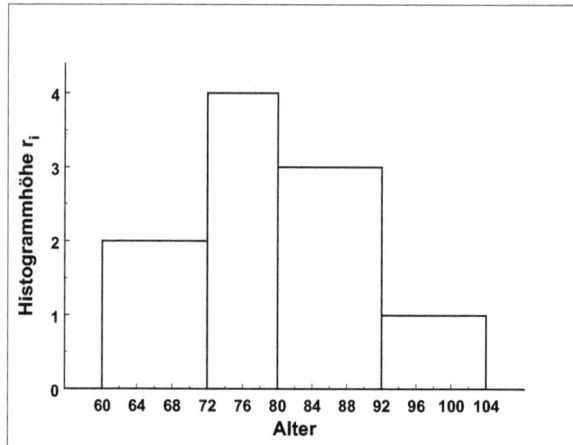

Ermitteln Sie anhand des vorliegenden Histogramms das Durchschnittsalter (arithmetisches Mittel) aller Bewohner(innen). Hinweis: Erstellen Sie zuerst eine Tabelle der absoluten Klassenhäufigkeiten mit $K_1 = [60,72)$, $K_2 = [72,80)$ $K_3 = [80,90)$ und $K_4 = [90,104]$. Verwenden Sie anschließend zur Berechnung der gesuchten Größe die Klassenmitten.

**Aufgabe 2**

Im Jahre 1912 machte das Schiff Titanic seine Jungfernfahrt von London nach New York. Das Schiff kollidierte mit einem Eisberg und sank am 15.April. Insgesamt waren 2201 Personen an Bord, die sich auf die Crew (= 0.Klasse) und die Kabinenklassen 1-3 verteilten. Es waren 2092 Erwachsene und 109 Kinder an Bord. Neben 1731 männlichen Passagieren reisten auch 470 weibliche Passagiere auf der Titanic mit. Insgesamt überlebten 711 Personen den Untergang und 1490 Personen starben.

| | Überlebt? | | |
| | nein | ja | |
| Kabinenklasse | Anzahl | Anzahl | Summe |
|---|---|---|---|
| 0.Klasse (Crew) | 673 | 212 | 885 |
| 1.Klasse | 122 | 202 | 325 |
| 2.Klasse | 167 | 118 | 285 |
| 3.Klasse | 528 | 178 | 706 |
| Summe | 1490 | 711 | 2201 |

Berechnen Sie für die obenstehende Häufigkeitstabelle den korrigierten Kontingenzkoeffizienten nach Pearson. Hinweis: 190.401 ist der Wert der Hilfsgröße $\chi^2$.

**Aufgabe 3**

|  | Anzahl | | |
| Kabinenklasse | Kinder | Erw. | Summe |
| --- | --- | --- | --- |
| 0.Klasse (Crew) | – | 885 | 885 |
| 1.Klasse | 6 | 319 | 325 |
| 2.Klasse | 24 | 261 | 285 |
| 3.Klasse | 79 | 627 | 706 |
| Summe | 109 | 2092 | 2201 |

Die an Bord der Titanic mitreisenden Kinder und Erwachsenen verteilten sich wie in der oben stehenden Tabelle beschrieben auf die einzelnen Kabinenklassen. Erstellen Sie jeweils getrennt für Kinder und Erwachsene einen Boxplot für das Merkmal Kabinenklasse. Gehen Sie davon aus, dass Sie bei dem Merkmal Kabinenklasse die Ausprägungen 0, 1, 2 und 3 beobachten.

**Aufgabe 4**

Gustav K. beginnt am 01.06.1998 sein Anerkennungsjahr in einem Heim für schwer erziehbare Jugendliche. Um seinem neuen Chef Konrad K. zu imponieren, erstellt Gustav K. für die einzelnen Monate des Jahres 1997 zwei Linienzüge für die Belegungszahlen von Mädchen und Jungen in diesem Heim für schwer erziehbare Jugendliche.

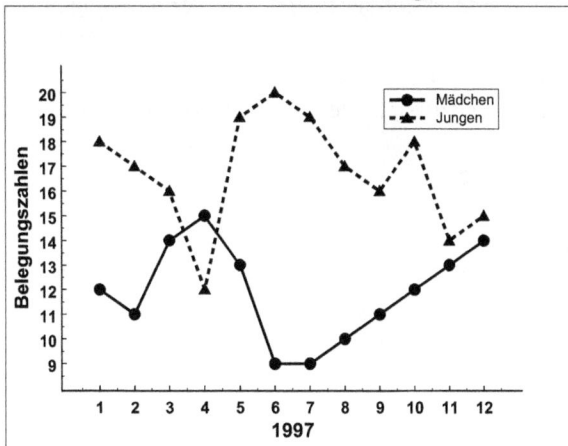

Welche der folgenden Aussagen sind richtig (R), welche sind falsch (F)?

| | | | |
| --- | --- | --- | --- |
| 1. | Es gibt mehr Monate, in denen mehr Mädchen im Heim waren, als Monate, in denen mehr Jungen im Heim waren. | R | F |
| 2. | Im Monat Juni waren insgesamt die meisten Jugendliche im Heim. | R | F |
| 3. | Im Mai waren weniger Mädchen im Heim als Jungen im Oktober. | R | F |

Ermitteln Sie den Wert der größten Differenz bei den Belegungszahlen der beiden Geschlechter für die Monate des Jahres 1997.

**Aufgabe 5**

Verwenden Sie die Daten aus Aufgabe 4.

1.  Ermitteln Sie für das gesamte Jahr 1997 die durchschnittliche Belegungszahl (arithmetisches Mittel) der Mädchen. Bestimmen Sie für die Belegungszahlen der Mädchen das untere und obere Quartil.

2.  Ermitteln Sie für das gesamte Jahr 1997 die empirische Verteilungsfunktion für die Belegungszahlen der Jungen. Eine Darstellung unter Verwendung von Brüchen ist dabei ausreichend.

3.  Ermitteln Sie für das gesamte Jahr 1997 Median und MAD der absoluten Abstände zwischen den Belegungszahlen der beiden Geschlechter.

**Aufgabe 6**

Fünf Gemeinden wurden nach der Anzahl ihrer Sozialhilfeempfänger sowie den monatlichen Sozialhilfeausgaben befragt. Hierbei erhielt man die folgenden Angaben:

| Anzahl Sozialhilfeempfänger $x_i$ | 20 | 38 | 36 | 32 | 24 |
|---|---|---|---|---|---|
| Sozialhilfeausgaben (in 1000 DM) $y_i$ | 30 | 58 | 54 | 48 | 35 |

Mitarbeiterin Beate P. einer übergeordneten Behörde vermutet einen linearen Zusammenhang der Form

$$y_i = \beta_0 + \beta_1 x_i + e_i \quad , i = 1, \cdots, 5 \quad .$$

1.  Schätzen Sie die Regressionsparameter $\beta_0$ und $\beta_1$ mit Hilfe der Kleinst-Quadrate-Methode.

2.  Testen Sie zu $\alpha = 0.05$ $\quad H_0 : \beta_0 = 0$ $\quad$ vs. $\quad H_1 : \beta_0 \neq 0$ $\quad$ .

    Hinweis: Es ist $\hat{\Sigma}_{\hat{\beta}} = \begin{bmatrix} 1.5581 & -0.0493 \\ -0.0493 & 0.0016 \end{bmatrix}$ .

# 19.4 Lösungen zur Probeklausur A

**Aufgabe 1**

1. $R = 5 - (-2) = 7$

2. $\tilde{x}_{0.25} = x_{(2)} = -2 \qquad \tilde{x}_{0.75} = x_{(4)} = 4 \qquad IQ = 4 - (-2) = 6$

3. $\tilde{x}_{0.5} = x_{(3)} = 0 \qquad s_{0.5} = \frac{1}{5} \cdot (2 + 2 + 0 + 4 + 5) = \frac{13}{5} = 2.6$

**Aufgabe 2**

| | | |
|---|---|---|
| Postleitzahl/Rauchverhalten | $\Rightarrow$ | $C$ |
| Anzahl der Türen bei einem Auto/Preis des Autos | $\Rightarrow$ | $r$ |
| Güteklasse von Eiern/Dicke der Eier | $\Rightarrow$ | $r_s$ |
| Medaille bei Olympischen Spielen/Nationalität | $\Rightarrow$ | $C$ |
| Beruf/Alter | $\Rightarrow$ | $C, \eta$ |
| Bauchumfang/Operation: ja/nein | $\Rightarrow$ | $C, \eta$ |

**Aufgabe 3**

1. $P(X \le 0) = 0.5$      2. $P(X \le 1) = 0.75$

3. $P(X \ge 1.5) = 1 - P(X < 1.5) = 0.25$

**Aufgabe 4**

$$\bar{x} = 0, \quad \bar{y} = 3$$

$$s_x^2 = \frac{1}{4} \cdot (4 + 1 + 0 + 1 + 4) = \frac{10}{4} = 2.5$$

$$s_y^2 = \frac{1}{4} \cdot (1 + 4 + 0 + 4 + 1) = \frac{10}{4} = 2.5$$

$$s_{xy} = \frac{1}{4} \cdot \left( (-2) \cdot 1 + (-1) \cdot 2 + 0 \cdot 0 + 1 \cdot (-2) + 2 \cdot (-1) \right) = -\frac{8}{4} = -2$$

$$r_{xy} = \frac{-2}{\sqrt{2.5 \cdot 2.5}} = \frac{-2}{2.5} = -0.8$$

**Aufgabe 5**

Zu verwenden ist ein einseitiger Gauß-Test für $H_0 : \mu \le \mu_0 = 4$ vs. $H_1 : \mu > \mu_0 = 4$ :

$$t = \frac{\bar{x} - \mu_0}{\sigma} \cdot \sqrt{n} = \frac{2 - 4}{\sqrt{4}} \cdot \sqrt{9} = \frac{-2}{2} \cdot 3 = -3 \quad .$$

Da $|t| = 3 > 1.65 = u_{0.95}$ (vgl. Tabelle 17.4) gilt, ist $H_0$ zu verwerfen.

**Aufgabe 6**

Bezeichne $M$ das Ereignis Mädchen, $J$ das Ereignis Junge und $R$ das Ereignis Rauchen. Es ist
$P(M)=5/9$, $P(J)=4/9$, $P(R|M)=1/2$ und $P(R|J)=1/4$. Nach dem Satz von Bayes ist

$$P(M|R)=\frac{P(R|M)\cdot P(M)}{P(R|M)\cdot P(M)+P(R|J)\cdot P(J)}=\frac{\dfrac{1}{2}\cdot\dfrac{5}{9}}{\dfrac{1}{2}\cdot\dfrac{5}{9}+\dfrac{1}{4}\cdot\dfrac{4}{9}}=\frac{5}{7}=0.7143\quad.$$

# 19.5    Lösungen zur Probeklausur B

**Aufgabe 1:**

1. F, da P(C) > 1  **2.** F, da P(B) < 0  **3.** F, da P(A) + P(B) + P(C) < 1
4. R                        **5.** R                        **6.** R

**Aufgabe 2**

1. N  **2.** M  **3.** O  **4.** O  **5.** N  **6.** M

**Aufgabe 3**

1.    $K_{\mathrm{mod}}=K_1$  , da $H(K_1)>H(K_j)$  für  $j=2,3,4$

2.    $\widetilde{K}_{0.5}=K_2$  , da $h(K_1)+h(K_2)=\dfrac{7}{9}>0.5$  und  $h(K_1)=\dfrac{4}{9}<0.5$

3.    $\widetilde{K}_{0.25}=K_1$  , da $h(K_1)=\dfrac{4}{9}>0.25$

      $\widetilde{K}_{0.75}=K_2$  , da $h(K_1)+h(K_2)=\dfrac{7}{9}>0.75$  und  $h(K_1)=\dfrac{4}{9}<0.75$

**Aufgabe 4**

Es liegen keine Bindungen vor. Damit ist $r_s=1-\dfrac{6\cdot(4+0+4+0+0+)}{5^3-5}=1-\dfrac{48}{120}=\dfrac{6}{10}=0.6$  .

**Aufgabe 5**

Sei $Z$ das Ereignis Zahl beim Münzwurf. Die Summe $X$ des Ereignisses Zahl beim vierfachen Münzwurf ist binomialverteilt mit $n=4$ und $p=0.5$: $X\sim Bi(4,0.5)$.

1.    $P(Z)=0.5$ (einfacher Münzwurf)
2.    $P(X\geq1)=1-P(X<1)=1-P(X=0)=1-0.0625=0.9375$
3.    $P(X=4)=P(X\leq4)-P(X\leq3)=1-0.9375=0.0625$

(Zu 2. und 3. vgl. jeweils Tabelle 17.2.)

**Aufgabe 6:**

Die erwarteten Häufigkeiten $e_{ij}$, $i = 1,2$ und $j = 1,2,3$, sind:

|               | Blasen |          |    |       |
|---------------|--------|----------|----|-------|
|               | nein   | teils/teils | ja | Summe |
| Schuhmarke 1  | 7.5    | 7.5      | 15 | 30    |
| Schuhmarke 2  | 12.5   | 12.5     | 25 | 50    |
| Summe         | 20     | 20       | 40 | 80    |

$$\chi^2 = \frac{0.5^2}{7.5} + \frac{2.5^2}{7.5} + \frac{(-3)^2}{15} + \frac{(-0.5)^2}{12.5} + \frac{(-2.5)^2}{12.5} + \frac{3^2}{25} = 2.34\overline{6}$$

Da $\chi^2 = 2.34\overline{6} < 5.991 = \chi^2_{(2-1)(3-1);0.95} = \chi^2_{2;0.95}$ gilt, kann $H_0$ nicht verworfen werden.

Der kritische Wert wurde Tabelle 17.6 entnommen.

# 19.6 Lösungen zur Probeklausur C

**Aufgabe 1**

| Klassen $K_j$ | Klassenmitte $m_j$ | Klassenbreite $b_j\text{-}a_j$ | Histogramm-höhe $r_j$ | absolute Häufigkeit $H_j$ |
|---------------|--------------------|-------------------------------|-----------------------|---------------------------|
| [60, 72)      | 66                 | 12                            | 2                     | 24                        |
| [72, 80)      | 76                 | 8                             | 4                     | 33                        |
| [80, 90)      | 85                 | 10                            | 3                     | 30                        |
| [90, 104]     | 97                 | 14                            | 1                     | 14                        |

$$\bar{x} = \frac{1}{n} \cdot \sum_{j=1}^{4} H_j \cdot m_j = \frac{24 \cdot 66 + 32 \cdot 76 + 30 \cdot 85 + 14 \cdot 97}{100} = \frac{7924}{100} = 79.24$$

**Aufgabe 2**

$$C = \sqrt{\frac{190.401}{190.401 + 2201}} = \sqrt{0.0796} = 0.2822$$

$$C_{corr} = \sqrt{\frac{2}{2-1}} \cdot 0.2822 = \sqrt{2} \cdot 0.2822 = 0.3991$$

## Aufgabe 3

| Kinder | Erwachsene |
|---|---|
| $x_{(1)} = 1, \quad x_{(109)} = 3$ | $x_{(1)} = 0, \quad x_{(2092)} = 3$ |
| $\tilde{x}_{0.25} = x_{(28)} = 2$ | $\tilde{x}_{0.25} = \frac{1}{2} \cdot \left( x_{(523)} + x_{(524)} \right) = \frac{0+0}{2} = 0$ |
| $\tilde{x}_{0.50} = x_{(55)} = 3$ | $\tilde{x}_{0.50} = \frac{1}{2} \cdot \left( x_{(1046)} + x_{(1047)} \right) = \frac{1+1}{2} = 1$ |
| $\tilde{x}_{0.75} = x_{(82)} = 3$ | $\tilde{x}_{0.75} = \frac{1}{2} \cdot \left( x_{(1569)} + x_{(1570)} \right) = \frac{3+3}{2} = 3$ |
| $IQ = 3 - 2 = 1$ | $IQ = 3 - 0 = 0$ |

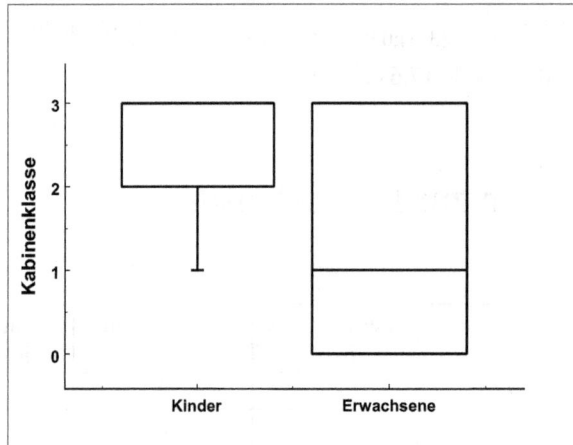

## Aufgabe 4

**1.** Falsch        **2.** Falsch        **3.** Richtig
Die größte Differenz beträgt 11 (Juni 1997).

## Aufgabe 5

| | Belegungszahlen der Monate 1997 | | | | | | | | | | | |
|---|---|---|---|---|---|---|---|---|---|---|---|---|
| | 1 | 2 | 3 | 4 | 5 | 6 | 7 | 8 | 9 | 10 | 11 | 12 |
| Mädchen | 12 | 11 | 14 | 15 | 13 | 9 | 9 | 10 | 11 | 12 | 13 | 14 |
| Jungen | 18 | 17 | 16 | 12 | 19 | 20 | 19 | 17 | 16 | 18 | 14 | 15 |
| $y_i$ | 6 | 6 | 2 | 3 | 6 | 11 | 10 | 7 | 5 | 6 | 1 | 1 |
| $z_i$ | 0 | 0 | 4 | 3 | 0 | 5 | 4 | 1 | 1 | 0 | 5 | 5 |

**1.**
$$\bar{x} = \frac{143}{12} = 11.9167$$
$$\tilde{x}_{0.25} = \frac{1}{2} \cdot \left( x_{(3)} + x_{(4)} \right) = \frac{10+11}{2} = 10.5$$
$$\tilde{x}_{0.75} = \frac{1}{2} \cdot \left( x_{(9)} + x_{(10)} \right) = \frac{13+14}{2} = 13.5$$

**2.** Verteilungsfunktion der Belegungszahl Jungen

| x | H(x) | F(x) | | x | H(x) | F(x) |
|---|---|---|---|---|---|---|
| 12 | 1 | 1/12 | | 17 | 2 | 7/12 |
| 14 | 1 | 2/12 | | 18 | 2 | 9/12 |
| 15 | 1 | 3/12 | | 19 | 2 | 11/12 |
| 16 | 2 | 5/12 | | 20 | 1 | 1 |

**3.** Seien $y_i$ die absoluten Abstände zwischen den Belegungszahlen und $z_i = |y_i - \tilde{y}_{0.5}|$ , $i = 1, \cdots 12$ .

$$\tilde{y}_{0.5} = \frac{1}{2} \cdot \left( y_{(6)} + y_{(7)} \right) = \frac{6+6}{2} = 6$$

$$MAD = \tilde{z}_{0.5} = \frac{1}{2} \cdot \left( z_{(6)} + z_{(7)} \right) = \frac{1+3}{2} = 2$$

**Aufgabe 6**

**1.** Es ergeben sich

$$\bar{x} = \frac{150}{5} = 30 \quad , \quad \bar{y} = \frac{225}{5} = 45 \quad ,$$

$$s_x^2 = \frac{1}{5-1} \cdot 240 = 60 \quad ,$$

$$s_{xy} = \frac{(-10) \cdot (-15) + 8 \cdot 13 + 6 \cdot 9 + 2 \cdot 3 + (-6) \cdot (-10)}{5-1} = \frac{374}{10} = 93.5 \quad .$$

Damit ist $\hat{\beta}_1 = \frac{s_{xy}}{s_x^2} = \frac{93.5}{60} = 1.5583$ und $\hat{\beta}_0 = \bar{y} - \hat{\beta}_1 \cdot \bar{x} = 45 - 1.5583 \cdot 30 = -1.7490$ .

**2.** Mit $\hat{\sigma}_{\hat{\beta}_0} = \sqrt{1.5581} = 1.2482$ ist $t = \frac{-1.7490 - 0}{1.2482} = -1.4012$ . Da $|t| < 3.182 = t_{3;0.975}$

gilt, kann $H_0$ nicht verworfen werden. Für das Ablesen des kritischen Wertes ist Tabelle 17.5 verwandt worden.

# 20    Literatur

Anscombe, F.J. (1973) *Graphics in statistical analysis.* The American Statistician, 27, 17-21.

Atteslander, P (2003) *Methoden der empirischen Sozialforschung.* 10.Auflage, de Gruyter, Berlin.

Becker, C. (2002) *Erhebungstechniken.* Universität Halle, Fakultät Wirtschaftswissenschaften, Vorlesungsmanuskript.

Benninghaus, H. (1994) *Einführung in die sozialwissenschaftliche Datenanalyse.* 3.Auflage, Oldenbourg, München.

Bortz, J. (1977) *Lehrbuch der Statistik.* Springer, Berlin.

Bortz J & Döring N (2002): *Forschungsmethoden und Evaluation.* 3.Aufl. Springer, Berlin.

Bortz, J., Lienert, G.A. & Boehnke, K. (1990) *Verteilungsfreie Methoden in der Biostatistik.* Springer, Berlin.

Brockhaus Enzyklopädie (1973) (19.Auflage), Mannheim.

Büning, H. (1991) *Robuste und adaptive Tests.* W. de Gruyter, Berlin.

Cochran, W.G. (1954) *Some methods for strenghthening the common $\chi^2$-tests.* Biometrics, 10, 417-451.

Dewdney, A.K. (1994) *200 Prozent von Nichts. Die geheimen Tricks der Statistik und andere Schwindeleien mit Zahlen.* Birkhäuser, Basel.

Eatwell, J., Migate, M. & Newmann, P.K. (Ed.) (1987) *The New Palgrave: A Dictionary of Economics.* Macmilian Press, London.

Fischer, G. (1975) *Lineare Algebra.* rororo vieweg, Hamburg.

Garms-Homolová, V. & Niehörster, G. (1997) *Pflegedokumentation – Auswählen und erfolgreich anwenden in Pflegeeinrichtungen,* Vincentz, Hannover

Gabler, S. & Borg, I. (1996) *Unimodalität und Unimodalitätstest.* ZUMA-Nachrichten, 38, 33-44.

Gilmore, R. (1996) *Die geheimnisvollen Visionen des Herrn S..* Birkhäuser, Basel.

Goodman, L.A. (1965) *On the Multivariate Analysis of Three Dichotomous Variables.* The American Journal of Sociology, 71, 291-301.

Graybill, F. A. (1983) *Matrices and its applications in Statistics.* Wadsworth, Belmont.

Hartung, J., Elpelt, B. & Klösener, K.-H. (1987) *Statistik.* (6.Auflage), Oldenbourg, München.

Henschke, K. & Nagel, M., (1990) *Graphische Auswertung von Daten für Mediziner und Naturwissenschaftler.* Volk und Gesundheit, Berlin.

Hoaglin, D.C., Mosteller, F. & Tukey, J.W. (1985) *Exploring Data Tables, Trends, and Shapes.* Wiley, New York.

Hochberg, Y. & Tamhane, A.C. (1987) *Multiple Comparison Procedures.* Wiley, New York.

Holm, K (1991) *Die Befragung* (Bd. 1). Francke.

Jackson, P. R. (1986) *Robust Methods in Statistics.* in.: Lovie, A.D. (Ed.) *New developments in Statistics for Psychology and the Social Sciences.* London, 22-43.

Jobson, J.D. (1991) *Applied Multivariate Data Analysis. Vol.I: Regression and Experimental Design.* Springer, New York, Berlin.

Kendall, M. & Gibbons, J. D. (1990) *Rank Correlation Methods.* 5.Auf-lage.

Kolmogoroff, A.N. (1933) *Grundbegriffe der Wahrscheinlichkeitsrechnung.* Berlin.

Korbmann, R. (1999) *Editorial.* Bild der Wissenschaft, 3, 112.

Krämer, W. (1998) *So lügt man mit Statistik.* 2.Auflage, Campus, Frankfurt/M., New York.

Kreienbrock, L. (1989) *Einführung in die Stichprobenverfahren.* Oldenbourg, München.

Kreienbrock, L. & Ostermann, R. (1993) *Aspekte der Fragebogengestaltung für eine automatische Datenerfassung in epidemiologischen Studien,* Informatik, Biometrie und Epidemiologie in Medizin und Biologie, 24, 2-13.

Kreyszig, E. (1973) *Statistische Methoden und ihre Anwendungen.* Vandenhoeck & Ruprecht, Göttingen.

Lorenz, R.J. (1992) *Grundbegriffe der Biometrie.* Fischer, Stuttgart.

Miller, R.G. (1966) *Simultaneous statistical inference.* McGraw Hill, New York.

Nagel, M., Wernecke, K.-D. & Fleischer, W. (1994) *Computergestützte Datenanalyse.* Technik, Berlin.

Nagel, M., Benner, A., Ostermann, R. & Henschke, K. (1996) *Grafische Datenanalyse,* Fischer, Stuttgart.

Ostermann, R. (2004) *Benötigen Pflegemanager Statistikkenntnisse?,* Pflege & Management – BALK Info, 14-15

Ostermann, R., Wilhelm, A.X.F. & Wolf-Ostermann, K. (2004a) *Komplizierter als man denkt – Präsentation statistischer Daten in der Pflege Teil 1: Tabellen,* Pflegezeitschrift, 57, 18-21

Ostermann, R., Wilhelm, A.X.F. & Wolf-Ostermann, K. (2004b) *Was das Auge sieht – Präsentation statistischer Daten in der Pflege Teil 2: Kreisdiagramme,* Pflegezeitschrift, 57, 121-124

Ostermann, R., Wilhelm, A.X.F. & Wolf-Ostermann, K. (2004c) *Im Dienste der Information – Präsentation statistischer Daten in der Pflege Teil 3: Stabdiagramme,* Pflegezeitschrift, 57, 190-192

Ostermann, R., Wilhelm, A.X.F. & Wolf-Ostermann, K. (2004d) *Variationen für Gruppenvergleiche – Präsentation statistischer Daten in der Pflege Teil 4: Stabdiagramme,* Pflegezeitschrift, 57, 263-265

Ostermann, R., Wilhelm, A.X.F. & Wolf-Ostermann, K. (2004e) *Die Fläche ist entscheidend – Präsentation statistischer Daten in der Pflege Teil 5: Histogramme,* Pflegezeitschrift, 57, 338-341

Ostermann, R., Wilhelm, A.X.F. & Wolf-Ostermann, K. (2004f) *Die Gefahr des falschen Eindrucks – Präsentation statistischer Daten in der Pflege Teil 6: Liniendiagramme,* Pflegezeitschrift, 57, 408-410

Ostermann, R., Wilhelm, A.X.F. & Wolf-Ostermann, K. (2004g) *Zwei Konzepte und ihre Grenzen – Präsentation statistischer Daten in der Pflege Teil 7: Flächendiagramme,* Pflegezeitschrift, 57, 486-488

Ostermann, R., Wilhelm, A.X.F. & Wolf-Ostermann, K. (2004h) *Zusammenhänge werden deutlich – Präsentation statistischer Daten in der Pflege Teil 8: Streudiagramme,* Pflegezeitschrift, 57, 568-570

Ostermann, R., Wilhelm, A.X.F. & Wolf-Ostermann, K. (2004i) *Mehrdimensionale Auswertungen – Präsentation statistischer Daten in der Pflege Teil 9: Streudiagramme (II),* Pflegezeitschrift, 57, 629-632

Ostermann, R., Wilhelm, A.X.F. & Wolf-Ostermann, K. (2004j) *Ideal für Gruppenvergleiche – Präsentation statistischer Daten in der Pflege Teil 10: Boxplots,* Pflegezeitschrift, 57, 724-726

Ostermann, R., Wilhelm, A.X.F. & Wolf-Ostermann, K. (2004k) *Assessment sichtbar machen – Präsentation statistischer Daten in der Pflege Teil 11: Spinnennetzgrafiken,* Pflegezeitschrift, 57, 782-784

Ostermann, R. & Wolf-Ostermann, K. (1997) *Wie viel Statistik benötigt ein Sozialarbeiter?,* Siegen: Sozial, 2, 49-52.

Ostermann, R. & Wolf-Ostermann, K. (2004) *Statistik, Empirie und Datenanalyse als Elemente der Pflegeinformatik,* PrInterNet, 11, 589-594

Perry, E. & Jacobson, Jr. (1976) *Introduction to Statistical Measures for the Social and Behavioral Sciences.* Dryden Press, Hinsdale, Illinois.

Polasek, W. (1988) *Explorative Datenanalyse.* Springer, Heidelberg.

Poggendorf, J.C. (1984) *Biographisch-Literarisches Handwörterbuch der exakten Naturwissenschaften.* Herausgegeben von der Sächsischen Akademie der Wissenschaften zu Leipzig, 4.Lieferung.

Prosiegel, M., Böttger, S., Schenk, T., König, N., Marolf, M., Vaney, C., Garner, C. & Yassouridis, A. (1996) *Der erweiterte Barthel-Index (EBI) - eine neue Skala zur Erfassung von Fähigkeitsstörungen bei neurologischen Patienten.* Neurologische Rehabilitation, 1, 7-13.

Quetelet, A. (1914) *Soziale Physik oder die Abhandlung über die Entwicklung der Fähigkeiten des Menschen,* Fischer, Jena.

Rasch, D. (1976) *Einführung in die mathematische Statistik.* VEB Berlin.

Reinhart, K. (2003) *Schreiben in der Pflege – Ein Handbuch für Pflegende.* Huber, Bern.

Riedwyl, H. (1992) *Angewandte Statistik.* 2.Auflage, Haupt, Bern.

Riedwyl, H. (1997) *Lineare Regression und Verwandtes.* Birkhäuser, Basel.

Rost, F. (2003) *Lern- und Arbeitstechniken für das Studium.* 3. Auflage Leske + Budrich, Opladen.

Roth, E (1993) *Sozialwissenschaftliche Methoden.* 3.Auflage Oldenbourg, München

Rothe, G. & Wiedenbeck, M. (1994) *Stichprobengewichtung: Ist Repräsentativität machbar?* In: Gabler, S., Hoffmeyer-Zlotnik, J.H.P. & Krebs, D. (Hrsg.) *Gewichtung in der Umfragepraxis.* Westdeutscher Verlag, Opladen, 46-61.

Sachs, L. (1984) *Angewandte Statistik.* 6.Auflage, Springer, Berlin.

Schott, S. (1914) *Statistik,* Teubner, Leipzig Berlin.

Scott, D.W. (1979) *On Optimal and Data Based Histograms.* Biometrika, 66, 605-610.

Seitz, M.J. (2004) *Tabellen – Tipps und Tricks zur Gestaltung von Tabellen,* Spektrum Bundesstatistik, Band 22, Statistisches Bundesamt.

Sesink, W. (1994) *Einführung in das wissenschaftliche Arbeiten.* Schibri, Berlin.

Sheppard, W.F. (1898) *On the calculation of the most probable values of frequency-constants, for data arranged according to equidistant divisions of a scale.* Proc. Lond. Math. Soc., 29, 353-380.

Stenger, H. (1971) *Stichprobentheorie,* Physica, Würzburg.

Stenger, H. (1994) *Anforderungen an eine repräsentative Stichprobe aus der Sicht des Statistikers.* In: Gabler, S., Hoffmeyer-Zlotnik, J.H.P. & Krebs, D. (Hrsg.) *Gewichtung in der Umfragepraxis.* Westdeutscher Verlag, Opladen, 42-45.

Tukey, J.W. (1977) *Exploratory Data Analysis*. Addison-Wesley, Reading.

Vach, W. & Schumacher, M. (1996): *Behandlung von fehlenden Werte in den Einflussgrößen von Regressionsmodellen — Ein Überblick*. Informatik, Biometrie und Epidemiologie in Medizin und Biologie, 27, 48-66.

Vogel, F. (1991) *Streuungsmessung ordinalskalierter Merkmale*. Jahrbücher für Nationalökonomie und Statistik, 208, 299-318.

Vogel, F. (1994) *Ein einfaches und gut interpretierbares Streuungsmaß für nominale Merkmale*. Allgemeines Statistisches Archiv, 78, 421-433.

Vogt, I. (2001) *EDV-gestützte Dokumentationssysteme in der Drogenhilfe: Erfahrungen mit dem Dokumentationssystem „BADO"*, in: Schmid, M., Axhausen, S., Kirchlechner, B., Frietsch, R. & Vogt, I. (Hrsg.) *EDV-gestützte klientenbezogene Dokumentationssysteme in der Sozialen Arbeit – Information und kritische Sichtung*, Institut für Sozialarbeit und Sozialpädagogik, ISS-Referat 2/2001, 63-78

Wainer, H. (1997) *Visual Revelations: Graphical Tales of Fate and Deception from Napoleon Bonaparte to Ross Perot*. Springer, New York.

Weber, E. (1980) *Grundriß der biologischen Statistik*. Fischer, Stuttgart.

Werder, L. von (1993): *Lehrbuch des wissenschaftlichen Schreibens*. 2. Auflage Oldenbourg, München.

Williams, E.T. & Palmer, H.M. (Eds.) *The Dictionary of National Biography, 1951 - 1960*. Oxford University Press.

Yates, F. (1934) *Contingency tables involving small numbers and the $\chi^2$-test*. Journal of the Royal Statistical Society, Supplement, 1, 217-235.

Yule, G.U. (1926) *Why do we sometimes get nonsense correlation between time series? A study in sampling, and the nature in time series*. Journal of the Royal Statistical Society, 89, 1-64.

# 21 Index

## A

α-Fehler 174
α-Quantil 43, 58, 159, 164, 168
abhängige Ereignisse 127
abhängige Stichproben 192
abhängige Variable 219
Abhängigkeit 112, 114, 127, 198, 210
  empirische 101
  lineare 103
Ableitung
  partielle 221, 228
Abschlussfrage 12
absolute Häufigkeit 26, 73
absolute Klassenhäufigkeit 29
absolute Randhäufigkeit 74
absolute Randverteilung 74
absolute zweidimensionale Klassenhäufigkeit
  77
Absolutglied 220
  Schätzer für das 222, 228
Abwärtssortierung 25
Abweichung
  durchschnittliche - vom Mittelwert 63
  Median der absoluten - vom Median 59
  mittlere absolute - vom Median 63
Achenwall, G. 2
Additivität 124
Alternativhypothese 173, 174, 178
Anpassungstest
  Kolmogoroff-Smirnow- 124
Anscombe-Quartett 217, 225, 243
Antwortkategorie 11
approximativ stetiges Merkmal 20
approximativer Test 188, 201
äquidistante Klasse 29, 61, 84

Arbeitshypothese 171, 172
arithmetisches Mittel 45, 61, 63
ASH 86
Assessment-Skalen 97
Assoziation 96
Assoziationskoeffizient
  Einstichprobentest 210
  nach Yule 114, 210, 212
  Zweistichprobentest 212
Assoziationsmaß 111
Asymmetrie 67
atomares Ereignis 121
Aufwärtssortierung 25
Ausreißer 46, 48, 94, 244
Average-Shifted-Histogramm 86
Axiome
  Kolmogoroffsche 124

## B

Balkendiagramm 83
Barthel-Index 97
Bayes
  Theorem von - 131
Bayes, Th. 3, 131
Bayes-Verfahren 131
bedingte Häufigkeit 75
bedingte Häufigkeitsverteilung 75
bedingte Wahrscheinlichkeit 127
  Multiplikationssatz für -en 128
Befragung 8
  Internet- 10
  standardisiert 8
Behrens-Fisher-Problem 188
beobachtete Häufigkeit 111
Beobachtung 8

extreme  46, 48, 94, 244
Beratung
    statistische  2
Bericht  15
Bernoulli, J.  3, 120, 143
Bernoulli-Experiment  143
beschreibende Statistik  5
Bestimmtheitmaß  247
Beziehung
    Ursache-Wirkungs-  102
Bimodalität  41, 82
Bindung  109, 201
Binomialverteilung  143, 146, 257
    Erwartungswert  144
    Summe von -en  145
    Varianz  144
Box-and-Whiskers-Plot  93
Boxplot  93

# C

$\chi^2$
    Homogenitätstest  207
    Statistik  112
    Unabhängigkeitstest  204
$\chi^2$-Verteilung  112, 166, 261
    Dichte  166
    Erwartungswert  166
    Varianz  166
CAPI  9
CATI  9
Charakterisierung diskreter Zufallsvariablen
    134
Conring, H.  3

# D

Darwin, C.  218
Datenanalyse
    explorative  5, 82, 93
Datenmanagement  7, 13
De Morgan, A.  125
Designmatrix  232
deskriptive Statistik  5
Dezil  44

Dichte  147
    der Standardnormalverteilung  156
    einer $\chi^2$-Verteilung  166
    einer F-Verteilung  167
    einer Normalverteilung  156
    einer t-Verteilung  163
    eingipflig  152
Differenz von Normalverteilungen  162
Differenz zweier Ereignisse  123
Dirac-Verteilung  146
disjunkte Ereignisse  122
diskrete Häufigkeitsverteilung  26
diskrete Zufallsvariable  133
    Erwartungswert  139
    Unabhängigkeit von -n  140
    Varianz  139
diskretes Merkmal  20, 73
Dokumentation  5, 6, 7, 15
Durchschnitt zweier Ereignisse  121
durchschnittliche Abweichung vom Mittelwert
    63

# E

1-2-3-$\sigma$-Regel  158, 170
EDA  5, 82, 93
einfache Zufallsauswahl  22
einfache Zufallsstichprobe  22
eingipflige Dichtefunktion  152
Einleitungsfrage  12
Einpunktverteilung  54, 56, 146
einseitige Hypothese  177
einseitiger Test  177
Einstichproben-Gauß-Test  181, 185
Einstichproben-t-Test  188
Einstichproben-Varianztest  194
einstufiges Stichprobenverfahren  22
Elementarereignis  121
empirische Abhängigkeit  101
empirische Kovarianz  102
empirische Unabhängigkeit  101
empirische Varianz  60
empirische Verteilungsfunktion  28, 31, 32
    zweidimensionale  74
empirischer Forschungsprozess  7

empirischer Korrelationskoeffizient 102
Ereignis 121
  abhängige -se 127
  atomares 121
  Differenz zweier -se 123
  disjunkte -se 122
  Durchschnitt zweier -se 121
  Komplement eines -ses 122
  sicheres 122
  unabhängige -se 126, 127
  unmögliches 122
  Vereinigung von -sen 121
  Verteilung der seltenen -se 141
  zufälliges 120
  zusammengesetztes 121
Ereignisraum 121
Erhebung
  Teil- 21
  Total- 20, 21
  Voll- 20, 21
erwartete Häufigkeit 111
erwartungstreuer Schätzer 238
Erwartungswert 139, 153
Eta-Koeffizient 115
Euler, L. 3
exakter Test 201, 202
  nach Fisher 205, 208
Experiment 8
  Bernoulli- 143
explorative Datenanalyse 5, 82, 93
Exponentialfunktion 141
Exponentialverteilung 169
extreme Beobachtung 46, 48, 94, 244
Exzeß 70

**F**

Fakultät 141
Faustformel für die Mehrfeldertafel 113, 205, 208
fehlende Werte 39
Fehler
  $\alpha$- 174
  1.Art 174, 178
  2.Art 174, 178
  zufälliger 219, 229
Fermat, P. de 3
Filterfrage 12
Fisher
  exakter Test nach 205, 208
Fisher, R.A. 3, 167, 205
Fishersche z-Transformation 201
Flächendiagramm 92
Flächentreue
  Prinzip der - 84
Folgefrage 12
Forschungsinstrument 7
Forschungsprozess
  empirischer 7
Frage
  Abschluss- 12
  Einleitungs- 12
  Filter- 12
  Folge- 12
  geschlossene 12
  Haupt- 12
  indirekte 12
  Kontroll- 12
  offene 12
  Übergangs- 12
Fragebogendesign 11
Fragebogennummer 14
Freiheitsgrad 163, 166, 167
F-Verteilung 167, 262
  Dichte 167
  Erwartungswert 168
  Varianz 168

**G**

Galton, F. 3, 218
Gammafunktion 163, 166, 168
Gauß, C.F. 156, 220
Gauß-Test 181
  Einstichproben- 181, 185
  Zweistichproben- 181, 183, 185
Gauß-Verteilung 156
gemeinsame Verteilung 73
geometrisches Mittel 50
geordnete Urliste 25

Geschichte der Statistik 2
geschichtete Stichprobe 22
geschlossene Frage 12
Gesetz der Großen Zahlen 120
gestapeltes Stabdiagramm 84
gestutzte Normalverteilung 169
getrimmte Varianz 63
getrimmtes Mittel 48, 63
Gini, C. 34
Gini-Koeffizient 34
Gleichverteilung 140, 146, 155
    Dichte 155
    Erwartungswert 141, 155
    Varianz 141, 155
Gosset, W.S. 163
Grafiken
    Präsentations- 81
    Vorteile von - 81
Graunt, J. 3
Grundgesamtheit 7, 8, 20
    Kriterien für 20
    Umfang der 20
Grundraum 121

**H**

harmonisches Mittel 50
Häufigkeit
    absolute 26, 73
    bedingte 75
    beobachtete 111
    erwartete 111
    relative 26, 73
Häufigkeitsverteilung
    bedingte 75
    diskrete 26
    stetige 29
    zweidimensionale 73
häufigster Wert 41
Hauptfrage 12
Heteroskedastizität 227
Histogramm 84
    Average-Shifted- 86
Homogenitätshypothese 207
Homogenitätstest 204

$\chi^2$- 207
Homoskedastizität 227
Hypergeometrische Verteilung 146
Hypothese
    Alternativ- 173, 174, 178
    Arbeits- 171
    einseitige 177
    für Regressionsparameter 249
    Homogenitäts- 207
    Null- 173, 174, 178
    zweiseitige 177

**I**

Index
    Barthel- 97
indirekte Frage 12
induktive Statistik 5
Internetbefragung 10
Interquartilsabstand 58, 93
Intervallskala 19

**K**

Kardinalskala 18, 19
Kenngrößen
    statistische 39
Klasse 29
    äquidistante -n 29, 61, 84
    Auswahl der -n 86
    modale 41
Klassenbildung 76
Klasseneinteilung 82
Klassengrenze 29
Klassenhäufigkeit 60, 82
    absolute 29
    absolute zweidimensionale 77
    relative 30
    relative zweidimensionale 77
Klassenmitte 29, 47, 60, 61
Klassenmittel 46, 60, 61
klassische Wahrscheinlichkeit 121
Kleinst Quadrate-Methode 121
Kleinst-Quadrate-Methode 219, 220
Klumpenverfahren 23

Kodierung 13, 14
Kodierungsschema 14
Koeffizient
    Eta- 115
    Gini- 34
Kolmogoroff, A.N. 124
Kolmogoroffsche Axiome 124
Kolmogoroff-Smirnow-Anpassungstest 124
komparatives Merkmal 20
Komplement eines Ereignisses 122
Konfidenzintervall 160, 165
Konfidenzniveau 161
Kontingenzkoeffizient 111, 112, 114
    korrigierter 112, 118
Kontingenztafel 73, 210
    Tests in 204
    Tests in - 204
Kontrollfrage 12
Konzentration 33
Konzentrationsmaß
    nach Lorenz 33, 34, 35
    normiertes 34, 35
Konzentrationsmessung 33
Korrektur
    Sheppardsche 62
Korrelation 96, 154, 219
    Nonsens- 101
    Schein- 102
    zweier diskreter Zufallsvariablen 140
Korrelationskoeffizient 198
    empirischer 102
    nach Bravais-Pearson 102, 199, 247
    Rang- nach Spearman 108
    Test 199
Kovarianz 154
    empirische 102
    zweier diskreter Zufallsvariablen 140
Kovarianzmatrix 238
    Schätzer für 238
Kreisdiagramm 89
kritischer Wert 175
Kurtosis 70

**L**

Lageparameter 39
Laplace, P.S. de 120, 140
Laplace-Verteilung 140
Laplace-Wahrscheinlichkeit 121
leere Menge 122
Lexis, W. 3
lineare Abhängigkeit 103
lineare Regression
    einfache 220
    multiple 226
lineare Transformation 157
linearer Zusammenhang 103, 198
    Form eines 217
    Stärke eines 217
Liniendiagramm 91
linksschiefe Verteilung 67, 139, 153
linkssteile Verteilung 67, 139, 153
logarithmierte Normalverteilung 169
Lorenz, M.O. 33
Lorenzkurve 33
Lorenzsches Konzentrationsmaß 33, 34, 35

**M**

MAD 59
Management
    Daten- 13
Maßzahlen 39
Matrizenform des Regressionsmodells 232
maximale Streuung 56
Maximum 57
Median 41, 49, 57, 59, 63, 93, 137, 152
    bei gruppierten Daten 43
    mittlere absolute Abweichung vom - 63
Median Absolute Deviation 59
mehrdimensionale Verteilung 169
Mehrfeldertafel 73
Menge
    leere 122
Merkmal 17
    approximativ stetiges 20
    diskretes 20, 73
    komparatives 20

metrisches 73
ordinales 73
qualitatives 20
quanitatives 20
stetiges 20, 76
vergleichendes 20
Merkmalsausprägungen 17
metrische Skala 18, 19, 45, 50, 57
metrisches Merkmal 73
Mikrozensus 9, 21
Minimum 57
Minimumseigenschaft 61, 63
Missing Values 39
Mittel
  arithmetisches 45, 61, 63
  geometrisches 50
  getrimmtes 48, 63
  harmonisches 50
  Klassen- 46
  winsorisiertes 48, 63
Mittelwert
  durchschnittliche Abweichung vom - 63
mittlere absolute Abweichung vom Median
  63
mittlere Rangzahl 109
modale Klasse 41
Modalwert 41, 136, 152
Modell
  statistisches 171, 175
Modus 41
Moivre, A. de 3
monotoner Zusammenhang 198
Multimodalität 82
multiple lineare Regression 226
multipler Test 178
Multiplikationssatz für bedingte
  Wahrscheinlichkeiten 128

N

negative Wölbung 70
Neyman, J. 3
Nichtnegativität 124
nichtparametrischer Test 181
Niveau

Signifikanz- 178
Nominalskala 18, 19, 41, 53
Nonsens-Korrelation 101
Normalengleichungen 222
  Matrixschreibweise 233
Normalverteilung 68, 69, 70, 156, 248, 258
  1-2-3-$\sigma$-Regel 170
  Dichte 156
  Erwartungswert 156
  gestutzte 169
  logarithmierte 169
  Standard- 156
  Standardisierung 156
  Summe von -en 162
  Varianz 156
normiertes Konzentrationsmaß 34, 35
normiertes Residuum 243
Normiertheit 124
Nullhypothese 173, 174, 178

O

oberes Quartil 44, 58, 93
Objektivität 11
offene Frage 12
ordinales Merkmal 73
Ordinalskala 18, 19, 41, 55
Ordnungsstatistik 25

P

PAPI 9
Parameter
  Lage- 39
  Skalen- 53
  Steigungs- 220
  Streuungs- 53
parametrischer Test 171, 181
partielle Ableitung 221, 228
Pascal, B. 3
Pearson, E.S. 3
Pearson, K. 62, 69, 70, 102, 111
Petty, W. 3
Philosophie eines statistischen Tests 173
Plot

Residuen- 240
Scatter- 96
Poisson, S.D. 141
Poisson-Prozeß 141
Poisson-Verteilung 141, 255
Summe von -en 143
Politische Arithmetik 3
Polygonzug 91
positive Wölbung 70
Präsentationsgrafiken 81
Pretest 12
Prinzip der Flächentreue 84
Punktwolke 96
p-value 177
p-Wert 177

## Q

quadratischer Zusammenhang 103
qualitative Verfahren 7
qualitatives Merkmal 20
quanitatives Merkmal 20
Quantil
α- 43, 58, 159, 164, 168
quantitative Verfahren 7
Quartil
oberes 44, 58, 93
unteres 44, 58, 93
Quetelet, A. 3, 4, 114

## R

Randhäufigkeit 74
absolute 74
relative 74
Randverteilung
absolute 74
relative 74
Rang 108, 201
Range 57
Rangkorrelationskoeffizient
nach Spearman 108, 201
Test 201
Rangskala 18, 19, 41
Rangzahl

mittlere 109
Realisation 17, 133
rechtsschiefe Verteilung 67, 139, 153
rechtssteile Verteilung 67, 139, 153
*Regeln von De Morgan* 125
Regressand 219
Regression 219
einfache lineare 220
multiple lineare 226
Regressionsanalyse 218
Regressionsebene 227
Regressionsgerade 221
Regressionsmodell 219
Matrizenform 232
multiples 232
Regressionsparameter
Hypothese für 249
Schätzer für 228
Test für 248
Regressionsrechnung 96
Regressor 219
relative Häufigkeit 26, 73
relative Klassenhäufigkeit 30
relative Randhäufigkeiten 74
relative Randverteilung 74
relative zweidimensionale Klassenhäufigkeit
77
Reliabilität 11
Repräsentativität 23
Residualanalyse 240
Residuenplot 240
typische Strukturen 240
Residuum 222, 229, 240
geschätztes 222, 240
normiertes 243
standardisiertes 244
theoretisches 222
robust 46, 48, 63

## S

Satz von der totalen Wahrscheinlichkeit 129
Scatterplot 96
Schätzer
erwartungstreuer 238

Scheinkorrelation  102

Schiefe  67, 82

   Links-  82

   Rechts-  82

schließende Statistik  5, 174

Schmeitzel, M.  2

Schott, S.  3, 4

Sekundäranalyse  8

Sheppard, W.F.  62

Sheppardsche Korrektur  62

sicheres Ereignis  122

Side-by-Side-Chart  83

Signifikanzniveau  175, 177, 178

Skala

   Intervall-  19

   Kardinal-  18, 19

   metrische  18, 19, 45, 50, 57

   Nominal-  18, 19, 41, 53

   Ordinal-  18, 19, 41, 55

   Rang-  18, 19, 41

   Verhältnis-  19

Skalen

   Assessment  97

Skalenniveau  18, 19

Skalenparameter  53

Smirnow, W.I.  124

Spannweite  57

Spearman, C.E.  108

Spinnennetzgrafiken  97

Sprungstelle  31

Stabdiagramm  83

   gestapelt  84

Stamm-und-Blatt-Diagramm  82

Standardabweichung  60

standardisierte Befragung  8

standardisiertes Residuum  244

Standardisierung  156

Standardnormalverteilung  156

   Dichte der -  156

   Erwartungswert  157

   Varianz  157

   Verteilungsfunktion  158

Statistik  2

   beschreibende  5

   deskriptive  5

   Geschichte der  2

   induktive  5

   schließende  5, 174

Statistikausbildung  1

statistische Beratung  2

statistische Kenngrößen  39

statistischer Test  171, 177, 178, 181

   Vorgehensweise  178

statistisches Modell  171, 175

Steam-und-Leaf-Diagramm  82

Steigungsparameter  220

   Schätzer für  222, 228

stetige Häufigkeitsverteilung  29

stetige Zufallsvariable  147

   Erwartungswert  153

   Varianz  153

stetiges Merkmal  20, 76

Stetigkeitskorrektur

   nach Yates  205, 208

Stichprobe  21

   geschichtete  22

   mit Zurücklegen  21

   ohne Zurücklegen  21

   Umfang einer  21

Stichproben

   abhängige  192

   unabhängige  181, 188, 190

   unverbundene  183, 185, 188, 190

   verbundene  181, 185, 192

Stichprobenplan  10

Stichprobenverfahren  8

   einstufiges  22

   mehrstufiges  22

stochastische Unabhängigkeit  127

Störterm  219

Streudiagramm  96

Streuung

   maximale  56

Streuungsparameter  53

Student-Verteilung  163

Summe von Zufallsvariablen

   Binomialverteilung  145

   Normalverteilung  162

   Poisson-Verteilung  143

Süßmilch, P.  3

Symmetrie 82
symmetrische Verteilung 67, 139, 153

# T

Teilerhebung 21
Test
   $\chi^2$-Homogenitäts- 207
   $\chi^2$-Unabhängigkeits- 204
   approximativer 188, 201
   einseitiger 177
   Einstichproben-Gauß- 181, 185
   Einstichproben-t- 188
   Einstichproben-Varianz- 194
   exakter 201, 202
   Gauß- 181
   Homogenitäts- 204
   Korrelationskoeffizient nach Bravais-
     Pearson 199
   multipler 178
   nichtparametrischer 181
   parametrischer 171, 181
   Philosophie eines -s 173
   Pre- 12
   Rangkorrelationskoeffizient nach Spearman
     201
   statistischer 171, 177, 178, 181
   t- 188
   t- für Regressionsparameter 248
   Unabhängigkeits- 198, 199, 204
   Varianz- 194
   Vorgehensweise 178
   zum Niveau $\alpha$ 175
   zweiseitiger 177
   Zweistichproben-Gauß- 181, 183, 185
   Zweistichproben-t- 188, 190, 192
   Zweistichproben-Varianz- 194, 196
Teststatistik 175
Theorem von Bayes 131
Ties 109, 201
Totalerhebung 20, 21
Transformation
   Fishersche z- 201
   lineare 157
Trimodalität 41

Tschebyschew, P.L. 3
t-Test 188
   Einstichproben- 188
   für Regressionsparameter 248
   Zweistichproben- 188, 190, 192
Tupel 73
t-Verteilung 69, 163, 260
   Dichte 163
   Erwartungswert 163
   Varianz 163

# U

Übergangsfrage 12
unabhängige Ereignisse 126, 127
unabhängige Stichproben 181, 188, 190
Unabhängigkeit 112, 114, 126, 198, 199, 204,
   210
   empirische 101
   von Ereignissen 127
   von Zufallsvariablen 154
Unabhängigkeit von Zufallsvariablen 140
Unabhängigkeitstest 198, 199, 204
   $\chi^2$- 204
Unbestimmtheitsmaß 247
Uniform-Verteilung 155
Unimodalität 41, 47, 67, 82, 152, 156
unmögliches Ereignis 122
unteres Quartil 44, 58, 93
Untersuchungseinheiten 17
Untersuchungsgruppe 8
unverbundene Stichproben 183, 185, 188, 190
Urliste 25, 75, 76
   geordnete 25
Ursache-Wirkungs-Beziehung 102

# V

Validität 11
Variable
   abhängige 219
Varianz 139, 153
   empirische 60
   getrimmte 63
   winsorisierte 64

Varianztest 194
  Einstichproben- 194
  Zweistichproben- 194, 196
verbundene Stichproben 181, 185, 192
Vereinigung von Ereignissen 121
Verfahren
  qualitative 7
  quantitative 7
Vergleich
  Vorher-Nachher 185
vergleichendes Merkmal 20
Verhältnisskala 19
Verteilung 134
  $\chi^2$- 112, 166, 261
  Binomial- 143, 146, 257
  Dirac- 146
  Einpunkt- 54, 56, 146
  Exponential- 169
  F- 167, 262
  Gauß- 156
  gemeinsame 73
  Gleich- 140, 146, 155
  Hypergeometrische - 146
  Laplace- 140
  linksschiefe 67, 139, 153
  linkssteile 67, 139, 153
  mehrdimensionale 169
  mehrgipflige 47
  mit maximaler Streuung 54
  mit minimaler Streuung 54
  Normal- 68, 69, 70, 156, 258
  Poisson- 141, 255
  rechtsschiefe 67, 139, 153
  rechtssteile 67, 139, 153
  Student- 163
  symmetrische 67, 68, 139, 153
  t- 69, 163, 260
  U-förmige 47
  Uniform- 155
  zweidimensionale 169
Verteilung der seltenen Ereignisse 141
Verteilungsfunktion 135
  einer stetigen Zufallsvariablen 150
  empirische 28, 31, 32
  zweidimensionale empirische 74

Vierfeldertafel 205, 208, 210
Volkszählung 20
Vollerhebung 20, 21
Vorher-Nachher-Vergleich 185

# W

Wahrscheinlichkeit 119, 120, 124
  bedingte 127
  klassische 121
  Laplace- 121
  Multiplikationssatz für bedingte -en 128
  Rechenregeln für -en 125
  *Regeln von De Morgan* 125
  Satz von der totalen - 129
Wahrscheinlichkeitsbegriff 119
Wahrscheinlichkeitsverteilung 134, 147
Wert
  fehlender 39
  häufigster 41
  kritischer 175
  Zentral- 41
Winsor, C.P. 48
winsorisierte Varianz 64
winsorisiertes Mittel 48, 63
Wölbung
  negative 70
  positive 70

# Y

Yates, F. 205
Yule, G.U. 114
Yulescher Assoziationskoeffizient
  Einstichprobentest 210
  Zweistichprobentest 212

# Z

Zahlen
  Gesetz der Großen - 120
Zentralwert 41
Zufallexperiment 119
zufälliger Fehler 219, 229
zufälliges Ereignis 120

Zufallsauswahl
  einfache 22
Zufallsstichprobe
  einfache 22
Zufallsvariable 133
  Charakterisierung diskreter -n 134
  diskrete 134
  Erwartungswert einer diskreten - 139
  Erwartungswert einer stetigen - 153
  stetige 147
  Unabhängigkeit von -n 140, 154
  Varianz einer diskreten - 139
  Varianz einer stetigen - 153
zusammengesetztes Ereignis 121
Zusammenhang
  Form eines 217
  funktionaler 219

linearer 103, 198, 220
monotoner 198
quadratischer 103
Stärke eines 217
zweidimensionale empirische
  Verteilungsfunktion 74
zweidimensionale Häufigkeitsverteilung 73
zweidimensionale Klassenhäufigkeit
  absolute 77
  relative 77
zweidimensionale Verteilung 169
zweiseitige Hypothese 177
zweiseitiger Test 177
Zweistichproben-Gauß-Test 181, 183, 185
Zweistichproben-t-Test 188, 190, 192
Zweistichproben-Varianztest 194, 196

www.ingramcontent.com/pod-product-compliance
Lightning Source LLC
Chambersburg PA
CBHW061802210326
41599CB00034B/6845